趋势交易实战精髓

郭志荣　著

地震出版社
Seismological Press

图书在版编目（CIP）数据

趋势交易实战精髓/郭志荣著．—北京：地震出版社，2017.7（2023.3重印）

ISBN 978-7-5028-4781-4

Ⅰ.①趋… Ⅱ.①郭… Ⅲ.①股票交易—基本知识 Ⅳ.①F830.91

中国版本图书馆 CIP 数据核字（2016）第 251845 号

地震版 XM5480/F（5479）

趋势交易实战精髓

郭志荣 著

责任编辑：薛广盈 吴桂洪

责任校对：凌 樱

出版发行：地震出版社

北京市海淀区民族大学南路 9 号 邮编：100081

发行部：68423031 68467993

总编室：68462709 68423029

证券图书事业部：68426052 68470332

http：//seismologicalpress.com

E-mail：zqbj68426052@163.com

经销：全国各地新华书店

印刷：北京广达印刷有限公司

版（印）次：2017 年 7 月第一版 2023 年 3 月第二次印刷

开本：787×1092 1/16

字数：360 千字

印张：14.5

书号：ISBN 978-7-5028-4781-4

定价：52.00 元

前 言

A股市场普通投资者不下几千万，但凡学过点技术分析的都愿意把自己归类为趋势交易者。那趋势到底是什么？估计很少有人能回答上来。从字面上看，趋势指事物发展的动向。在股市中，趋势当然是指股票运行的方向。因此，如果知道股票的趋势，那买卖股票不就简单了。向上运动的时候买入，向下运动的时候就卖出。事实真有那么简单？显然不会。在散户眼里，股票一会涨一会跌，哪有什么固定的方向。这其实是眼界问题，人在大海里游泳，波浪起伏，你是很难看清楚上下方向。但你站在岸上就可以看得清清楚楚，潮涨潮落，一目了然。因此趋势必须放在一个整体的背景下观察，才能把握大体的方向。

在实际的操作中，知道大体的趋势还不足以赚钱。缠师曾经说过A股就没有过熊市，一路的牛市。估计很多人对这种观点不屑，但你从年线角度看，A股确实是一路走高，历史的低点就从来没有破过，那自然是牛市了。不信你就自己去看看，最近10年的几个低点，从998到1664，再到1849，低点抬高，是典型的上升趋势，即牛市。我想这应该是事实吧，不容否认。可既然是牛市，为啥大部分散户还是亏损呢？我想原因是多方面的。一是非始终如一的坚持趋势投资，往往深陷局部的追涨杀跌，且方向选择错误，如此不输才怪；二是趋势的时间格局选择错误。记得有位朋友在2005年时介入一股，股改后一路上涨，到2007年时已经翻了10倍，可这位朋友一直到去年才想起打开账户，此时股价又回到了原点，略有盈利，与10倍的高点相距甚远。这就是常说的坐电梯。这反映出一个什么问题呢？趋势是把握对了，但时间周期选择上是错误的，格局太大了。也许过几年后这股票还能涨几倍，可时间成本太高了，等于亏本。因此作为趋势投资者，选择合适的时间格局来研判股票是非常重要的。长线投资者可以看周线日线，但短线投资者往往就需要观察30分钟周期的趋势。

学习趋势投资的朋友还有许多要解决的问题，不过基本核心的东西应该不多。首先是如何确定趋势，其次是如何利用趋势操作股票。理解了这两点，你就是一个合格的趋势投资者。任何问题都要抓住核心，万变不离其宗。这样就可以在纷繁复杂的变化中不被一叶障目，再多的难题也会迎刃而解。

在实战中，趋势交易的核心问题是买卖点到底如何确定？市场上解说趋势交易的书籍不计其数，提及的买卖点也是五花八门，在笔者看来都没有抓住核心。笔者认为趋势交易的买卖点就一句话可以概括，那就是所有的趋势拐点就是买卖点。也可以反过来说，非趋势拐点都不是好的买卖点。从上升到下降的拐点就是卖点；反过来，从下降到上升的拐点就是买点。这个思路明确了，那下一步就是如何确定趋势的拐点了。趋势的拐点在哪儿呢？读者朋友可以仔细研读本书，答案就在其中。

读书始终是停留在纸面上的东西，是理论上的东西。要能用来赚钱，还需要实战检验。因此需要结合书上的技术手法，不断模拟演练，积累经验，总结出系统的分析方法，形成一个完整的交易系统。这个过程应该是较为漫长的，不可能一蹴而就，需要耐心。

几度牛熊，经历轮回，资产可能缩水不少。假如你还要在股市一展拳脚，那就需要更加努力地学习。新时期的 A 股市场有了很大变化，回想 2015 年波澜壮阔的行情，单日 2 万亿的盖世成交量让人瞠目。但无论如何变化，趋势依然不可能消失，不是上升就是下降，要不就是盘整。只要抓住了趋势，那就抓住了在股市生存的要领，我想这对于任何普通投资者都不是什么难事，难的是坚持，难的是守纪律，也就是心性的修行。最后祝愿读者朋友努力学习，勤习开悟，终成正果。

郭志荣

2017 年夏于广州

目　录

第一章
趋势交易系统

任何投资者都应该有一个交易系统，这个交易系统至少要有明确的买卖点和止损点。利用趋势可以构建较为完美的交易系统。趋势交易系统有三种类型，可以适用任何交易市场。由于A股的交易限制，反向交易的风险较大，一般比较少用。其他两种交易系统运用比较普遍，这是本章学习的重点。

一、正向交易系统

依据上升趋势做多就是正向交易，直到趋势逆转后平仓，完成一个正向交易。这个从买到卖的过程就是一个正向交易系统。

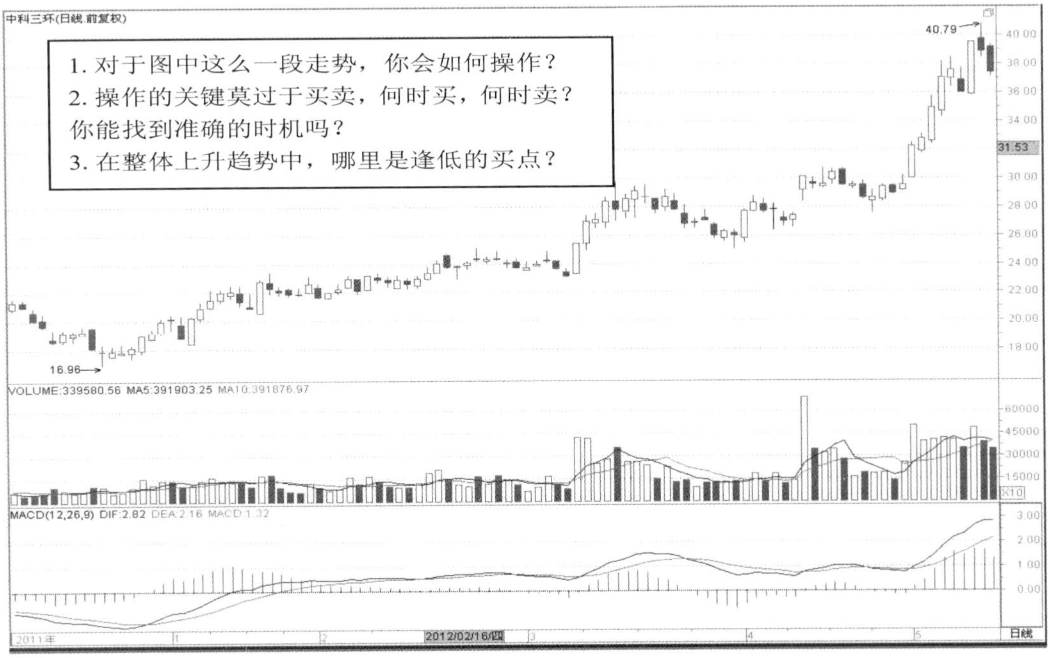

中科三环

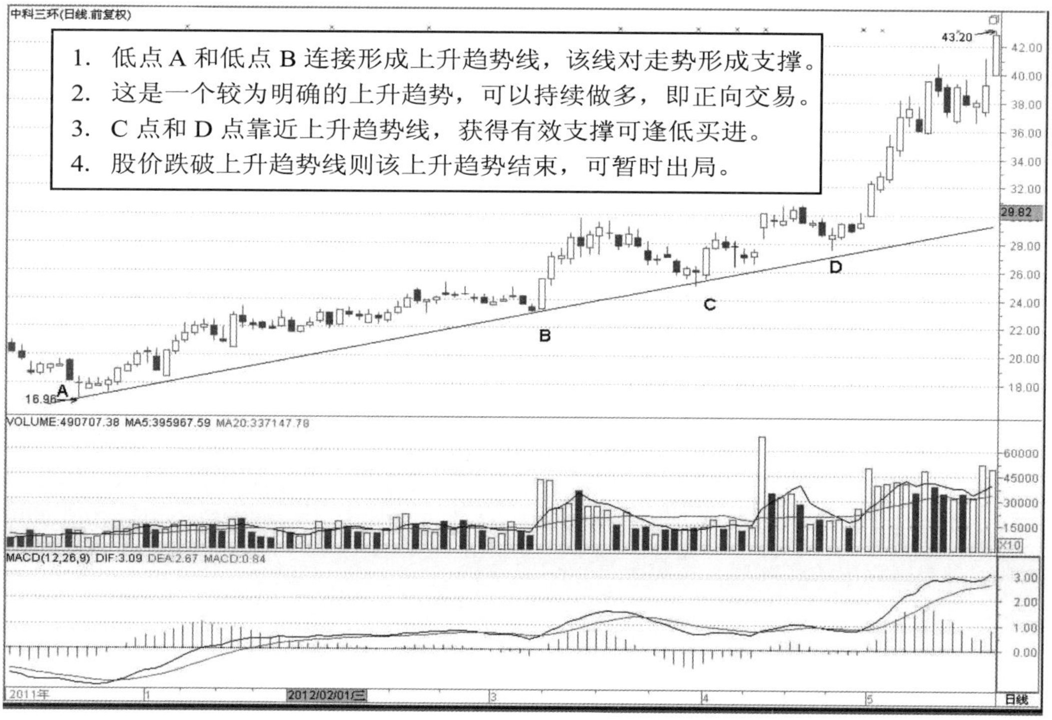
中科三环(日线.前复权)
1. 低点A和低点B连接形成上升趋势线，该线对走势形成支撑。
2. 这是一个较为明确的上升趋势，可以持续做多，即正向交易。
3. C点和D点靠近上升趋势线，获得有效支撑可逢低买进。
4. 股价跌破上升趋势线则该上升趋势结束，可暂时出局。
43.20
16.96
A
B
C
D
VOLUME:490707.38 MA5:395967.59 MA20:337147.78
MACD(12,26,9) DIF:3.09 DEA:2.67 MACD:0.84
2011年
2012/02/01/三
日线

中科三环

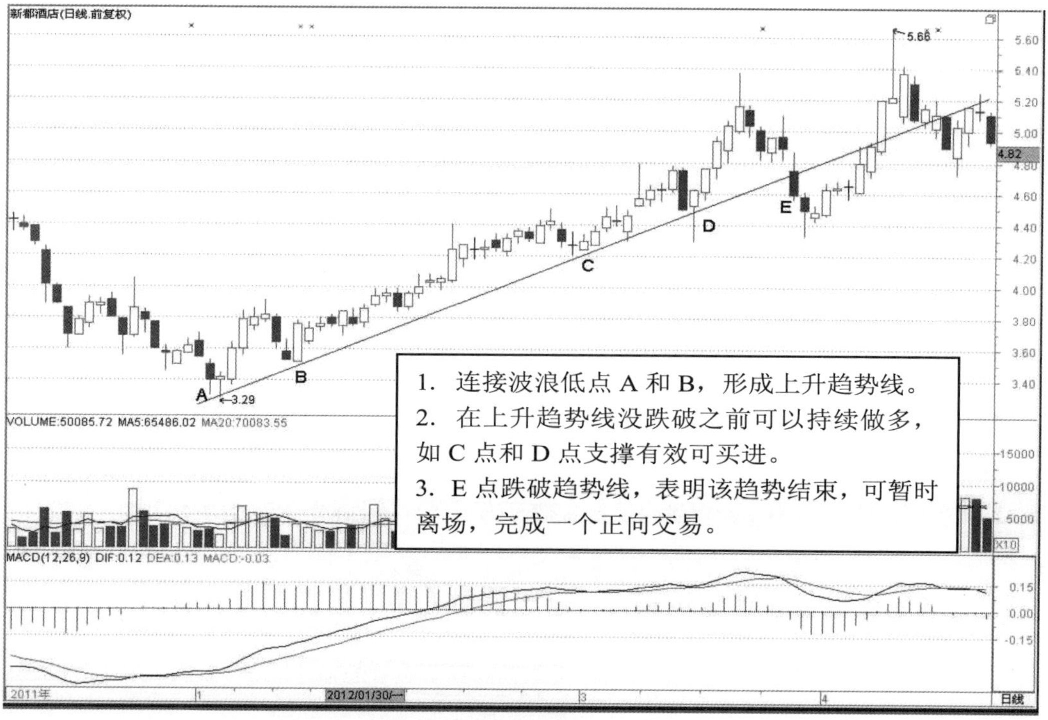
新都酒店(日线.前复权)
5.68
3.29
A
B
C
D
E
1. 连接波浪低点A和B，形成上升趋势线。
2. 在上升趋势线没跌破之前可以持续做多，如C点和D点支撑有效可买进。
3. E点跌破趋势线，表明该趋势结束，可暂时离场，完成一个正向交易。
VOLUME:50085.72 MA5:65486.02 MA20:70083.55
MACD(12,26,9) DIF:0.12 DEA:0.13 MACD:-0.03
2011年
2012/01/30/一
日线

新都酒店

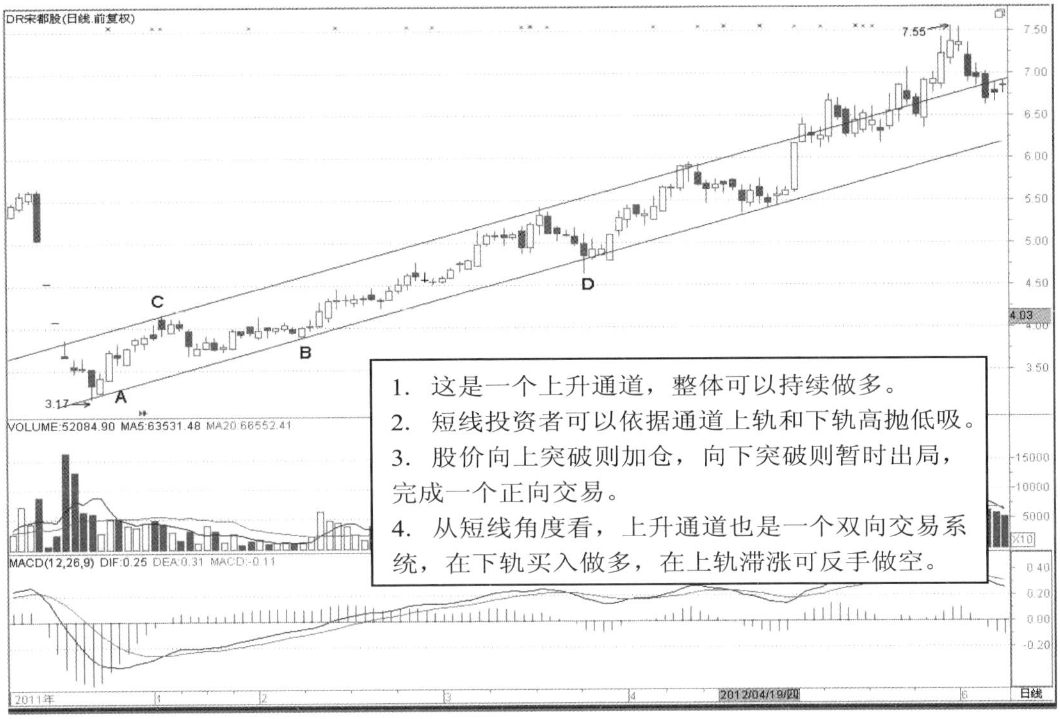
DR宋都股(日线,前复权)
7.55
C
A
B
D
3.17
4.03
1. 这是一个上升通道，整体可以持续做多。
2. 短线投资者可以依据通道上轨和下轨高抛低吸。
3. 股价向上突破则加仓，向下突破则暂时出局，完成一个正向交易。
4. 从短线角度看，上升通道也是一个双向交易系统，在下轨买入做多，在上轨滞涨可反手做空。
VOLUME:52084.90 MA5:63531.48 MA20:66552.41
MACD(12,26,9) DIF:0.25 DEA:0.31 MACD:-0.11
2011年
2012/04/19/四
日线

宋都股份

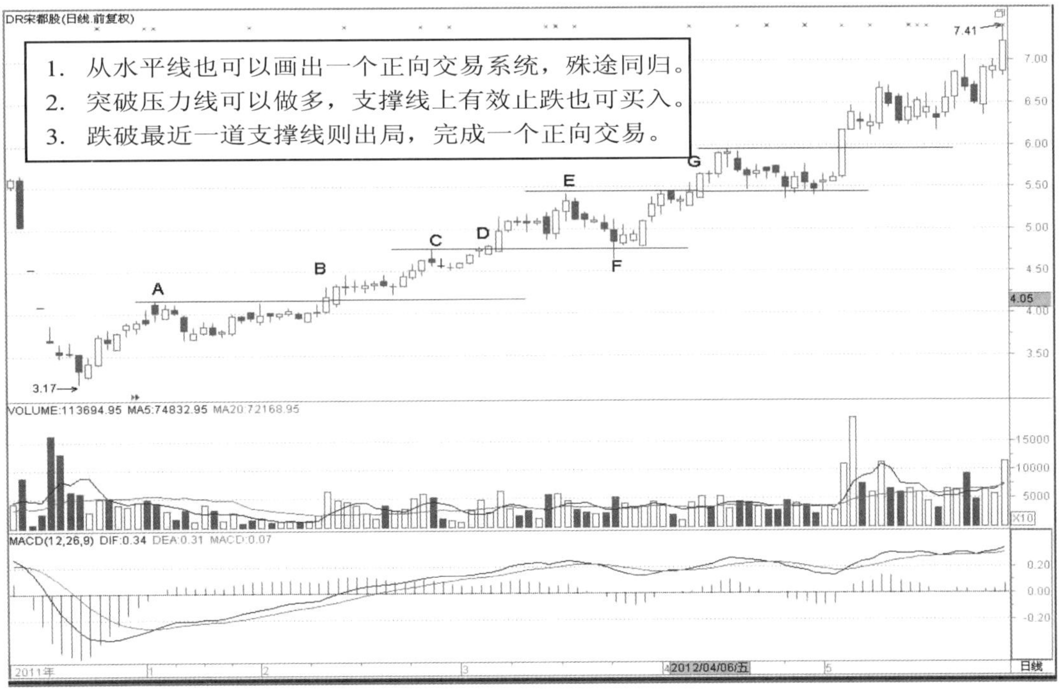
DR宋都股(日线,前复权)
1. 从水平线也可以画出一个正向交易系统，殊途同归。
2. 突破压力线可以做多，支撑线上有效止跌也可买入。
3. 跌破最近一道支撑线则出局，完成一个正向交易。
7.41
G
E
C
D
F
B
A
3.17
4.05
VOLUME:113694.95 MA5:74832.95 MA20:72168.95
MACD(12,26,9) DIF:0.34 DEA:0.31 MACD:0.07
2011年
2012/04/06/五
日线

宋都股份

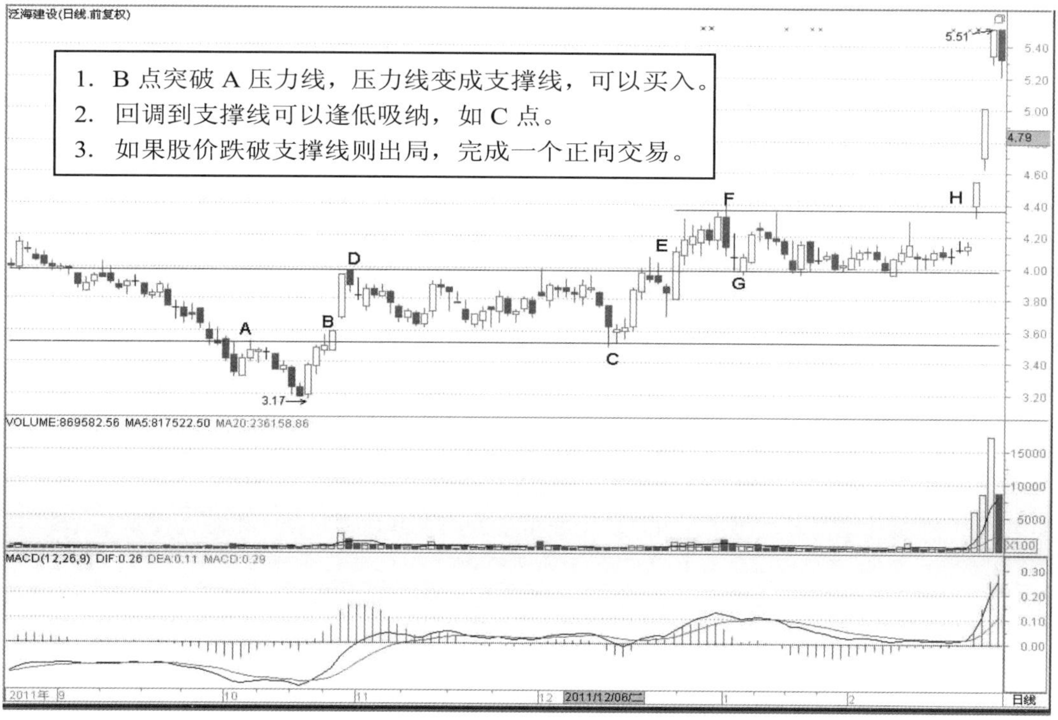
泛海建设(日线,前复权)
1. B 点突破 A 压力线，压力线变成支撑线，可以买入。
2. 回调到支撑线可以逢低吸纳，如 C 点。
3. 如果股价跌破支撑线则出局，完成一个正向交易。
A
B
C
D
E
F
G
H
3.17
5.51
4.79
VOLUME:869582.56 MA5:817522.50 MA20:236158.86
MACD(12,26,9) DIF:0.26 DEA:0.11 MACD:0.29
2011年
2011/12/06/二
日线

泛海建设

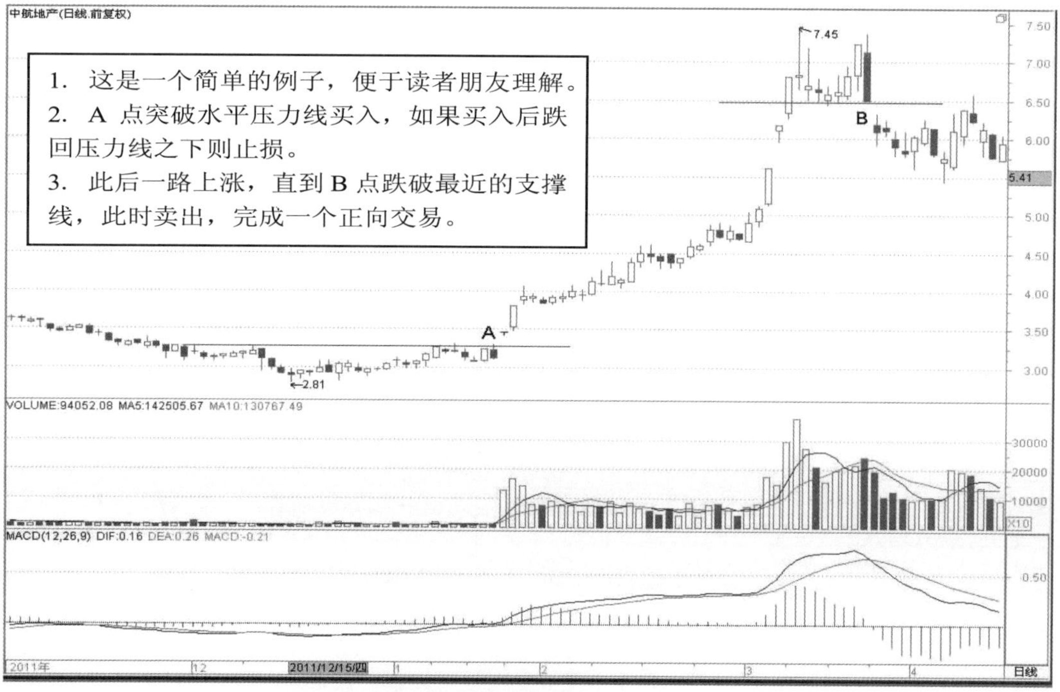
中航地产(日线,前复权)
1. 这是一个简单的例子，便于读者朋友理解。
2. A 点突破水平压力线买入，如果买入后跌回压力线之下则止损。
3. 此后一路上涨，直到 B 点跌破最近的支撑线，此时卖出，完成一个正向交易。
A
B
7.45
2.81
5.41
VOLUME:94052.08 MA5:142505.67 MA10:130767.49
MACD(12,26,9) DIF:0.16 DEA:0.26 MACD:-0.21
2011年
2011/12/15/四
日线

中航地产

二、反向交易系统

依据下降趋势做空就是反向交易，直到趋势逆转后平仓，就完成一个反向交易。这个从卖到买的过程就是一个反向交易系统。因为 A 股不可以做空，只能是逢高卖出。

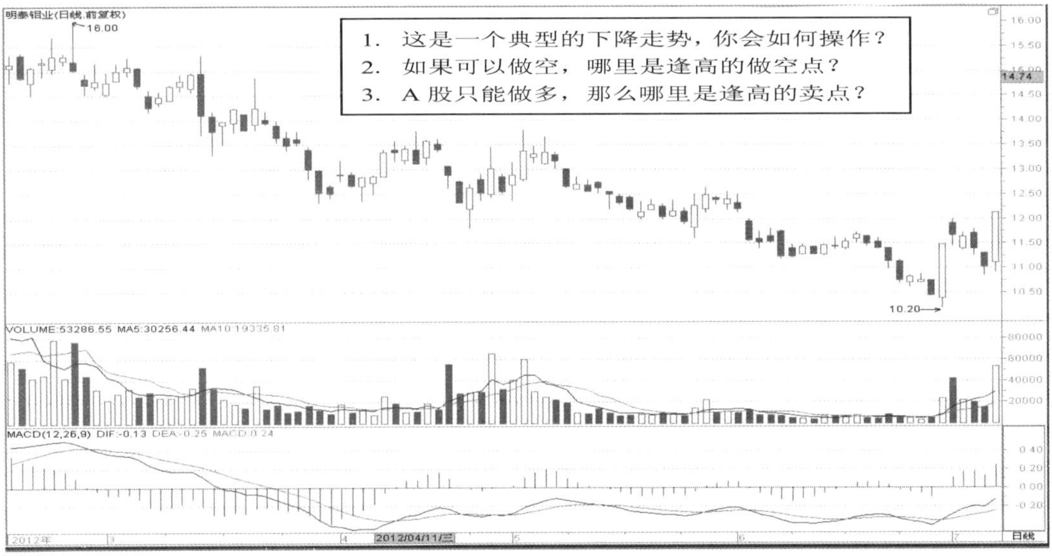

明泰铝业

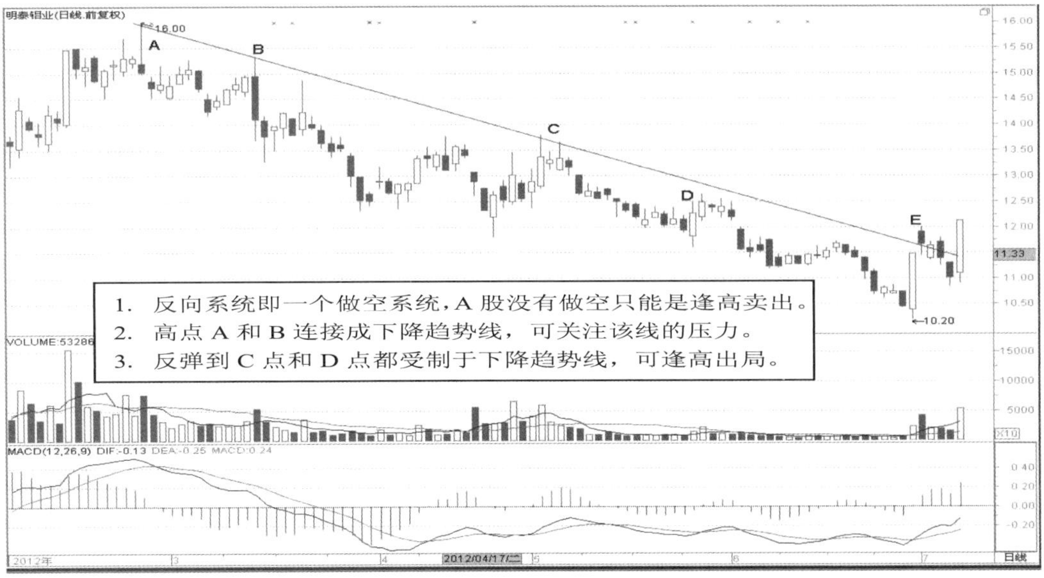

明泰铝业

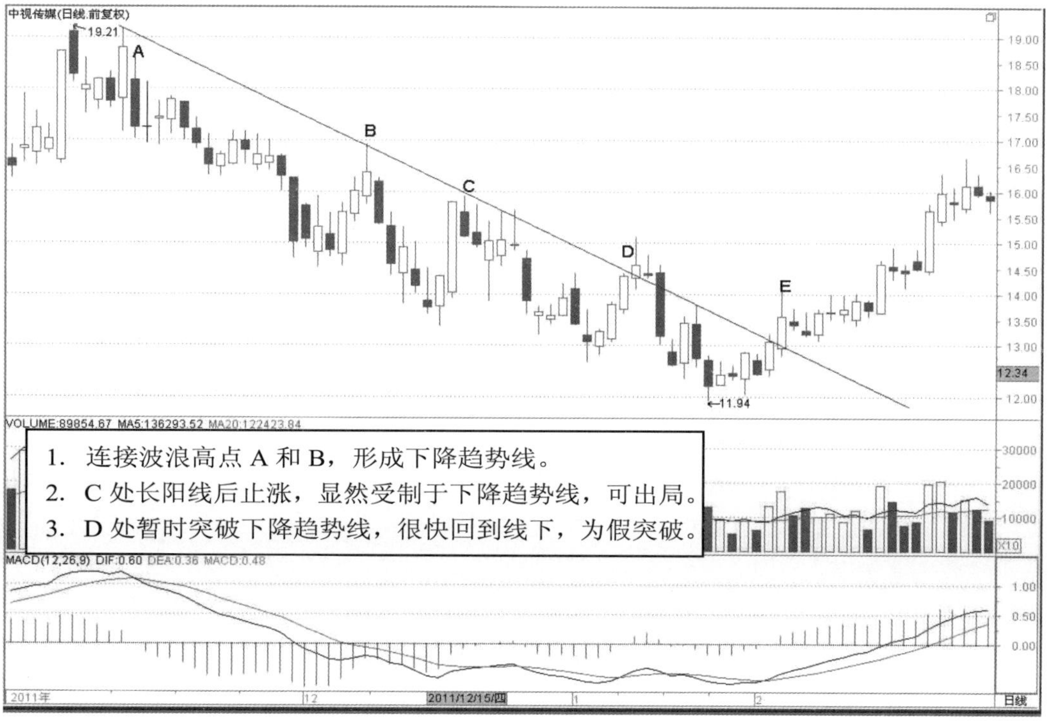
中视传媒(日线,前复权)
19.21
A
B
C
D
E
11.94
1. 连接波浪高点 A 和 B，形成下降趋势线。
2. C 处长阳线后止涨，显然受制于下降趋势线，可出局。
3. D 处暂时突破下降趋势线，很快回到线下，为假突破。
MACD(12,26,9) DIF:0.60 DEA:0.36 MACD:0.48
2011/12/15/四

中视传媒

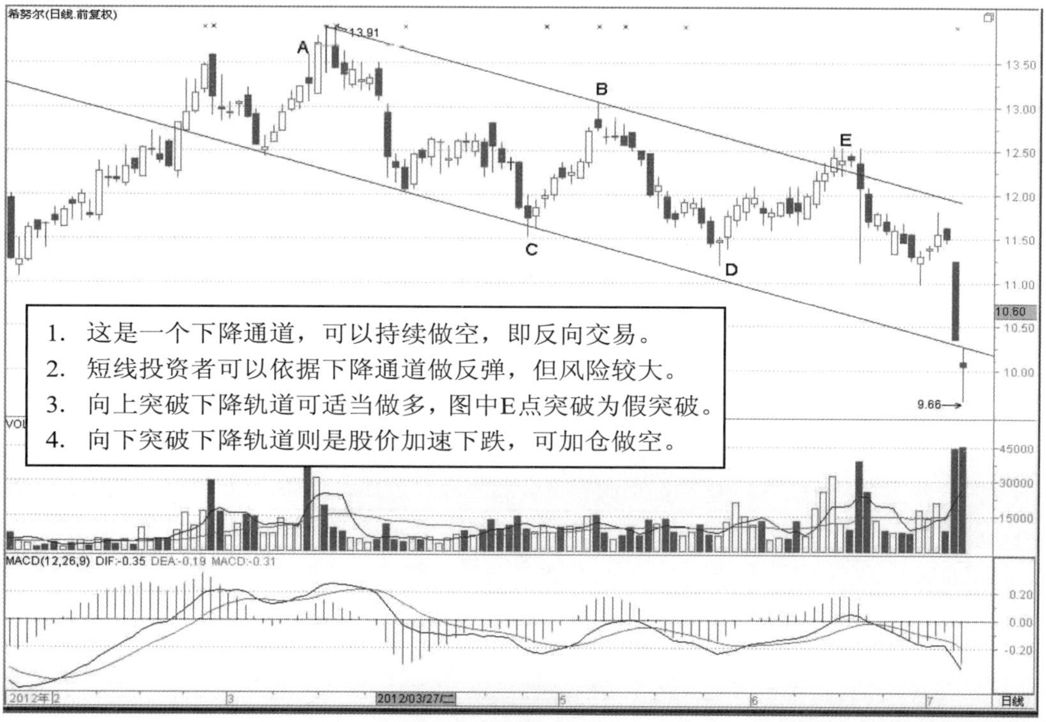
希努尔(日线,前复权)
13.91
A
B
C
D
E
9.66
1. 这是一个下降通道，可以持续做空，即反向交易。
2. 短线投资者可以依据下降通道做反弹，但风险较大。
3. 向上突破下降轨道可适当做多，图中E点突破为假突破。
4. 向下突破下降轨道则是股价加速下跌，可加仓做空。
MACD(12,26,9) DIF:-0.35 DEA:-0.19 MACD:-0.31
2012/03/27/二

希努尔

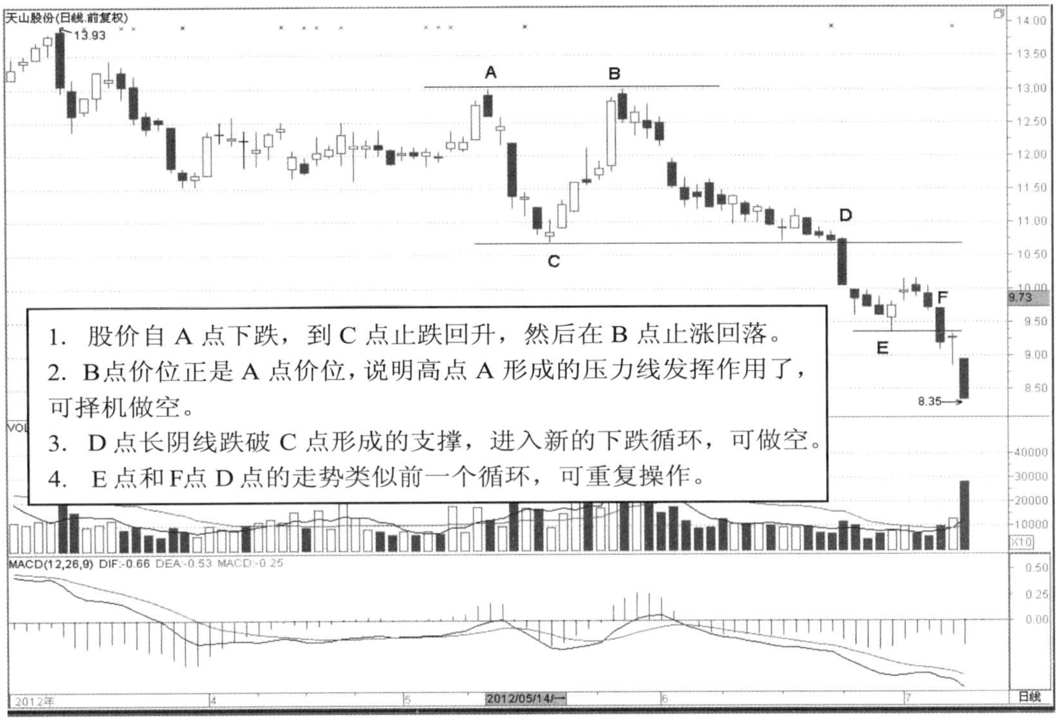
天山股份(日线,前复权)
13.93
A
B
C
D
E
F
9.73
8.35
1. 股价自 A 点下跌，到 C 点止跌回升，然后在 B 点止涨回落。
2. B点价位正是 A 点价位，说明高点 A 形成的压力线发挥作用了，可择机做空。
3. D 点长阴线跌破 C 点形成的支撑，进入新的下跌循环，可做空。
4. E 点和F点 D 点的走势类似前一个循环，可重复操作。
MACD(12,26,9) DIF:-0.66 DEA:-0.53 MACD:-0.25
2012/05/14/一
日线

天山股份

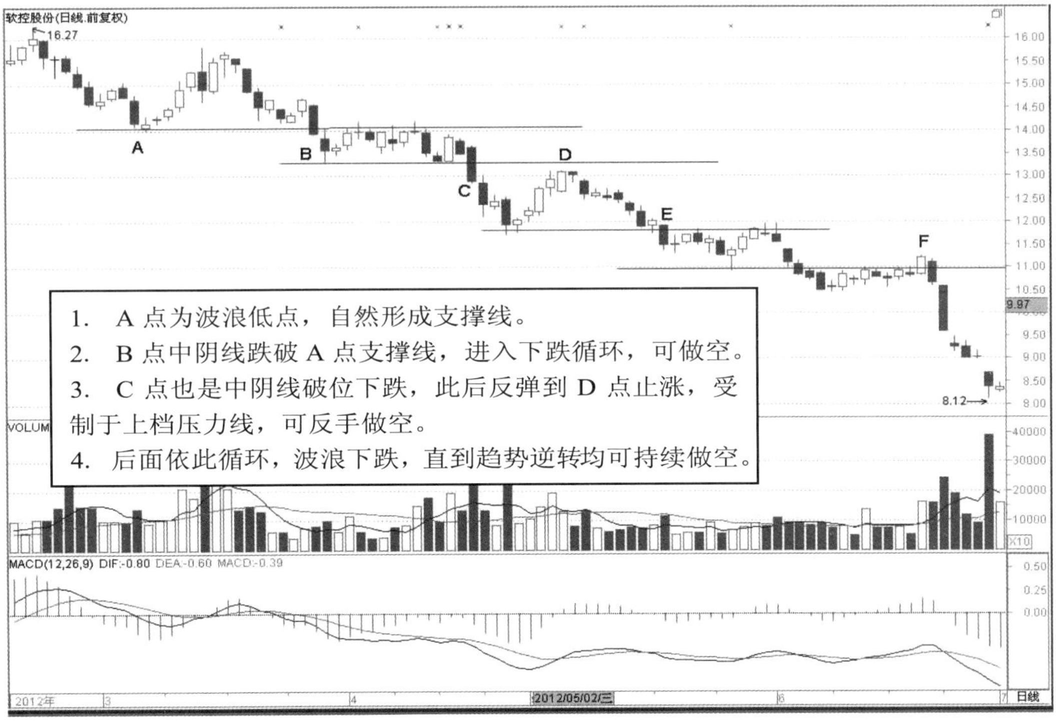
软控股份(日线,前复权)
16.27
A
B
C
D
E
F
9.97
8.12
1. A 点为波浪低点，自然形成支撑线。
2. B 点中阴线跌破 A 点支撑线，进入下跌循环，可做空。
3. C 点也是中阴线破位下跌，此后反弹到 D 点止涨，受制于上档压力线，可反手做空。
4. 后面依此循环，波浪下跌，直到趋势逆转均可持续做空。
MACD(12,26,9) DIF:-0.80 DEA:-0.60 MACD:-0.39
2012/05/02/三
日线

软控股份

三、双向系统

双向交易指在一个趋势运行过程中多空都参与，在A股里面就是在一个上升趋势中高抛低吸，但整体做多的意图没有改变。

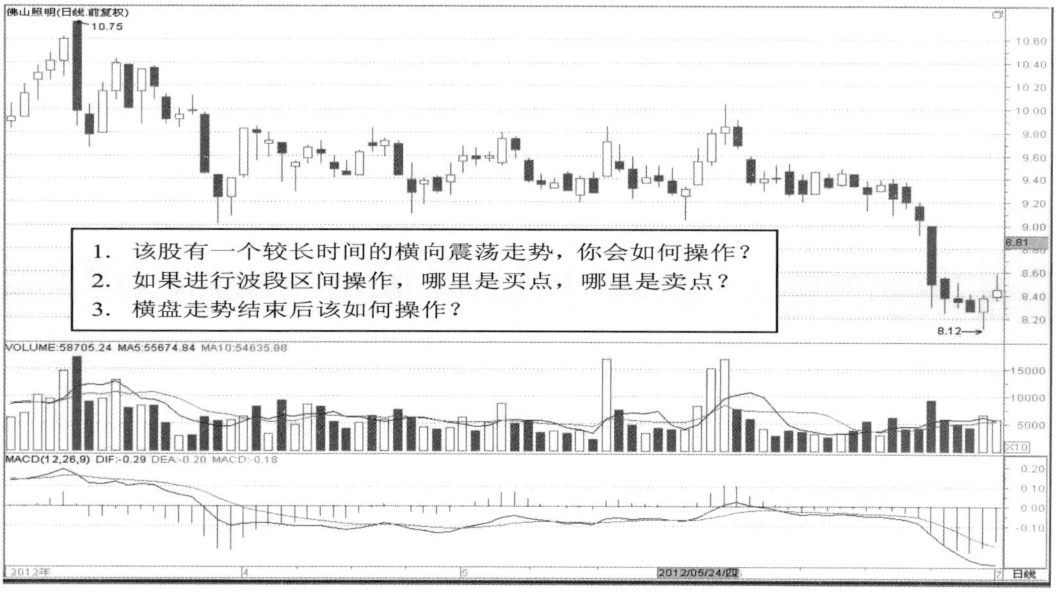

佛山照明

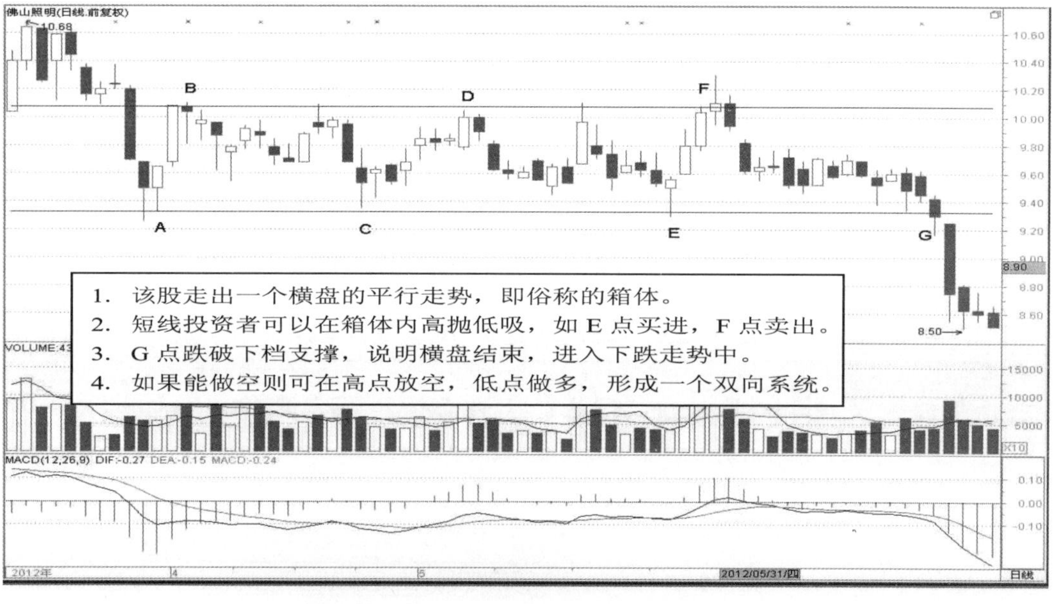

佛山照明

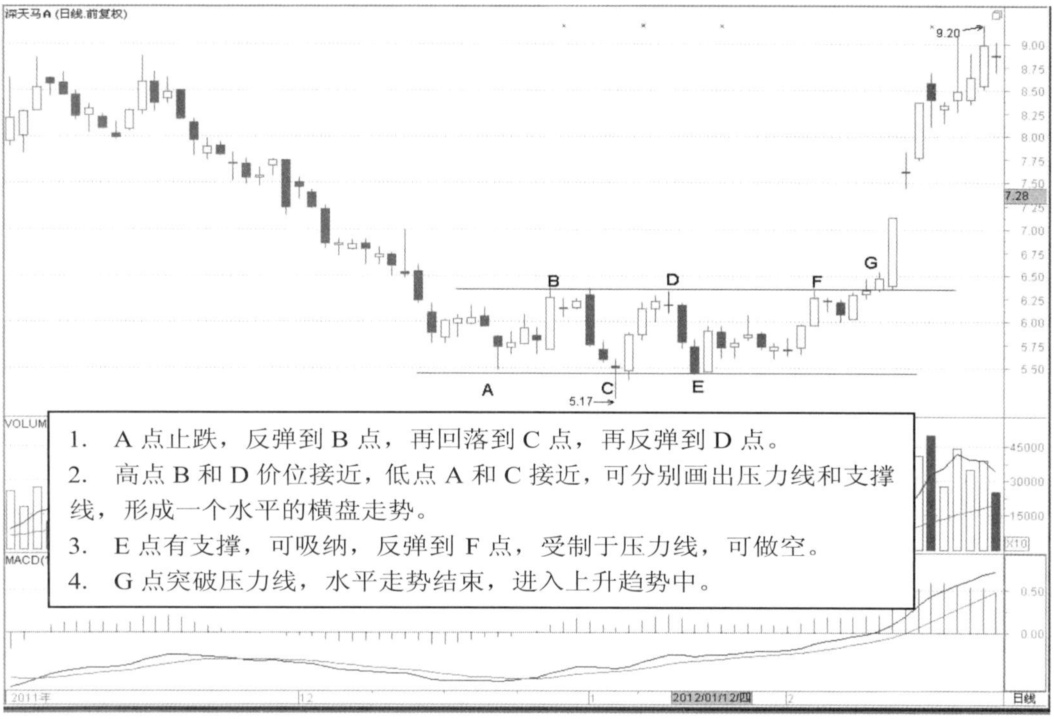
深天马A (日线,前复权)
9.20
B
D
F
G
A
C
E
5.17
1. A点止跌，反弹到B点，再回落到C点，再反弹到D点。
2. 高点B和D价位接近，低点A和C接近，可分别画出压力线和支撑线，形成一个水平的横盘走势。
3. E点有支撑，可吸纳，反弹到F点，受制于压力线，可做空。
4. G点突破压力线，水平走势结束，进入上升趋势中。
2011年
2012/01/12/四
日线

深天马 A

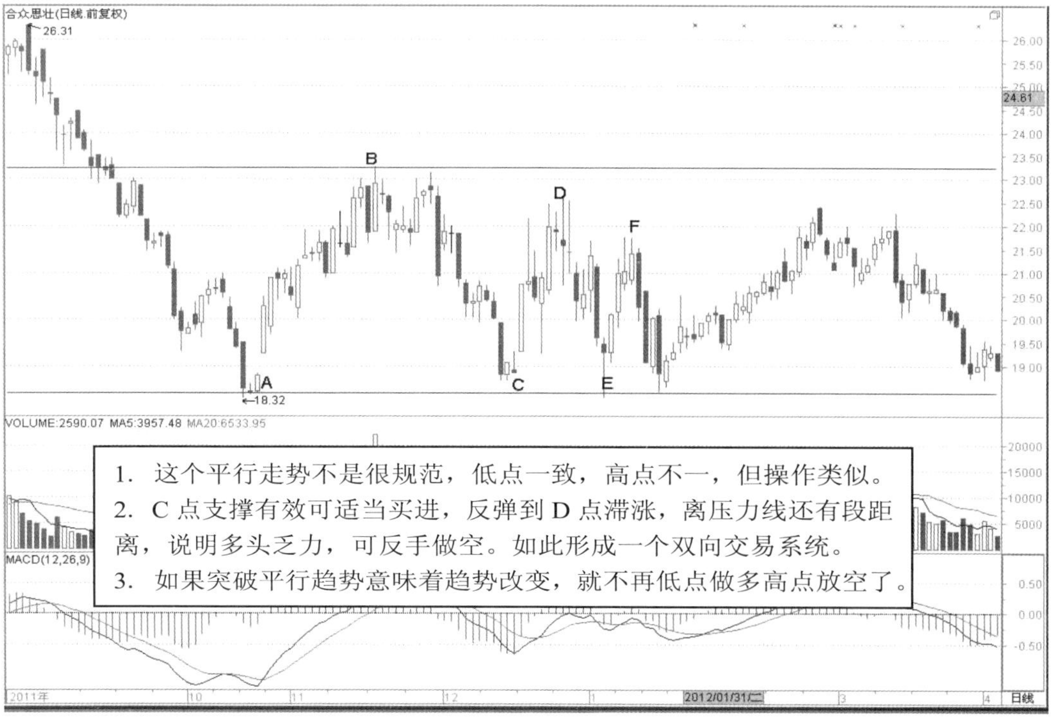
合众思壮(日线,前复权)
26.31
B
D
F
A
C
E
18.32
VOLUME:2590.07 MA5:3957.48 MA20:6533.95
MACD(12,26,9)
1. 这个平行走势不是很规范，低点一致，高点不一，但操作类似。
2. C点支撑有效可适当买进，反弹到D点滞涨，离压力线还有段距离，说明多头乏力，可反手做空。如此形成一个双向交易系统。
3. 如果突破平行趋势意味着趋势改变，就不再低点做多高点放空了。
2011年
2012/01/31/二
日线

合众思壮

电广传媒(日线,前复权)
16.07
A
B
C
D
E
11.12
1. 不仅仅平行趋势可以形成双向交易，上升趋势或者下降趋势都可以形成双向交易。
2. 如A、B、C三点形成下降通道后可以根据上轨和下轨进行双向交易。
3. D点跌破下轨后很快强势回升，为假跌破，可适当抢反弹，到E点冲高回落，可反手做空。
2012/06/19/二

电广传媒

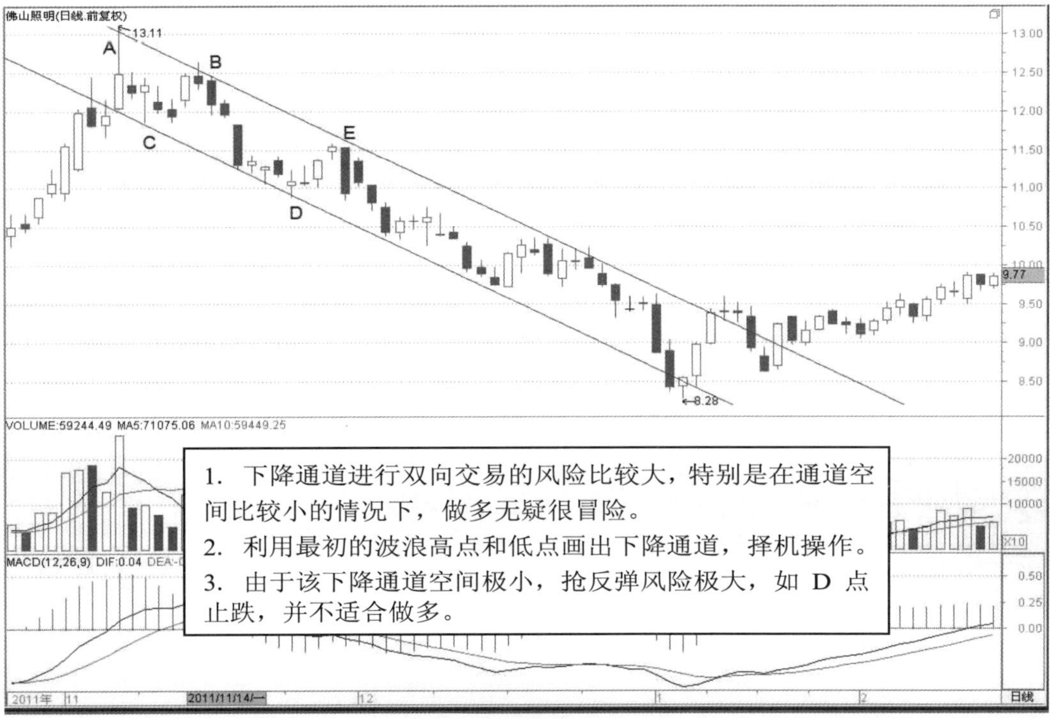
佛山照明(日线,前复权)
13.11
A
B
C
D
E
8.28
VOLUME:59244.49 MA5:71075.06 MA10:59449.25
1. 下降通道进行双向交易的风险比较大，特别是在通道空间比较小的情况下，做多无疑很冒险。
2. 利用最初的波浪高点和低点画出下降通道，择机操作。
3. 由于该下降通道空间极小，抢反弹风险极大，如D点止跌，并不适合做多。
2011/11/14/一

佛山照明

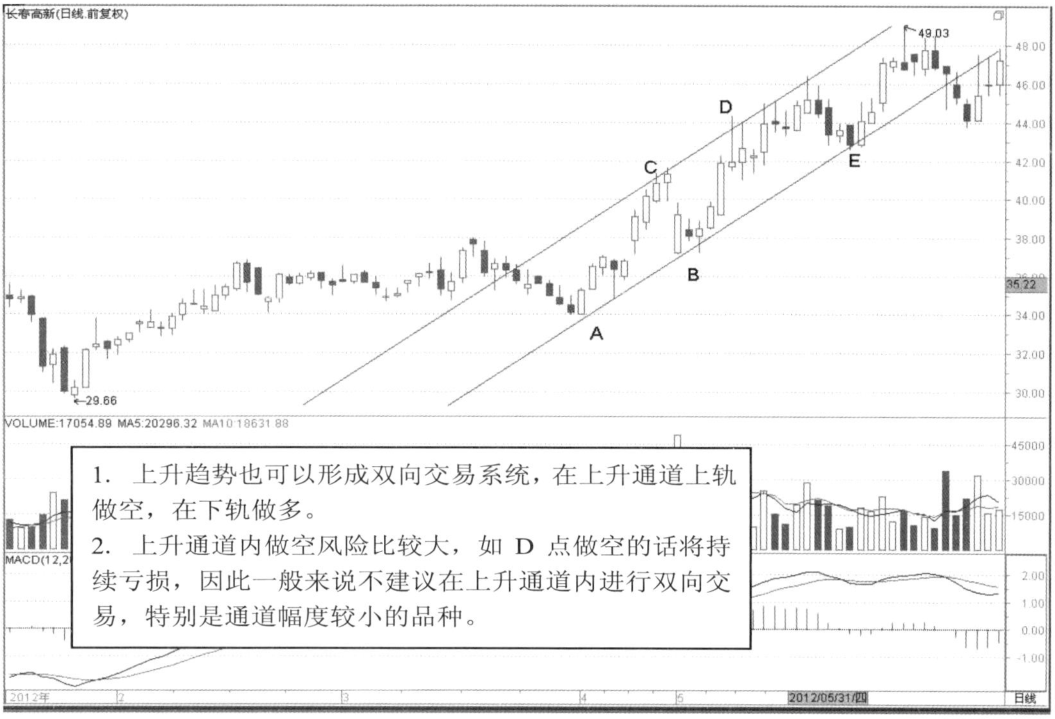
长春高新(日线,前复权)
49.03
D
C
E
B
A
29.66
VOLUME:17054.89 MA5:20296.32 MA10:18631.88
1. 上升趋势也可以形成双向交易系统，在上升通道上轨做空，在下轨做多。
2. 上升通道内做空风险比较大，如 D 点做空的话将持续亏损，因此一般来说不建议在上升通道内进行双向交易，特别是通道幅度较小的品种。
2012/05/31/四
日线

长春高新

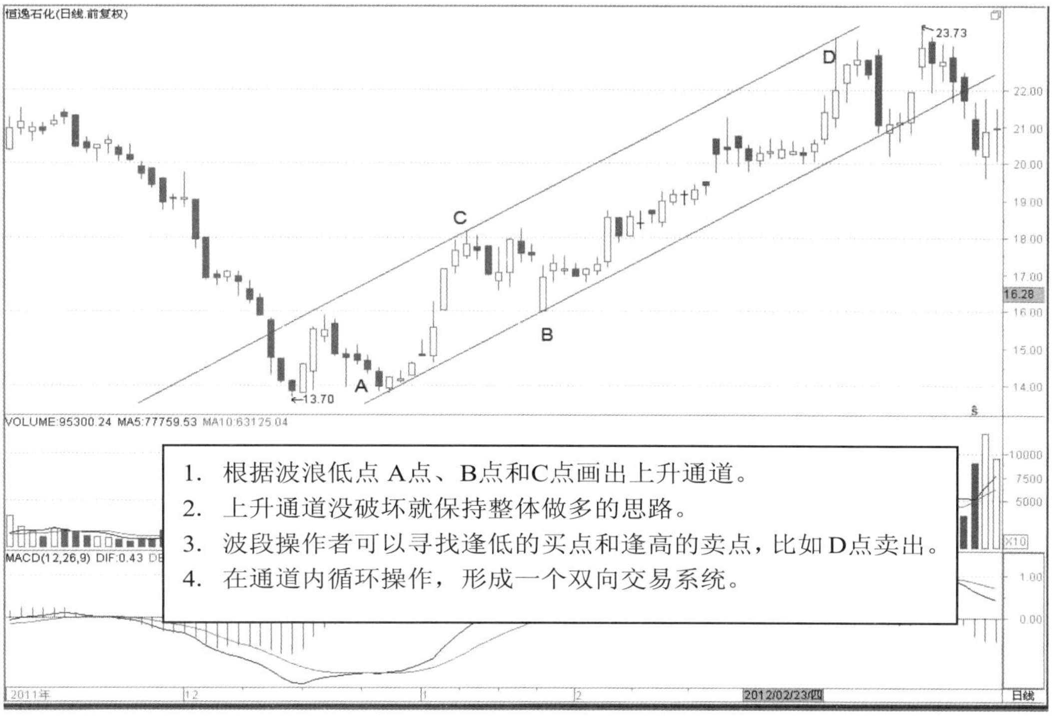
恒逸石化(日线,前复权)
23.73
D
C
B
A
13.70
VOLUME:95300.24 MA5:77759.53 MA10:63125.04
1. 根据波浪低点 A点、B点和C点画出上升通道。
2. 上升通道没破坏就保持整体做多的思路。
3. 波段操作者可以寻找逢低的买点和逢高的卖点，比如D点卖出。
4. 在通道内循环操作，形成一个双向交易系统。
2012/02/23/四
日线

恒逸石化

第二章 趋势类型

分清趋势的类型是把握交易方向的基础。投资者经常犯的错误就是操作反了，其根本原因是没有准确判断趋势的方向。而交易方向错误的一个缘由是没有理清时间周期，导致忽视大时间周期而试图去把握小时间周期，出现错误就在所难免了。

一、上升趋势

上升趋势即波浪低点抬高，高点继续抬高的走势。可以根据波浪低点画出上升趋势线，当股价回到该趋势线上止跌的时候可以低吸做多。

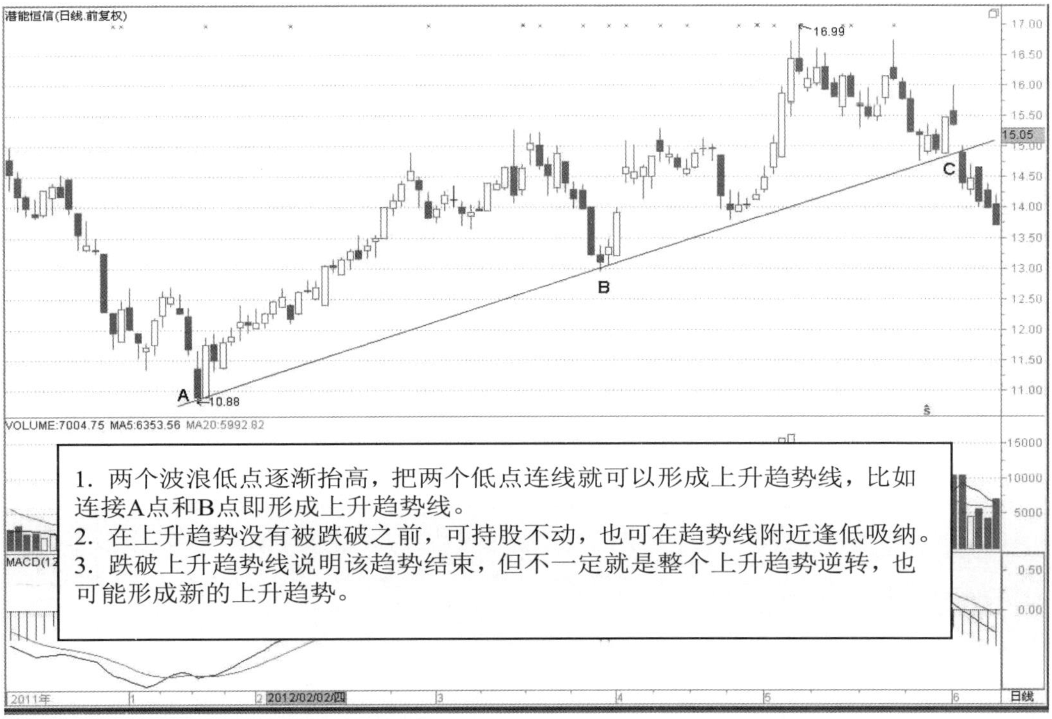

潜能恒信 1

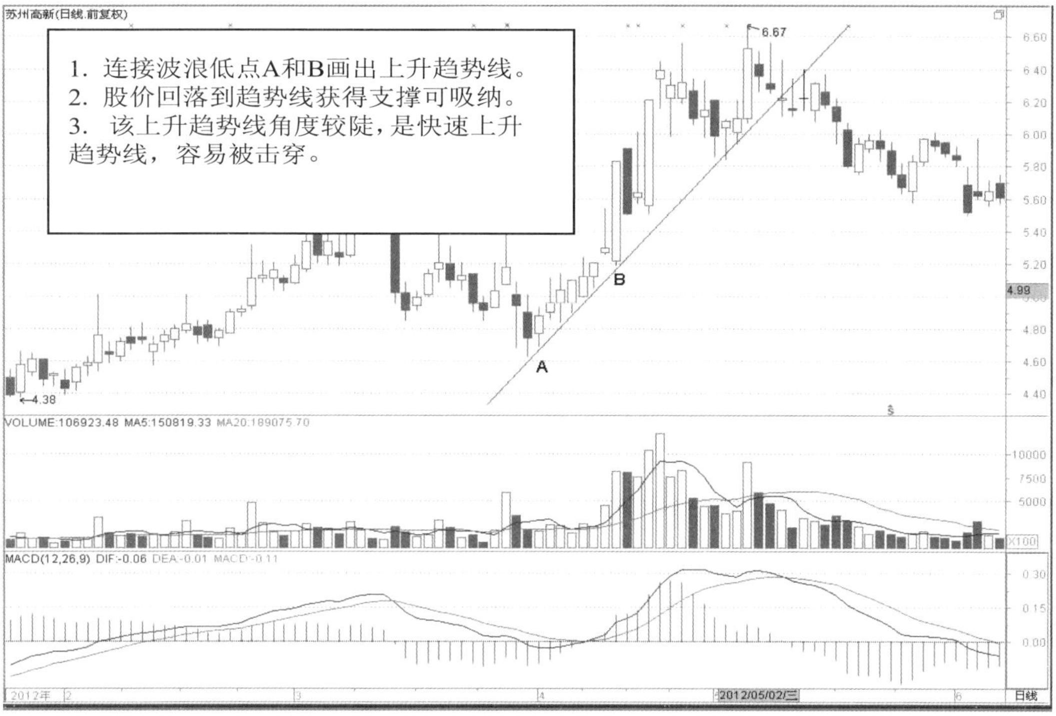
苏州高新(日线,前复权)
1. 连接波浪低点A和B画出上升趋势线。
2. 股价回落到趋势线获得支撑可吸纳。
3. 该上升趋势线角度较陡，是快速上升趋势线，容易被击穿。
6.67
4.38
A
B
VOLUME:106923.48 MA5:150819.33 MA20:189075.70
MACD(12,26,9) DIF:-0.06 DEA:-0.01 MACD:-0.11
2012/05/02/三
日线

苏州高新

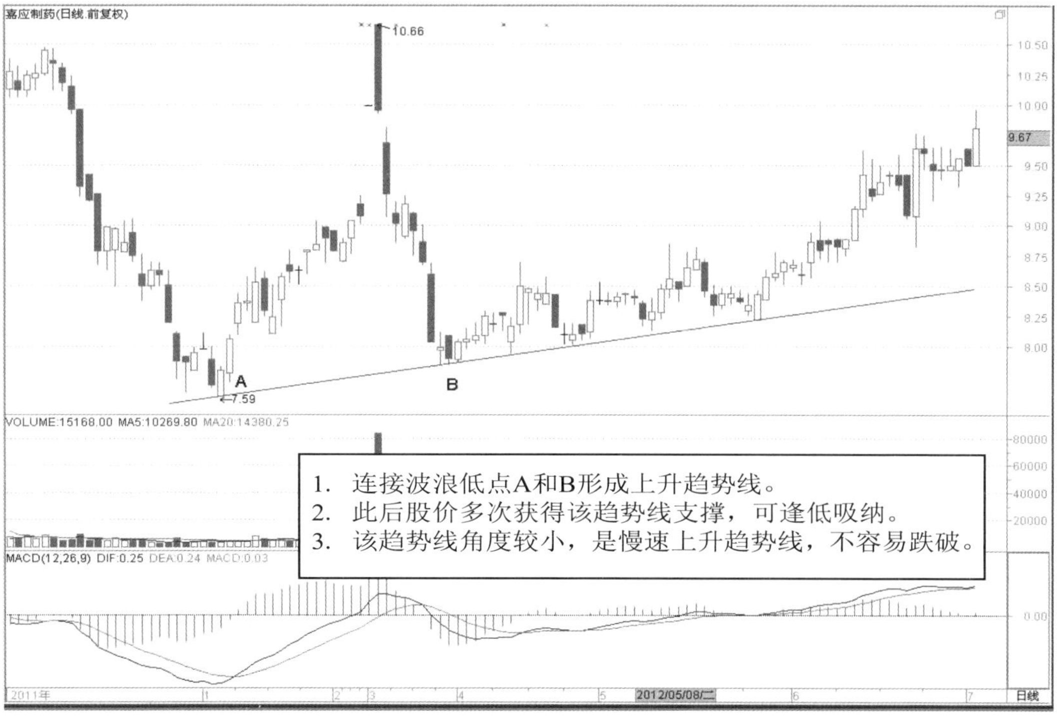
嘉应制药(日线,前复权)
10.66
7.59
A
B
VOLUME:15168.00 MA5:10269.80 MA20:14380.25
1. 连接波浪低点A和B形成上升趋势线。
2. 此后股价多次获得该趋势线支撑，可逢低吸纳。
3. 该趋势线角度较小，是慢速上升趋势线，不容易跌破。
MACD(12,26,9) DIF:0.25 DEA:0.24 MACD:0.03
2012/05/08/二
日线

嘉应制药

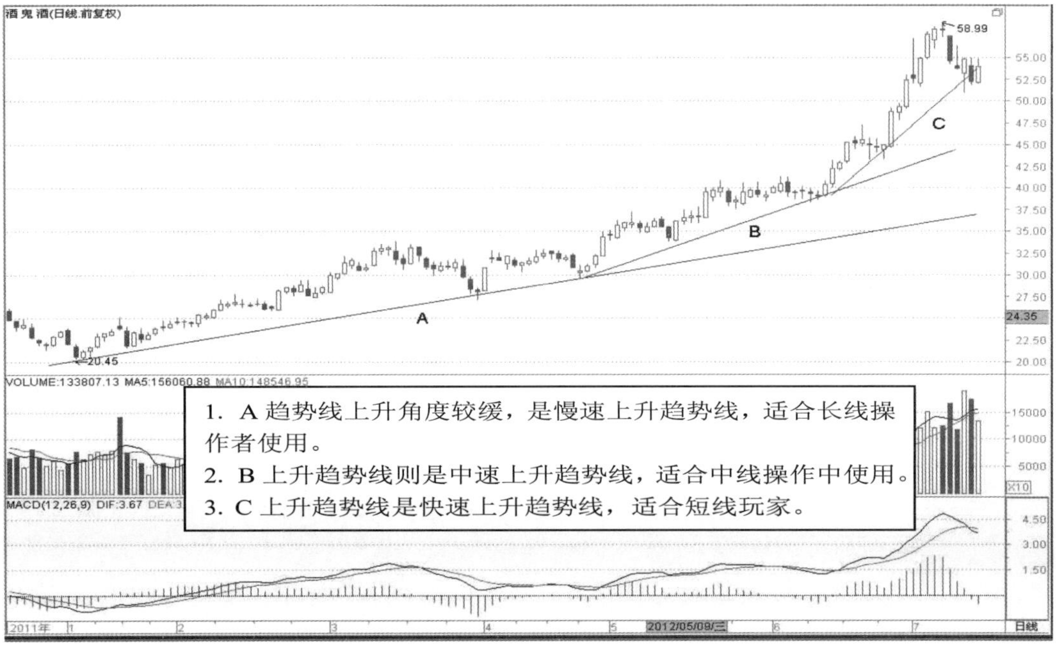

酒鬼酒

二、下降趋势

下降趋势即波浪高点降低，低点继续降低的走势。可以根据波浪高点画出下降趋势线。当股价反弹到该趋势线下方滞涨的时候可以高抛做空。

上海普天

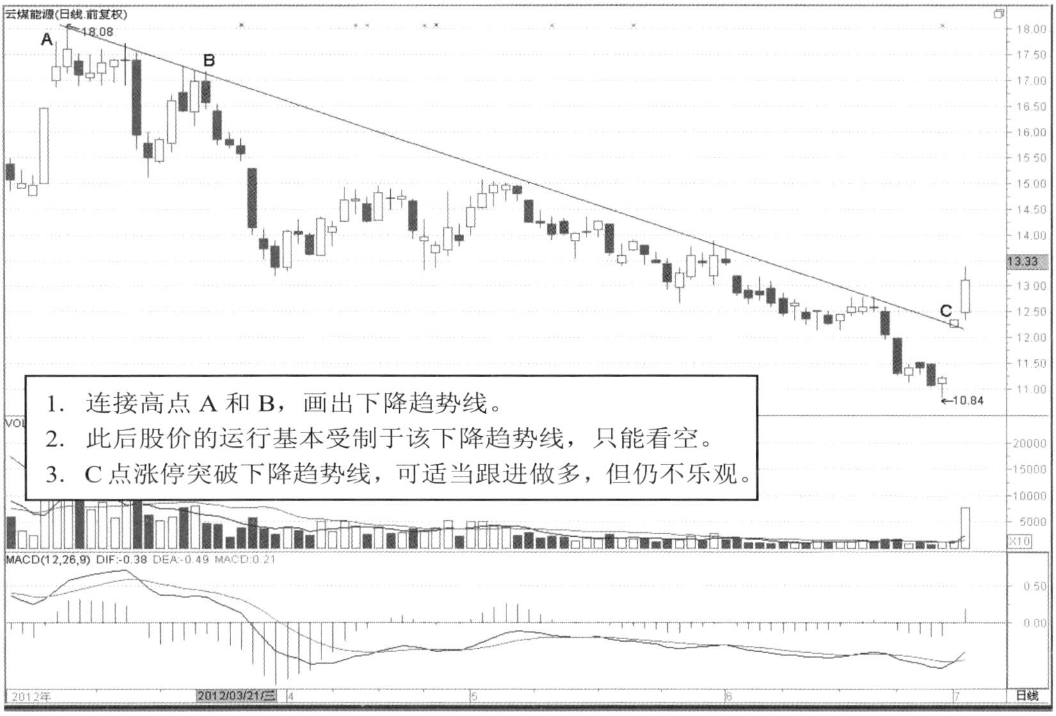
云煤能源(日线,前复权)
A
B
C
18.08
10.84
13.33
1. 连接高点 A 和 B，画出下降趋势线。
2. 此后股价的运行基本受制于该下降趋势线，只能看空。
3. C 点涨停突破下降趋势线，可适当跟进做多，但仍不乐观。
MACD(12,26,9) DIF:-0.38 DEA:-0.49 MACD:0.21
2012年
2012/03/21/三
日线

云煤能源

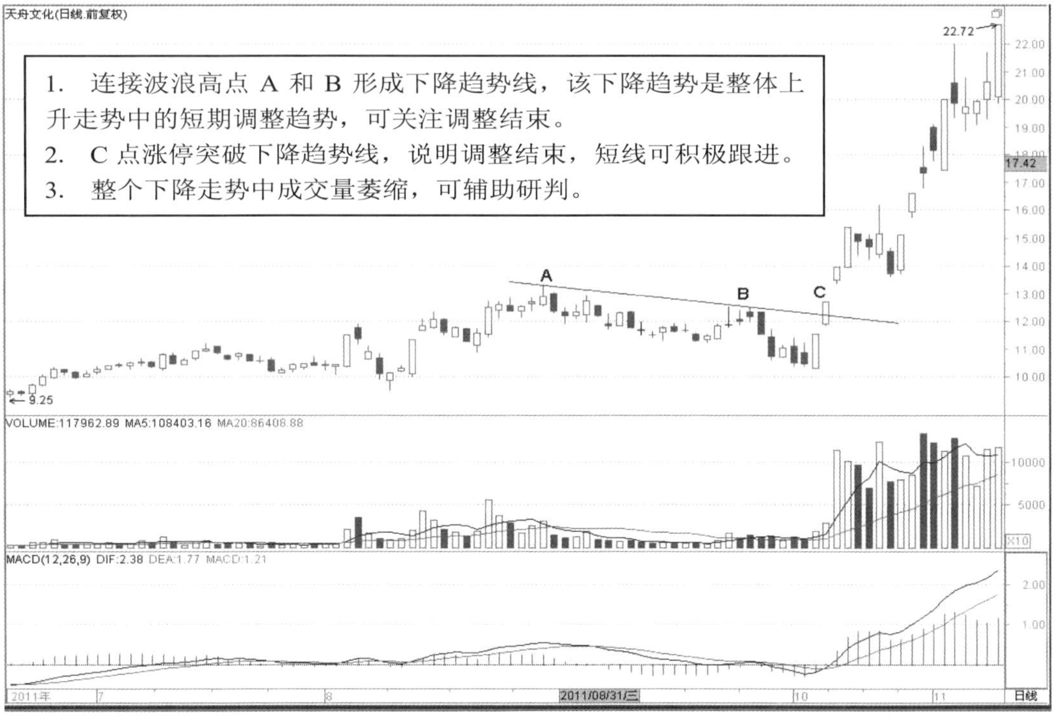
天舟文化(日线,前复权)
1. 连接波浪高点 A 和 B 形成下降趋势线，该下降趋势是整体上升走势中的短期调整趋势，可关注调整结束。
2. C 点涨停突破下降趋势线，说明调整结束，短线可积极跟进。
3. 整个下降走势中成交量萎缩，可辅助研判。
A
B
C
22.72
9.25
17.42
VOLUME:117962.89 MA5:108403.16 MA20:86408.88
MACD(12,26,9) DIF:2.38 DEA:1.77 MACD:1.21
2011年
2011/08/31/三
日线

天舟文化

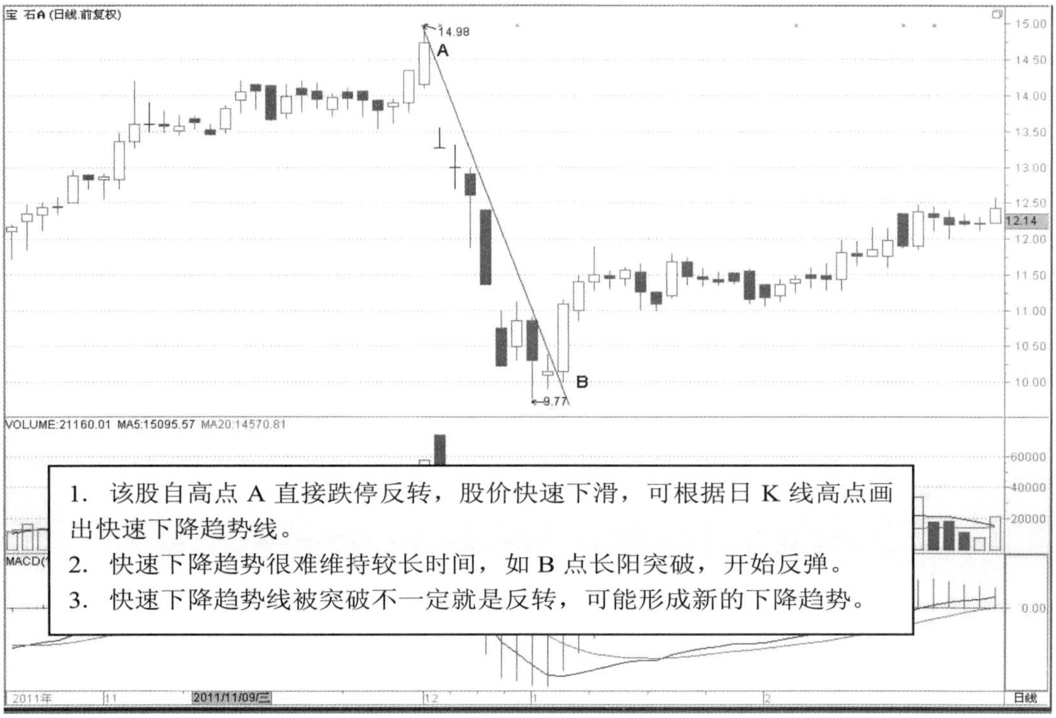
宝 石A(日线,前复权)
14.98
A
B
9.77
VOLUME:21160.01 MA5:15095.57 MA20:14570.81
1. 该股自高点 A 直接跌停反转，股价快速下滑，可根据日 K 线高点画出快速下降趋势线。
2. 快速下降趋势很难维持较长时间，如 B 点长阳突破，开始反弹。
3. 快速下降趋势线被突破不一定就是反转，可能形成新的下降趋势。
2011年
2011/11/09/三
日线

宝石 A

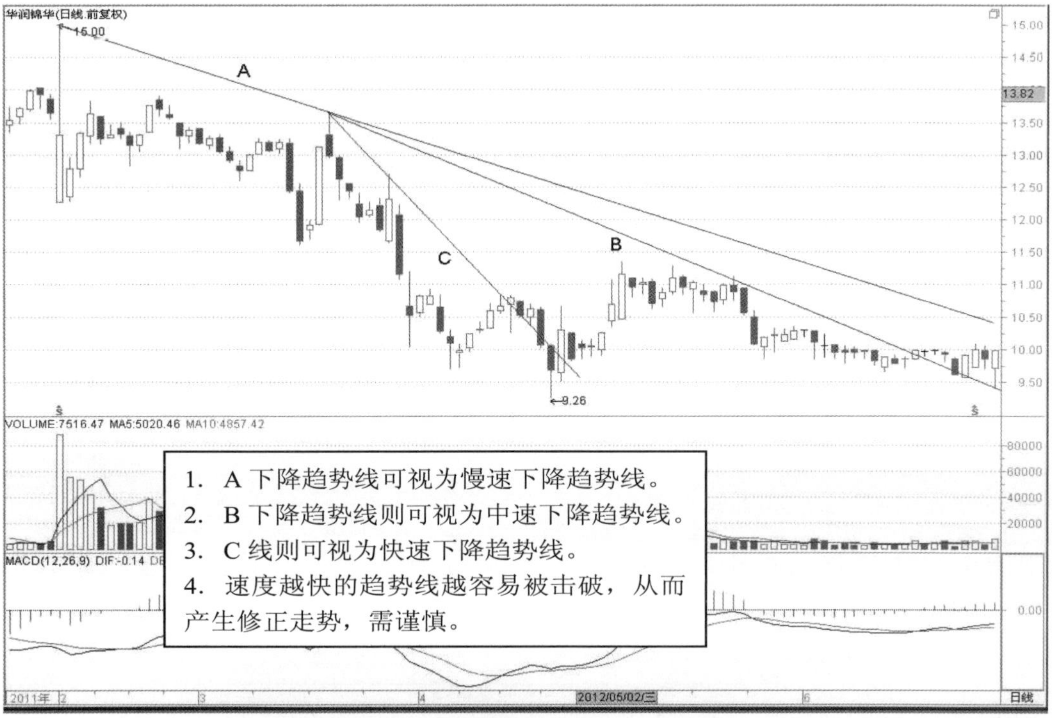
华润锦华(日线,前复权)
15.00
A
B
C
9.26
VOLUME:7516.47 MA5:5020.46 MA10:4857.42
MACD(12,26,9) DIF:-0.14
1. A 下降趋势线可视为慢速下降趋势线。
2. B 下降趋势线则可视为中速下降趋势线。
3. C 线则可视为快速下降趋势线。
4. 速度越快的趋势线越容易被击破，从而产生修正走势，需谨慎。
2011年
2012/05/02/三
日线

华润锦华

三、平行趋势

平行趋势即俗称的盘整走势，也叫箱体走势。股价在一个区间内震荡，高点基本一致，低点也基本一致。

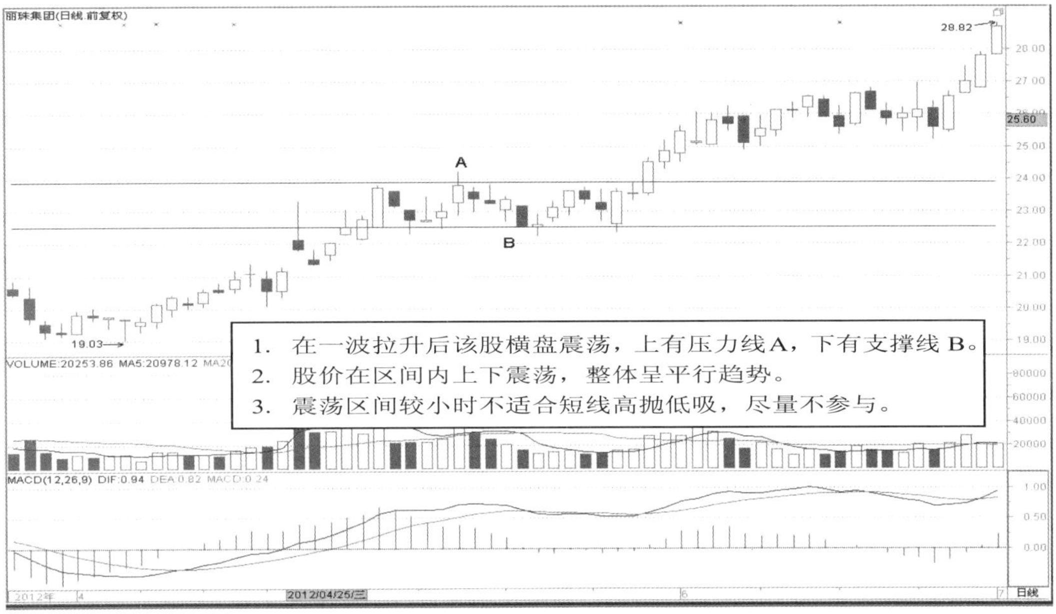

丽珠集团

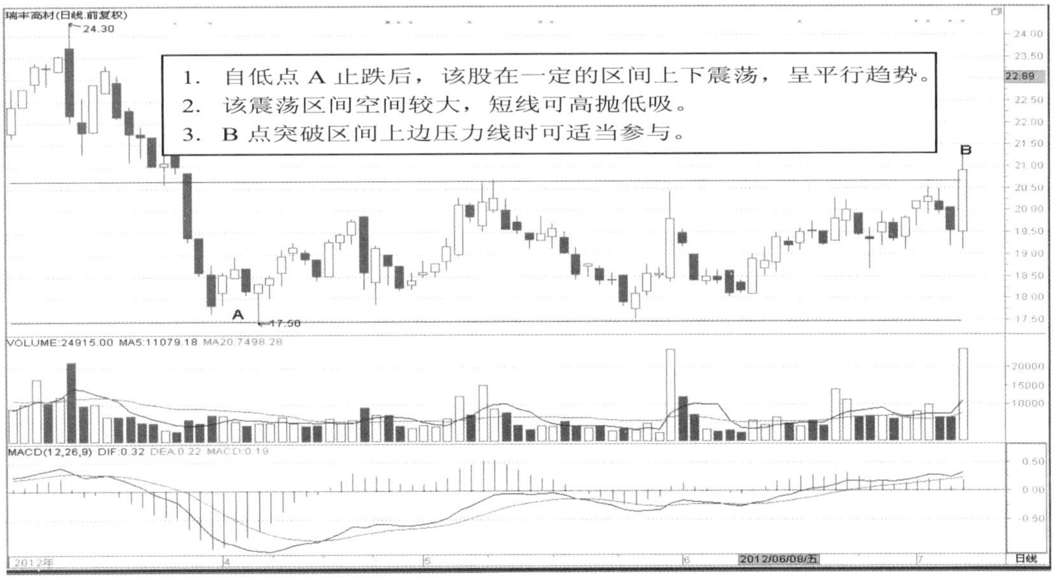

瑞丰高材

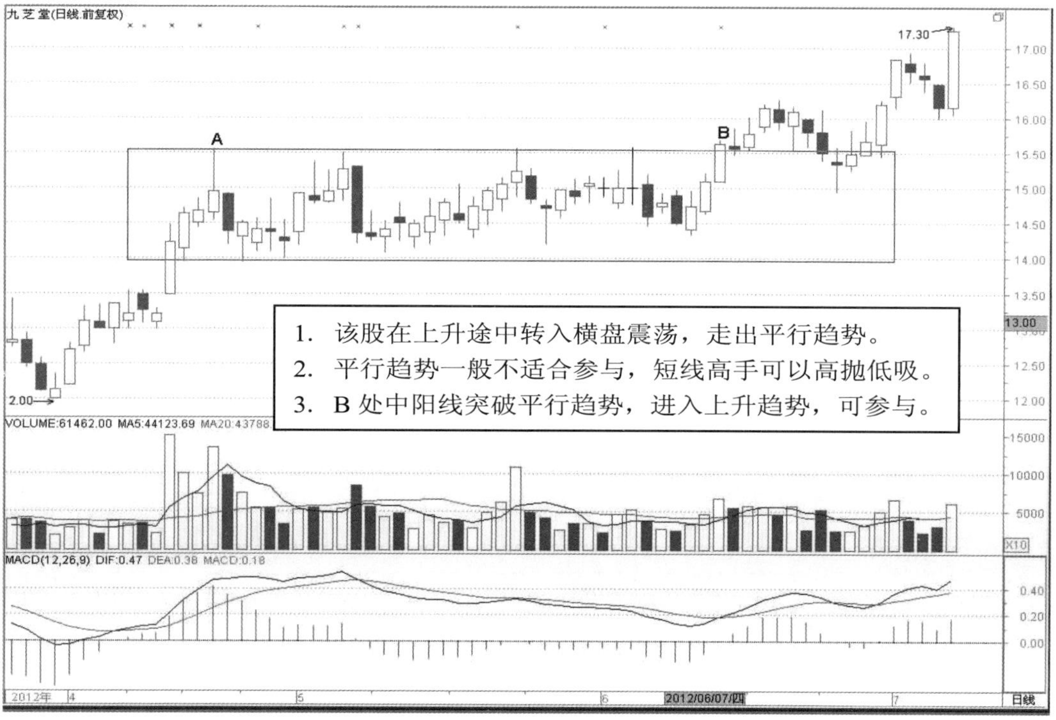
九芝堂(日线.前复权)
17.30
A
B
2.00
1. 该股在上升途中转入横盘震荡，走出平行趋势。
2. 平行趋势一般不适合参与，短线高手可以高抛低吸。
3. B处中阳线突破平行趋势，进入上升趋势，可参与。
VOLUME:61462.00 MA5:44123.69 MA20:43788
MACD(12,26,9) DIF:0.47 DEA:0.38 MACD:0.18
2012/06/07/四

九芝堂

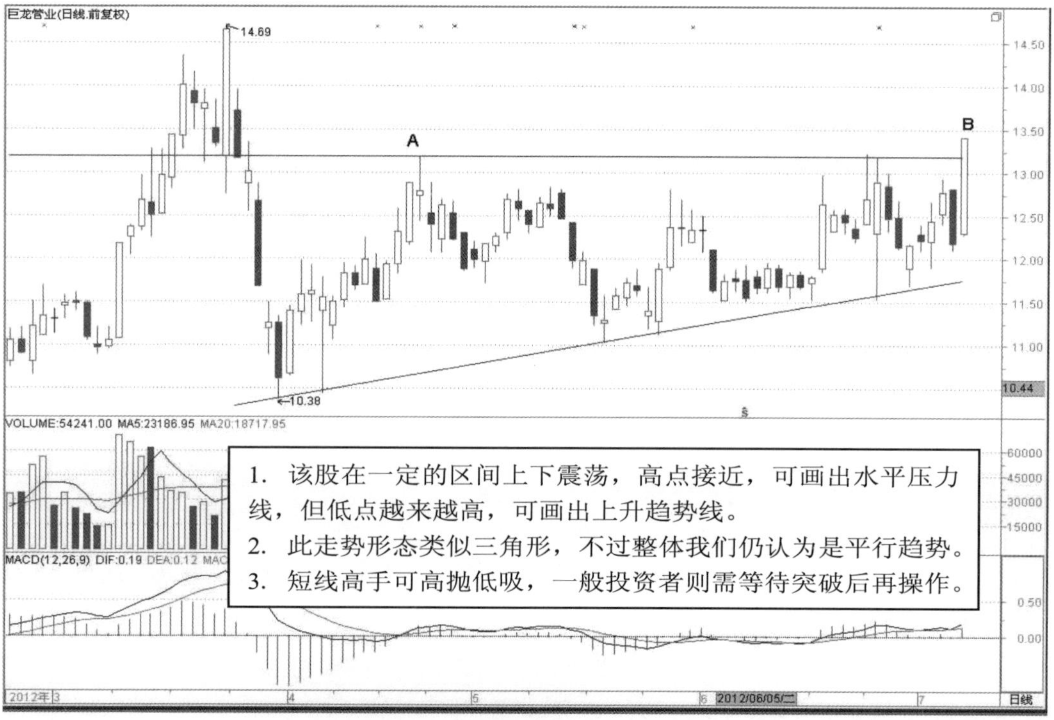
巨龙管业(日线.前复权)
14.69
A
B
10.38
VOLUME:54241.00 MA5:23186.95 MA20:18717.95
MACD(12,26,9) DIF:0.19 DEA:0.12
1. 该股在一定的区间上下震荡，高点接近，可画出水平压力线，但低点越来越高，可画出上升趋势线。
2. 此走势形态类似三角形，不过整体我们仍认为是平行趋势。
3. 短线高手可高抛低吸，一般投资者则需等待突破后再操作。
2012/06/05/二

巨龙管业

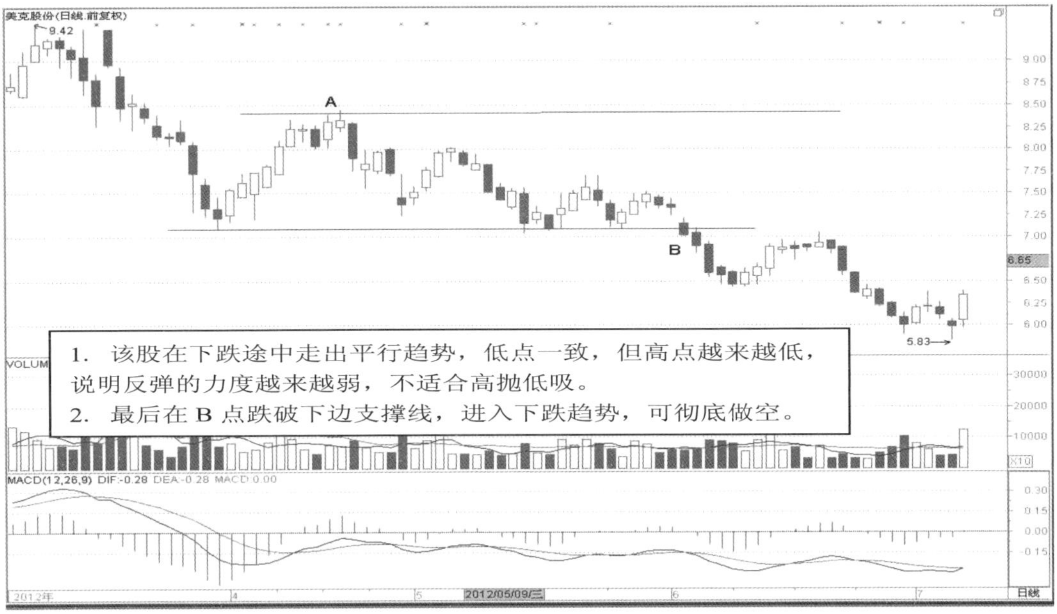

美克股份

四、短期趋势

短期趋势线是一个相对的概念，通常指 20 天以内的走势，也可以稍长。

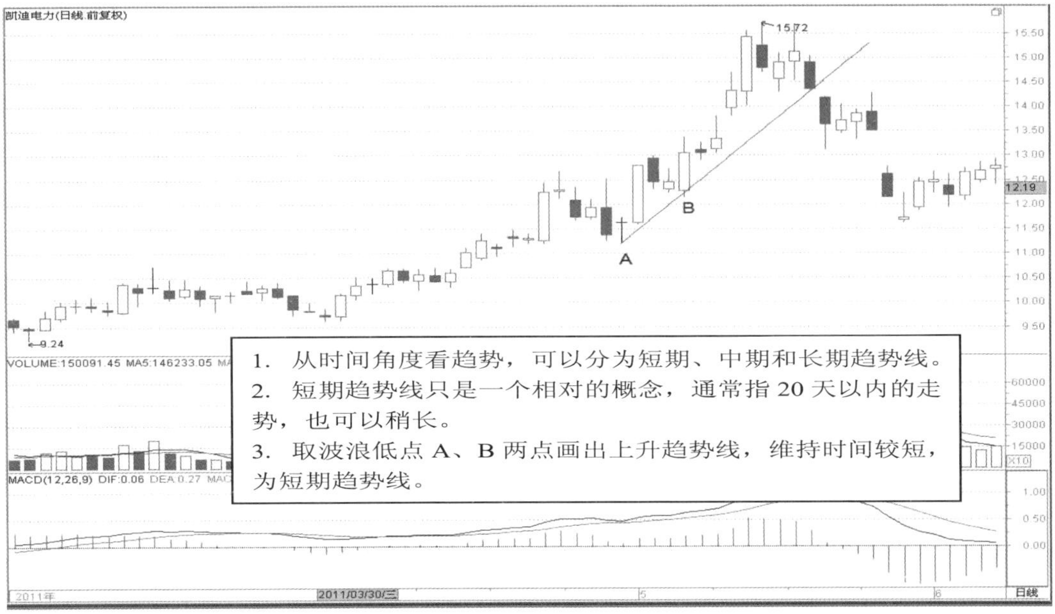

凯迪电力

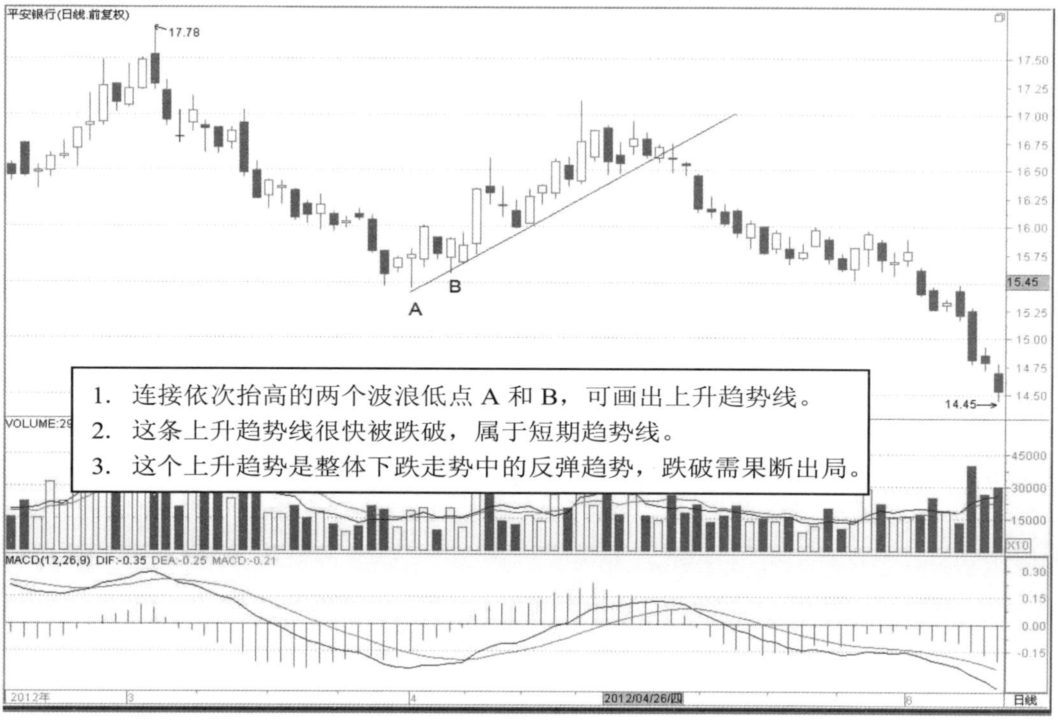
平安银行(日线,前复权)
17.78
A
B
1. 连接依次抬高的两个波浪低点 A 和 B，可画出上升趋势线。
2. 这条上升趋势线很快被跌破，属于短期趋势线。
3. 这个上升趋势是整体下跌走势中的反弹趋势，跌破需果断出局。
14.45
MACD(12,26,9) DIF:-0.35 DEA:-0.25 MACD:-0.21
2012/04/26/四
日线

平安银行

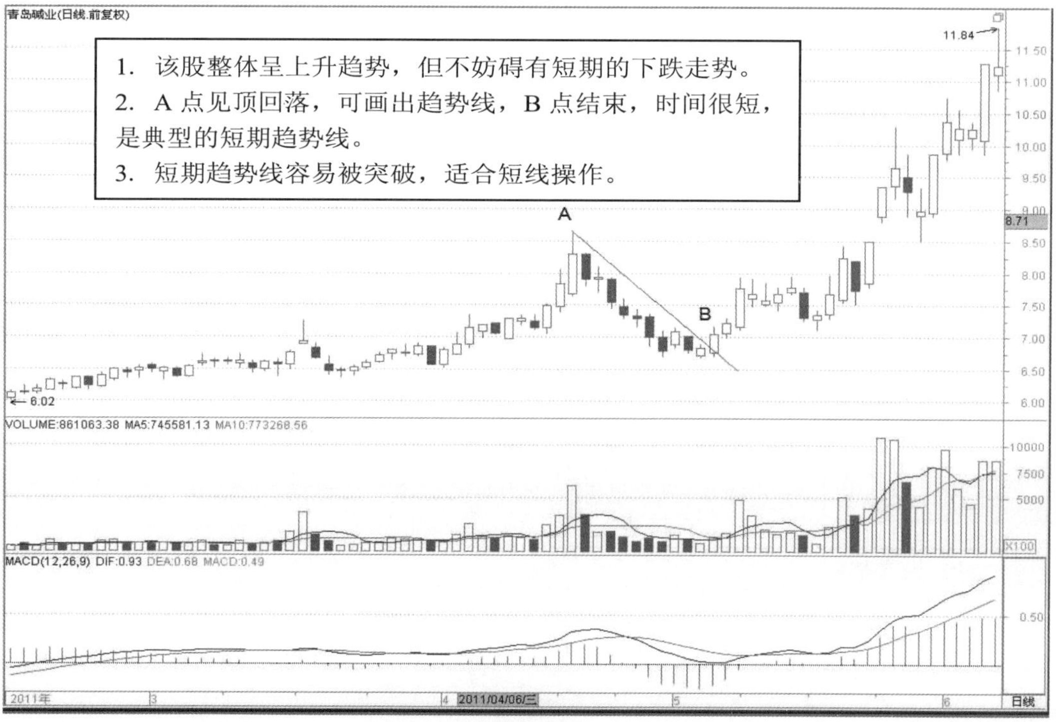
青岛碱业(日线,前复权)
11.84
1. 该股整体呈上升趋势，但不妨碍有短期的下跌走势。
2. A 点见顶回落，可画出趋势线，B 点结束，时间很短，是典型的短期趋势线。
3. 短期趋势线容易被突破，适合短线操作。
A
B
6.02
VOLUME:861063.38 MA5:745581.13 MA10:773268.56
MACD(12,26,9) DIF:0.93 DEA:0.68 MACD:0.49
2011/04/06/三
日线

青岛碱业

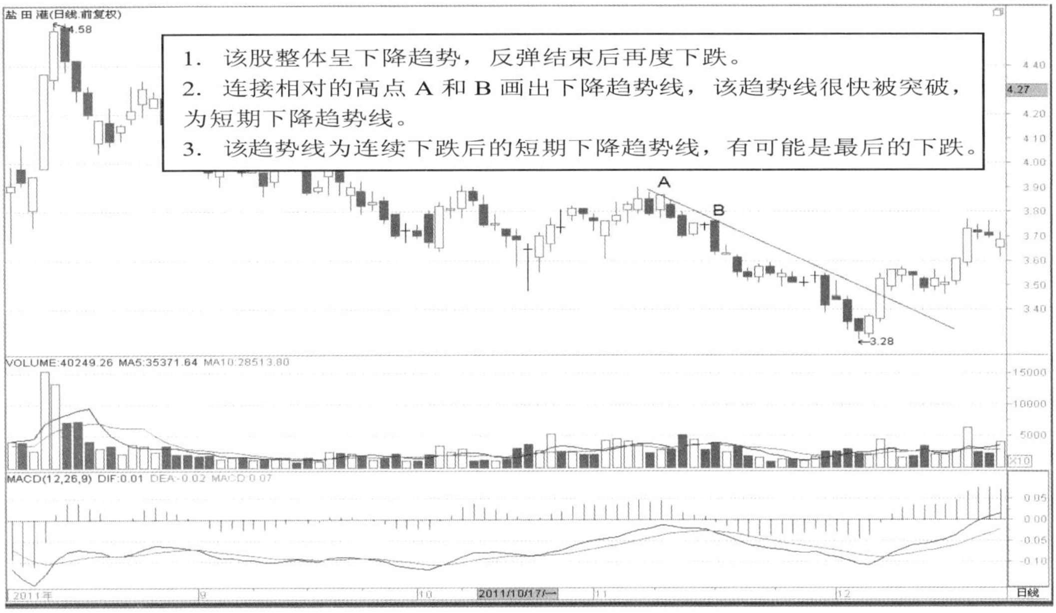

盐田港

五、中期趋势

中期趋势也是一个相对的概念，时间大约在 20～60 日之间，或者稍长。

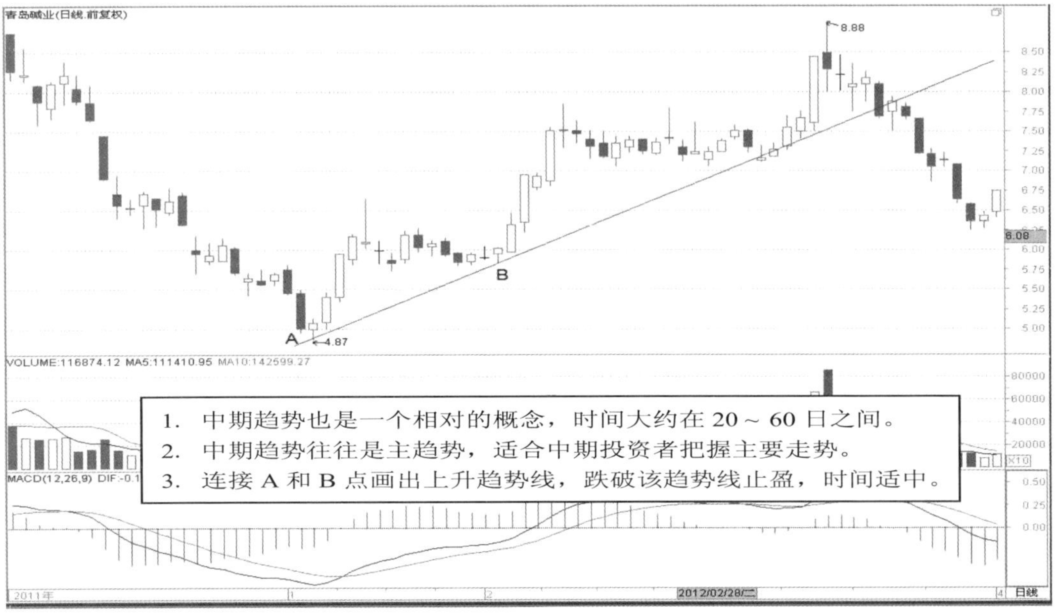

青岛碱业

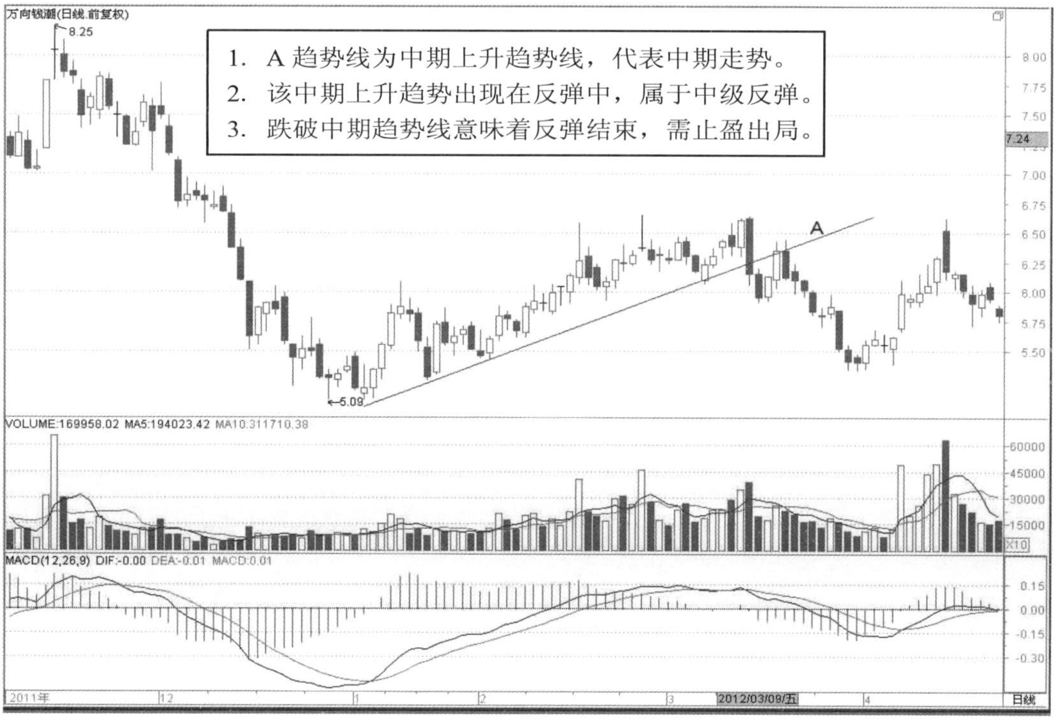
万向钱潮(日线,前复权)
8.25
1. A 趋势线为中期上升趋势线，代表中期走势。
2. 该中期上升趋势出现在反弹中，属于中级反弹。
3. 跌破中期趋势线意味着反弹结束，需止盈出局。
A
5.09
VOLUME:169958.02 MA5:194023.42 MA10:311710.38
MACD(12,26,9) DIF:-0.00 DEA:-0.01 MACD:0.01
2011年
2012/03/09/五
日线

万向钱潮

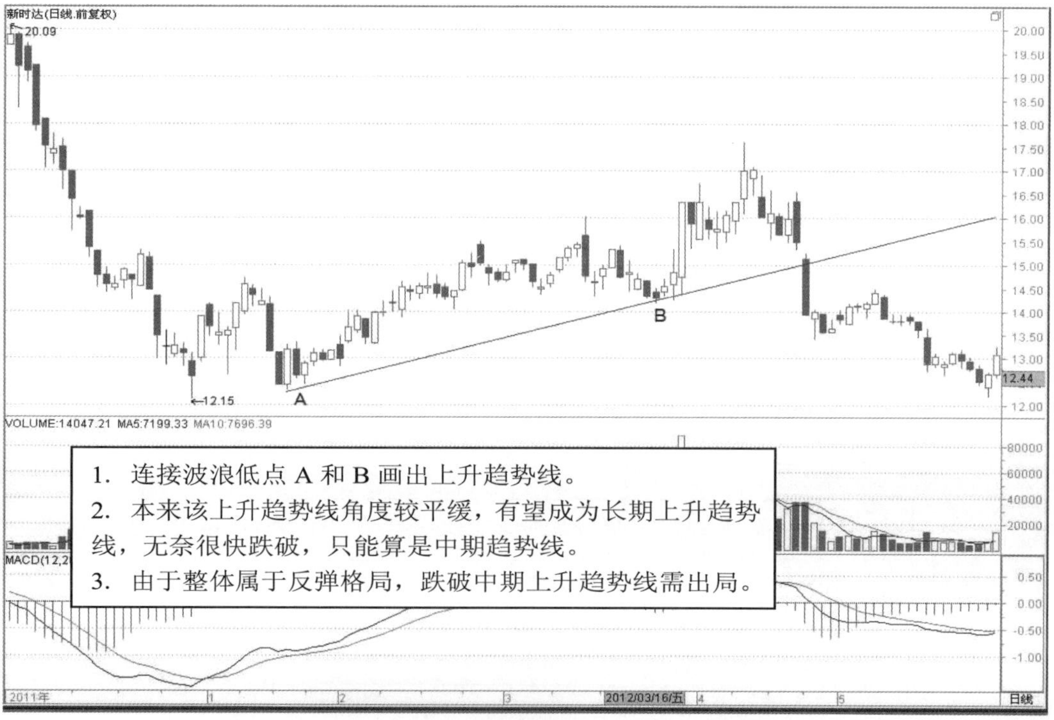
新时达(日线,前复权)
20.09
B
A
12.15
12.44
VOLUME:14047.21 MA5:7199.33 MA10:7696.39
1. 连接波浪低点 A 和 B 画出上升趋势线。
2. 本来该上升趋势线角度较平缓，有望成为长期上升趋势线，无奈很快跌破，只能算是中期趋势线。
3. 由于整体属于反弹格局，跌破中期上升趋势线需出局。
2011年
2012/03/16/五
日线

新时达

苏常柴A (日线,前复权)
7.24
A
B
4.52
5.93
VOLUME:107008.42 MA5:105424.70 MA10:63689.05
1. 连接波浪高点 A 和 B 画出趋势线，此后向上突破，为中期趋势线。
2. 中期下降趋势期间只能看空做空，不可盲目做反弹。
3. 最后向上突破，但不意味着立刻进入上升趋势，还需看其他因素研判。
2011年
2012/01/12/四
日线

苏常柴 A

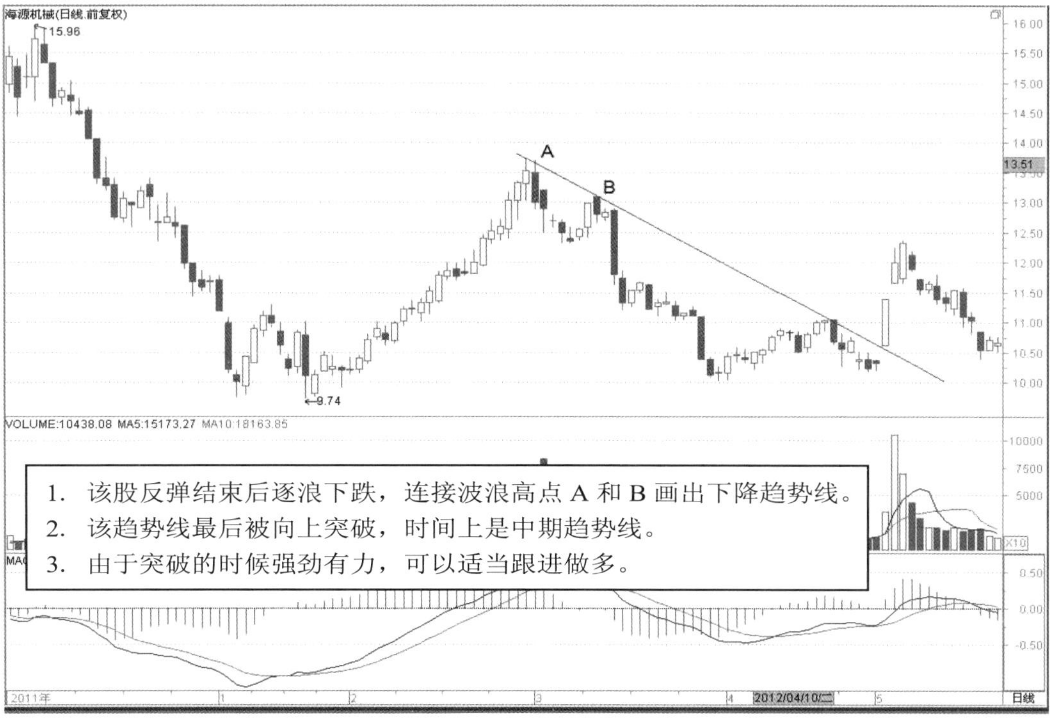
海源机械(日线,前复权)
15.96
A
B
9.74
13.51
VOLUME:10438.08 MA5:15173.27 MA10:18163.85
1. 该股反弹结束后逐浪下跌，连接波浪高点 A 和 B 画出下降趋势线。
2. 该趋势线最后被向上突破，时间上是中期趋势线。
3. 由于突破的时候强劲有力，可以适当跟进做多。
2011年
2012/04/10/二
日线

海源机械

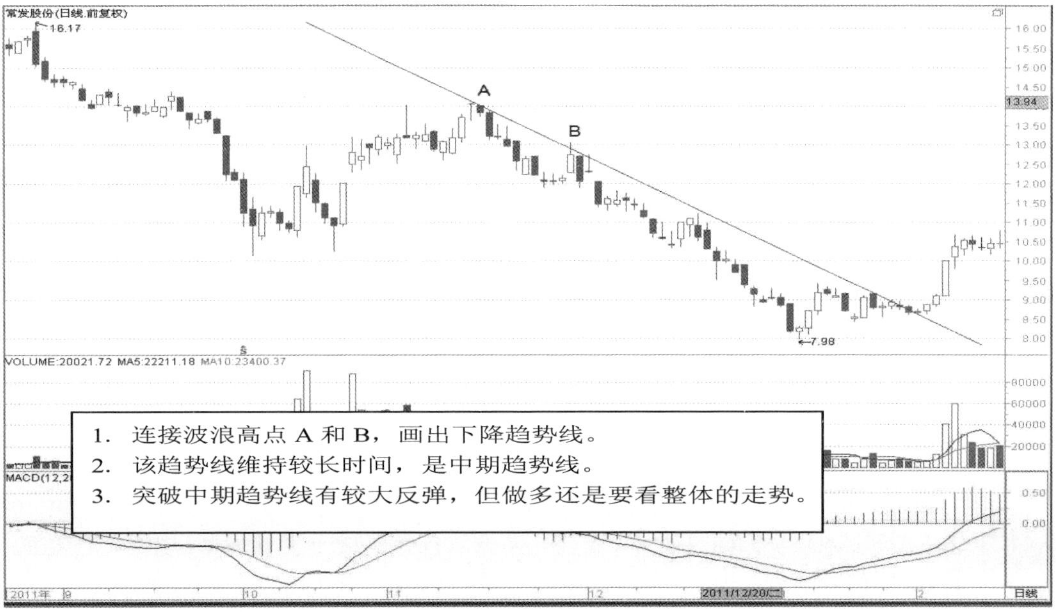

常发股份

六、长期趋势

长期趋势指时间在 60 日以上的趋势，理论上可以无限长。

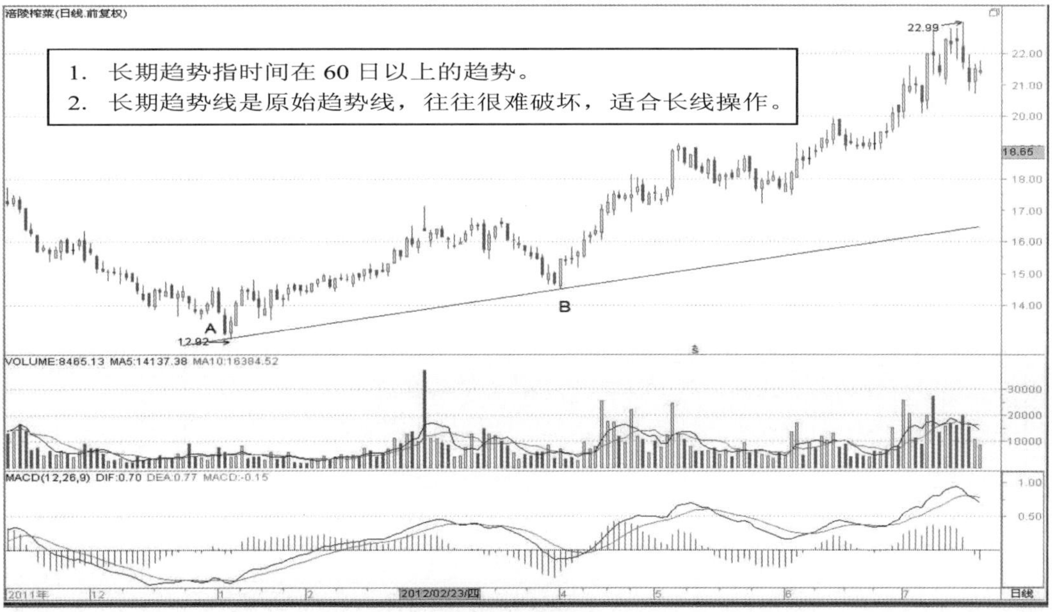

涪陵榨菜

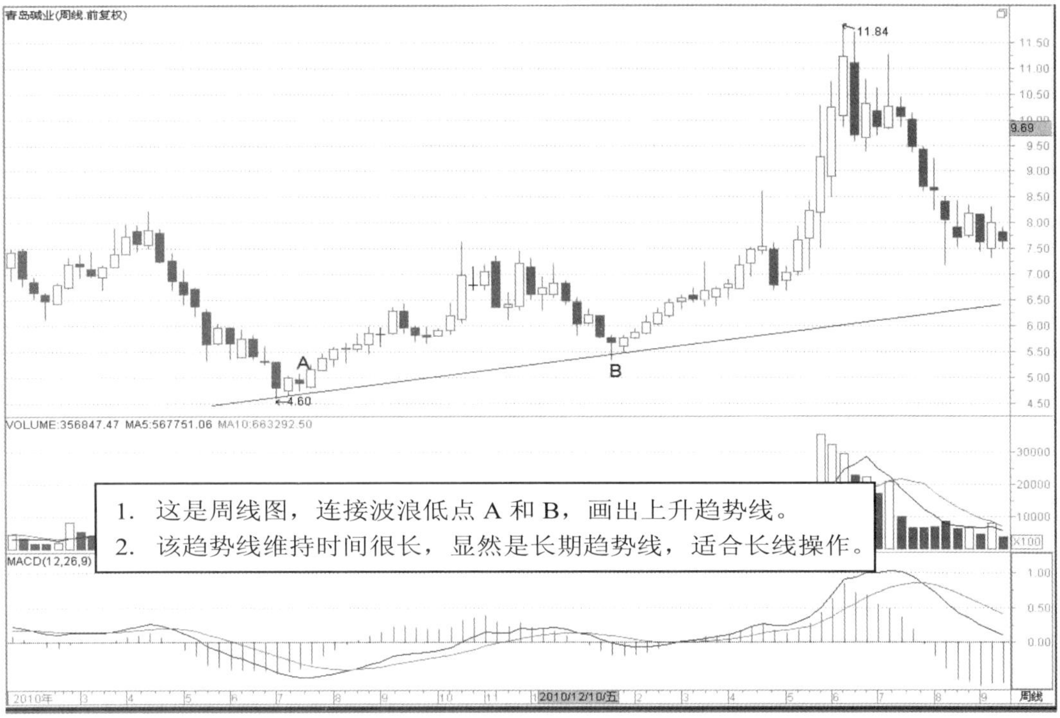
青岛碱业(周线.前复权)
11.84
A
B
4.60
VOLUME:356847.47 MA5:567751.06 MA10:663292.50
MACD(12,26,9)
1. 这是周线图，连接波浪低点 A 和 B，画出上升趋势线。
2. 该趋势线维持时间很长，显然是长期趋势线，适合长线操作。
2010/12/10/五
周线

青岛碱业

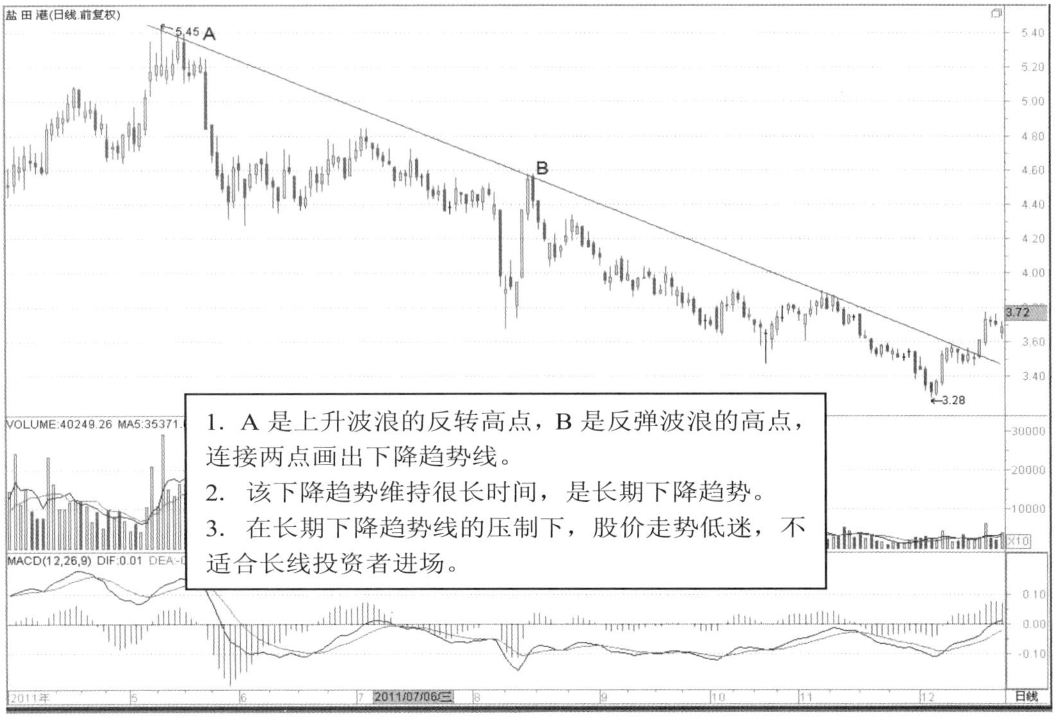
盐田港(日线.前复权)
5.45
A
B
3.28
3.72
VOLUME:40249.26
MACD(12,26,9) DIF:0.01
1. A 是上升波浪的反转高点，B 是反弹波浪的高点，连接两点画出下降趋势线。
2. 该下降趋势维持很长时间，是长期下降趋势。
3. 在长期下降趋势线的压制下，股价走势低迷，不适合长线投资者进场。
2011/07/06/三
日线

盐田港

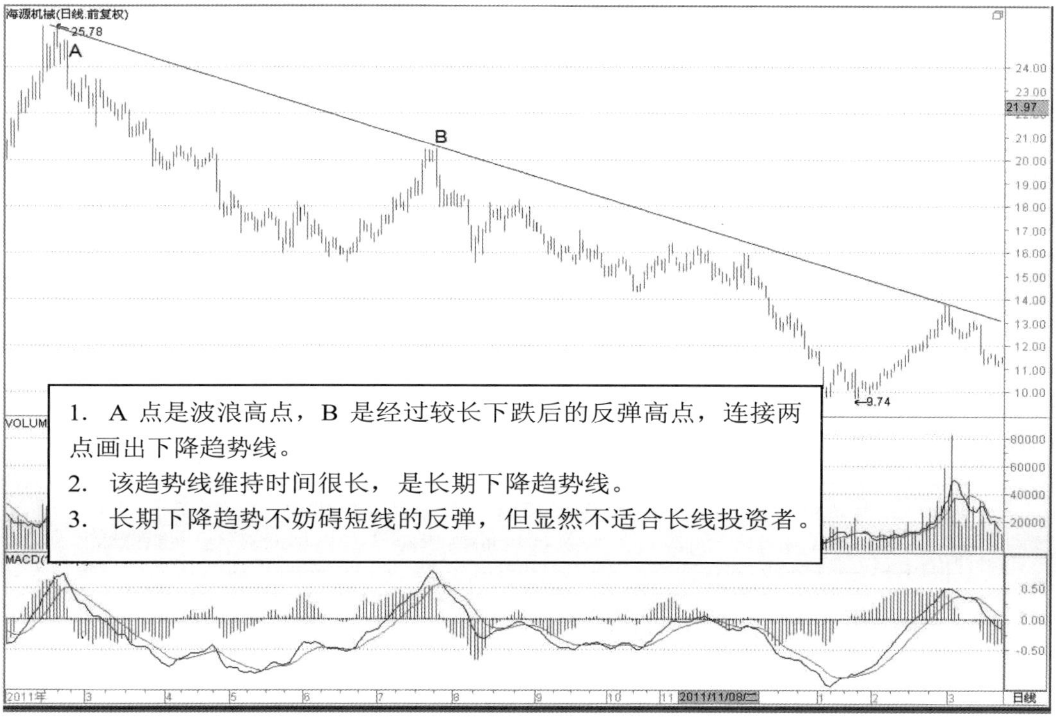
海源机械(日线,前复权)
25.78
A
B
9.74
1. A 点是波浪高点，B 是经过较长下跌后的反弹高点，连接两点画出下降趋势线。
2. 该趋势线维持时间很长，是长期下降趋势线。
3. 长期下降趋势不妨碍短线的反弹，但显然不适合长线投资者。
2011/11/08/二
日线

海源机械

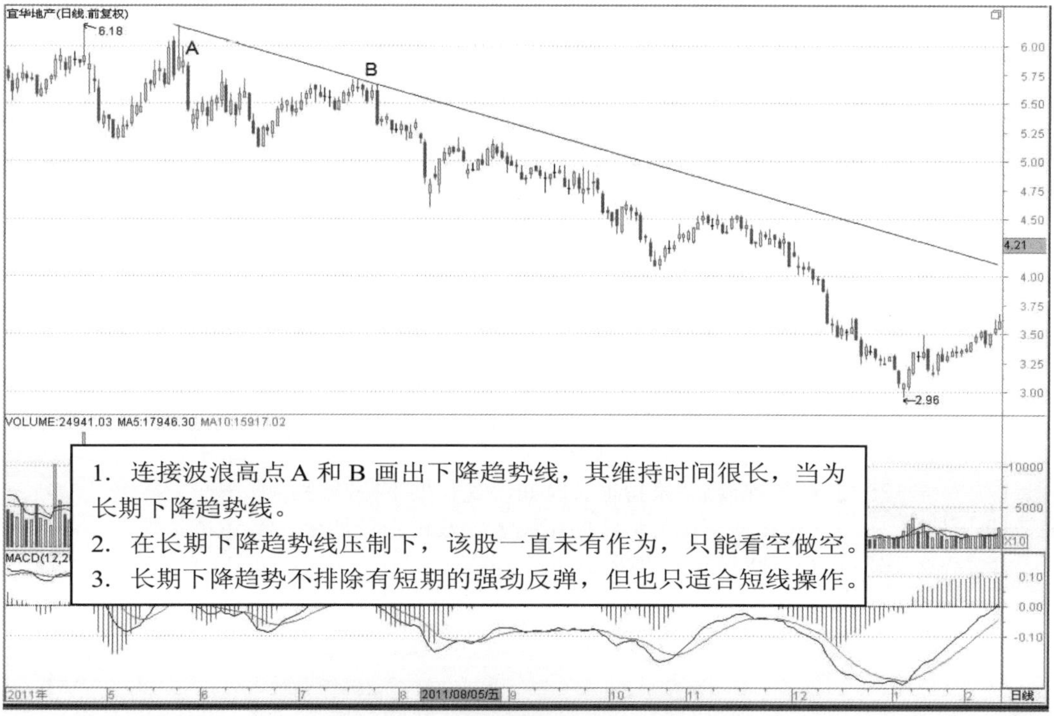
宜华地产(日线,前复权)
6.18
A
B
2.96
VOLUME:24941.03 MA5:17946.30 MA10:15917.02
1. 连接波浪高点 A 和 B 画出下降趋势线，其维持时间很长，当为长期下降趋势线。
2. 在长期下降趋势线压制下，该股一直未有作为，只能看空做空。
3. 长期下降趋势不排除有短期的强劲反弹，但也只适合短线操作。
2011/08/05/五
日线

宜华地产

第三章
如何确定趋势线

画趋势线是基本功，看似容易其实不易。因为很多波浪高点低点并不是整齐划一，需要临场调整，使画出的趋势线尽量契合更多的高低点。

一、两点定线

用两个波浪高点或者低点确定趋势线是最常见的，即两点定线。

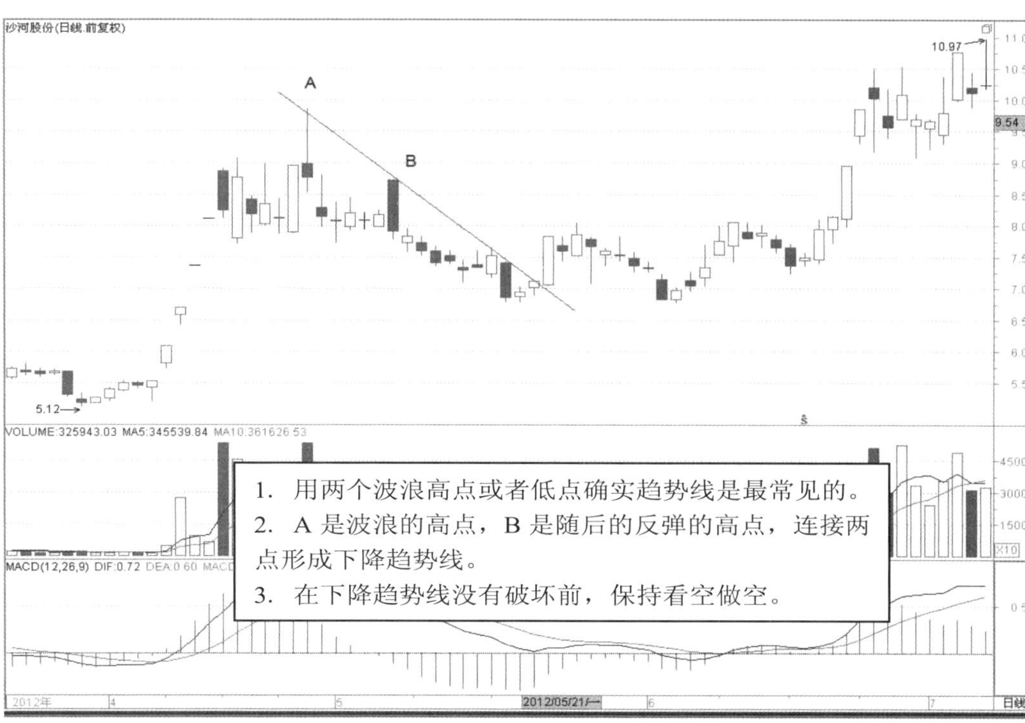

沙河股份

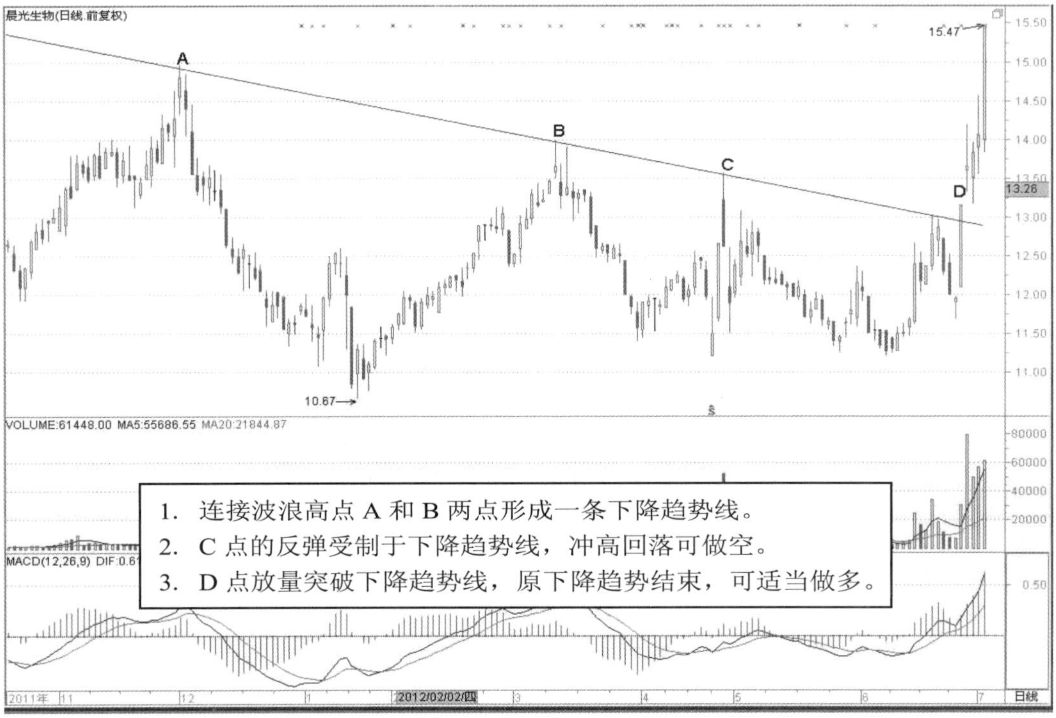
晨光生物(日线,前复权)
A
B
C
D
15.47
10.67
13.26
VOLUME:61448.00 MA5:55686.55 MA20:21844.87
MACD(12,26,9)
1. 连接波浪高点 A 和 B 两点形成一条下降趋势线。
2. C 点的反弹受制于下降趋势线，冲高回落可做空。
3. D 点放量突破下降趋势线，原下降趋势结束，可适当做多。
2012/02/02/四
日线

晨光生物

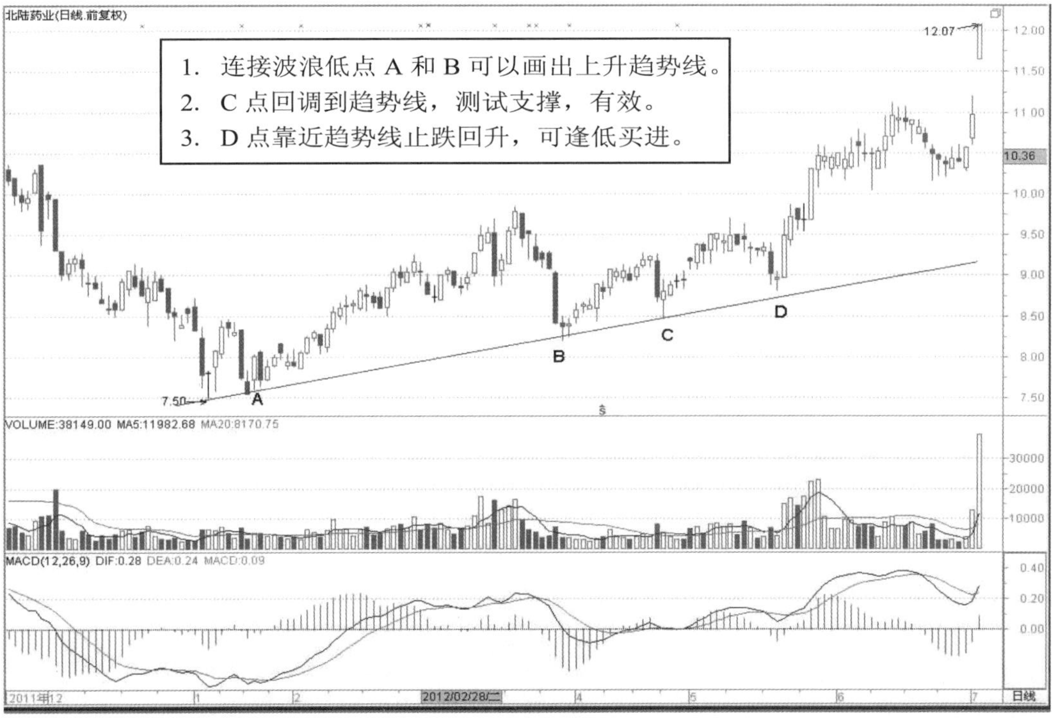
北陆药业(日线,前复权)
1. 连接波浪低点 A 和 B 可以画出上升趋势线。
2. C 点回调到趋势线，测试支撑，有效。
3. D 点靠近趋势线止跌回升，可逢低买进。
12.07
10.36
7.50
A
B
C
D
VOLUME:38149.00 MA5:11982.68 MA20:8170.75
MACD(12,26,9) DIF:0.28 DEA:0.24 MACD:0.09
2012/02/28/二
日线

北陆药业

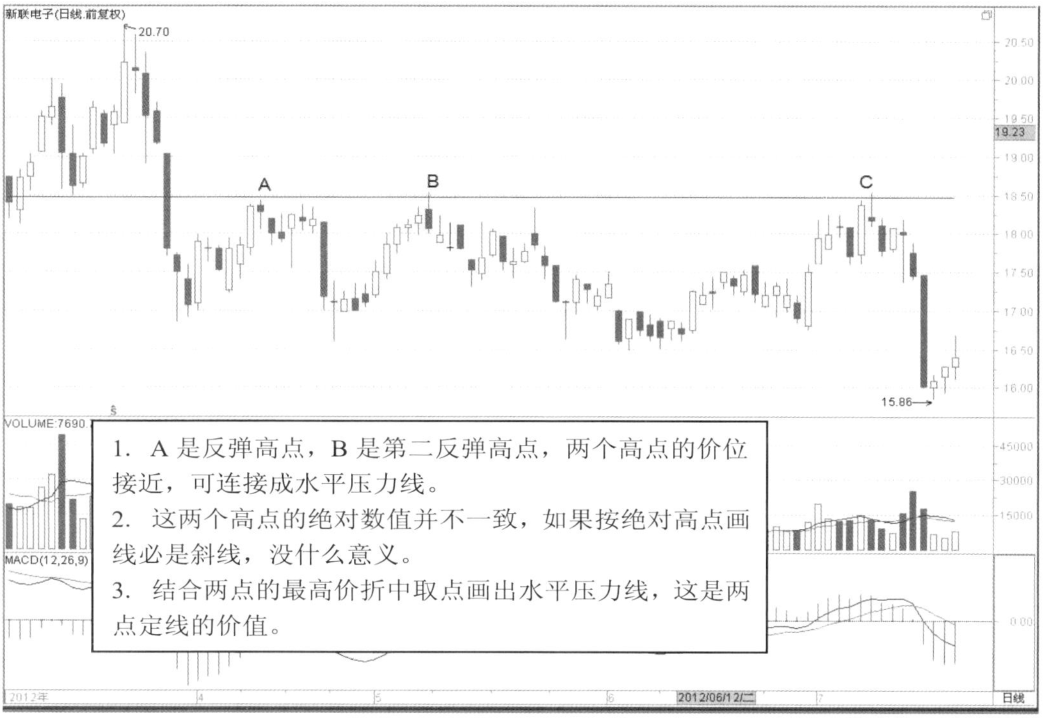
新联电子(日线,前复权)
20.70
A
B
C
15.86
VOLUME:7690
MACD(12,26,9)
2012/06/12/二
日线
1. A 是反弹高点，B 是第二反弹高点，两个高点的价位接近，可连接成水平压力线。
2. 这两个高点的绝对数值并不一致，如果按绝对高点画线必是斜线，没什么意义。
3. 结合两点的最高价折中取点画出水平压力线，这是两点定线的价值。

新联电子

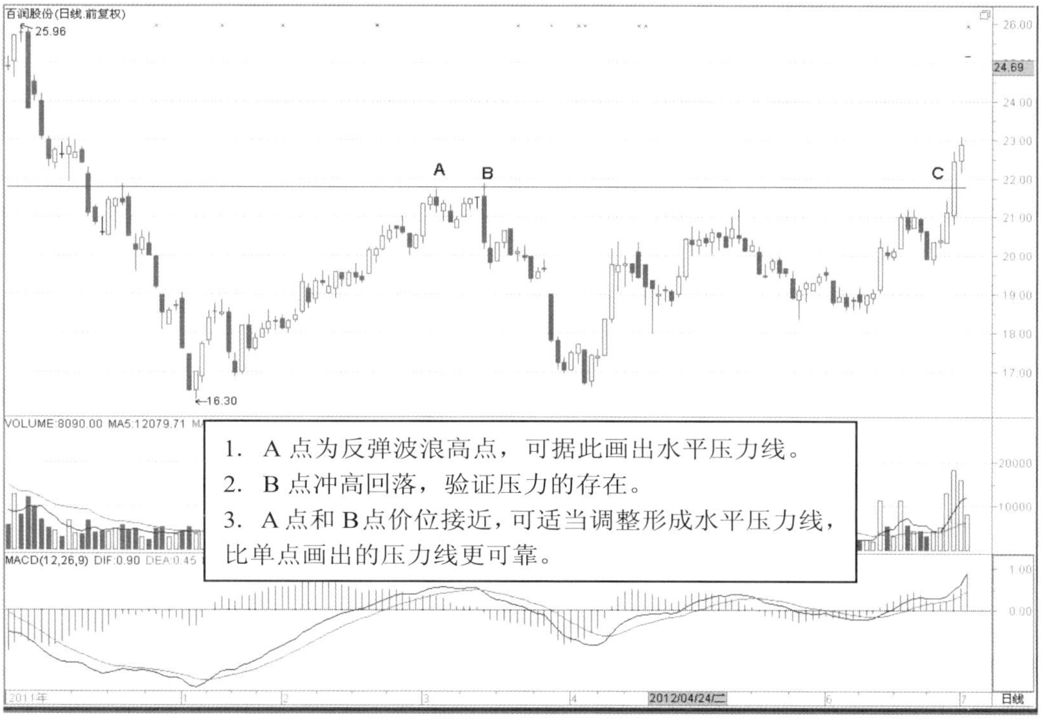
百润股份(日线,前复权)
25.96
A
B
C
16.30
24.69
VOLUME:8090.00 MA5:12079.71
MACD(12,26,9) DIF:0.90 DEA:0.45
2012/04/24/二
日线
1. A 点为反弹波浪高点，可据此画出水平压力线。
2. B 点冲高回落，验证压力的存在。
3. A 点和 B 点价位接近，可适当调整形成水平压力线，比单点画出的压力线更可靠。

百润股份

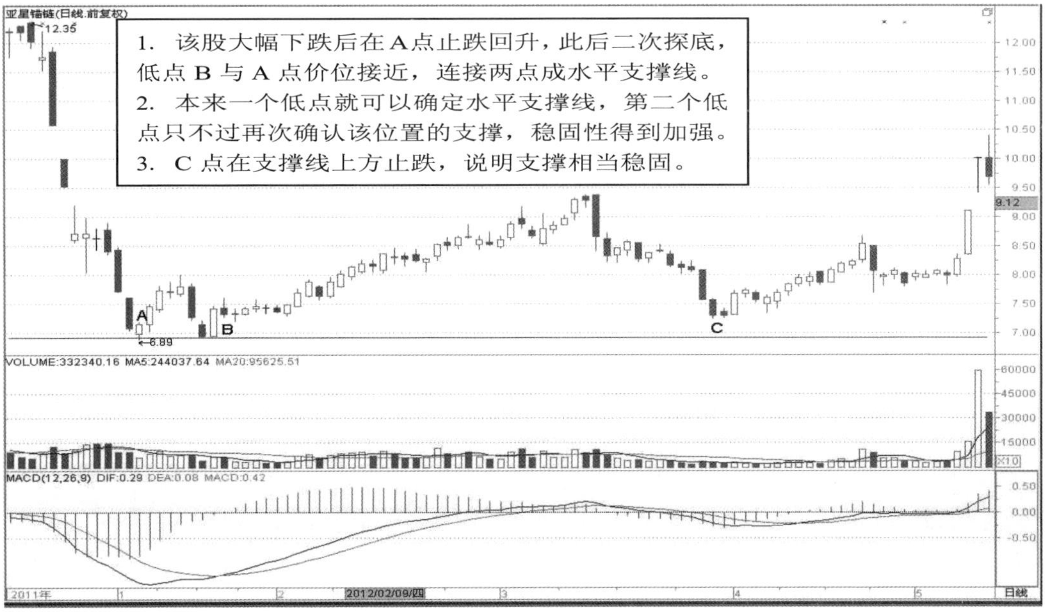

亚星锚链

二、一点定线

一点定线指根据波浪高点或者低点画出水平趋势线，但不能画出斜的趋势线。斜的趋势线只能依靠两点以上的波浪高低点画出。

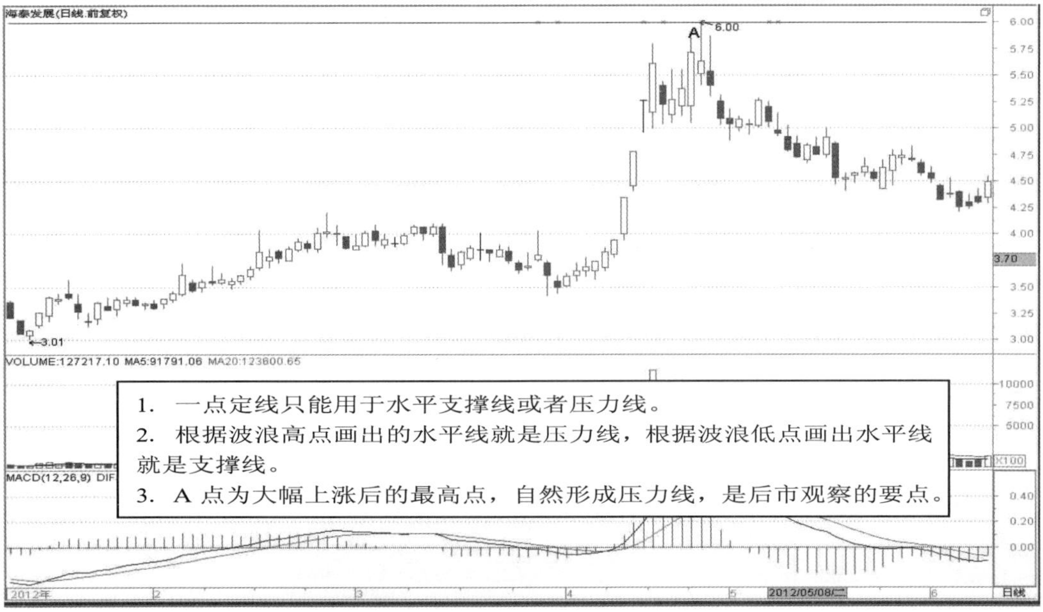

海泰发展

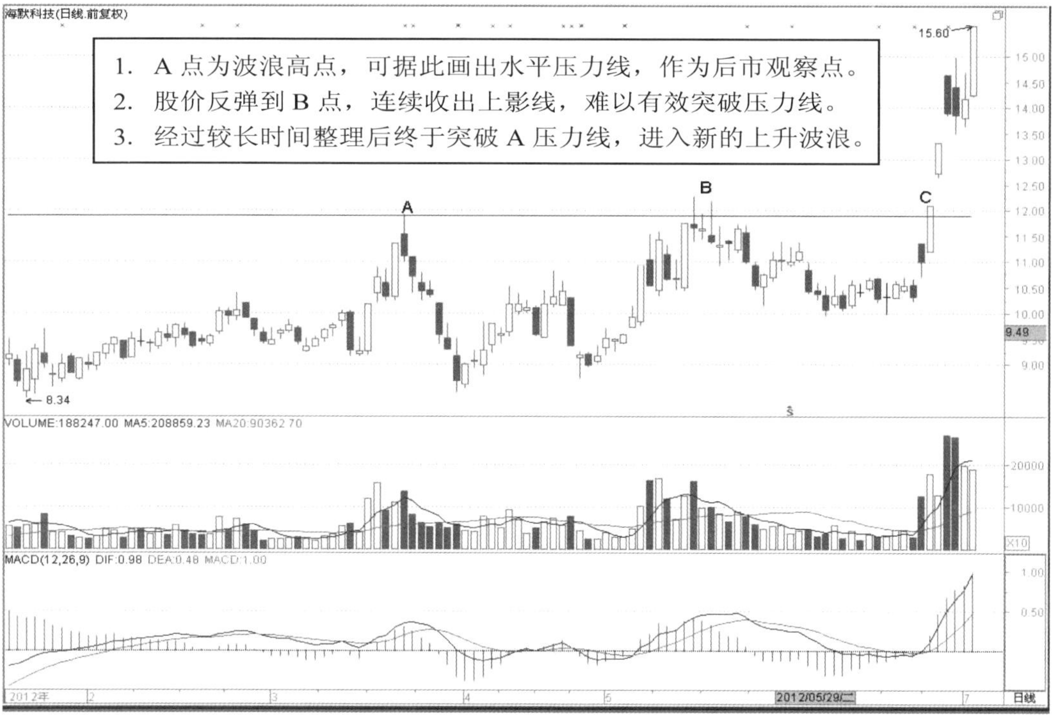
海默科技(日线,前复权)
1. A 点为波浪高点，可据此画出水平压力线，作为后市观察点。
2. 股价反弹到 B 点，连续收出上影线，难以有效突破压力线。
3. 经过较长时间整理后终于突破 A 压力线，进入新的上升波浪。
A
B
C
15.60
8.34
9.49
VOLUME:188247.00 MA5:208859.23 MA20:90362.70
MACD(12,26,9) DIF:0.98 DEA:0.48 MACD:1.00
2012/05/29/二
日线

海默科技

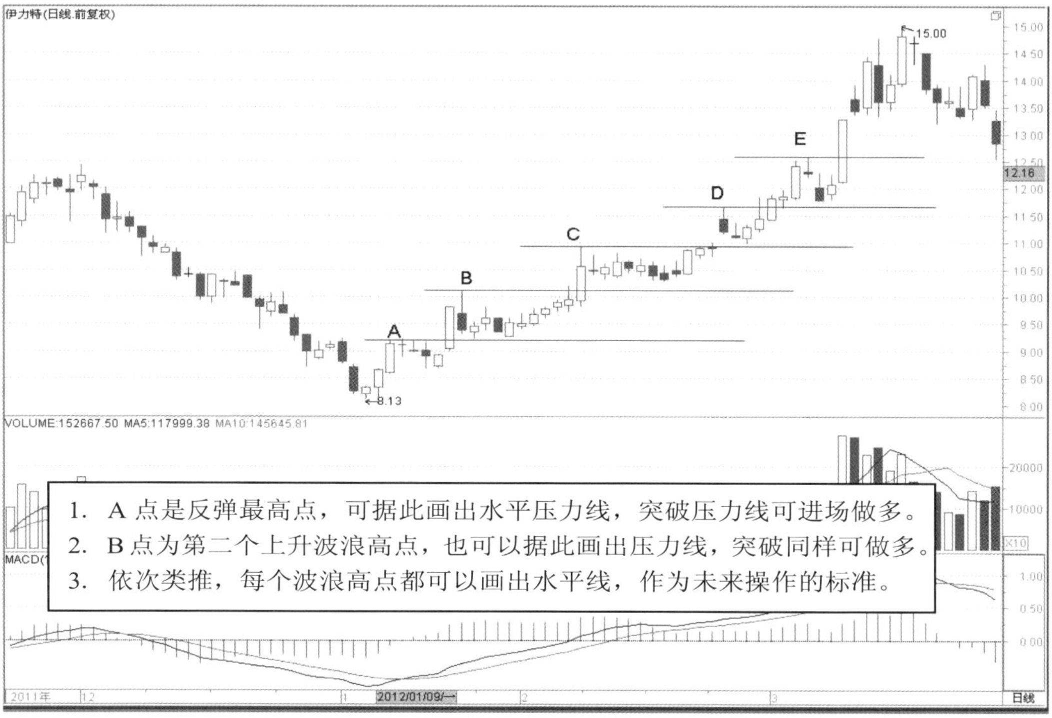
伊力特(日线,前复权)
1. A 点是反弹最高点，可据此画出水平压力线，突破压力线可进场做多。
2. B 点为第二个上升波浪高点，也可以据此画出压力线，突破同样可做多。
3. 依次类推，每个波浪高点都可以画出水平线，作为未来操作的标准。
A
B
C
D
E
15.00
8.13
12.16
VOLUME:152667.50 MA5:117999.38 MA10:145645.81
2012/01/09/一
日线

伊力特

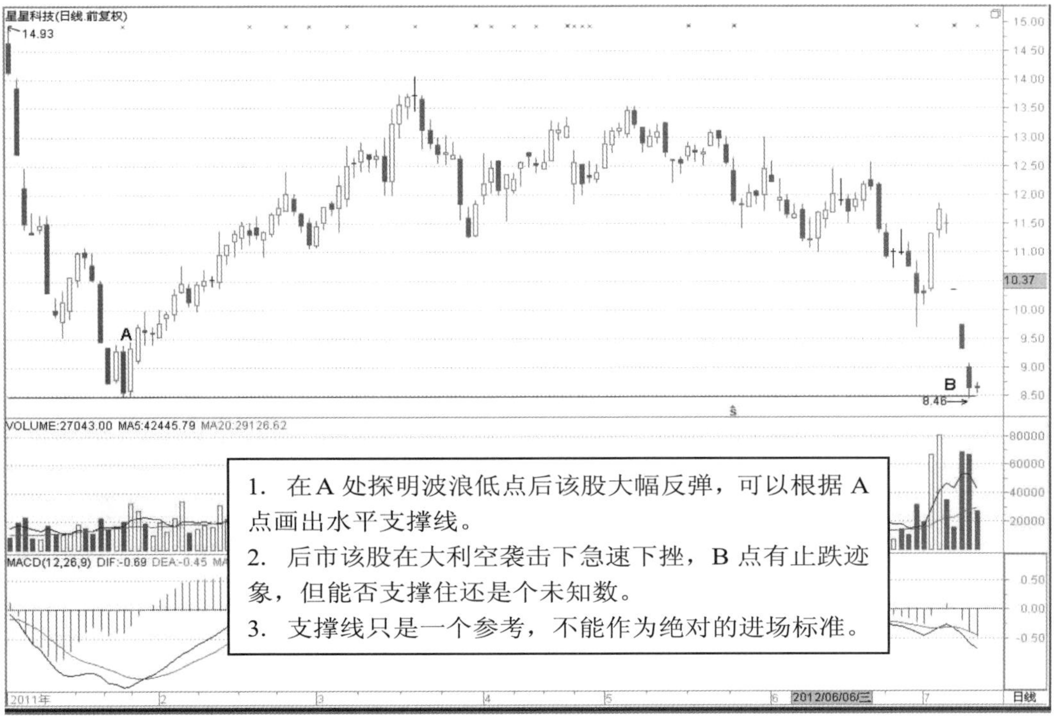
星星科技(日线.前复权)
14.93
A
B
8.46
10.37
VOLUME:27043.00 MA5:42445.79 MA20:29126.62
MACD(12,26,9) DIF:-0.69 DEA:-0.45
1. 在A处探明波浪低点后该股大幅反弹，可以根据A点画出水平支撑线。
2. 后市该股在大利空袭击下急速下挫，B点有止跌迹象，但能否支撑住还是个未知数。
3. 支撑线只是一个参考，不能作为绝对的进场标准。
2011年
2012/06/06/三
日线

星星科技

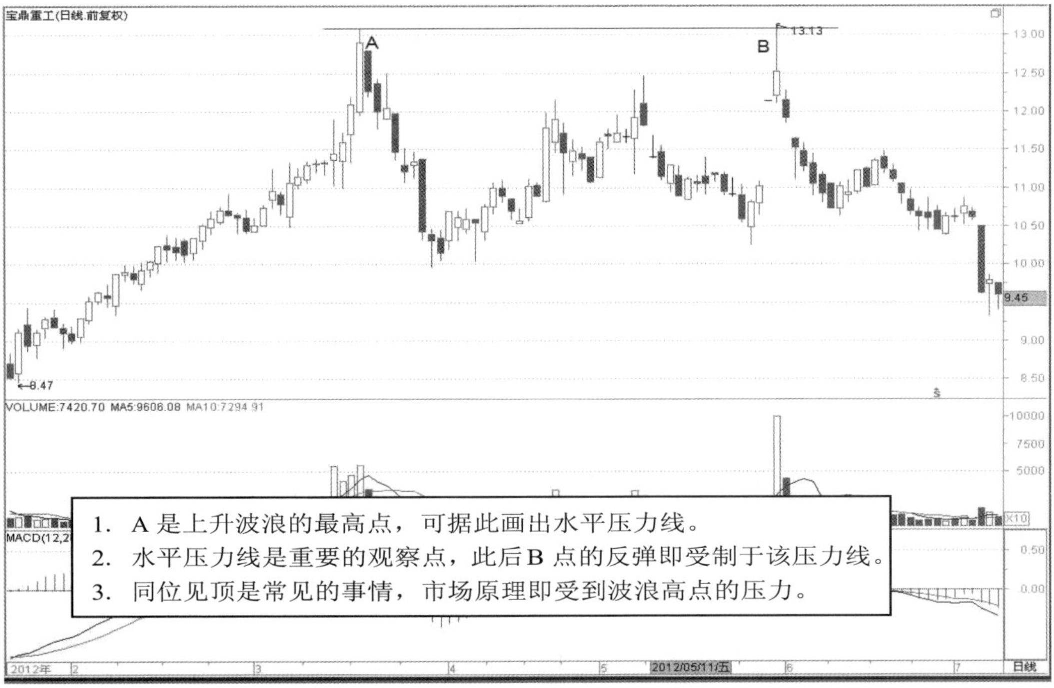
宝鼎重工(日线.前复权)
A
B
13.13
8.47
9.45
VOLUME:7420.70 MA5:9606.08 MA10:7294.91
1. A是上升波浪的最高点，可据此画出水平压力线。
2. 水平压力线是重要的观察点，此后B点的反弹即受制于该压力线。
3. 同位见顶是常见的事情，市场原理即受到波浪高点的压力。
2012年
2012/05/11/五
日线

宝鼎重工

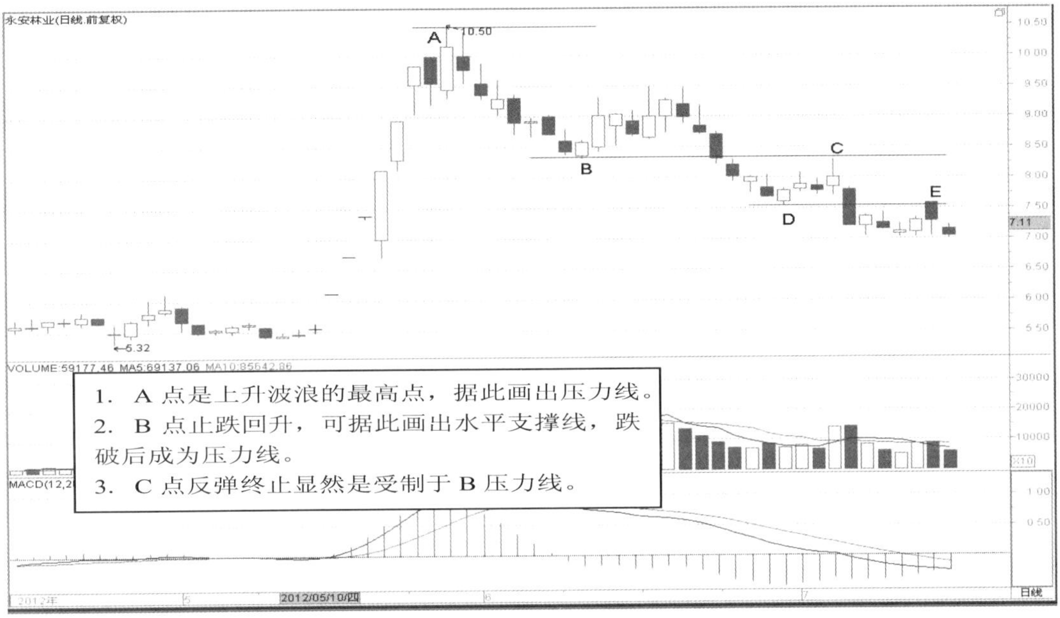

永安林业

三、实点定线

实点定线指开盘价或者收盘价实体的点位，不是盘中的最高点最低点。在实际画线过程中未必要取最高点或者最低点，也可以参照实点画线。

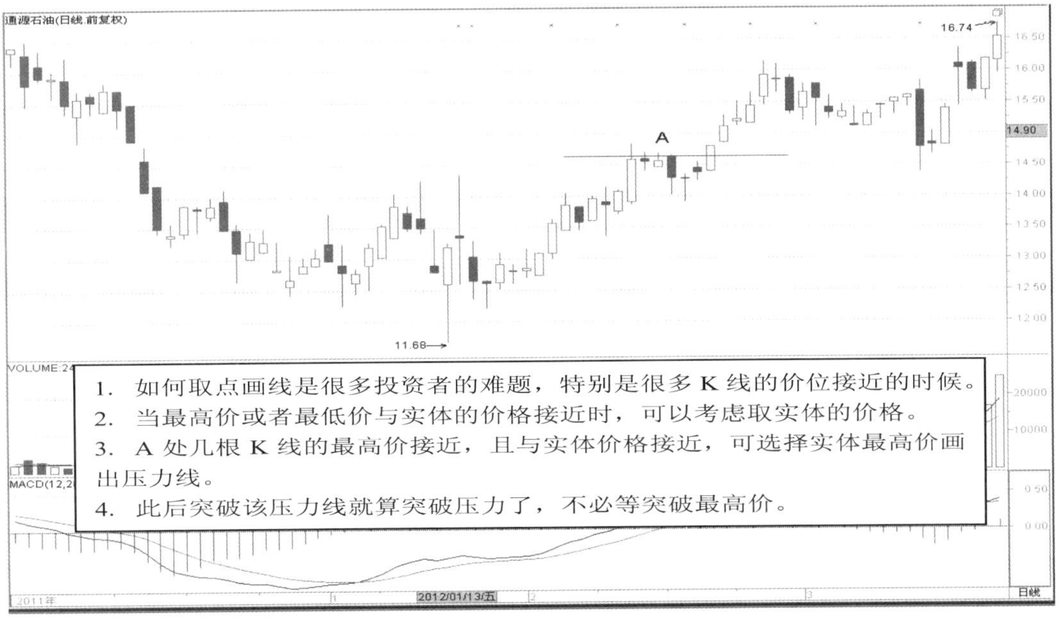

通源石油

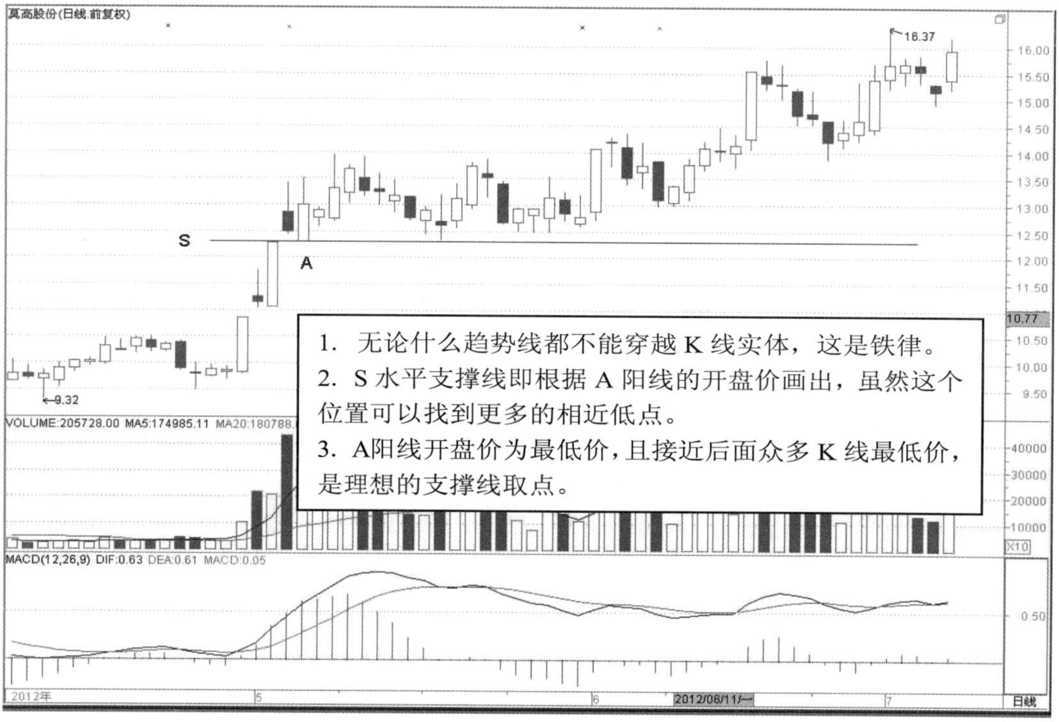

莫高股份(日线.前复权)
16.37
S
A
9.32
1. 无论什么趋势线都不能穿越 K 线实体，这是铁律。
2. S 水平支撑线即根据 A 阳线的开盘价画出，虽然这个位置可以找到更多的相近低点。
3. A阳线开盘价为最低价，且接近后面众多 K 线最低价，是理想的支撑线取点。
VOLUME:205728.00 MA5:174985.11 MA20:180788.
MACD(12,26,9) DIF:0.63 DEA:0.61 MACD:0.05
2012年
2012/06/11/一
日线

莫高股份

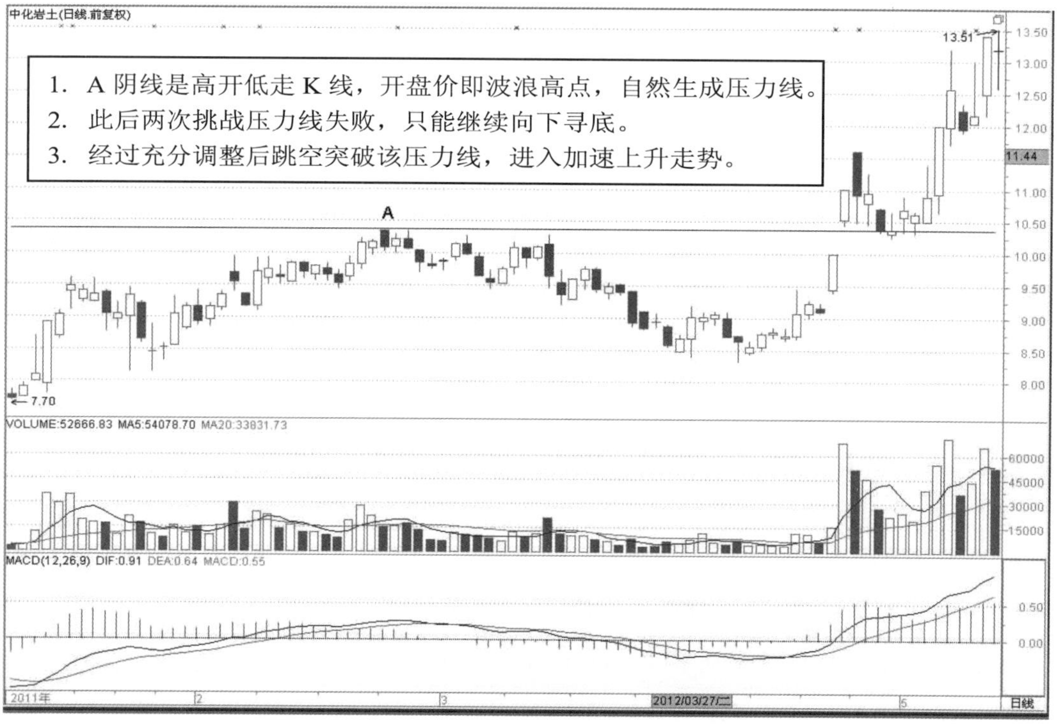

中化岩土(日线.前复权)
13.51
1. A 阴线是高开低走 K 线，开盘价即波浪高点，自然生成压力线。
2. 此后两次挑战压力线失败，只能继续向下寻底。
3. 经过充分调整后跳空突破该压力线，进入加速上升走势。
A
7.70
VOLUME:52666.83 MA5:54078.70 MA20:33831.73
MACD(12,26,9) DIF:0.91 DEA:0.64 MACD:0.55
2011年
2012/03/27/二
日线

中化岩土

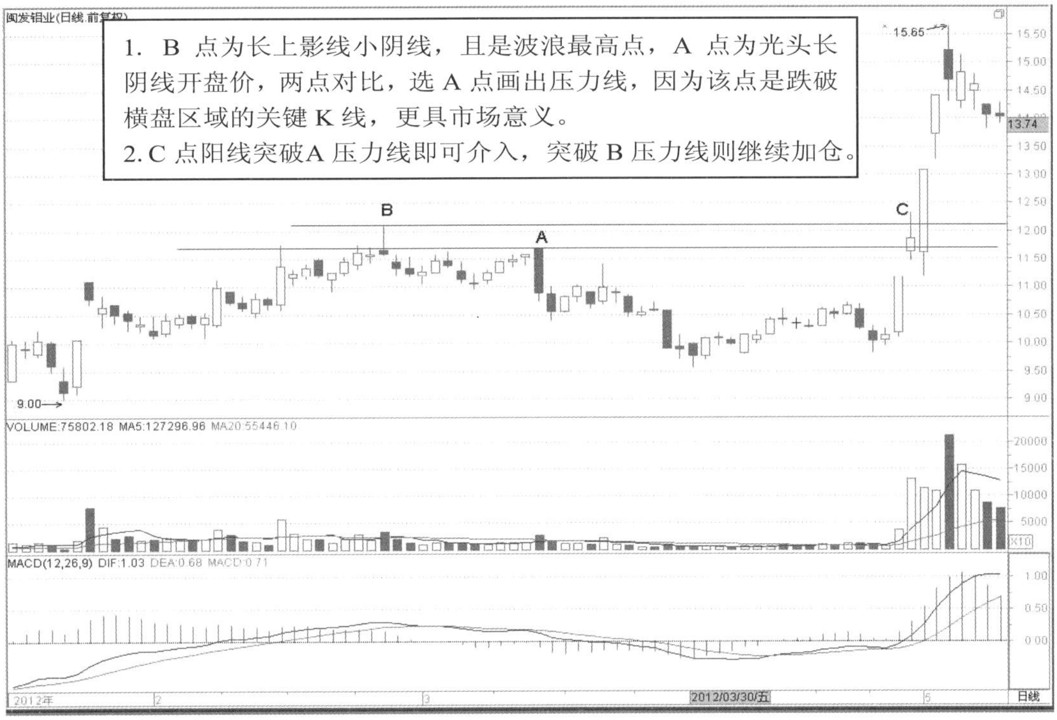
闽发铝业(日线.前复权)
1. B 点为长上影线小阴线，且是波浪最高点，A 点为光头长阴线开盘价，两点对比，选 A 点画出压力线，因为该点是跌破横盘区域的关键 K 线，更具市场意义。
2. C 点阳线突破A 压力线即可介入，突破 B 压力线则继续加仓。
15.65
13.74
B
A
C
9.00
VOLUME:75802.18 MA5:127296.96 MA20:55446.10
MACD(12,26,9) DIF:1.03 DEA:0.68 MACD:0.71
2012/03/30/五
日线

闽发铝业

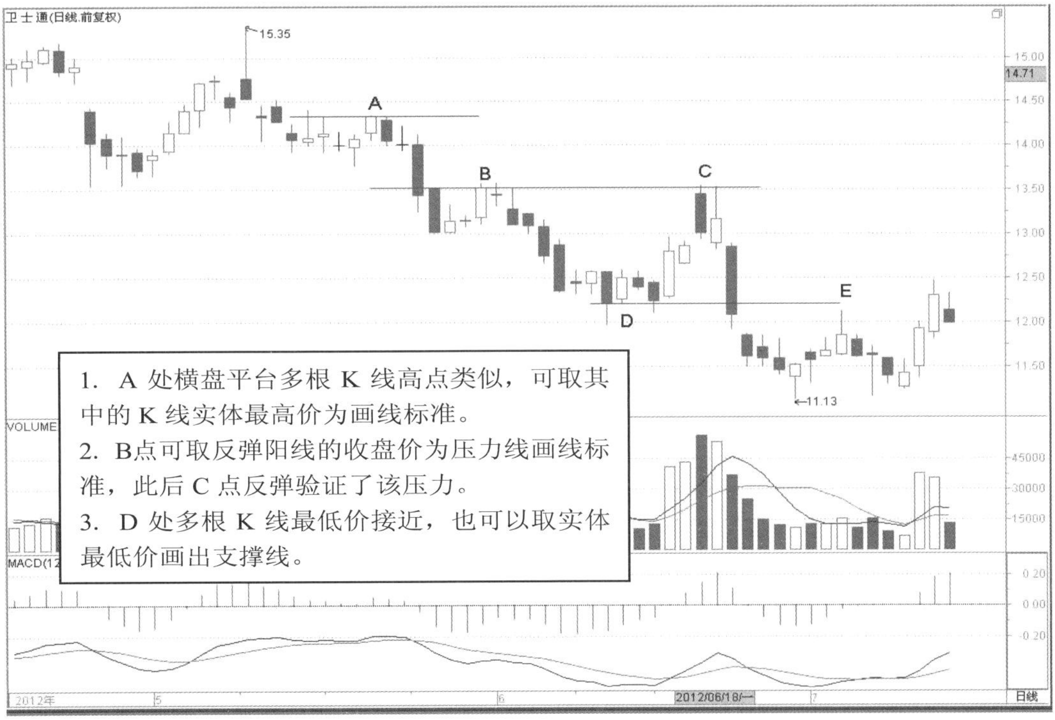
卫士通(日线.前复权)
15.35
14.71
A
B
C
D
E
11.13
1. A 处横盘平台多根 K 线高点类似，可取其中的 K 线实体最高价为画线标准。
2. B点可取反弹阳线的收盘价为压力线画线标准，此后 C 点反弹验证了该压力。
3. D 处多根 K 线最低价接近，也可以取实体最低价画出支撑线。
2012/06/18/一
日线

卫士通

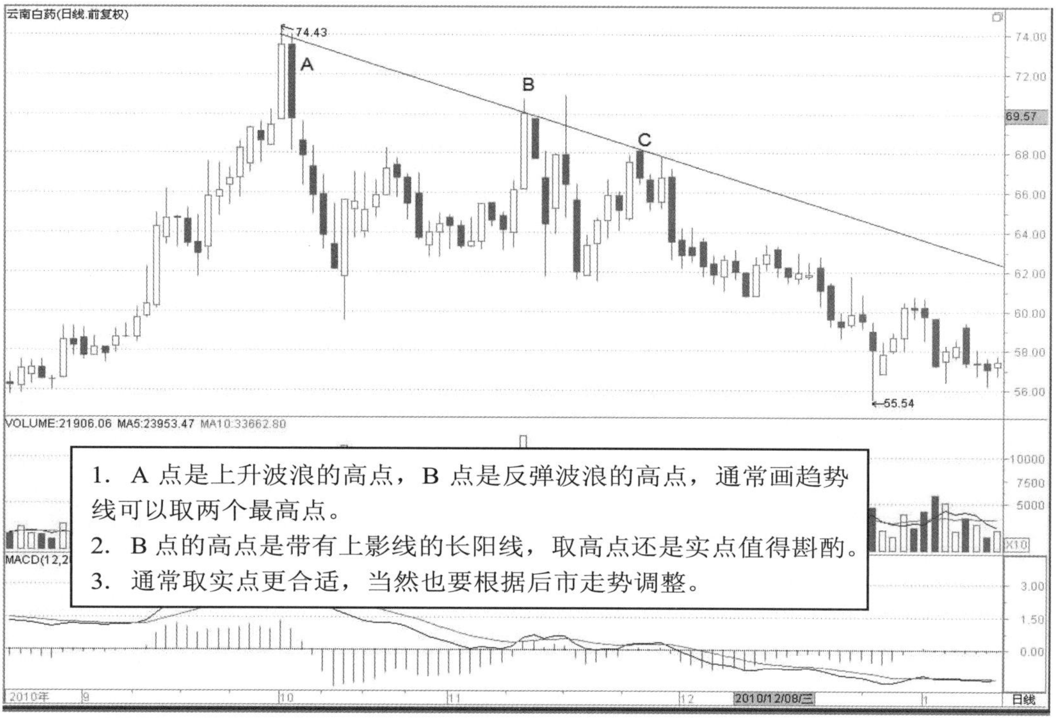
云南白药(日线,前复权)
74.43
A
B
C
55.54
VOLUME:21906.06 MA5:23953.47 MA10:33662.80
1. A 点是上升波浪的高点，B 点是反弹波浪的高点，通常画趋势线可以取两个最高点。
2. B 点的高点是带有上影线的长阳线，取高点还是实点值得斟酌。
3. 通常取实点更合适，当然也要根据后市走势调整。
2010年
2010/12/08/三
日线

云南白药

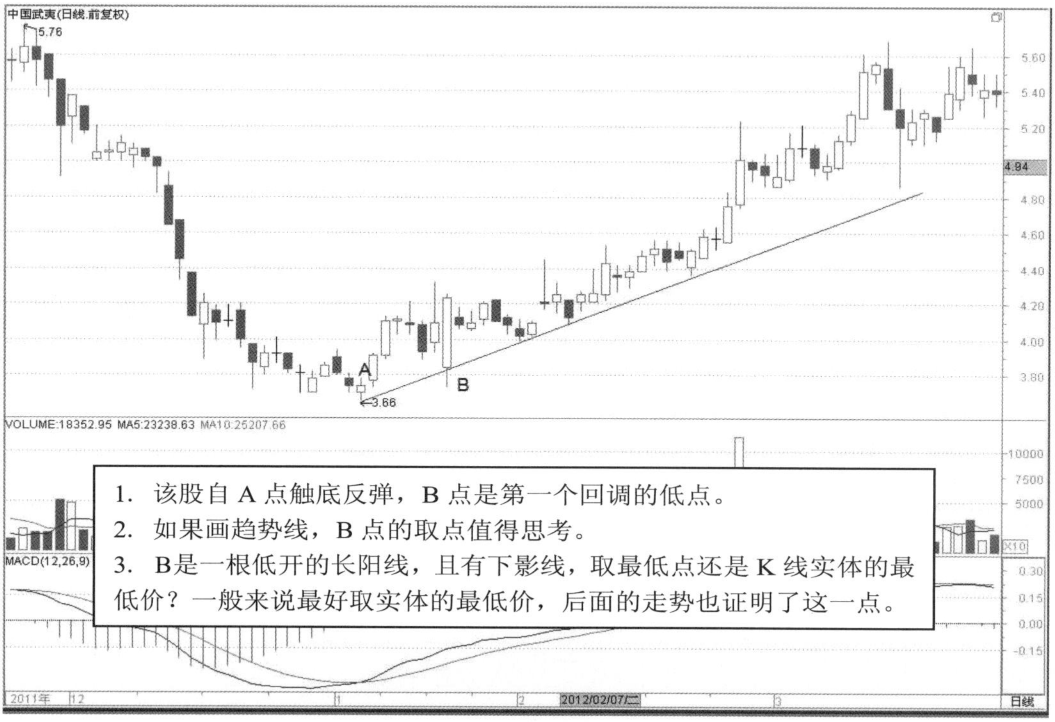
中国武夷(日线,前复权)
5.76
A
B
3.66
VOLUME:18352.95 MA5:23238.63 MA10:25207.66
1. 该股自 A 点触底反弹，B 点是第一个回调的低点。
2. 如果画趋势线，B 点的取点值得思考。
3. B是一根低开的长阳线，且有下影线，取最低点还是 K 线实体的最低价？一般来说最好取实体的最低价，后面的走势也证明了这一点。
MACD(12,26,9)
2011年
2012/02/07/二
日线

中国武夷

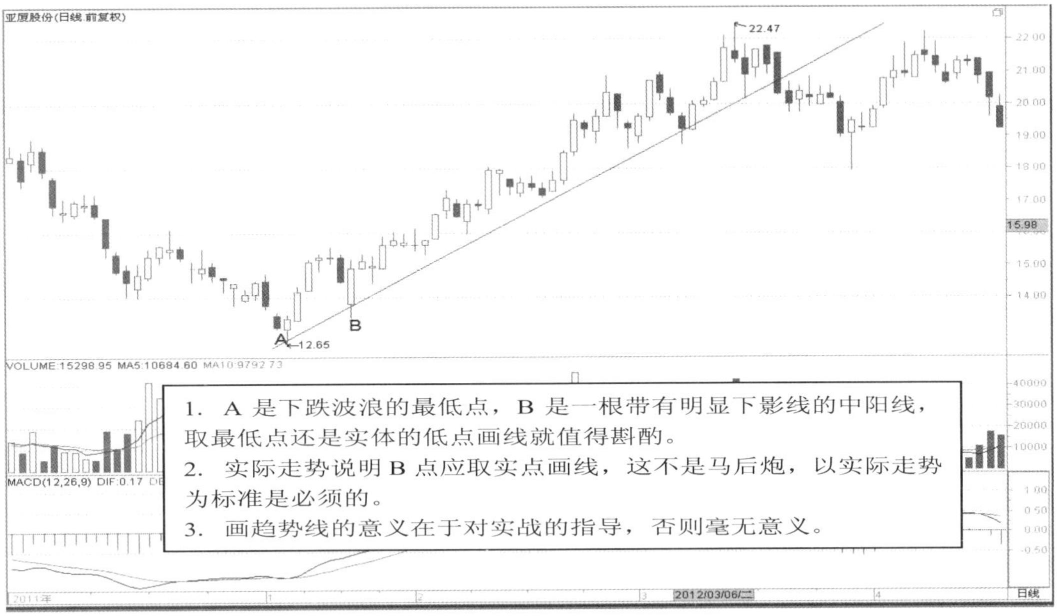

亚夏股份

四、多点定线

多点定线指根据两个以上的高点或者低点画出趋势线。多点定线比较麻烦，可以参考一个中间值来确定。

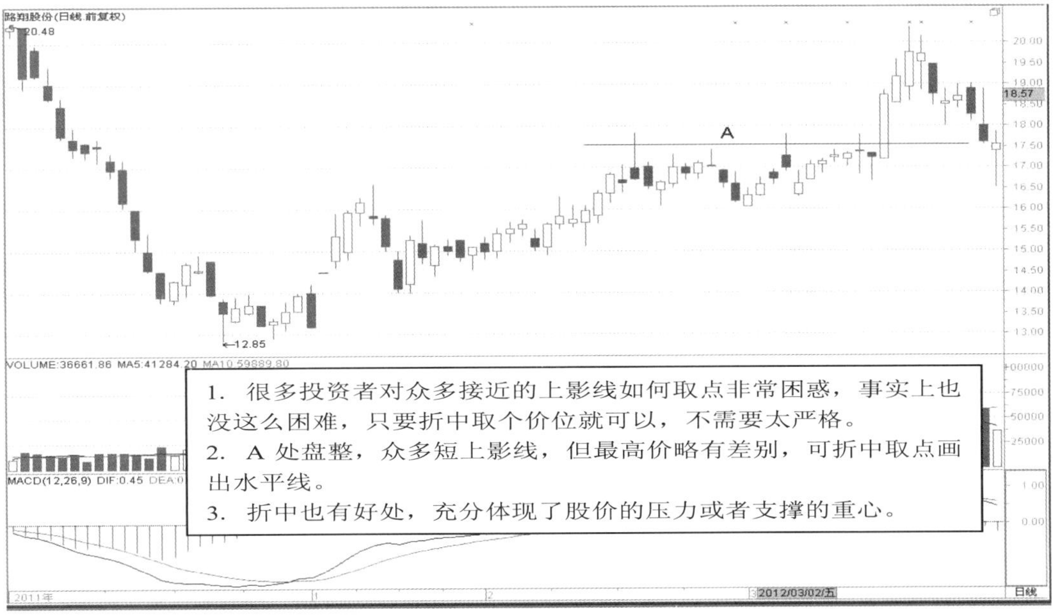

路翔股份

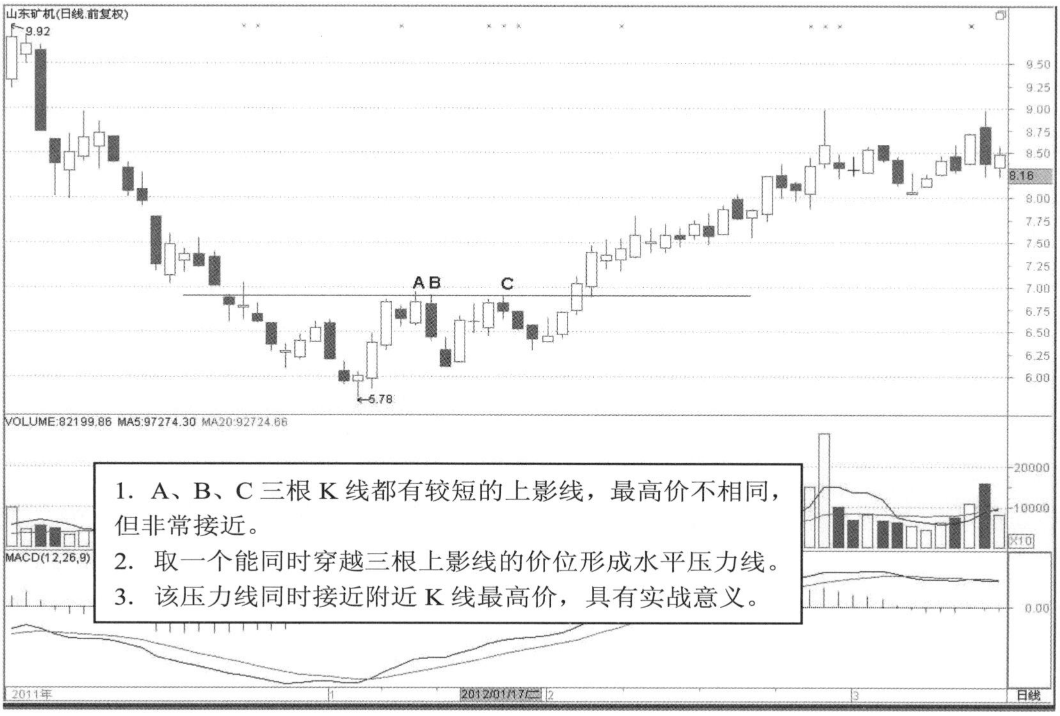
山东矿机(日线.前复权)
9.92
A B
C
5.78
VOLUME:82199.86 MA5:97274.30 MA20:92724.66
MACD(12,26,9)
1. A、B、C 三根 K 线都有较短的上影线，最高价不相同，但非常接近。
2. 取一个能同时穿越三根上影线的价位形成水平压力线。
3. 该压力线同时接近附近 K 线最高价，具有实战意义。
2011年
2012/01/17/二
日线

山东矿机

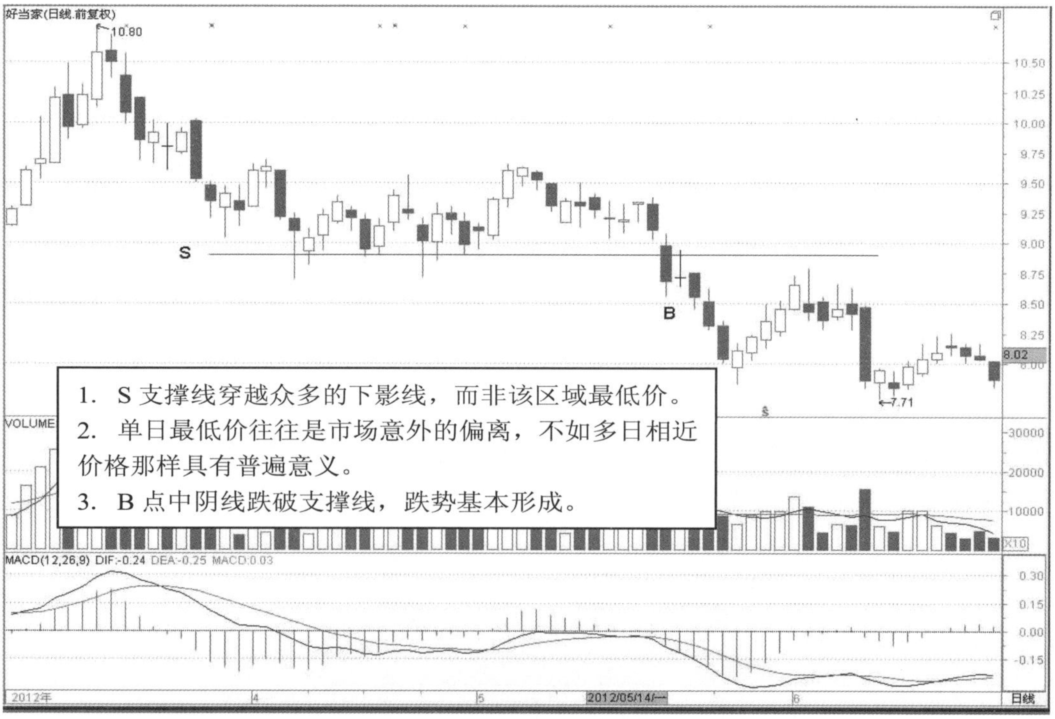
好当家(日线.前复权)
10.80
S
B
7.71
VOLUME
MACD(12,26,9) DIF:-0.24 DEA:-0.25 MACD:0.03
1. S 支撑线穿越众多的下影线，而非该区域最低价。
2. 单日最低价往往是市场意外的偏离，不如多日相近价格那样具有普遍意义。
3. B 点中阴线跌破支撑线，跌势基本形成。
2012年
2012/05/14/一
日线

好当家

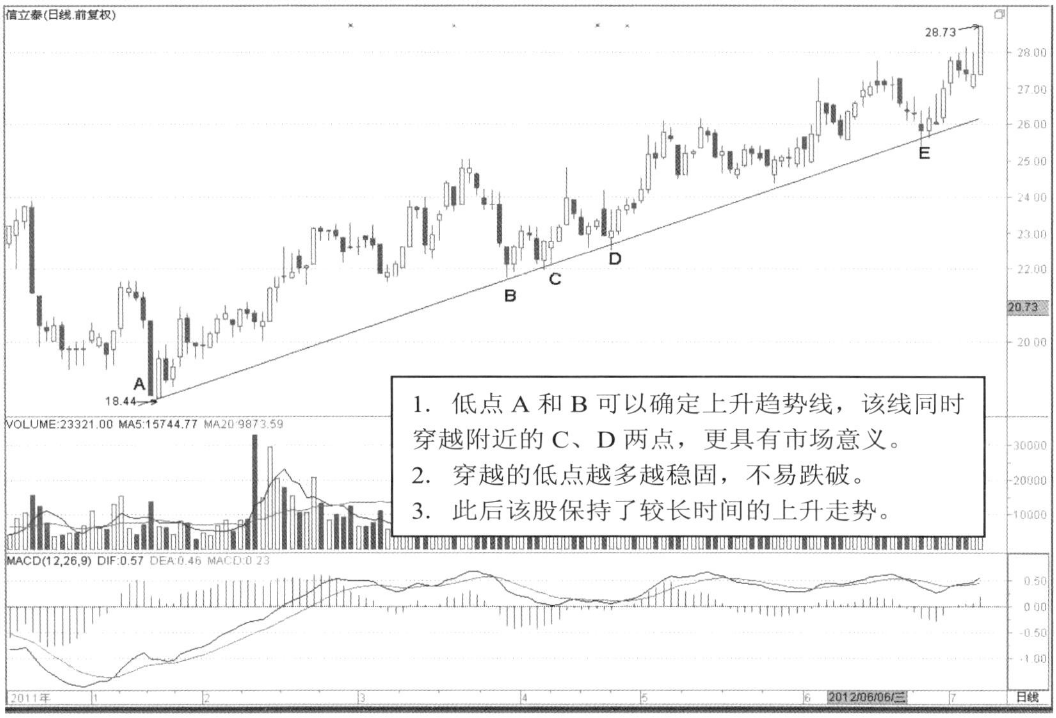
信立泰(日线.前复权)
28.73
A
18.44
B
C
D
E
20.73
VOLUME:23321.00 MA5:15744.77 MA20:9873.59
MACD(12,26,9) DIF:0.57 DEA:0.46 MACD:0.23
2012/06/06/三
日线
1. 低点A和B可以确定上升趋势线，该线同时穿越附近的C、D两点，更具有市场意义。
2. 穿越的低点越多越稳固，不易跌破。
3. 此后该股保持了较长时间的上升走势。

信立泰

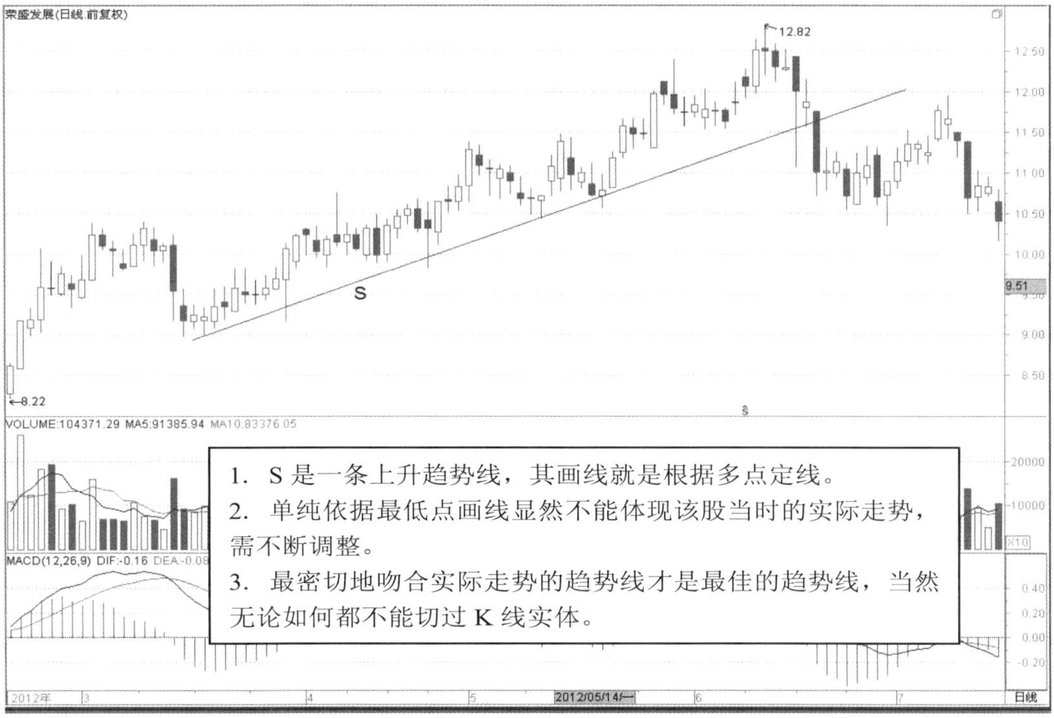
荣盛发展(日线.前复权)
12.82
S
8.22
9.51
VOLUME:104371.29 MA5:91385.94 MA10:83376.05
MACD(12,26,9) DIF:-0.16
2012/05/14/一
日线
1. S是一条上升趋势线，其画线就是根据多点定线。
2. 单纯依据最低点画线显然不能体现该股当时的实际走势，需不断调整。
3. 最密切地吻合实际走势的趋势线才是最佳的趋势线，当然无论如何都不能切过K线实体。

荣盛发展

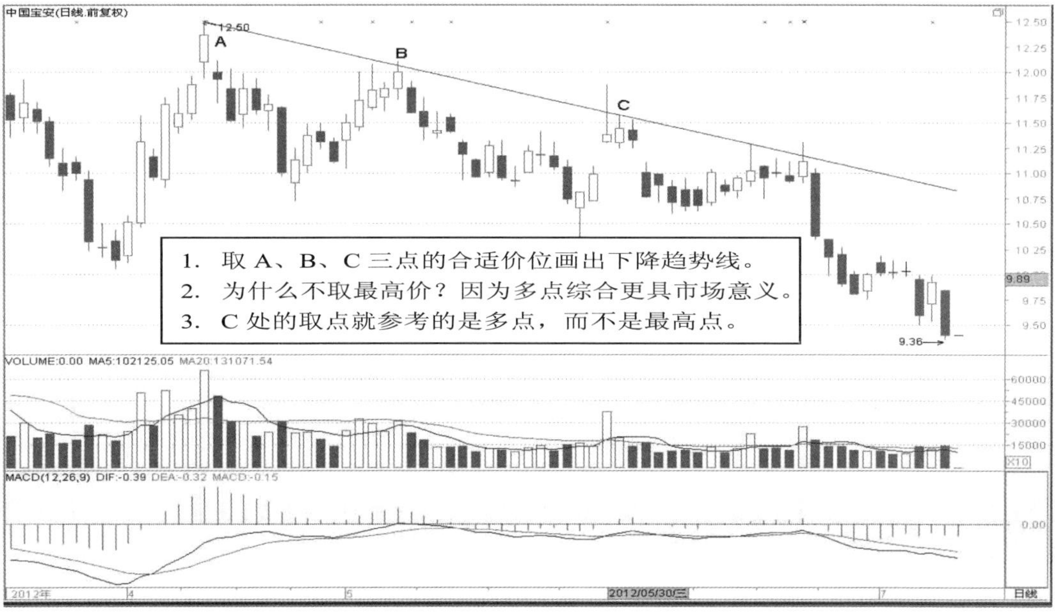

中国宝安

五、整数定线

整数定线指波浪的高点或低点正好就是整数关口附近，我们可以顺势取整数点位画出趋势线。

通源石油

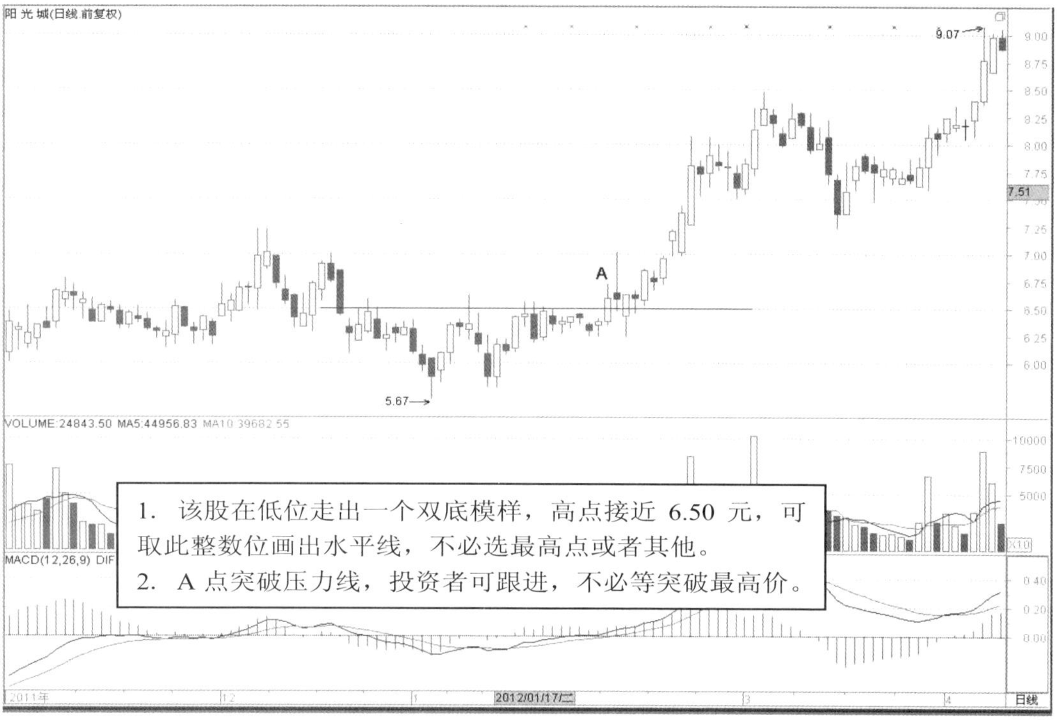
阳光城(日线,前复权)
9.07
A
5.67
7.51
VOLUME:24843.50 MA5:44956.83 MA10:39682.55
1. 该股在低位走出一个双底模样，高点接近 6.50 元，可取此整数位画出水平线，不必选最高点或者其他。
2. A 点突破压力线，投资者可跟进，不必等突破最高价。
MACD(12,26,9)
2012/01/17/二
日线

阳光城

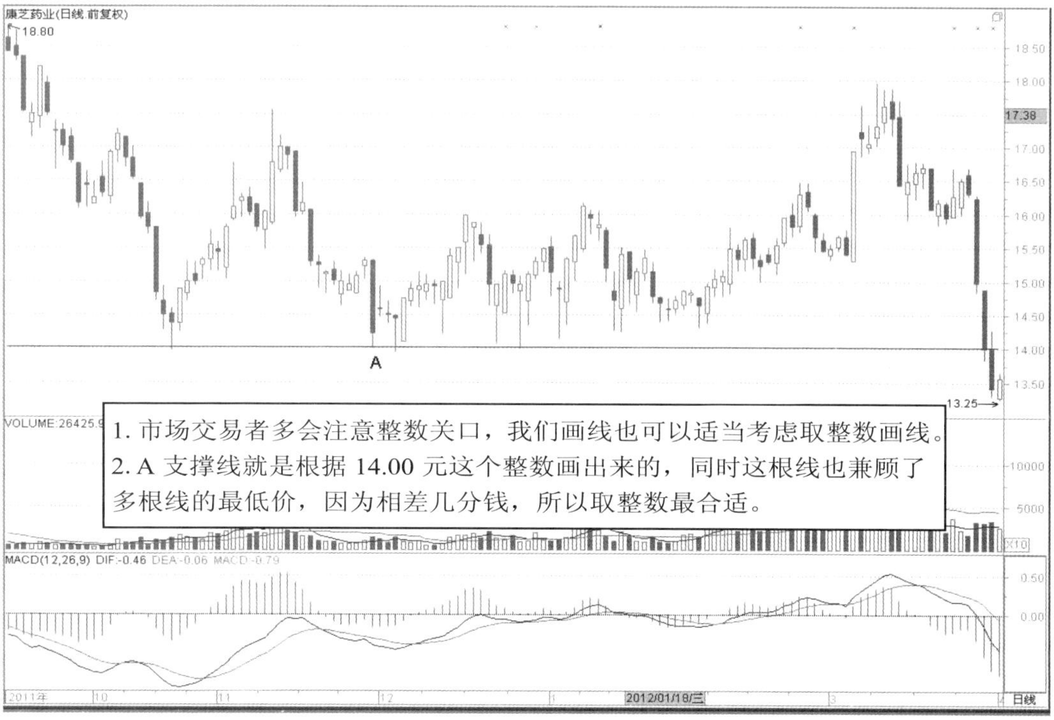
康芝药业(日线,前复权)
18.80
17.38
A
13.25
1. 市场交易者多会注意整数关口，我们画线也可以适当考虑取整数画线。
2. A 支撑线就是根据 14.00 元这个整数画出来的，同时这根线也兼顾了多根线的最低价，因为相差几分钱，所以取整数最合适。
MACD(12,26,9) DIF:-0.46 DEA:-0.06 MACD:-0.79
2012/01/18/三
日线

康芝药业

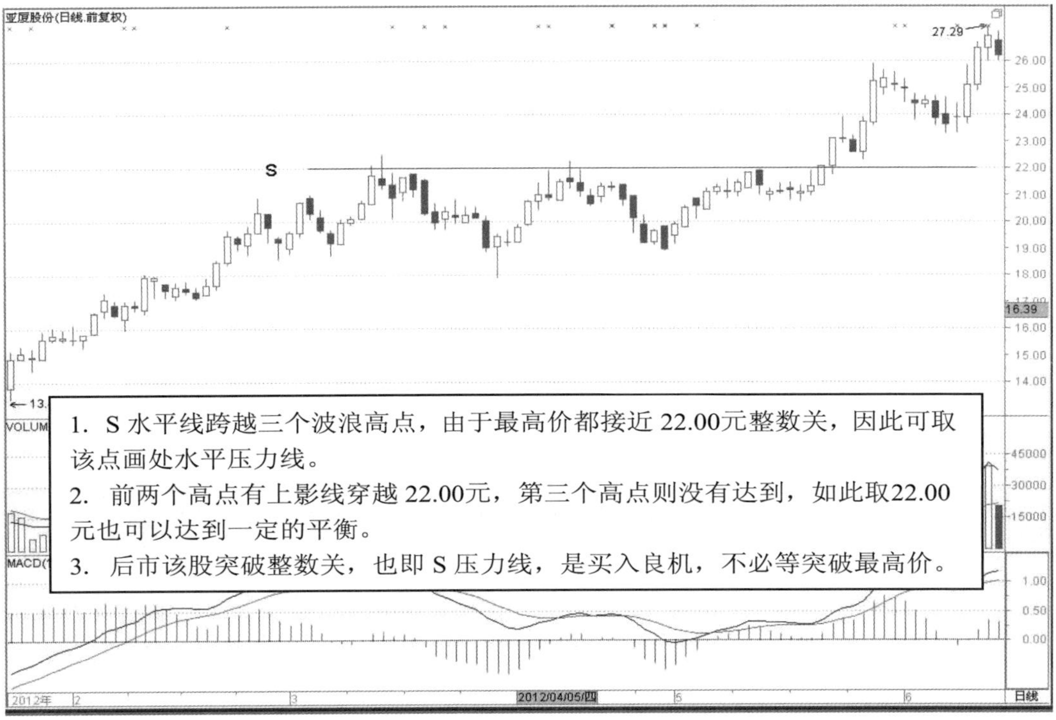
亚厦股份(日线.前复权)
27.29
S
16.39
1. S水平线跨越三个波浪高点，由于最高价都接近22.00元整数关，因此可取该点画处水平压力线。
2. 前两个高点有上影线穿越22.00元，第三个高点则没有达到，如此取22.00元也可以达到一定的平衡。
3. 后市该股突破整数关，也即S压力线，是买入良机，不必等突破最高价。
2012/04/05/四
日线

亚夏股份

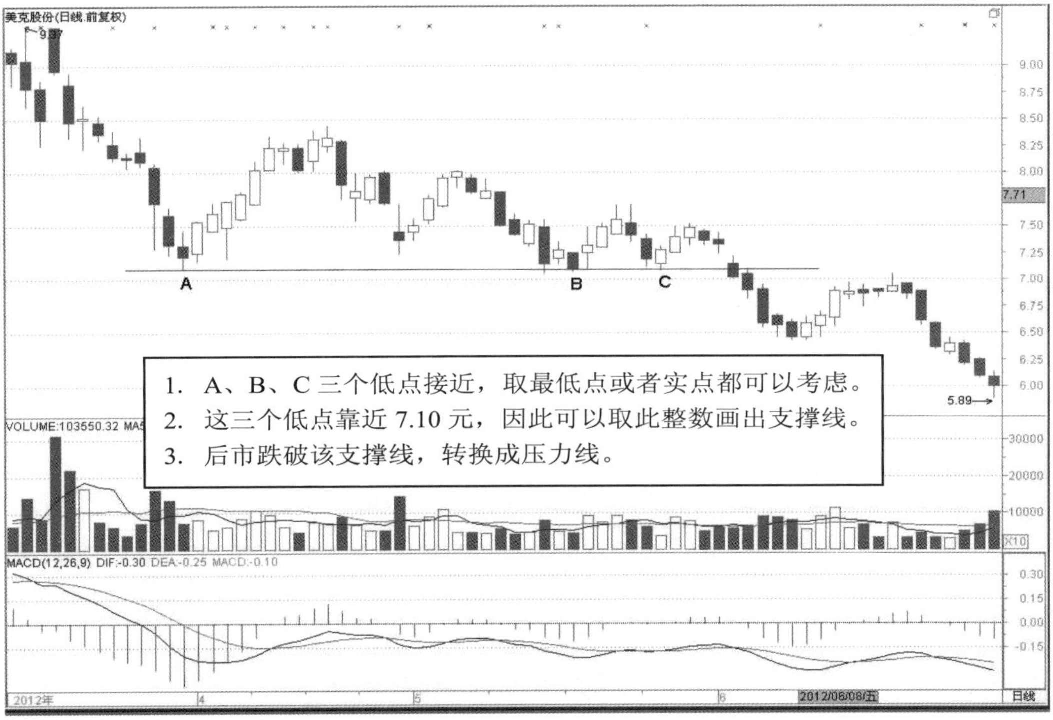
美克股份(日线.前复权)
9.37
A
B
C
7.71
5.89
1. A、B、C三个低点接近，取最低点或者实点都可以考虑。
2. 这三个低点靠近7.10元，因此可以取此整数画出支撑线。
3. 后市跌破该支撑线，转换成压力线。
MACD(12,26,9) DIF:-0.30 DEA:-0.25 MACD:-0.10
2012/06/08/五
日线

美克股份

六、精准定线

精准定线指两个以上的波浪高低点数值完全一致，或者相差一分钱，那就可以精准定线了。这种有精准定线的股票往往是强庄股。

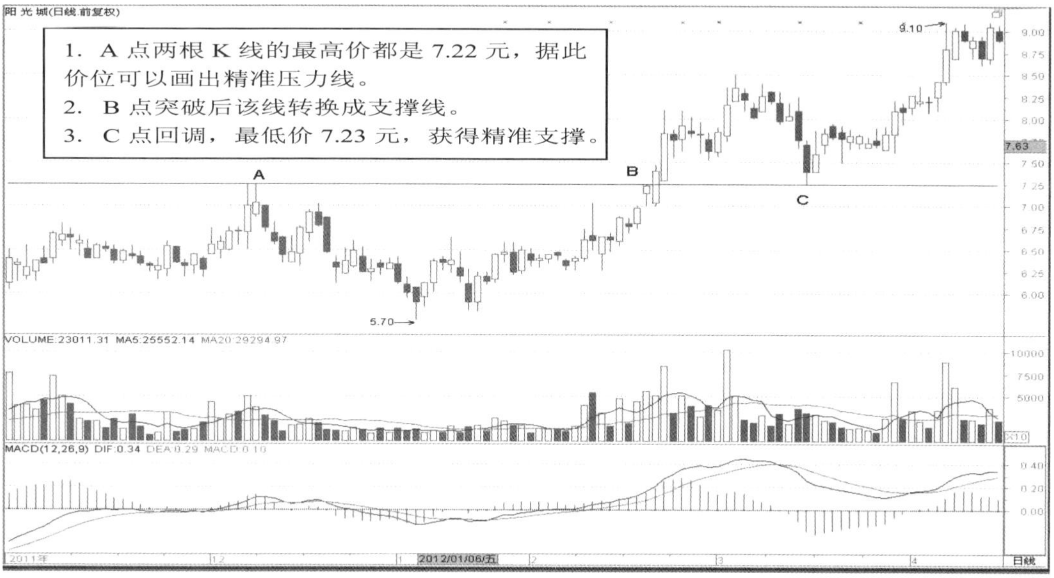

阳光城

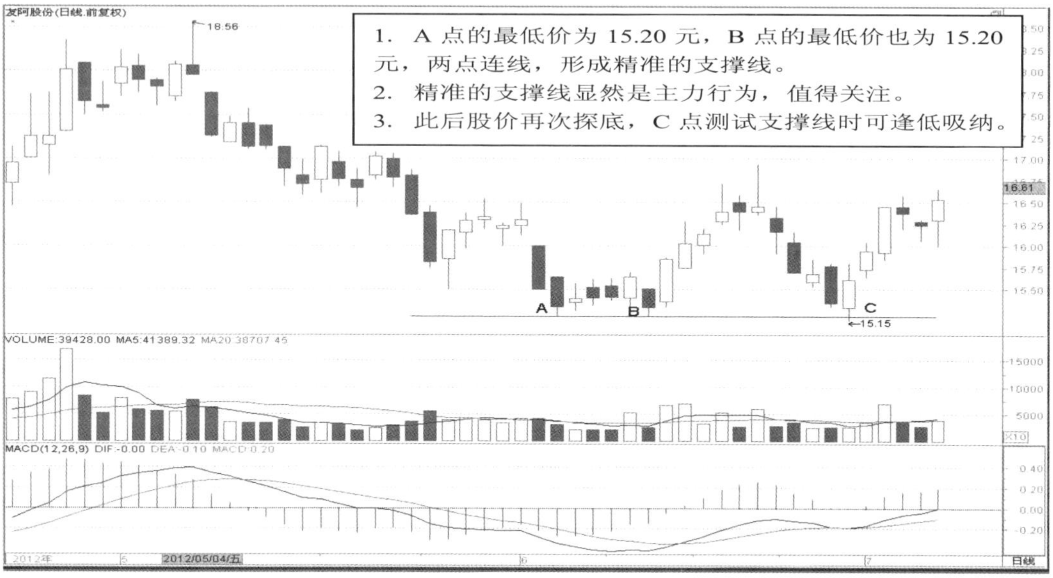

友阿股份

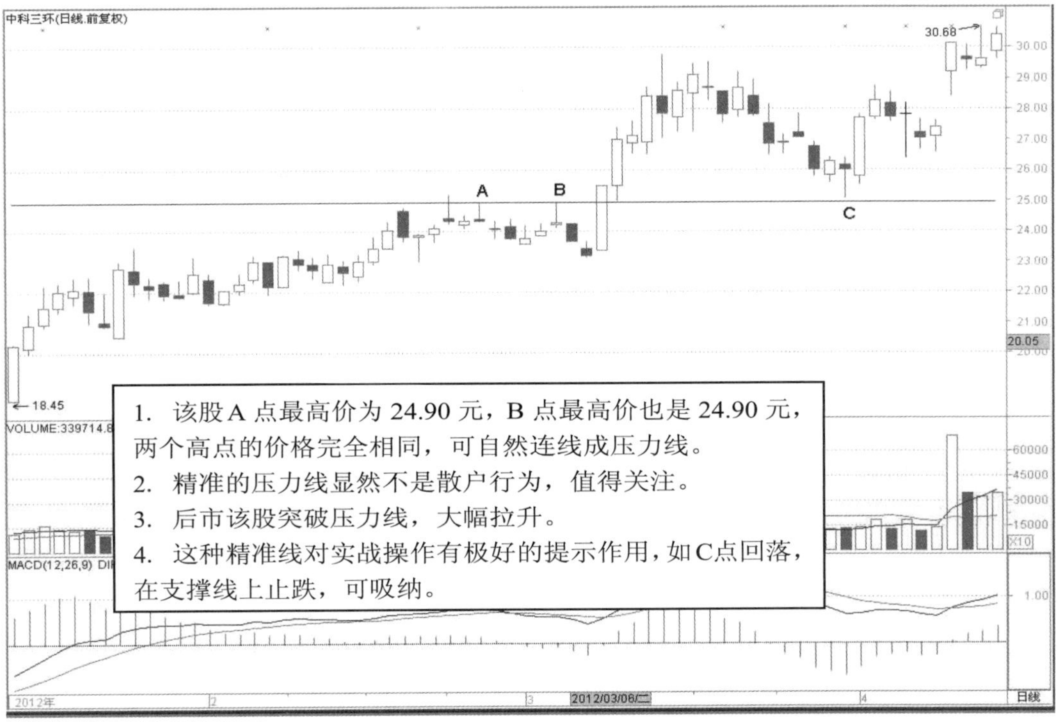
中科三环(日线,前复权)
30.68
A
B
C
18.45
20.05
VOLUME:339714.8
MACD(12,26,9)
1. 该股A点最高价为24.90元，B点最高价也是24.90元，两个高点的价格完全相同，可自然连线成压力线。
2. 精准的压力线显然不是散户行为，值得关注。
3. 后市该股突破压力线，大幅拉升。
4. 这种精准线对实战操作有极好的提示作用，如C点回落，在支撑线上止跌，可吸纳。
2012年
2012/03/06/二
日线

中科三环

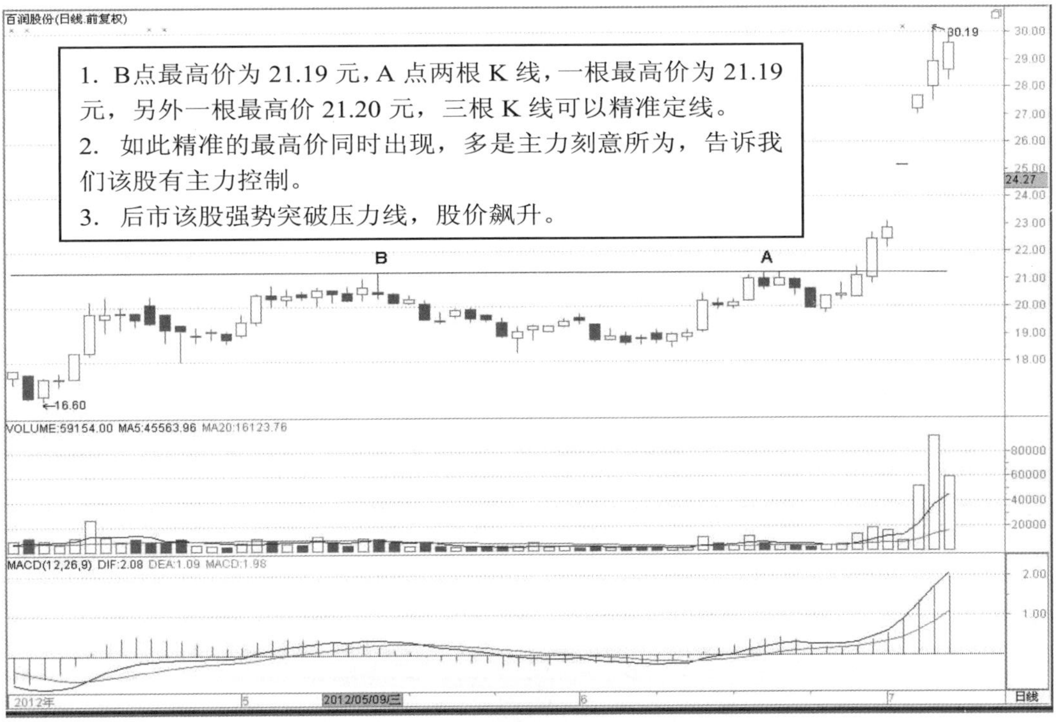
百润股份(日线,前复权)
1. B点最高价为21.19元，A点两根K线，一根最高价为21.19元，另外一根最高价21.20元，三根K线可以精准定线。
2. 如此精准的最高价同时出现，多是主力刻意所为，告诉我们该股有主力控制。
3. 后市该股强势突破压力线，股价飙升。
B
A
30.19
24.27
16.60
VOLUME:59154.00 MA5:45563.96 MA20:16123.76
MACD(12,26,9) DIF:2.08 DEA:1.09 MACD:1.98
2012年
2012/05/09/三
日线

百润股份

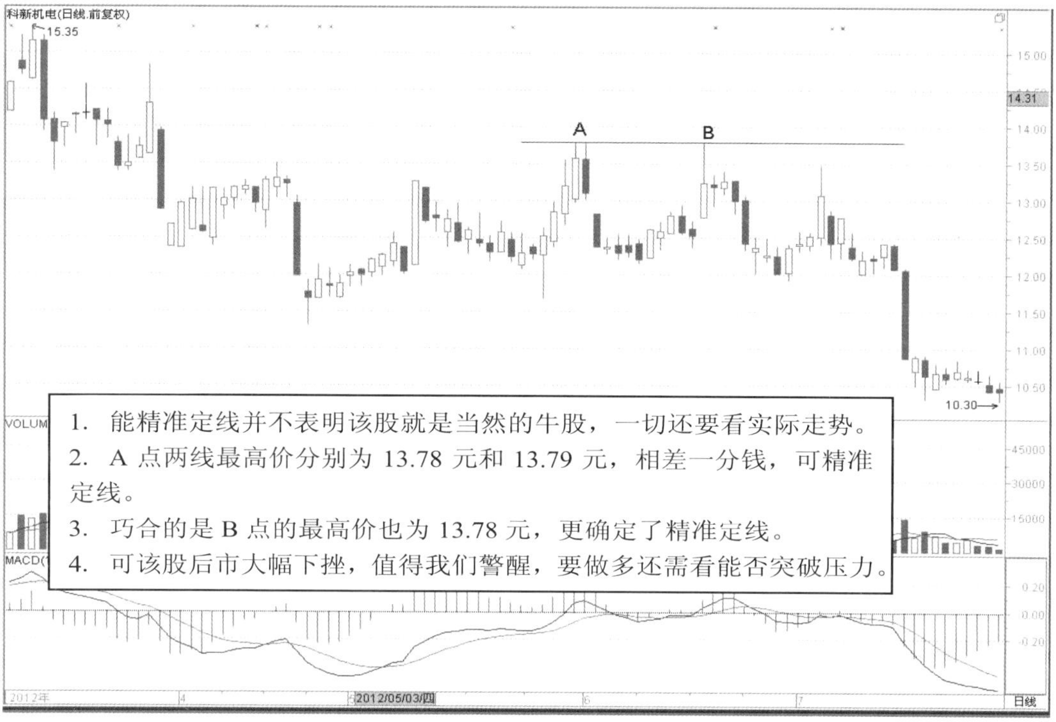
科新机电(日线,前复权)
15.35
A
B
14.31
10.30
VOLUM
MACD
2012年
2012/05/03/四
日线
1. 能精准定线并不表明该股就是当然的牛股，一切还要看实际走势。
2. A 点两线最高价分别为 13.78 元和 13.79 元，相差一分钱，可精准定线。
3. 巧合的是 B 点的最高价也为 13.78 元，更确定了精准定线。
4. 可该股后市大幅下挫，值得我们警醒，要做多还需看能否突破压力。

科新机电

第四章
趋势线的调整

趋势不可能一成不变，随着股价的速率变化，趋势线也在跟着变化，需要重新调整画出。这也是趋势技术分析的难点之一。

一、根据实际走势调整

在趋势的初期我们根据原始波浪高低点画出趋势线，但随后的走势可能短暂破坏了趋势，因此需要根据实际走势重新调整画线。

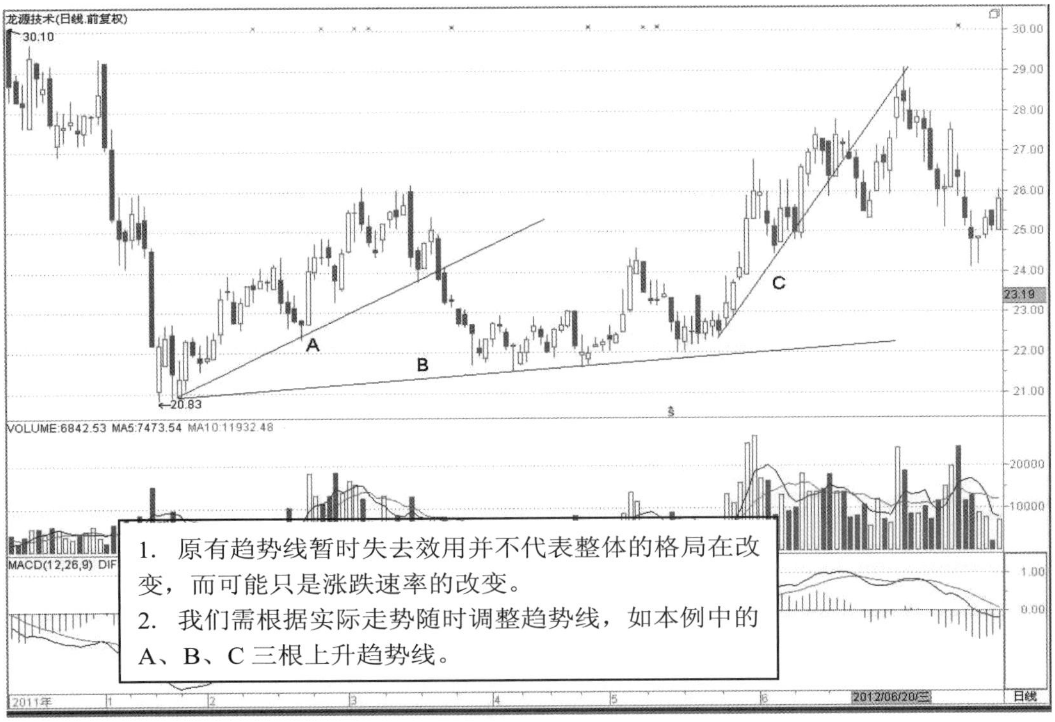

龙源技术

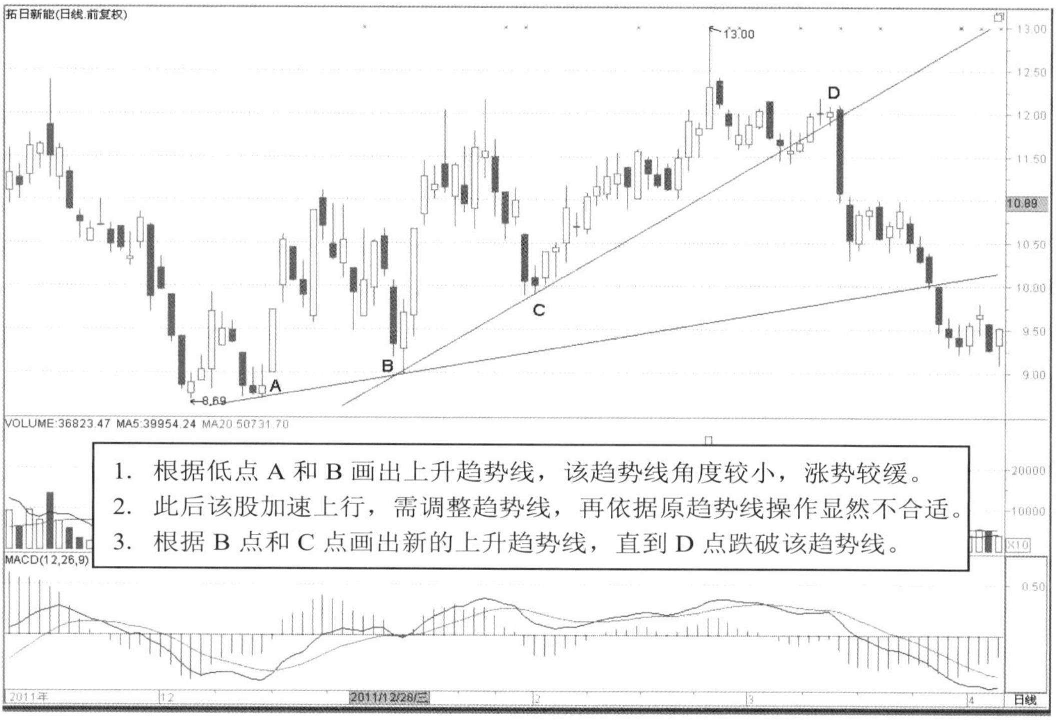
拓日新能(日线,前复权)
13.00
D
C
B
A
8.69
VOLUME:36823.47 MA5:39954.24 MA20:50731.70
1. 根据低点 A 和 B 画出上升趋势线，该趋势线角度较小，涨势较缓。
2. 此后该股加速上行，需调整趋势线，再依据原趋势线操作显然不合适。
3. 根据 B 点和 C 点画出新的上升趋势线，直到 D 点跌破该趋势线。
MACD(12,26,9)
2011/12/28/三
日线

拓日新能

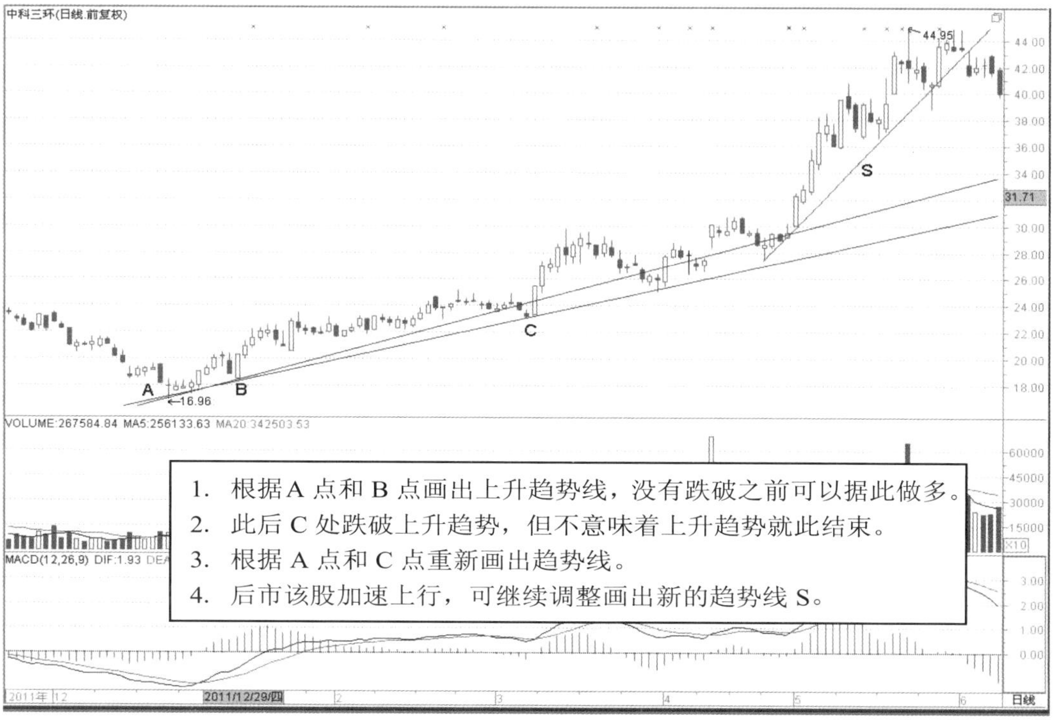
中科三环(日线,前复权)
44.95
S
C
A
B
16.96
VOLUME:267584.84 MA5:256133.63 MA20:342503.53
1. 根据A 点和 B 点画出上升趋势线，没有跌破之前可以据此做多。
2. 此后 C 处跌破上升趋势，但不意味着上升趋势就此结束。
3. 根据 A 点和 C 点重新画出趋势线。
4. 后市该股加速上行，可继续调整画出新的趋势线 S。
MACD(12,26,9) DIF:1.93
2011/12/29/四
日线

中科三环

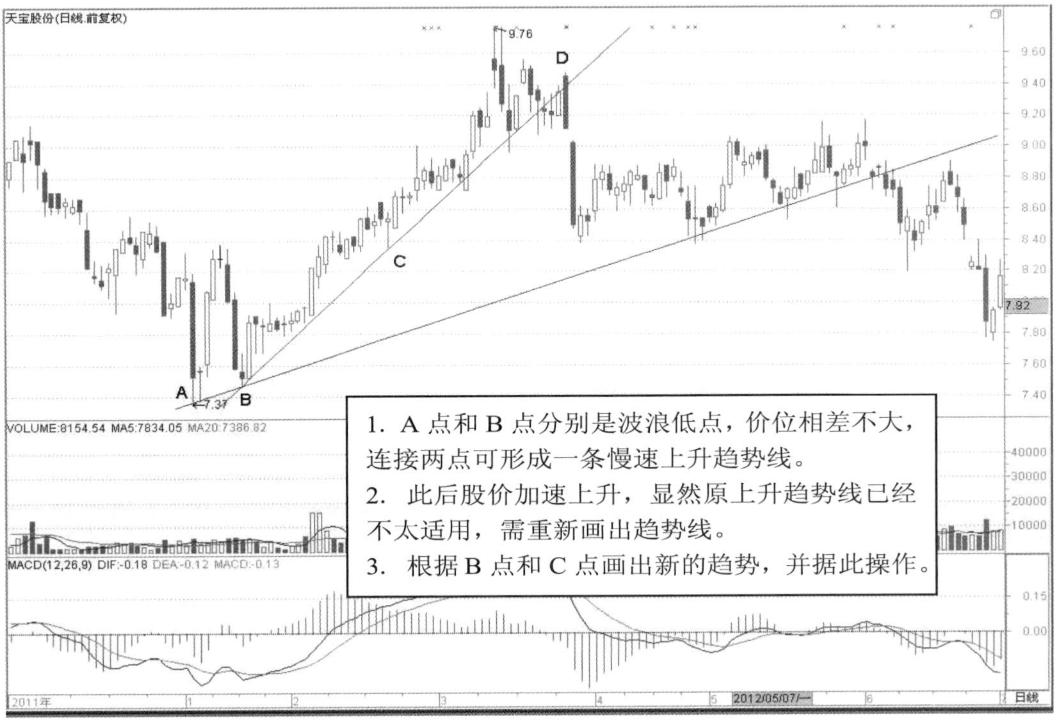
天宝股份(日线,前复权)
9.76
D
C
A
7.37
B
1. A 点和 B 点分别是波浪低点，价位相差不大，连接两点可形成一条慢速上升趋势线。
2. 此后股价加速上升，显然原上升趋势线已经不太适用，需重新画出趋势线。
3. 根据 B 点和 C 点画出新的趋势，并据此操作。
7.92
2012/05/07/一
日线

天宝股份

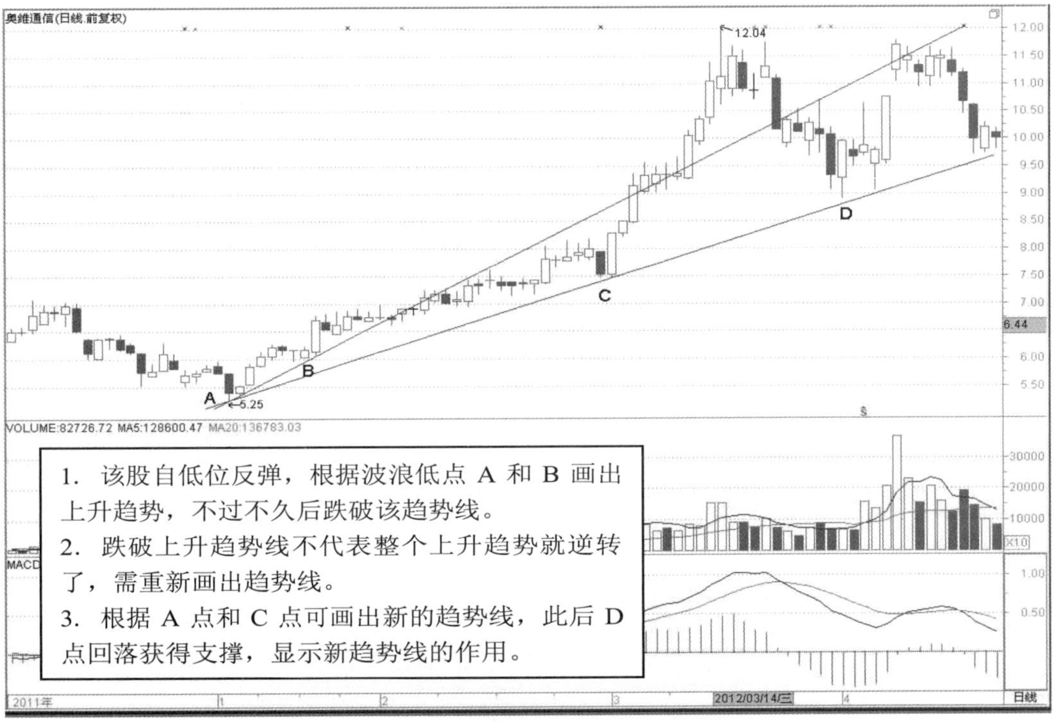
奥维通信(日线,前复权)
12.04
D
C
B
A
5.25
6.44
1. 该股自低位反弹，根据波浪低点 A 和 B 画出上升趋势，不过不久后跌破该趋势线。
2. 跌破上升趋势线不代表整个上升趋势就逆转了，需重新画出趋势线。
3. 根据 A 点和 C 点可画出新的趋势线，此后 D 点回落获得支撑，显示新趋势线的作用。
2012/03/14/三
日线

奥维通信

二、中心趋势线

中心趋势线是指慢速上升轨道突破后，原来的上轨就变成了中线趋势线，一般有较强的支撑作用。在下降趋势中亦然。中心趋势线还指趋势三线中的主趋势线。

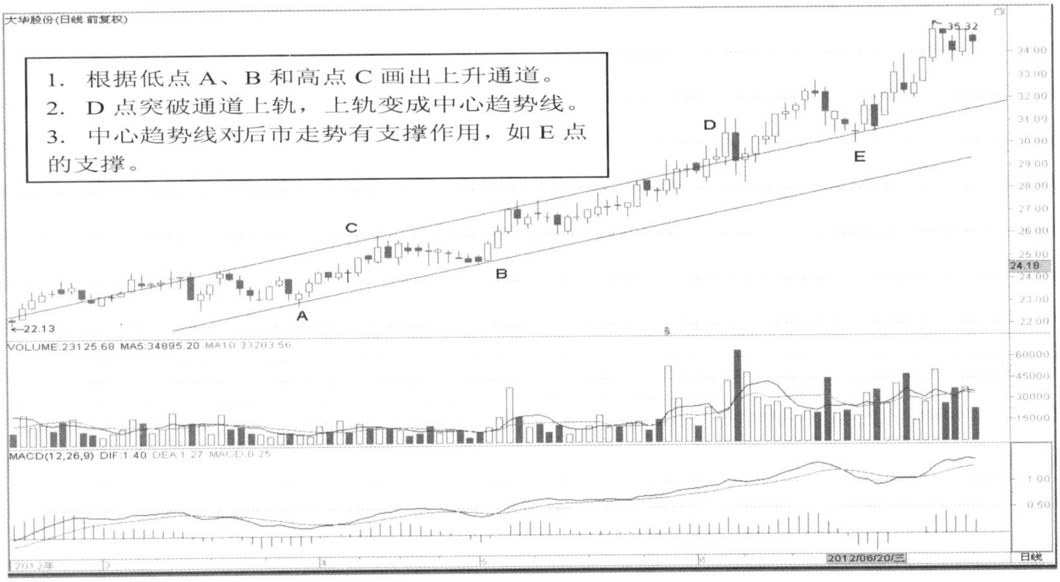

大华股份

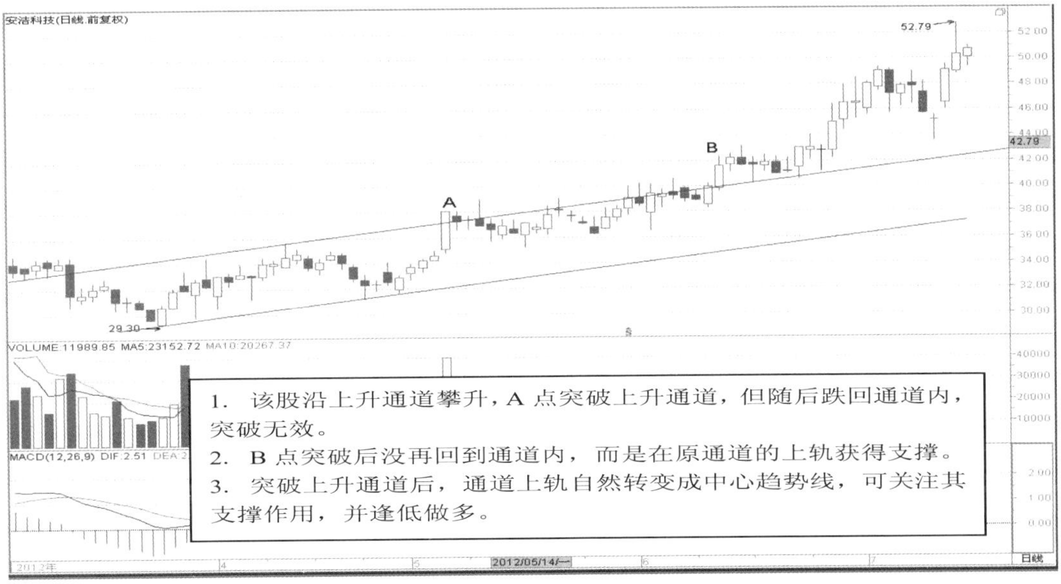

安洁科技

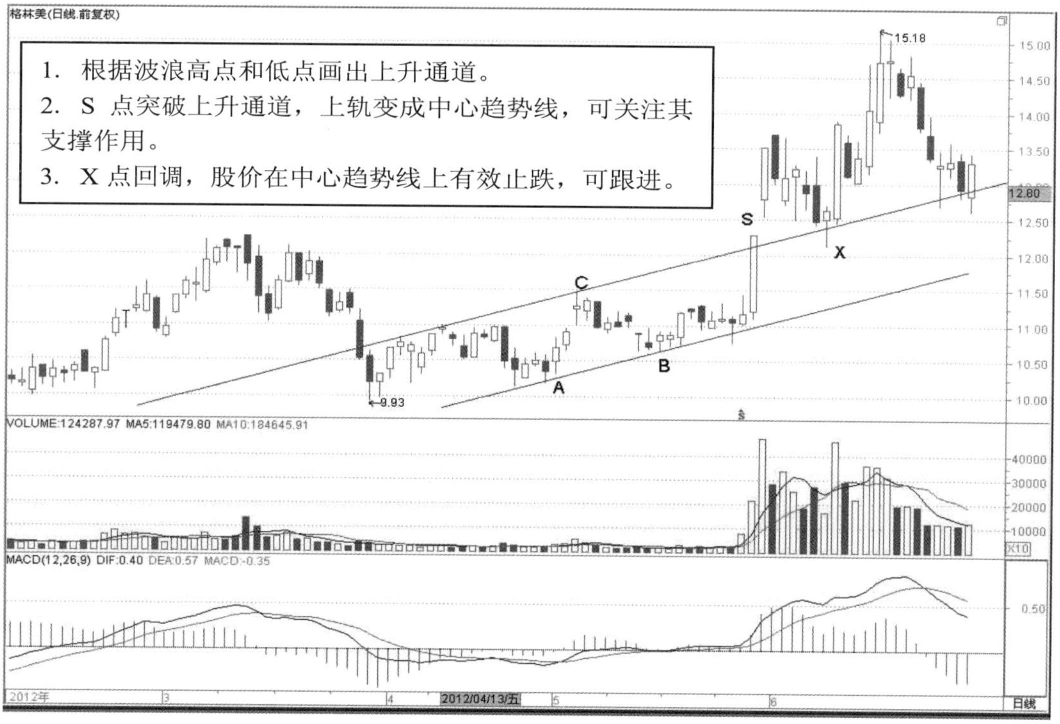
格林美(日线,前复权)
1. 根据波浪高点和低点画出上升通道。
2. S 点突破上升通道，上轨变成中心趋势线，可关注其支撑作用。
3. X 点回调，股价在中心趋势线上有效止跌，可跟进。
15.18
S
X
C
A
B
9.93
VOLUME:124287.97 MA5:119479.80 MA10:184645.91
MACD(12,26,9) DIF:0.40 DEA:0.57 MACD:-0.35
2012/04/13/五
日线

格林美

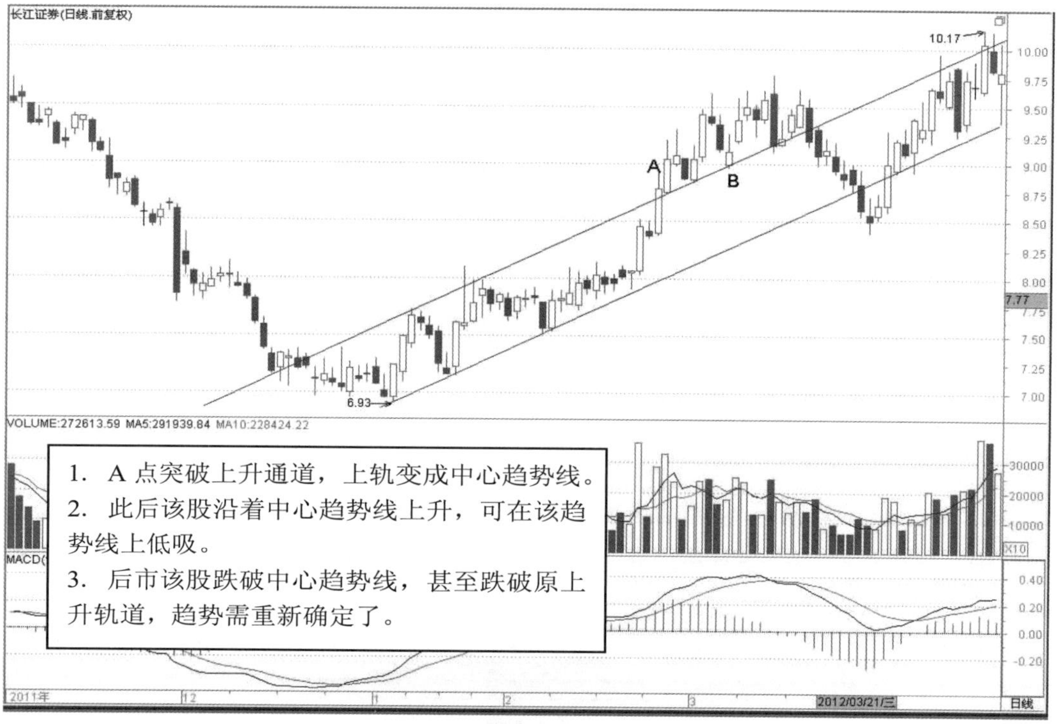
长江证券(日线,前复权)
10.17
A
B
6.93
VOLUME:272613.59 MA5:291939.84 MA10:228424.22
1. A 点突破上升通道，上轨变成中心趋势线。
2. 此后该股沿着中心趋势线上升，可在该趋势线上低吸。
3. 后市该股跌破中心趋势线，甚至跌破原上升轨道，趋势需重新确定了。
2012/03/21/三
日线

长江证券

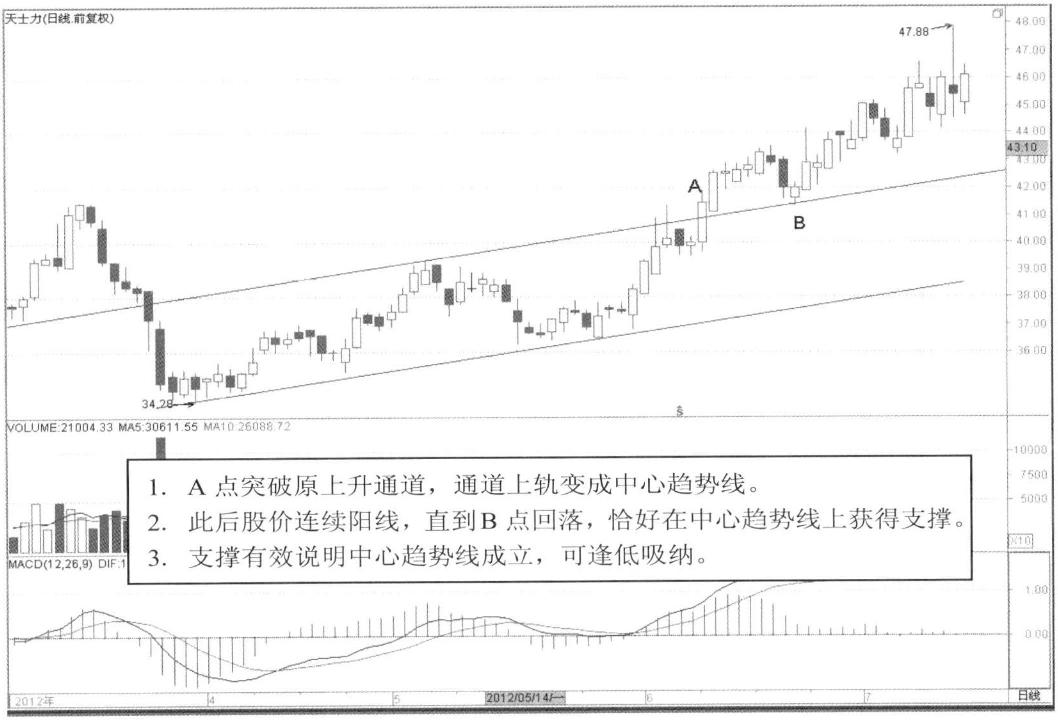

1. A 点突破原上升通道，通道上轨变成中心趋势线。
2. 此后股价连续阳线，直到B 点回落，恰好在中心趋势线上获得支撑。
3. 支撑有效说明中心趋势线成立，可逢低吸纳。

天士力

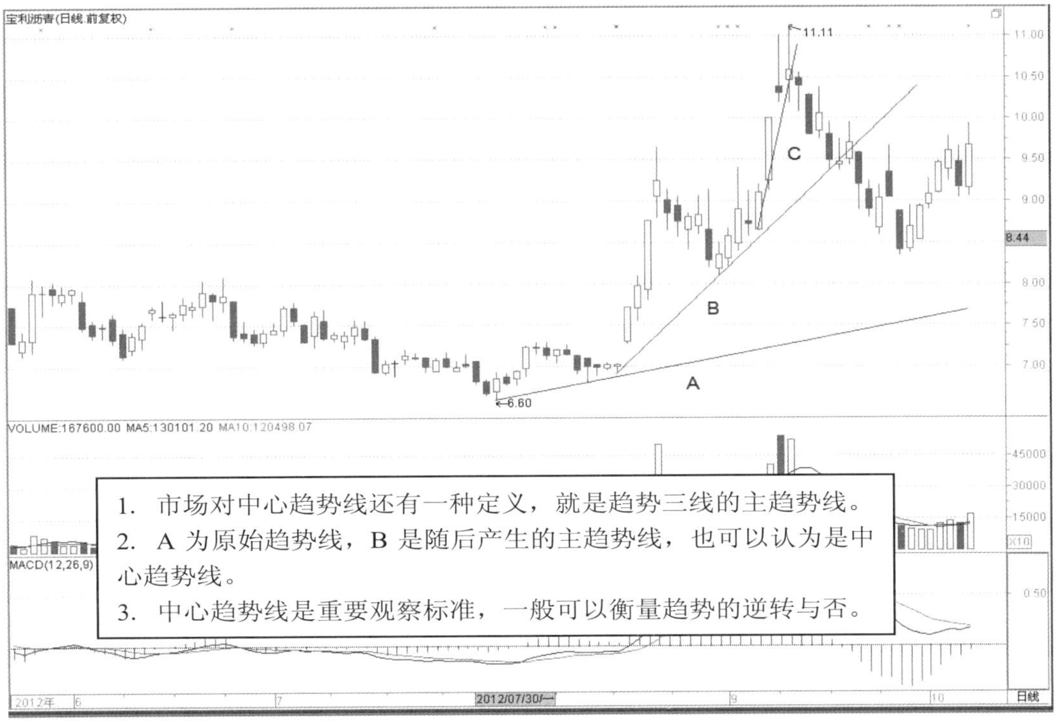

1. 市场对中心趋势线还有一种定义，就是趋势三线的主趋势线。
2. A 为原始趋势线，B 是随后产生的主趋势线，也可以认为是中心趋势线。
3. 中心趋势线是重要观察标准，一般可以衡量趋势的逆转与否。

宝利沥青

三、辅助趋势线及其作用

辅助趋势线指根据趋势轨道画出的辅助分析线，辅助趋势线可以判断短期股票投资的走势。

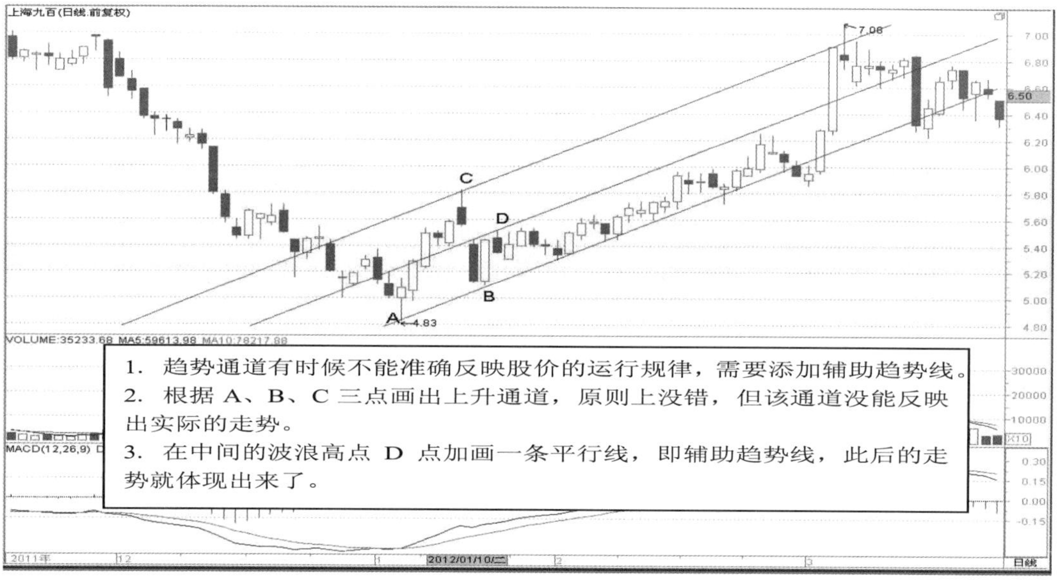

上海九百

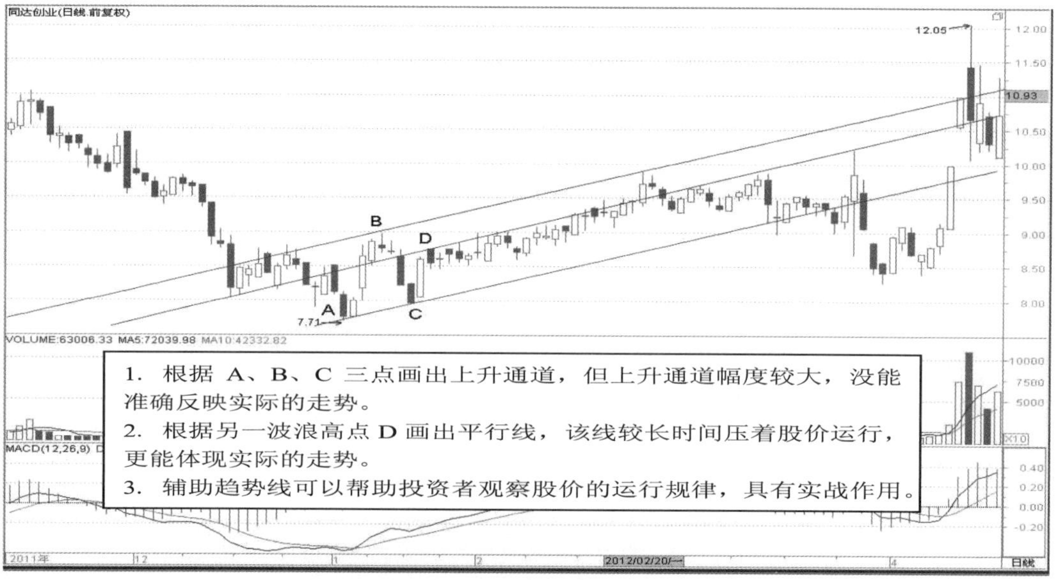

同达创业

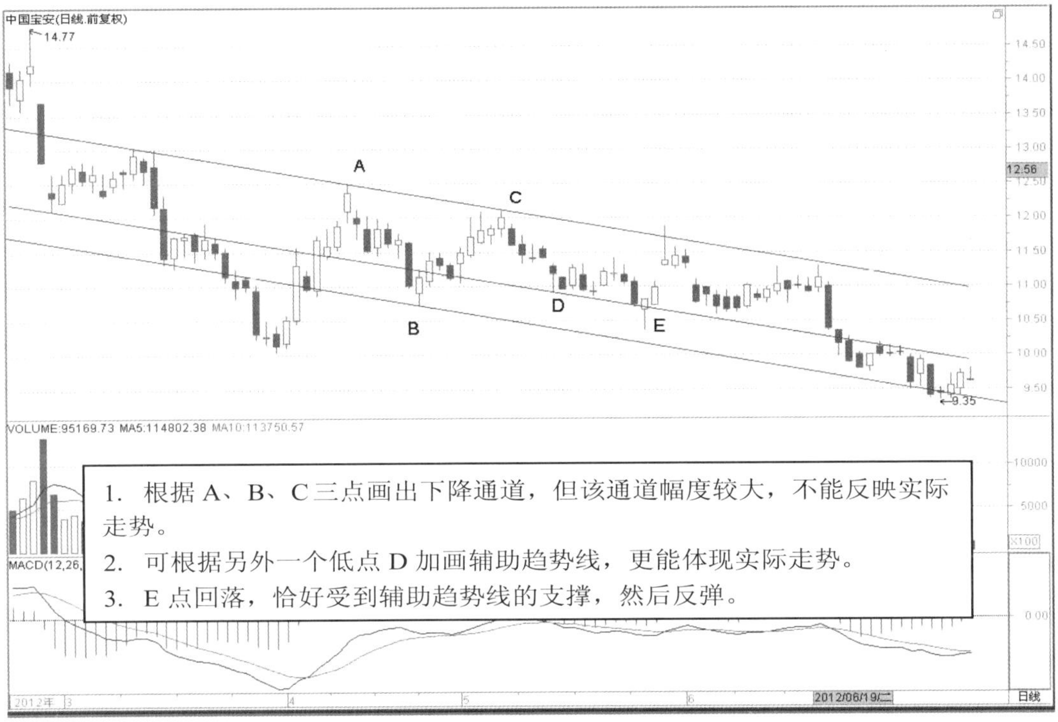
中国宝安(日线,前复权)
14.77
A
B
C
D
E
9.35
12.56
VOLUME:95169.73 MA5:114802.38 MA10:113750.57
1. 根据A、B、C三点画出下降通道，但该通道幅度较大，不能反映实际走势。
2. 可根据另外一个低点D加画辅助趋势线，更能体现实际走势。
3. E点回落，恰好受到辅助趋势线的支撑，然后反弹。
2012/06/19/二
日线

中国宝安

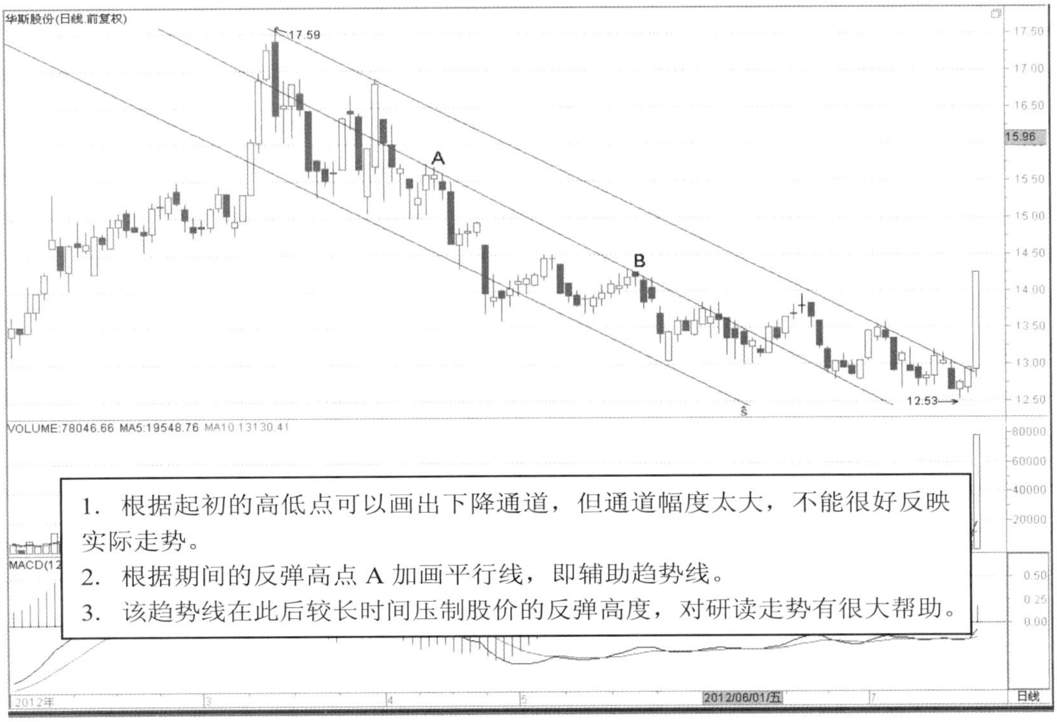
华斯股份(日线,前复权)
17.59
A
B
12.53
15.96
VOLUME:78046.66 MA5:19548.76 MA10:13130.41
1. 根据起初的高低点可以画出下降通道，但通道幅度太大，不能很好反映实际走势。
2. 根据期间的反弹高点A加画平行线，即辅助趋势线。
3. 该趋势线在此后较长时间压制股价的反弹高度，对研读走势有很大帮助。
2012/06/01/五
日线

华联股份

第五章 趋势的改变

一只股票的走势不可能永远保持一种趋势。在股票走势趋势改变的时候就是交易的时候。

一、关键 K 线确定趋势改变

股价终有一天突破或者跌破趋势线，那这根破位的 K 线就是关键 K 线。关键 K 线也是多空攻防的要点，其得失决定趋势改变的成败。

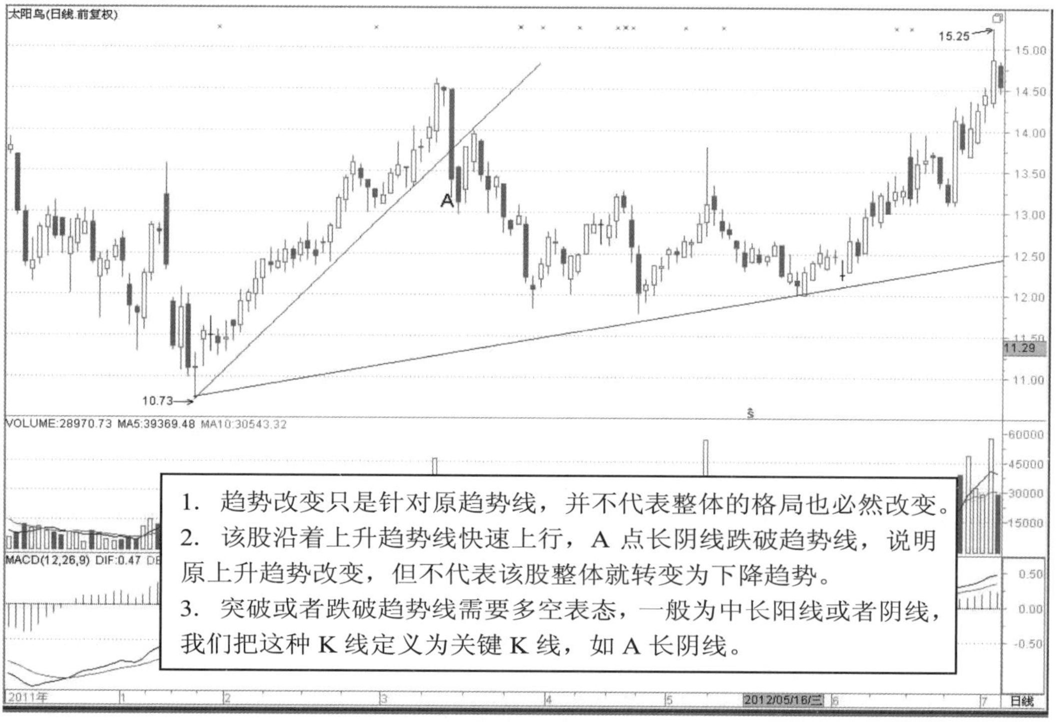

太阳鸟

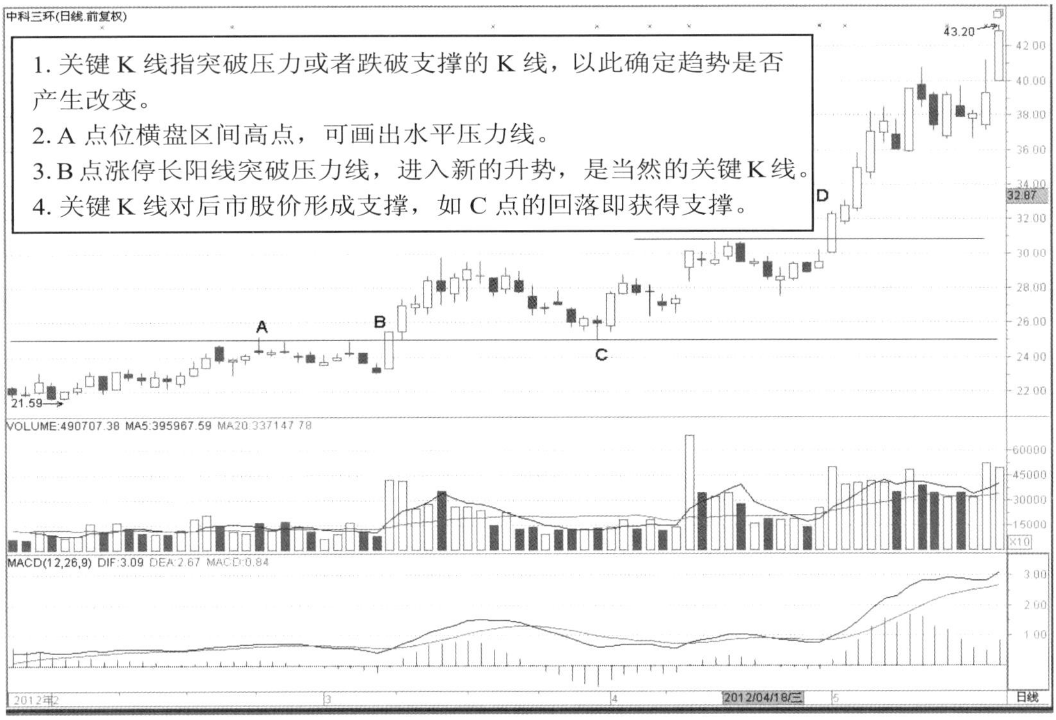
中科三环(日线,前复权)
1. 关键K线指突破压力或者跌破支撑的K线，以此确定趋势是否产生改变。
2. A点位横盘区间高点，可画出水平压力线。
3. B点涨停长阳线突破压力线，进入新的升势，是当然的关键K线。
4. 关键K线对后市股价形成支撑，如C点的回落即获得支撑。
A
B
C
D
43.20
21.59
VOLUME:490707.38 MA5:395967.59 MA20:337147.78
MACD(12,26,9) DIF:3.09 DEA:2.67 MACD:0.84
2012/04/18/三
日线

中科三环

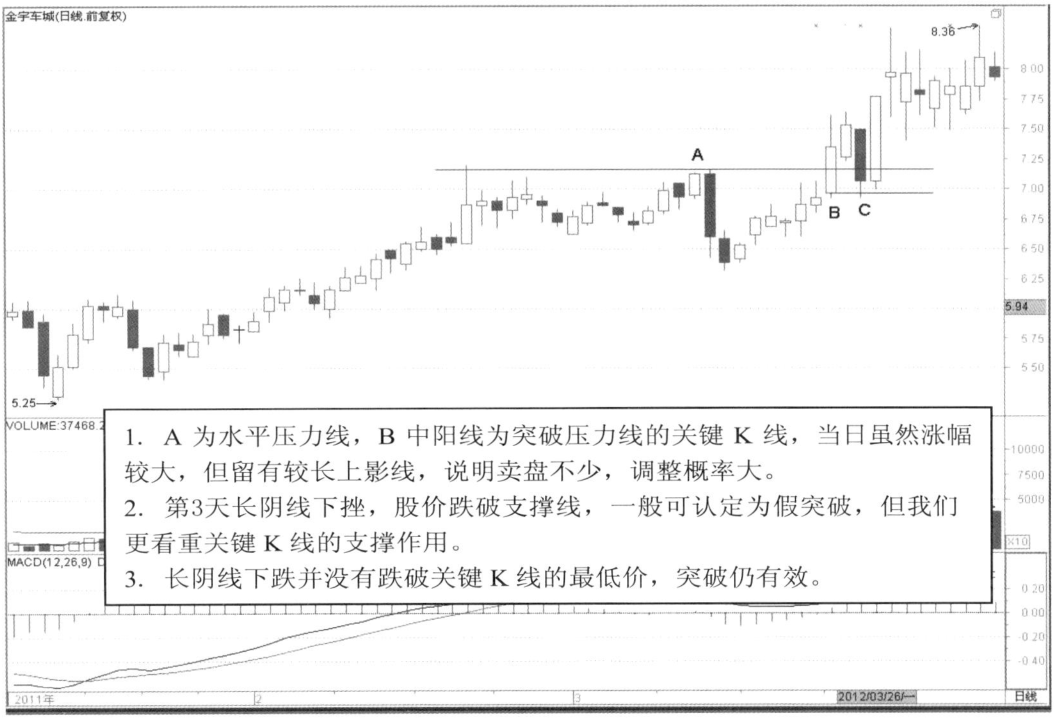
金宇车城(日线,前复权)
1. A为水平压力线，B中阳线为突破压力线的关键K线，当日虽然涨幅较大，但留有较长上影线，说明卖盘不少，调整概率大。
2. 第3天长阴线下挫，股价跌破支撑线，一般可认定为假突破，但我们更看重关键K线的支撑作用。
3. 长阴线下跌并没有跌破关键K线的最低价，突破仍有效。
A
B
C
8.36
5.25
2011年
2012/03/26/一
日线

金宇车城

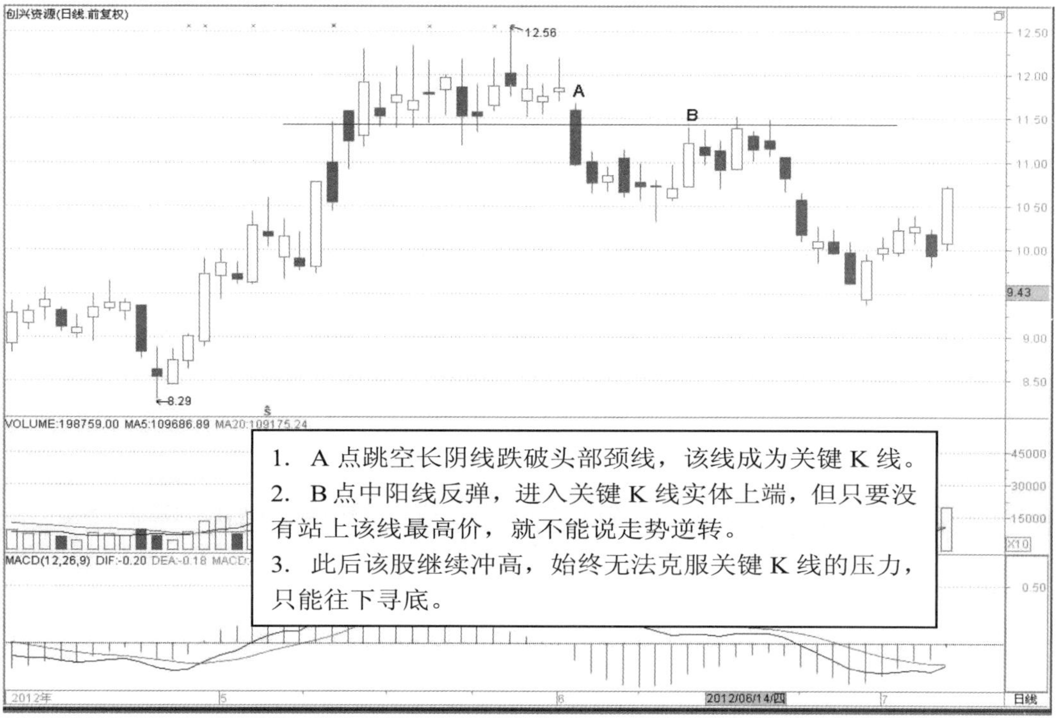
创兴资源(日线,前复权)
12.56
A
B
8.29
9.43
1. A 点跳空长阴线跌破头部颈线，该线成为关键 K 线。
2. B 点中阳线反弹，进入关键 K 线实体上端，但只要没有站上该线最高价，就不能说走势逆转。
3. 此后该股继续冲高，始终无法克服关键 K 线的压力，只能往下寻底。
2012/06/14/四
日线

创兴资源

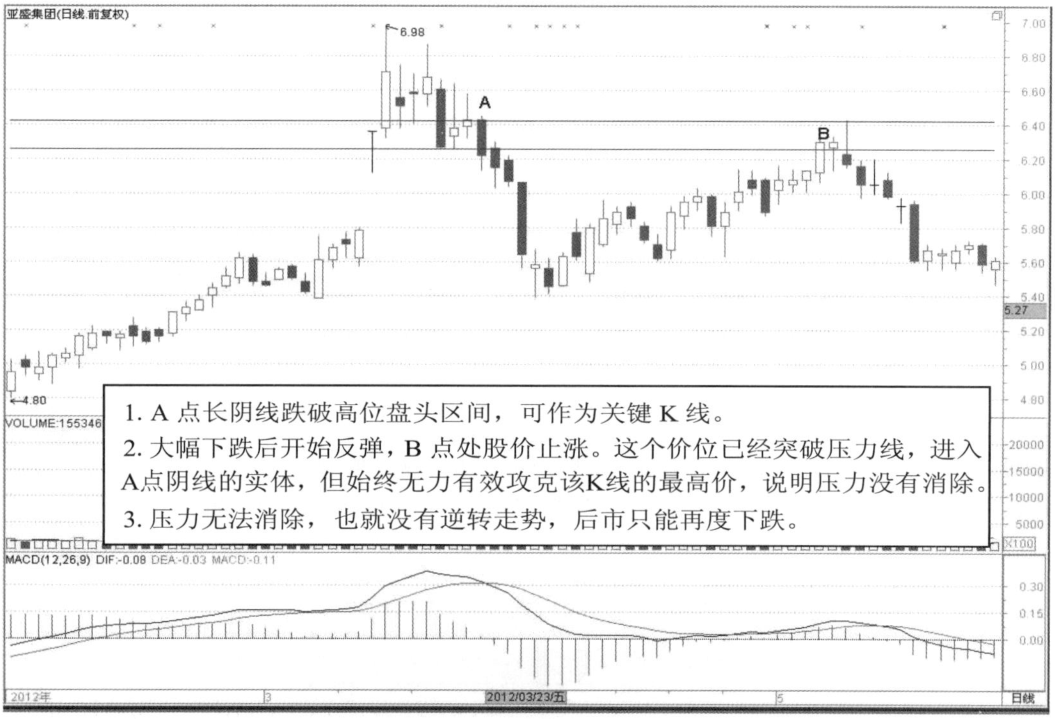
亚盛集团(日线,前复权)
6.98
A
B
4.80
5.27
1. A 点长阴线跌破高位盘头区间，可作为关键 K 线。
2. 大幅下跌后开始反弹，B 点处股价止涨。这个价位已经突破压力线，进入A点阴线的实体，但始终无力有效攻克该K线的最高价，说明压力没有消除。
3. 压力无法消除，也就没有逆转走势，后市只能再度下跌。
2012/03/23/五
日线

亚盛集团

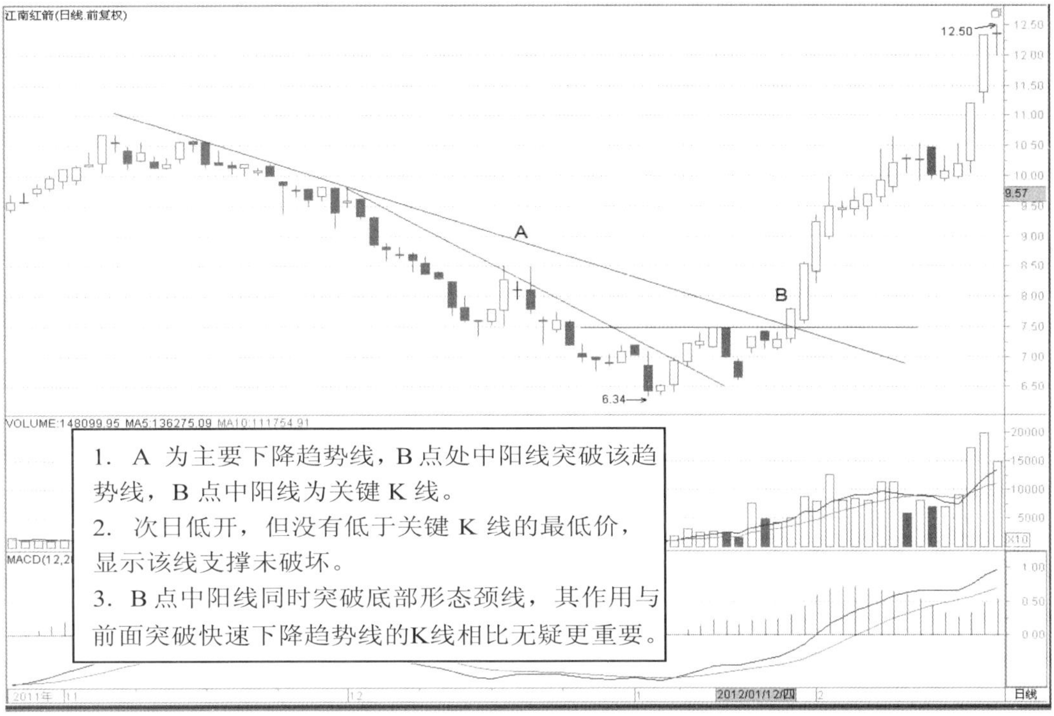
江南红箭(日线,前复权)
12.50
A
B
6.34
9.57
VOLUME:148099.95 MA5:136275.09 MA10:111754.91
1. A 为主要下降趋势线，B 点处中阳线突破该趋势线，B 点中阳线为关键 K 线。
2. 次日低开，但没有低于关键 K 线的最低价，显示该线支撑未破坏。
3. B 点中阳线同时突破底部形态颈线，其作用与前面突破快速下降趋势线的K线相比无疑更重要。
2012/01/12/四
日线

江南红箭

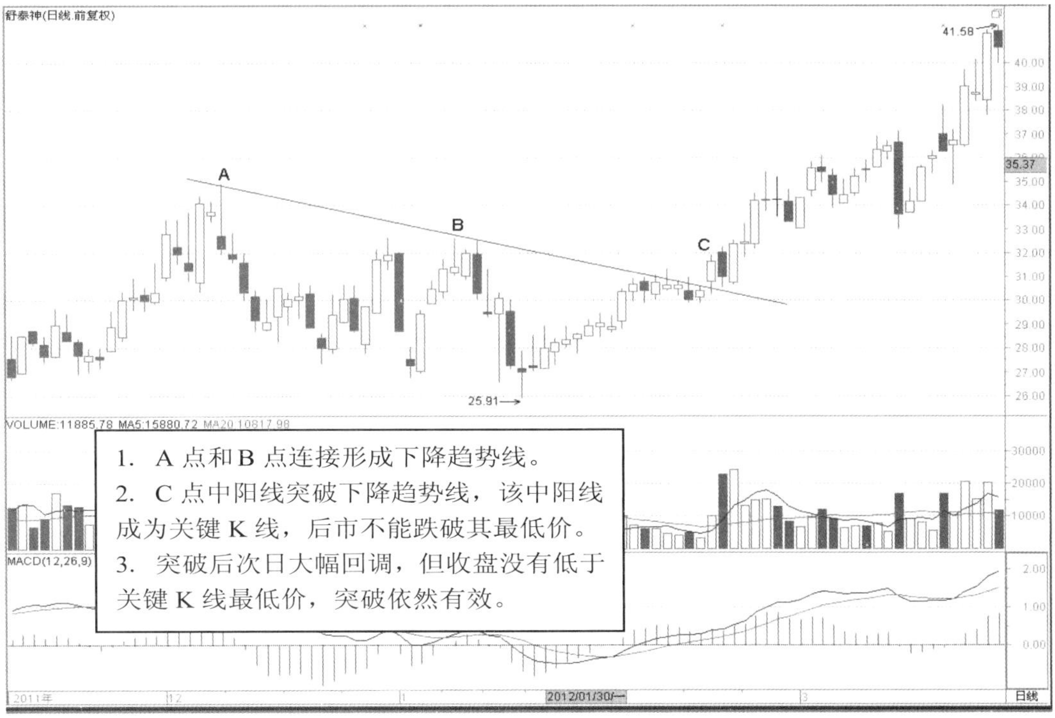
舒泰神(日线,前复权)
41.58
A
B
C
25.91
35.37
VOLUME:11885.78 MA5:15880.72 MA20:10817.98
1. A 点和B 点连接形成下降趋势线。
2. C 点中阳线突破下降趋势线，该中阳线成为关键 K 线，后市不能跌破其最低价。
3. 突破后次日大幅回调，但收盘没有低于关键 K 线最低价，突破依然有效。
MACD(12,26,9)
2012/01/30/一
日线

舒泰神

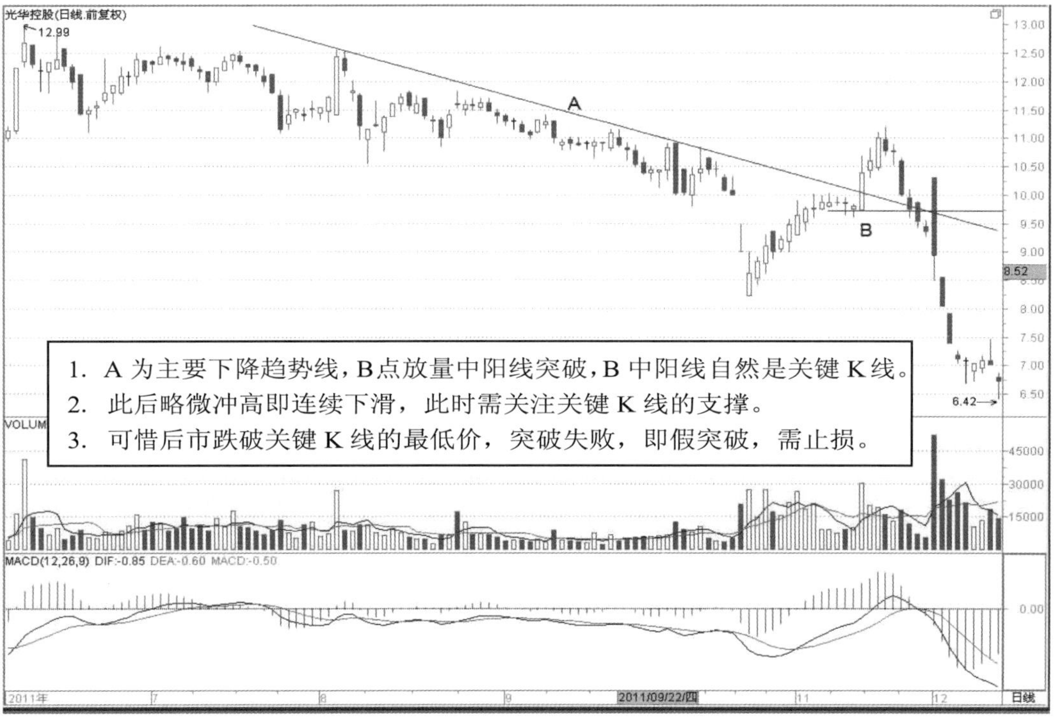
光华控股(日线.前复权)
12.99
A
B
6.42
1. A 为主要下降趋势线，B点放量中阳线突破，B 中阳线自然是关键 K 线。
2. 此后略微冲高即连续下滑，此时需关注关键 K 线的支撑。
3. 可惜后市跌破关键 K 线的最低价，突破失败，即假突破，需止损。
MACD(12,26,9) DIF:-0.85 DEA:-0.60 MACD:-0.50
2011/09/22/四

光华控股

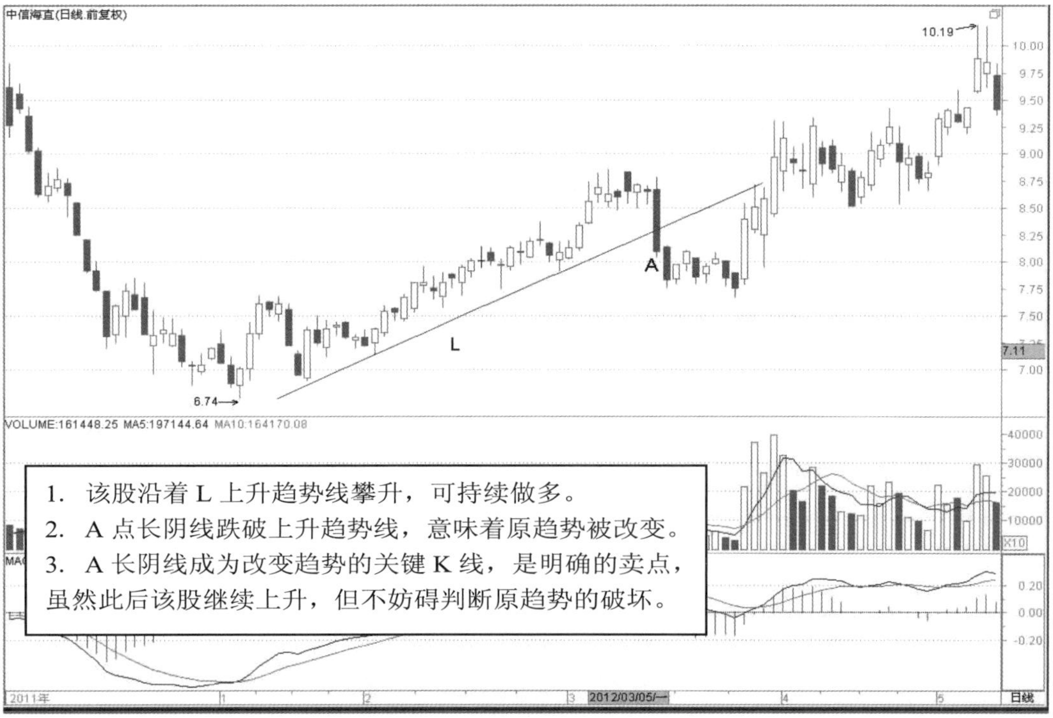
中信海直(日线.前复权)
10.19
A
L
6.74
VOLUME:161448.25 MA5:197144.64 MA10:164170.08
1. 该股沿着 L 上升趋势线攀升，可持续做多。
2. A 点长阴线跌破上升趋势线，意味着原趋势被改变。
3. A 长阴线成为改变趋势的关键 K 线，是明确的卖点，虽然此后该股继续上升，但不妨碍判断原趋势的破坏。
2012/03/05/一

中信海直

二、趋势正向转折多有成交量的配合

趋势向上转折的时候往往需要成交量的配合，如此才能体现做多的真实性，也可以反映出多头的力道。

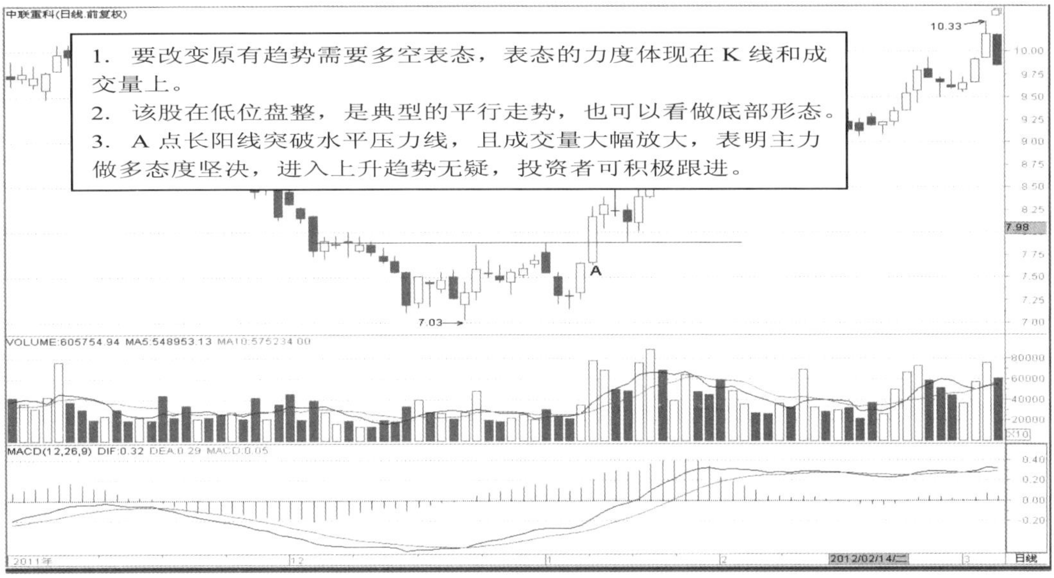

中联重科

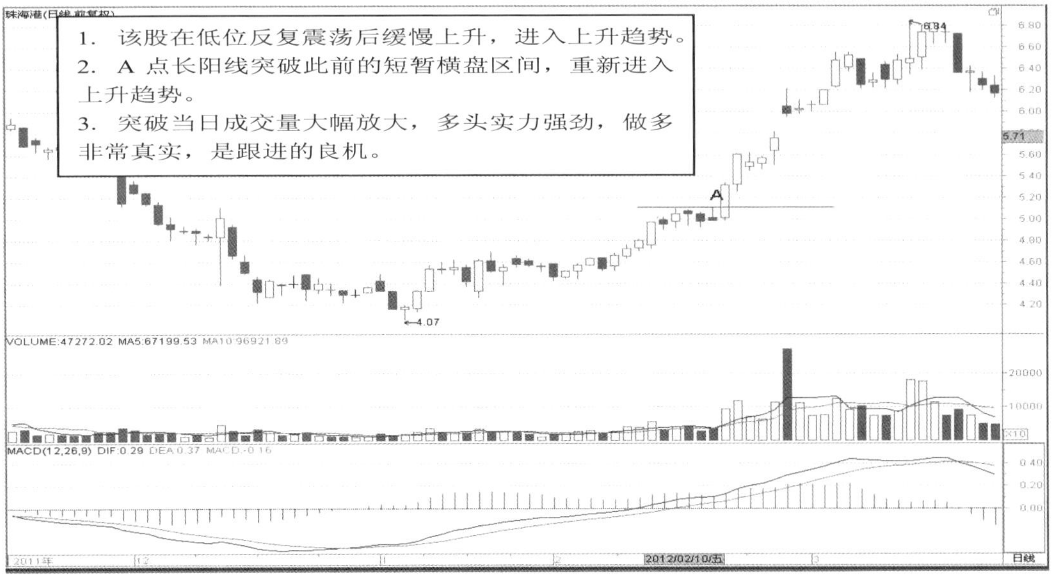

珠海港

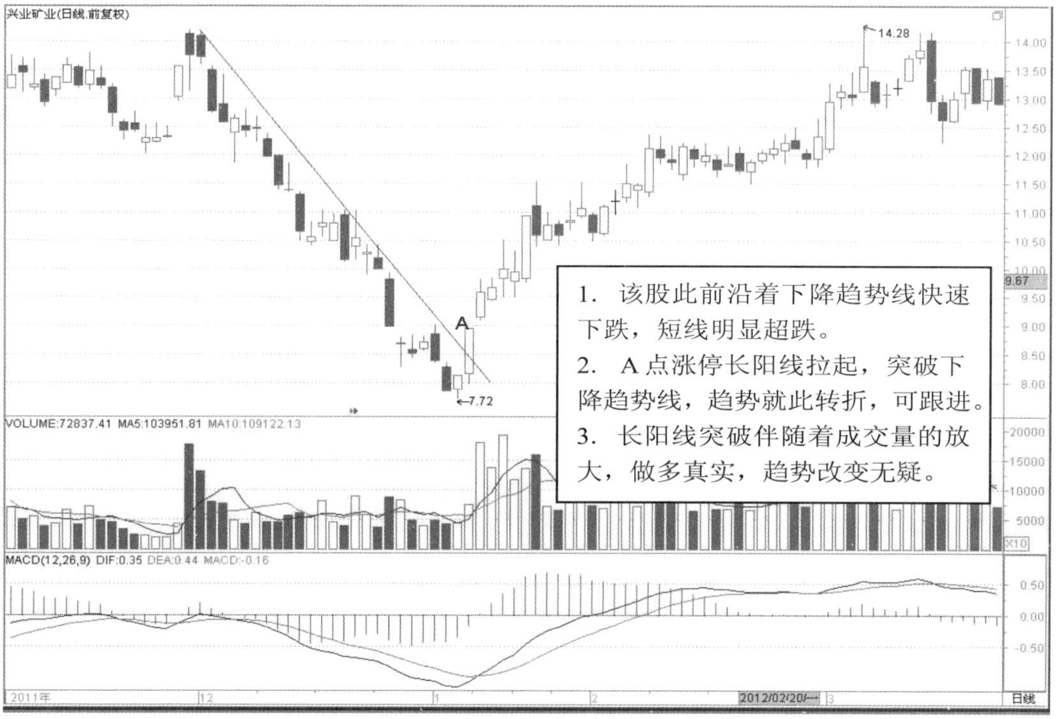
兴业矿业(日线,前复权)
14.28
A
7.72
1. 该股此前沿着下降趋势线快速下跌，短线明显超跌。
2. A点涨停长阳线拉起，突破下降趋势线，趋势就此转折，可跟进。
3. 长阳线突破伴随着成交量的放大，做多真实，趋势改变无疑。
VOLUME:72837.41 MA5:103951.81 MA10:109122.13
MACD(12,26,9) DIF:0.35 DEA:0.44 MACD:-0.16
2011年
2012/02/20/一
日线

兴业矿业

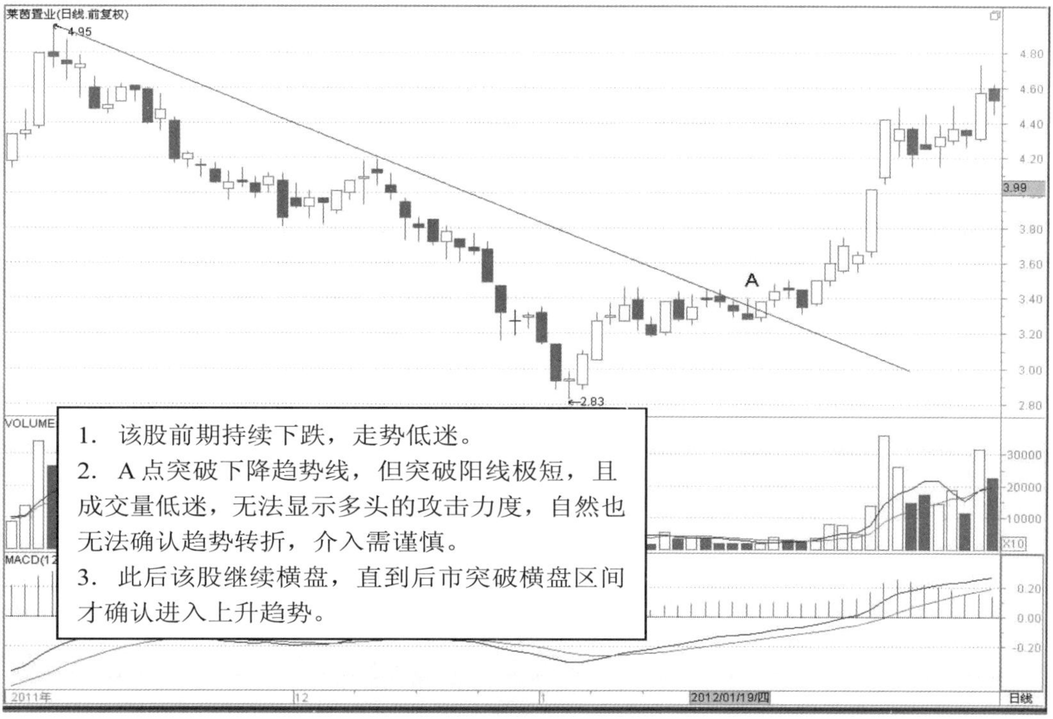
莱茵置业(日线,前复权)
4.95
A
2.83
1. 该股前期持续下跌，走势低迷。
2. A点突破下降趋势线，但突破阳线极短，且成交量低迷，无法显示多头的攻击力度，自然也无法确认趋势转折，介入需谨慎。
3. 此后该股继续横盘，直到后市突破横盘区间才确认进入上升趋势。
2011年
2012/01/19/四
日线

莱茵置业

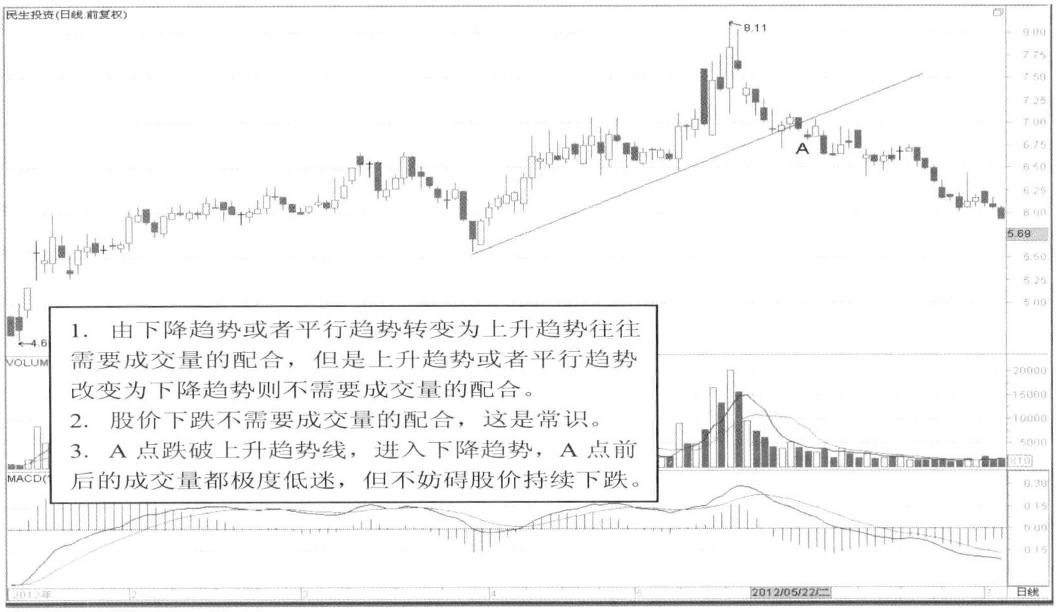

民生投资

三、假突破及应对方法

假突破指盘中突破但收盘没有突破，或者突破后在随后几日内很快又跌回去了，股价回到关键 K 线之下。假突破预示着走势将往相反方向运行，需要及时止损。

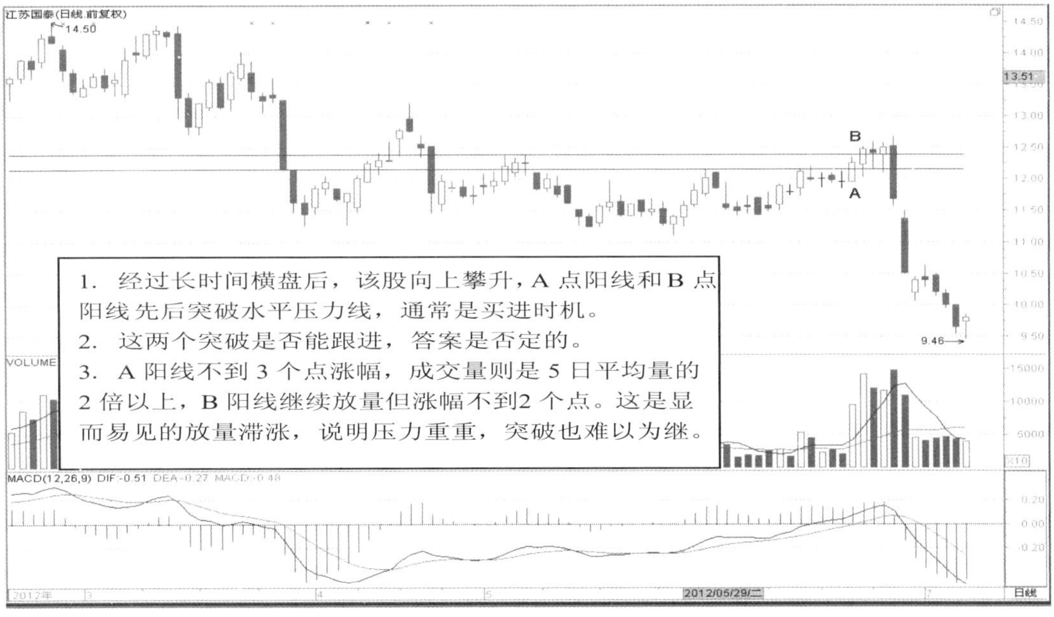

江苏国泰

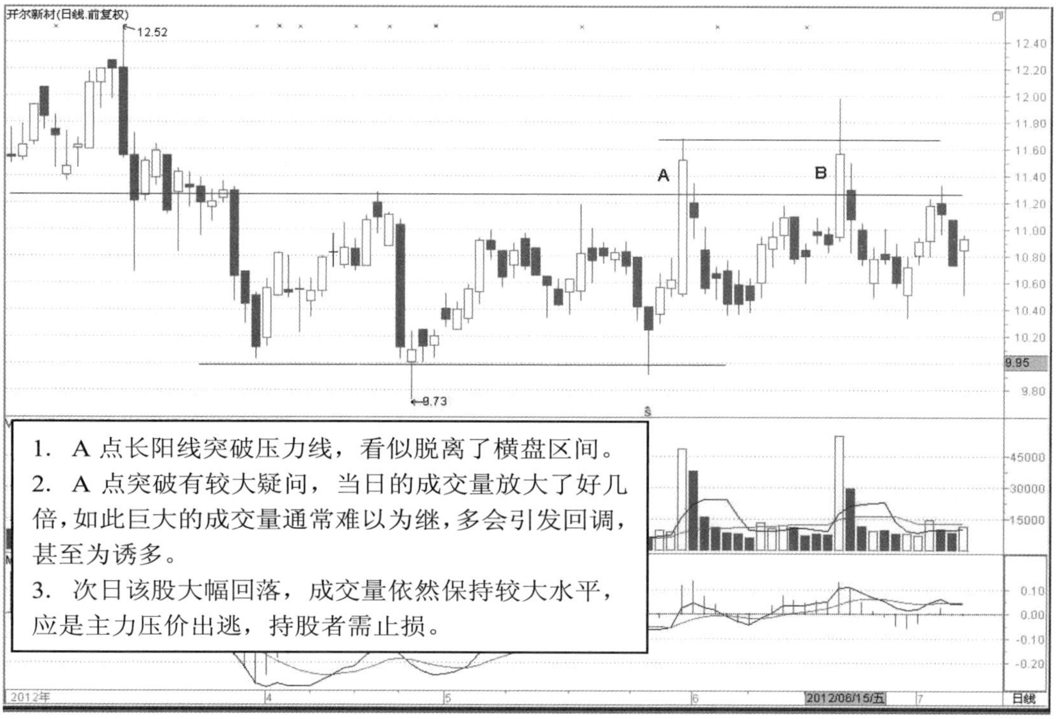
开尔新材(日线,前复权)
12.52
A
B
9.73
1. A 点长阳线突破压力线，看似脱离了横盘区间。
2. A 点突破有较大疑问，当日的成交量放大了好几倍，如此巨大的成交量通常难以为继，多会引发回调，甚至为诱多。
3. 次日该股大幅回落，成交量依然保持较大水平，应是主力压价出逃，持股者需止损。
2012年
2012/06/15/五
日线

开尔新材

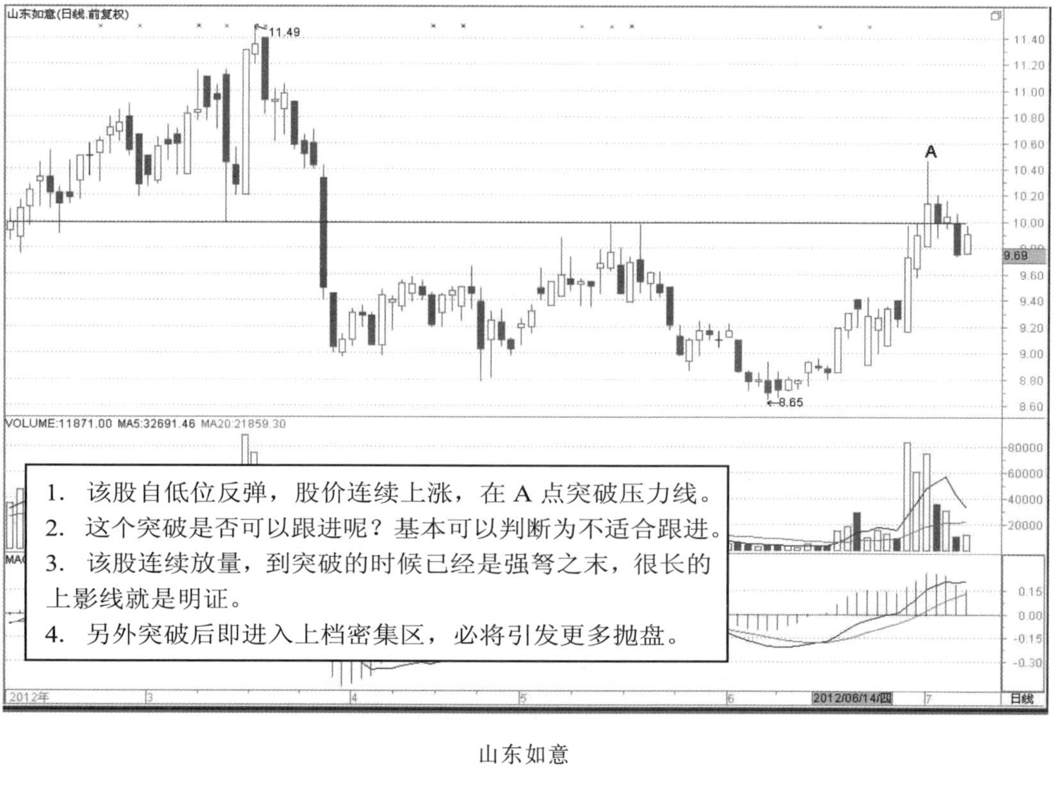
山东如意(日线,前复权)
11.49
A
8.65
VOLUME:11871.00 MA5:32691.46 MA20:21859.30
1. 该股自低位反弹，股价连续上涨，在 A 点突破压力线。
2. 这个突破是否可以跟进呢？基本可以判断为不适合跟进。
3. 该股连续放量，到突破的时候已经是强弩之末，很长的上影线就是明证。
4. 另外突破后即进入上档密集区，必将引发更多抛盘。
2012年
2012/06/14/四
日线

山东如意

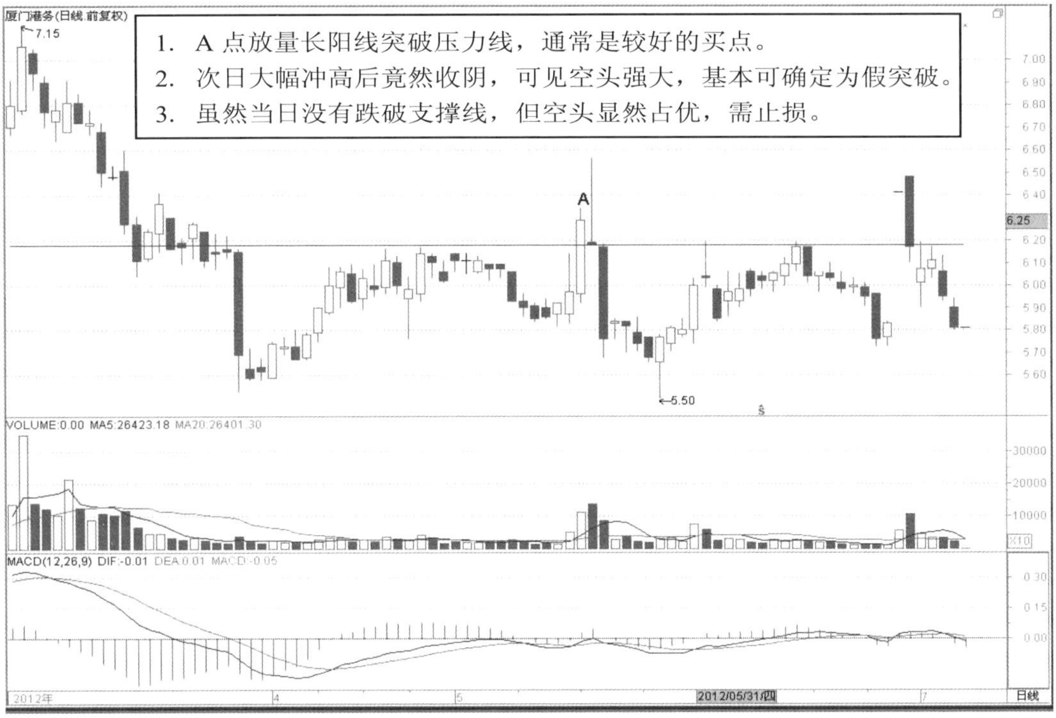
厦门港务(日线,前复权)
7.15
1. A 点放量长阳线突破压力线，通常是较好的买点。
2. 次日大幅冲高后竟然收阴，可见空头强大，基本可确定为假突破。
3. 虽然当日没有跌破支撑线，但空头显然占优，需止损。
A
5.50
6.25
VOLUME:0.00 MA5:26423.18 MA20:26401.30
MACD(12,26,9) DIF:-0.01 DEA:0.01 MACD:-0.05
2012年
2012/05/31/四
日线

厦门港务

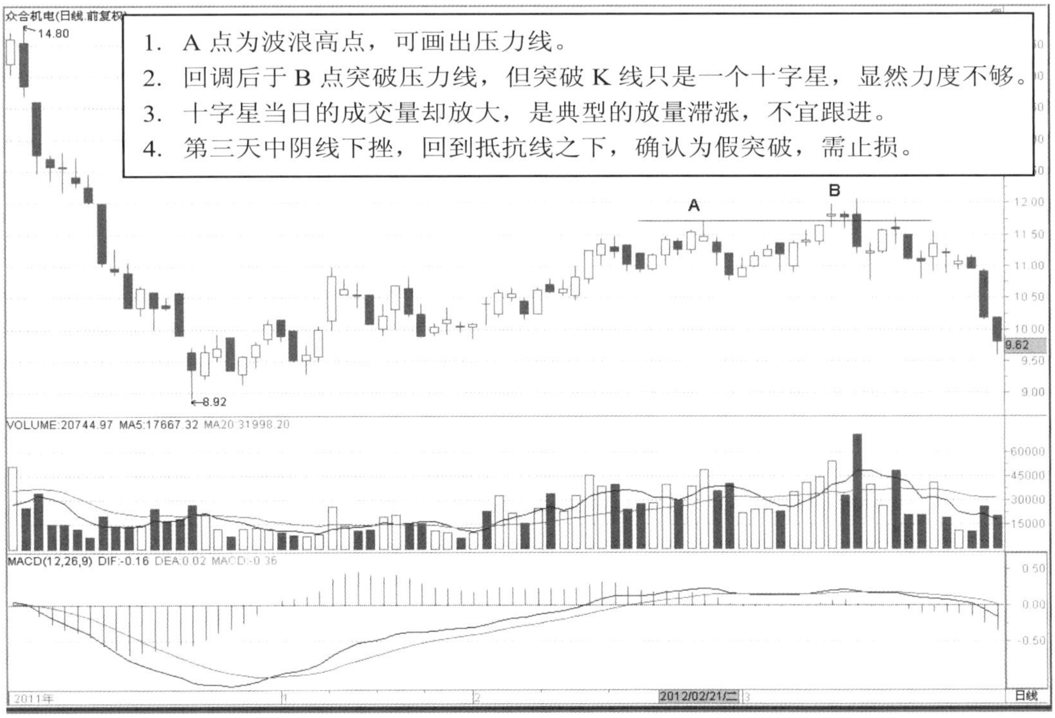
众合机电(日线,前复权)
14.80
1. A 点为波浪高点，可画出压力线。
2. 回调后于 B 点突破压力线，但突破 K 线只是一个十字星，显然力度不够。
3. 十字星当日的成交量却放大，是典型的放量滞涨，不宜跟进。
4. 第三天中阴线下挫，回到抵抗线之下，确认为假突破，需止损。
A
B
8.92
9.62
VOLUME:20744.97 MA5:17667.32 MA20:31998.20
MACD(12,26,9) DIF:-0.16 DEA:0.02 MACD:-0.36
2011年
2012/02/21/二
日线

众合机电

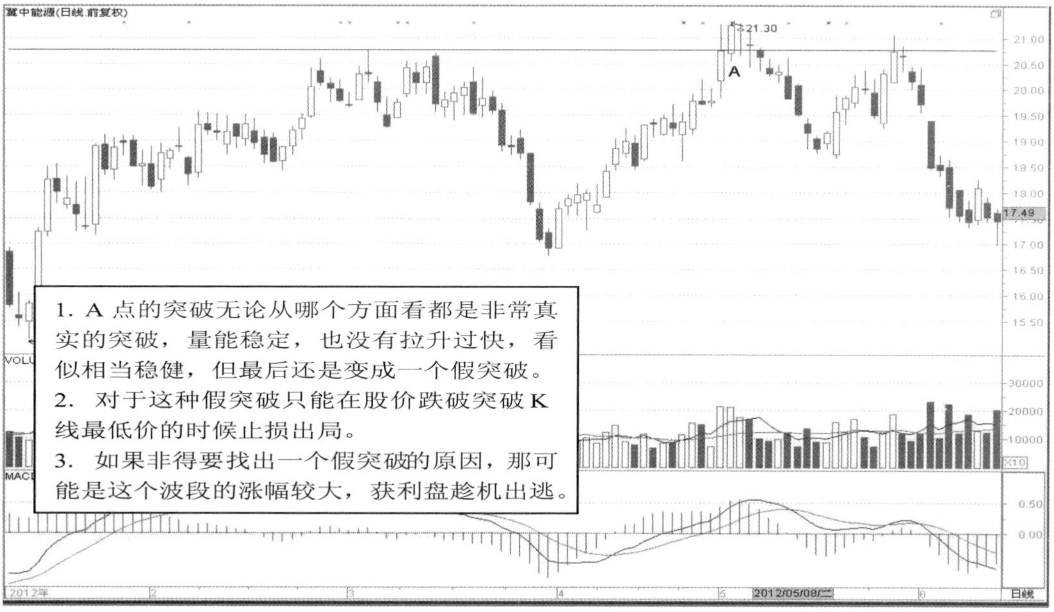

冀中能源

四、盘中突破不算真突破

盘中突破时临时追击是常见的买入手法，但往往也会陷入到假突破的风险中。盘中突破而收盘价未突破不能算是有效突破，不宜买入。

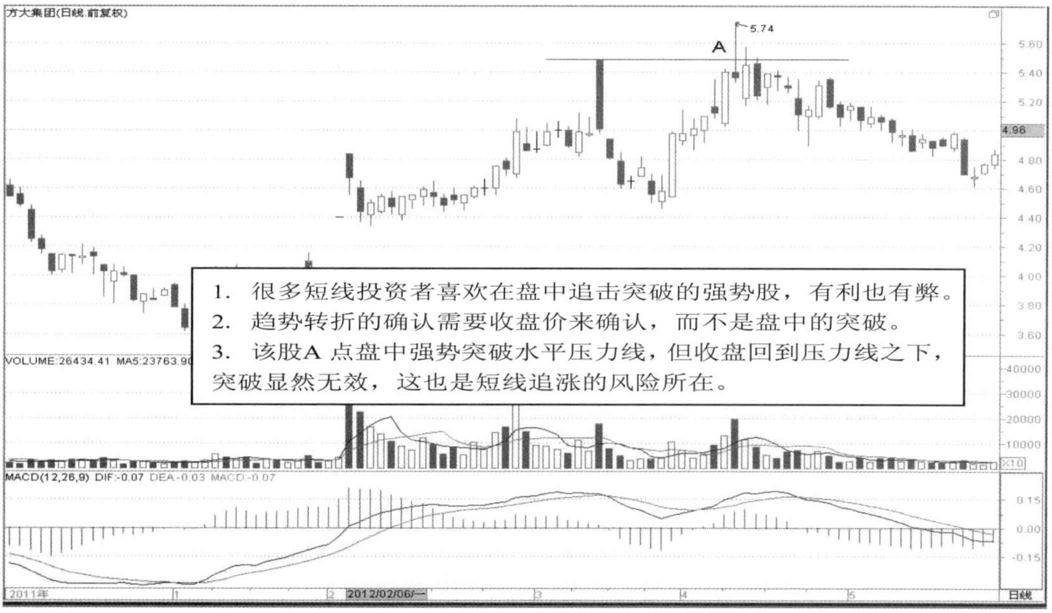

方大集团

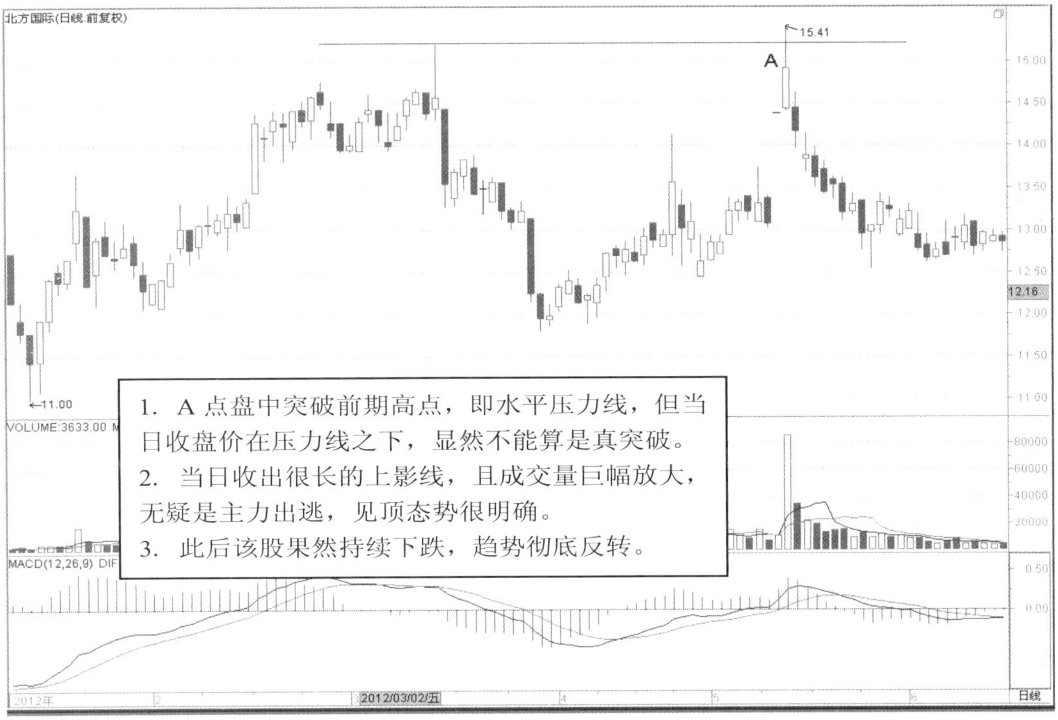
北方国际(日线,前复权)
15.41
A
11.00
12.16
VOLUME:3633.00
MACD(12,26,9) DIF
2012年
2012/03/02/五
日线
1. A点盘中突破前期高点，即水平压力线，但当日收盘价在压力线之下，显然不能算是真突破。
2. 当日收出很长的上影线，且成交量巨幅放大，无疑是主力出逃，见顶态势很明确。
3. 此后该股果然持续下跌，趋势彻底反转。

北方国际

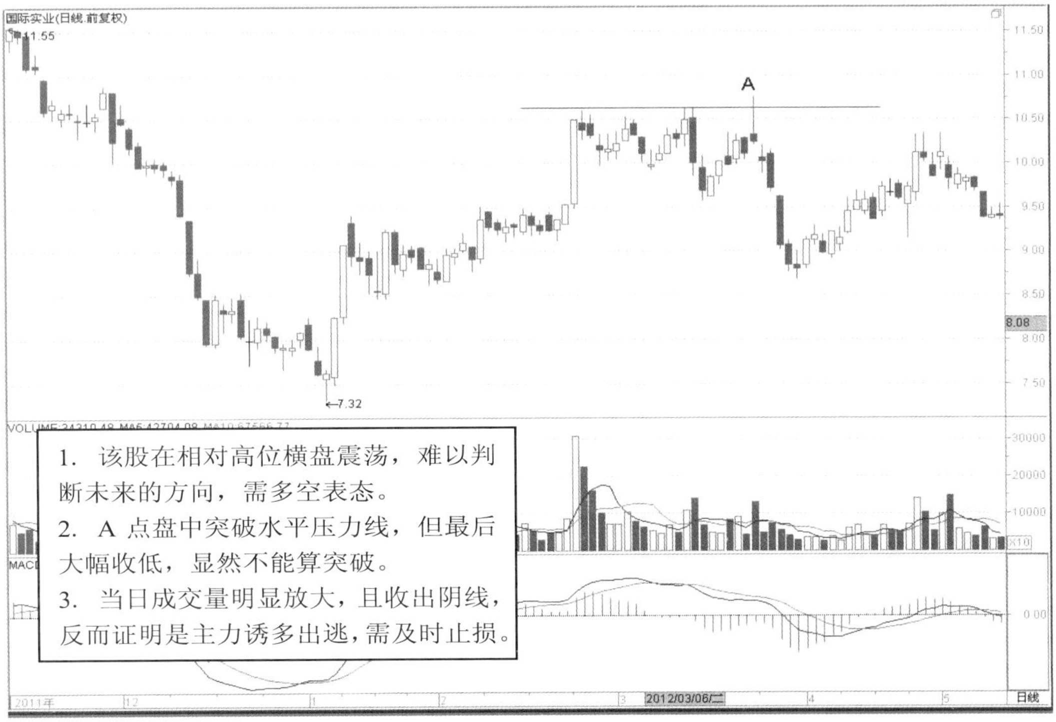
国际实业(日线,前复权)
11.55
A
7.32
8.08
2011年
2012/03/06/二
日线
1. 该股在相对高位横盘震荡，难以判断未来的方向，需多空表态。
2. A点盘中突破水平压力线，但最后大幅收低，显然不能算突破。
3. 当日成交量明显放大，且收出阴线，反而证明是主力诱多出逃，需及时止损。

国际实业

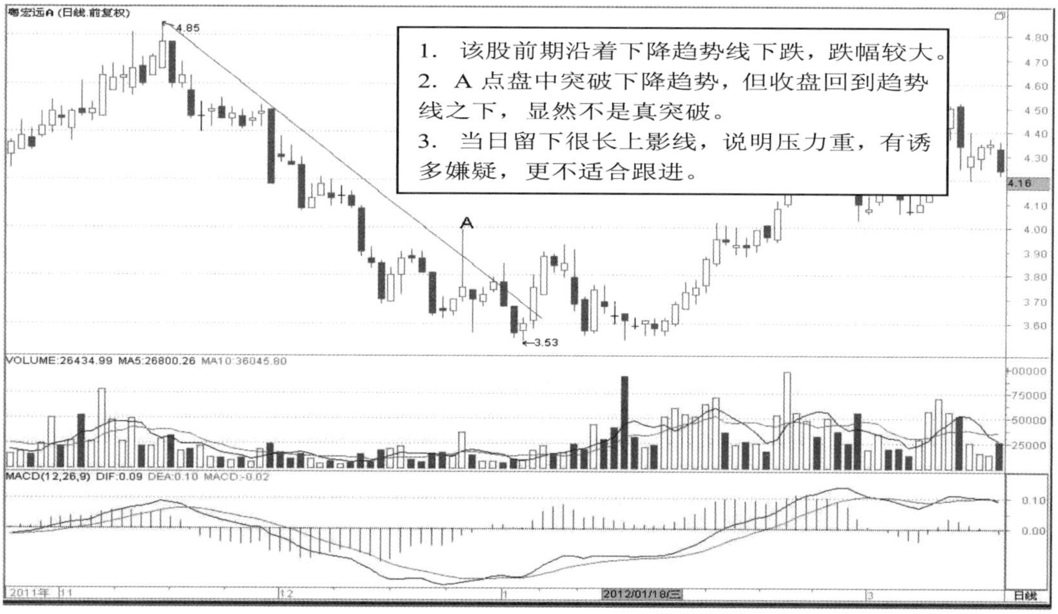

粤宏远 A

五、趋势线反压和反托

趋势线反压指上升趋势线跌破后继续发挥作用，具体表现为对后市股价的反弹带来压力。趋势线反托指下降趋势线被向上突破后对价格的支撑作用。

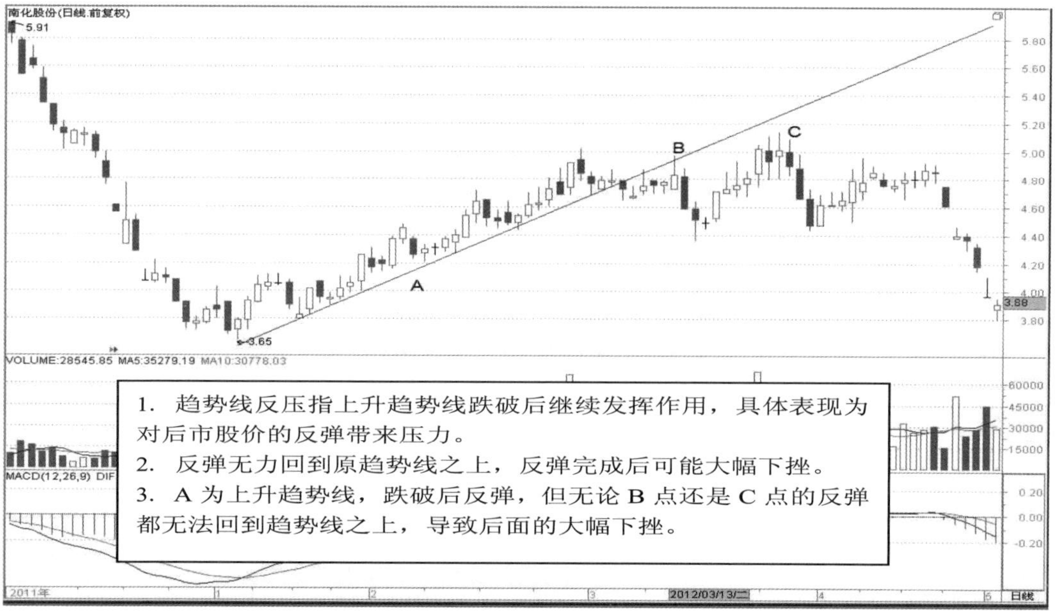

南化股份

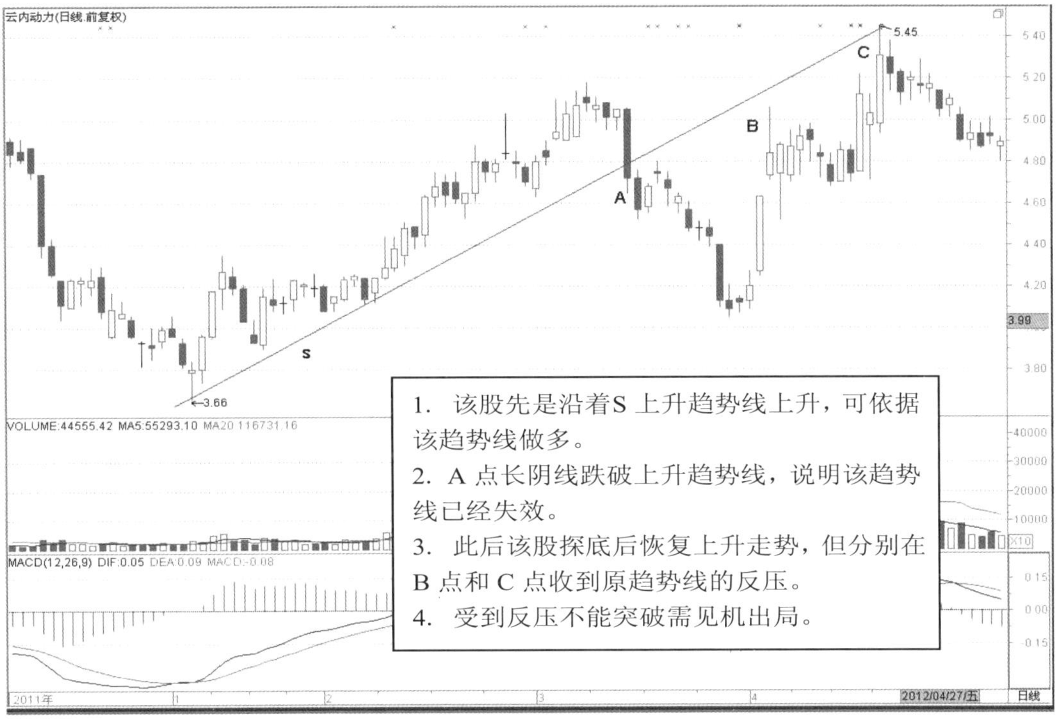
云内动力(日线.前复权)
5.45
C
B
A
S
3.66
3.99
VOLUME:44555.42 MA5:55293.10 MA20:116731.16
MACD(12,26,9) DIF:0.05 DEA:0.09 MACD:-0.08
2012/04/27/五
日线
1. 该股先是沿着S上升趋势线上升，可依据该趋势线做多。
2. A点长阴线跌破上升趋势线，说明该趋势线已经失效。
3. 此后该股探底后恢复上升走势，但分别在B点和C点收到原趋势线的反压。
4. 受到反压不能突破需见机出局。

云内动力

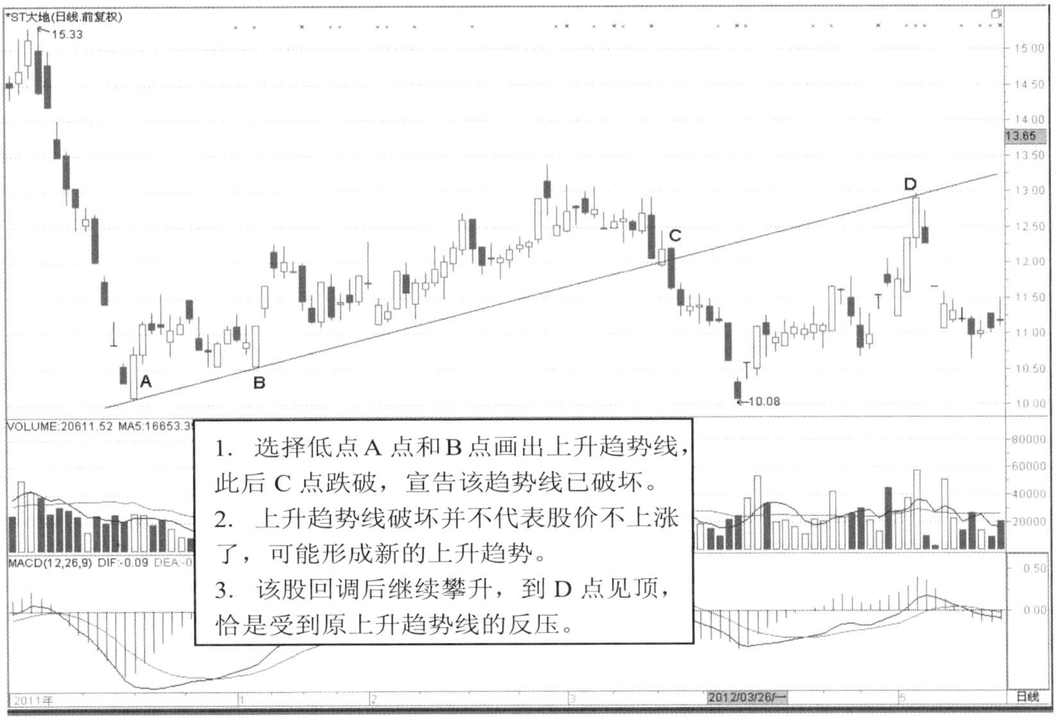
*ST大地(日线.前复权)
15.33
13.65
D
C
A
B
10.08
VOLUME:20611.52
MACD(12,26,9) DIF:-0.09
2012/03/26/一
日线
1. 选择低点A点和B点画出上升趋势线，此后C点跌破，宣告该趋势线已破坏。
2. 上升趋势线破坏并不代表股价不上涨了，可能形成新的上升趋势。
3. 该股回调后继续攀升，到D点见顶，恰是受到原上升趋势线的反压。

ST大地

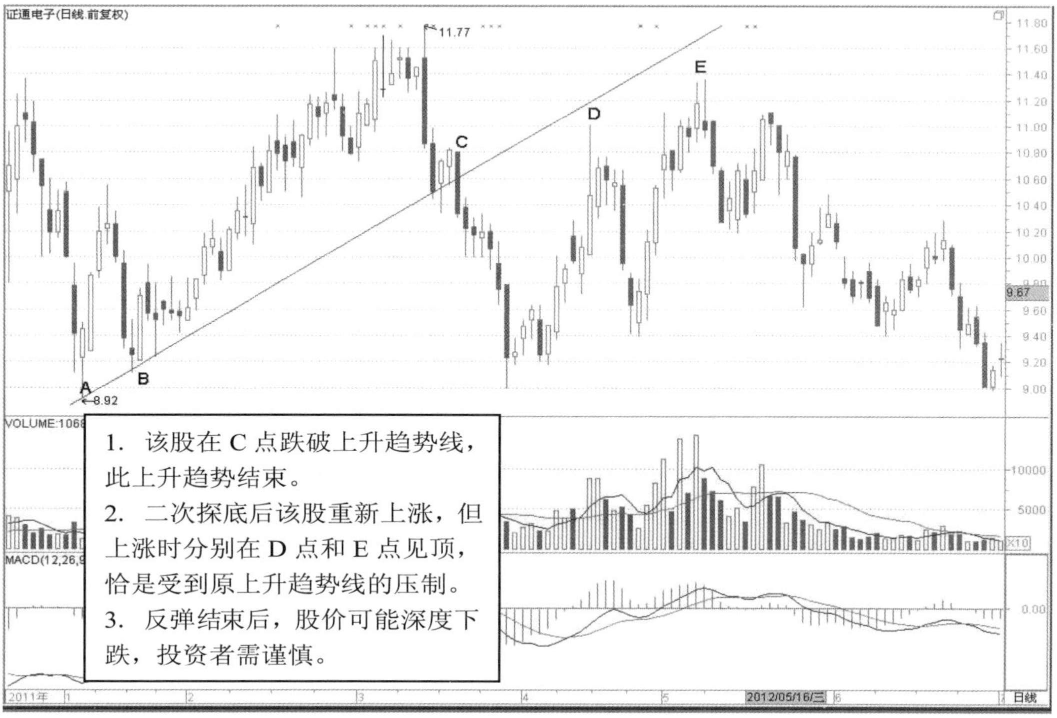
证通电子(日线.前复权)
11.77
A
8.92
B
C
D
E
1. 该股在C点跌破上升趋势线，此上升趋势结束。
2. 二次探底后该股重新上涨，但上涨时分别在D点和E点见顶，恰是受到原上升趋势线的压制。
3. 反弹结束后，股价可能深度下跌，投资者需谨慎。
2012/05/16/三
日线

证通电子

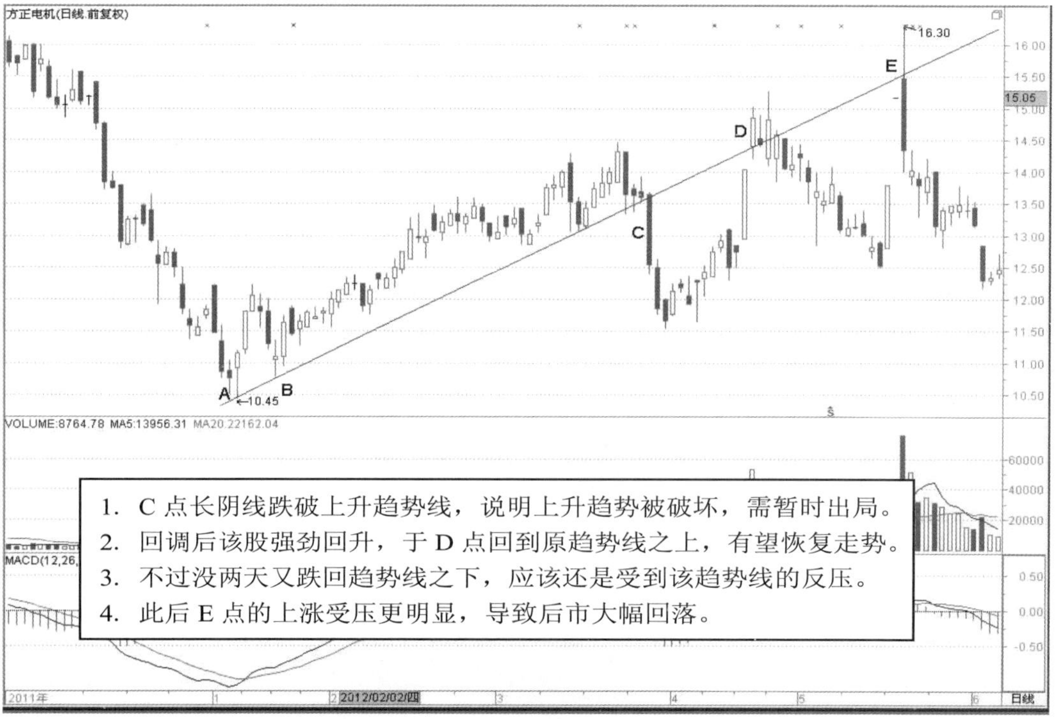
方正电机(日线.前复权)
16.30
A
10.45
B
C
D
E
VOLUME:8764.78 MA5:13956.31 MA20:22162.04
1. C点长阴线跌破上升趋势线，说明上升趋势被破坏，需暂时出局。
2. 回调后该股强劲回升，于D点回到原趋势线之上，有望恢复走势。
3. 不过没两天又跌回趋势线之下，应该还是受到该趋势线的反压。
4. 此后E点的上涨受压更明显，导致后市大幅回落。
2012/02/02/四
日线

方正电机

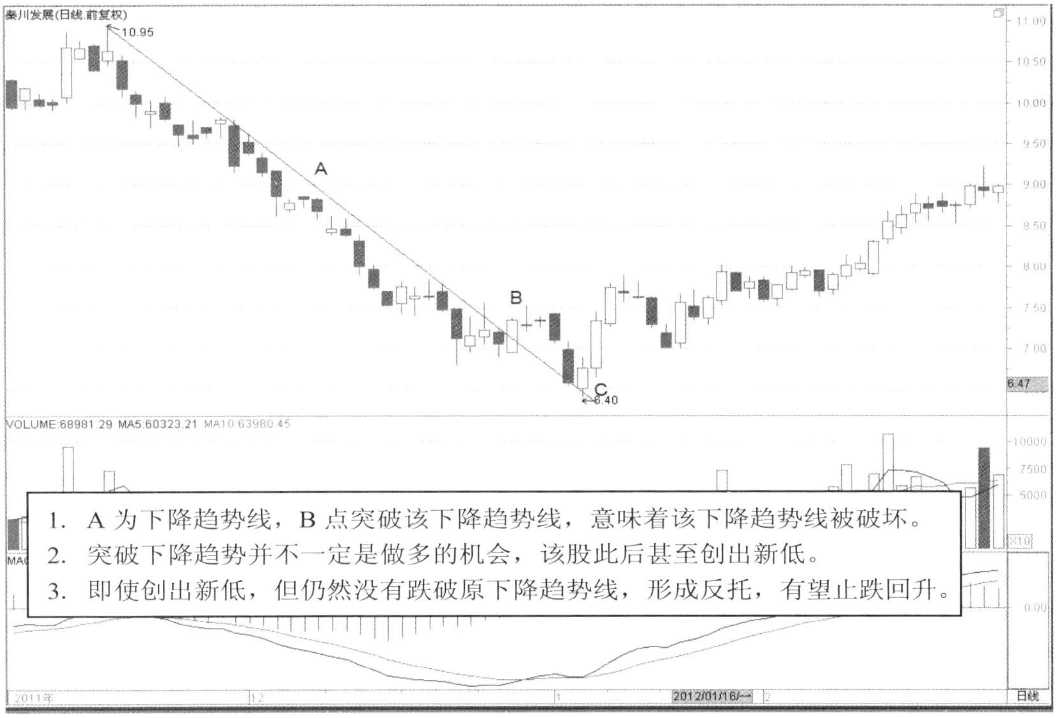
秦川发展(日线,前复权)
10.95
A
B
C
6.40
6.47
VOLUME:68981.29 MA5:60323.21 MA10:63980.45
1. A 为下降趋势线，B 点突破该下降趋势线，意味着该下降趋势线被破坏。
2. 突破下降趋势并不一定是做多的机会，该股此后甚至创出新低。
3. 即使创出新低，但仍然没有跌破原下降趋势线，形成反托，有望止跌回升。
2011年
2012/01/16/一
日线

秦川发展

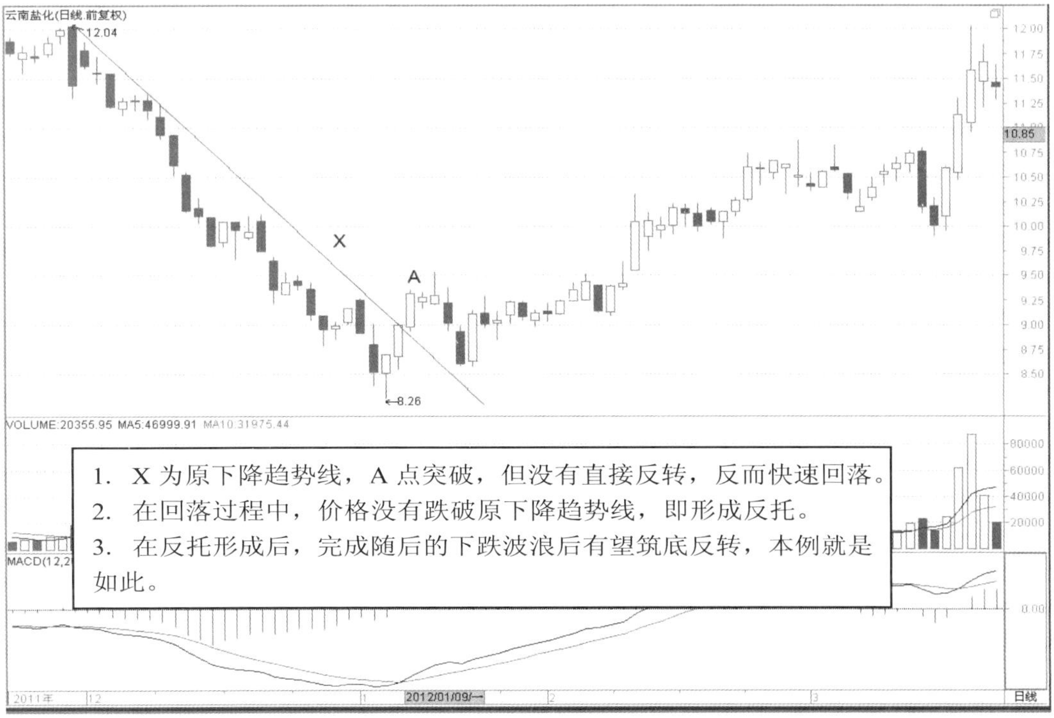
云南盐化(日线,前复权)
12.04
X
A
8.26
10.85
VOLUME:20355.95 MA5:46999.91 MA10:31975.44
1. X 为原下降趋势线，A 点突破，但没有直接反转，反而快速回落。
2. 在回落过程中，价格没有跌破原下降趋势线，即形成反托。
3. 在反托形成后，完成随后的下跌波浪后有望筑底反转，本例就是如此。
2011年
2012/01/09/一
日线

云南盐化

第六章 趋势三线和扇形线

趋势三线和扇形线都是经过股市实战检验出来的趋势分析方法，对于初学者有较好的实战指导意义。

一、趋势三线

趋势三线是指根据价格的运行速率由慢到快依次画出的三条趋势线，具有较多的实战作用。

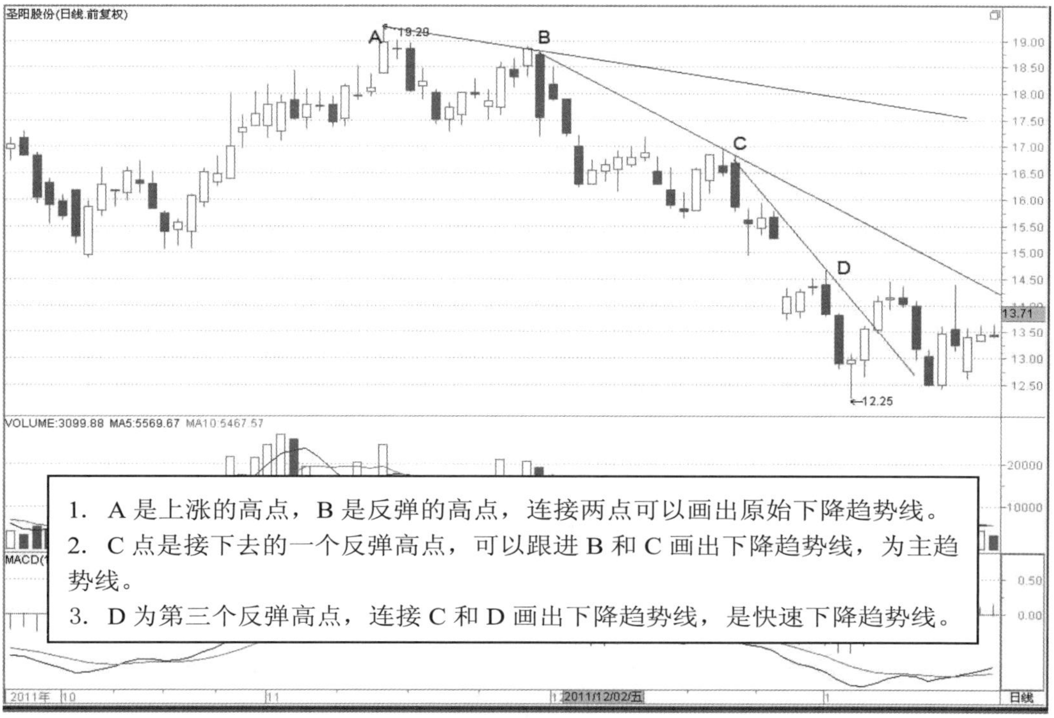

1. A 是上涨的高点，B 是反弹的高点，连接两点可以画出原始下降趋势线。
2. C 点是接下去的一个反弹高点，可以跟进 B 和 C 画出下降趋势线，为主趋势线。
3. D 为第三个反弹高点，连接 C 和 D 画出下降趋势线，是快速下降趋势线。

圣阳股份

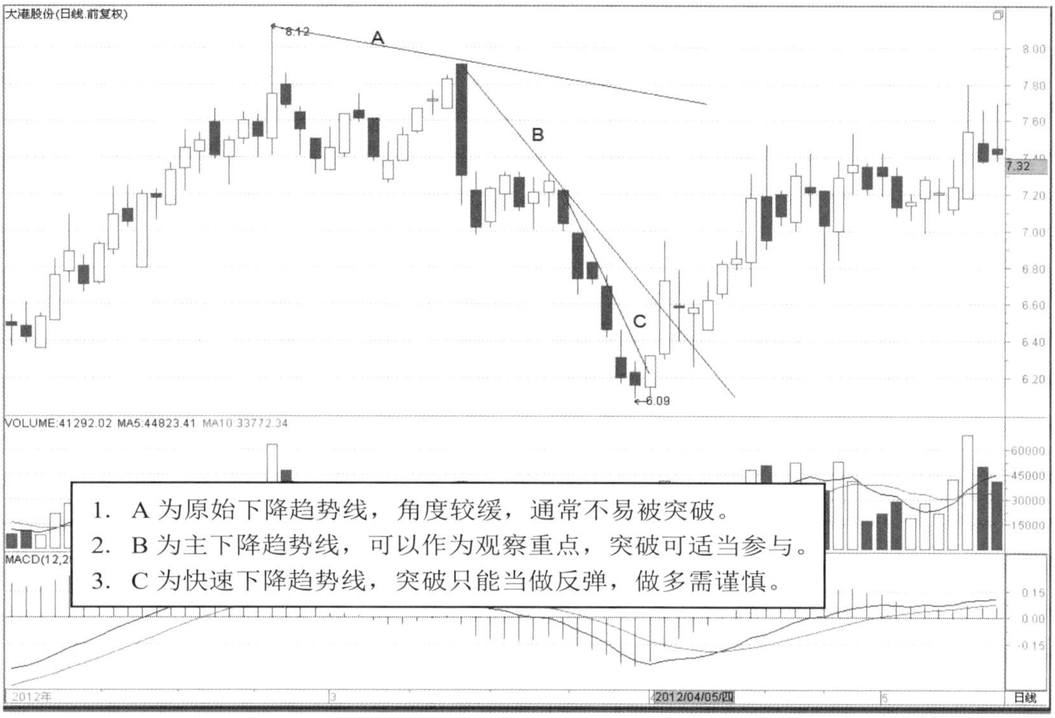
大港股份(日线,前复权)
8.12
A
B
C
6.09
7.32
1. A 为原始下降趋势线，角度较缓，通常不易被突破。
2. B 为主下降趋势线，可以作为观察重点，突破可适当参与。
3. C 为快速下降趋势线，突破只能当做反弹，做多需谨慎。
2012/04/05/四
日线

大港股份

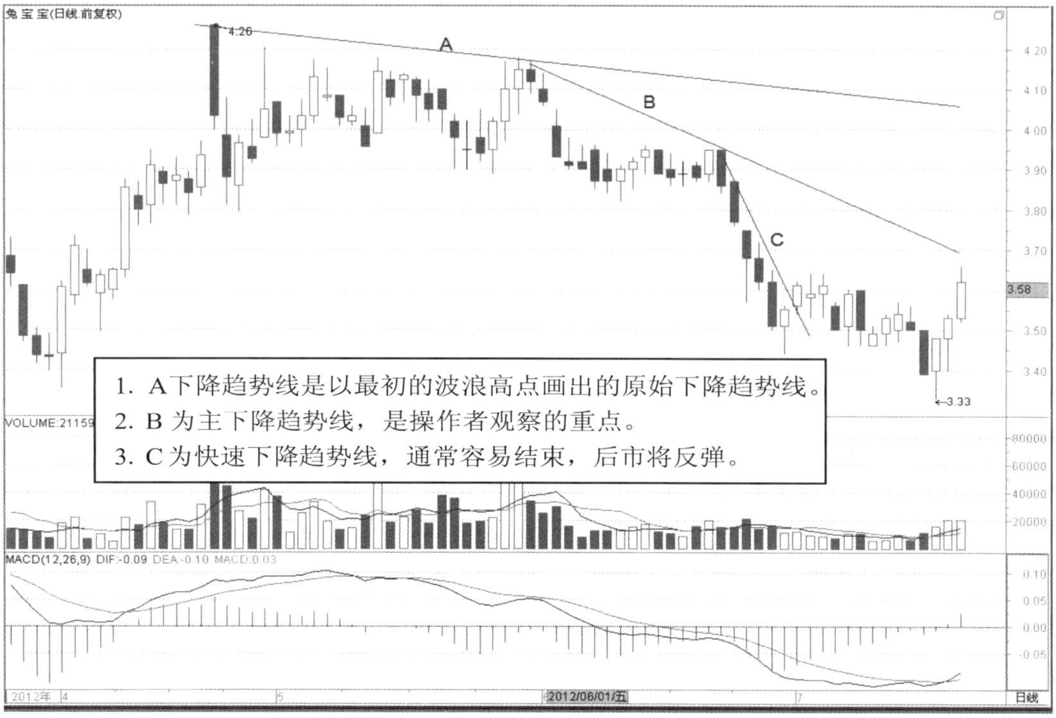
兔宝宝(日线,前复权)
4.26
A
B
C
3.58
3.33
1. A下降趋势线是以最初的波浪高点画出的原始下降趋势线。
2. B 为主下降趋势线，是操作者观察的重点。
3. C 为快速下降趋势线，通常容易结束，后市将反弹。
MACD(12,26,9) DIF:-0.09 DEA:-0.10 MACD:0.03
2012/06/01/五
日线

兔宝宝

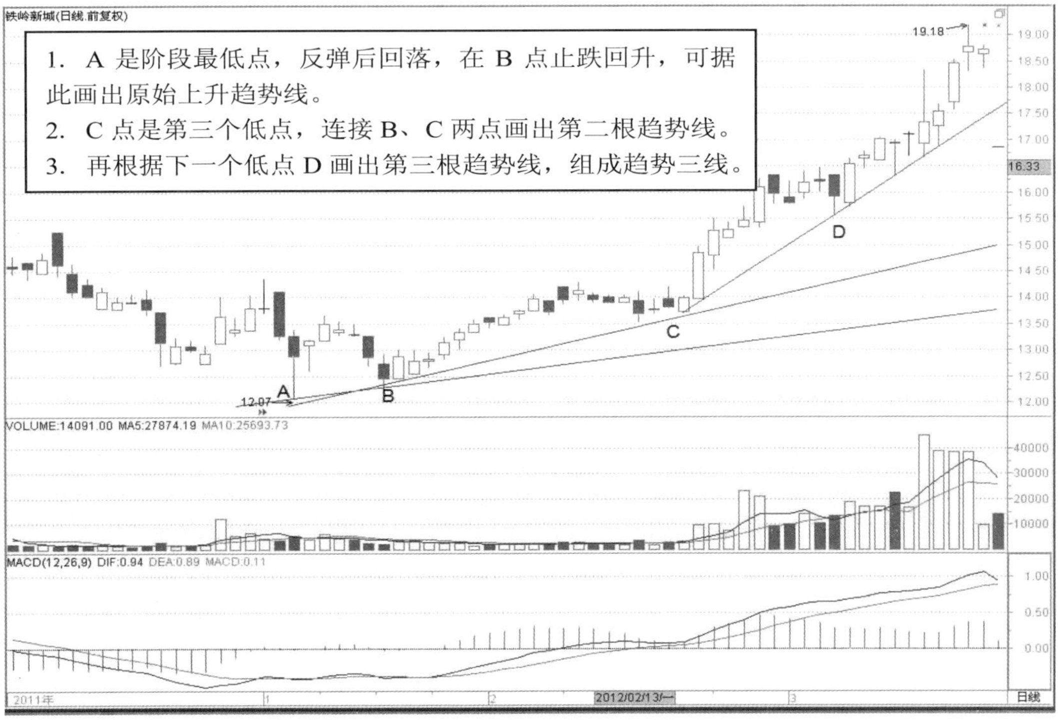
铁岭新城(日线.前复权)
1. A 是阶段最低点，反弹后回落，在 B 点止跌回升，可据此画出原始上升趋势线。
2. C 点是第三个低点，连接 B、C 两点画出第二根趋势线。
3. 再根据下一个低点 D 画出第三根趋势线，组成趋势三线。
19.18
12.07
A
B
C
D
VOLUME:14091.00 MA5:27874.19 MA10:25693.73
MACD(12,26,9) DIF:0.94 DEA:0.89 MACD:0.11
2011年
2012/02/13/一
日线

铁岭新城

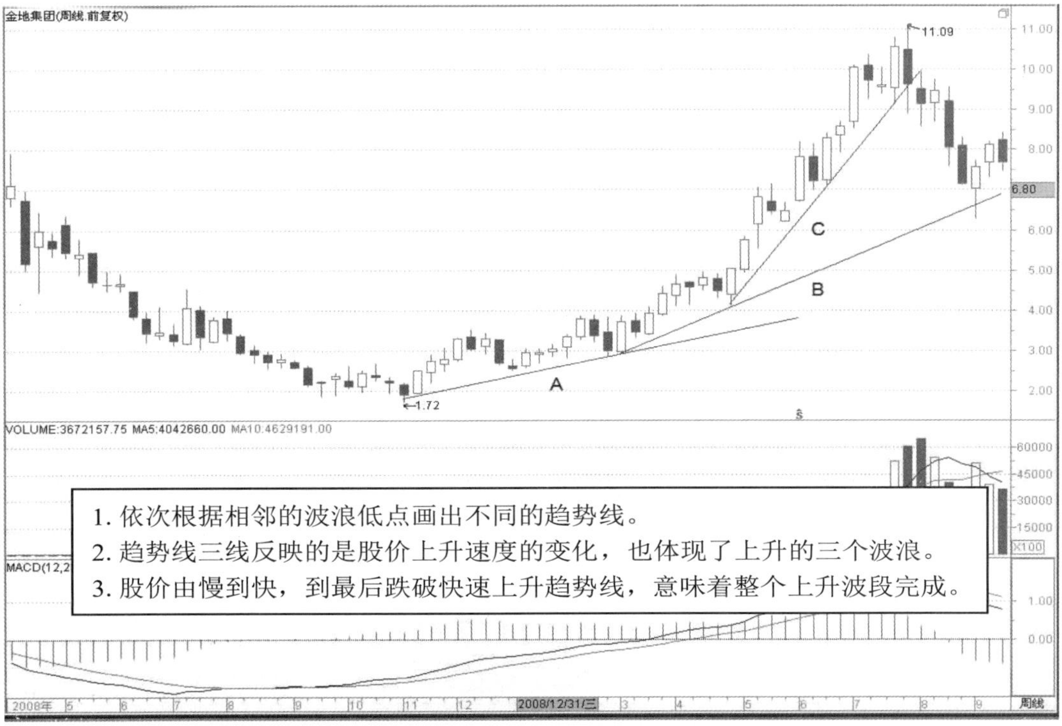
金地集团(周线.前复权)
11.09
1.72
A
B
C
VOLUME:3672157.75 MA5:4042660.00 MA10:4629191.00
1. 依次根据相邻的波浪低点画出不同的趋势线。
2. 趋势线三线反映的是股价上升速度的变化，也体现了上升的三个波浪。
3. 股价由慢到快，到最后跌破快速上升趋势线，意味着整个上升波段完成。
2008年
2008/12/31/三
周线

金地集团

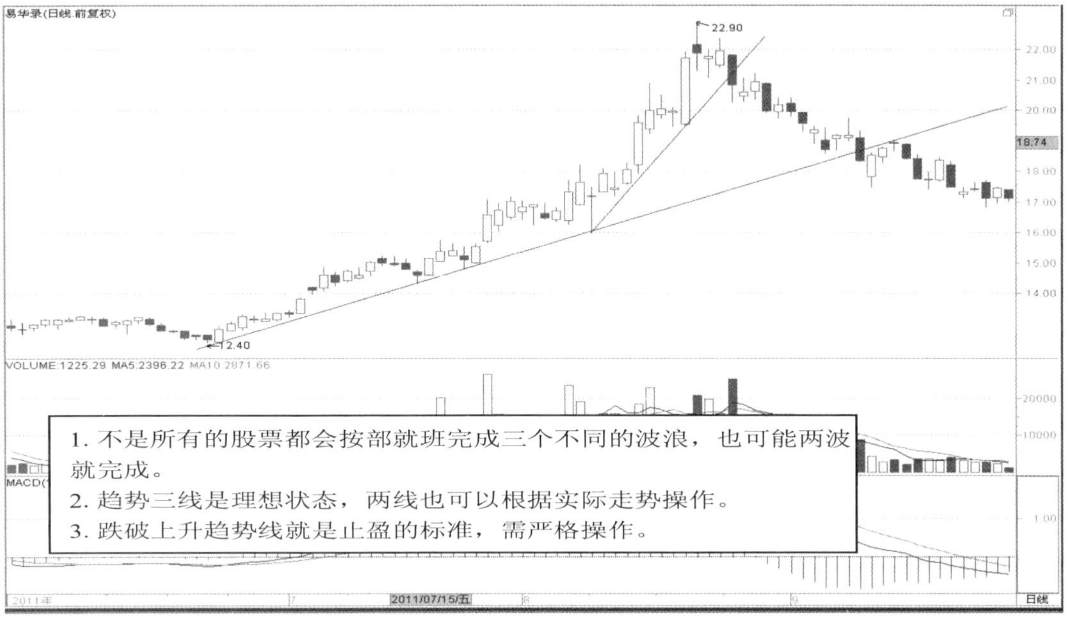

易华录

二、扇形线

扇形线是以中长期的高点或者低点为基准，连接低位或者高位徘徊的低点或者高点，画出不同的趋势线，图形像扇子一样。

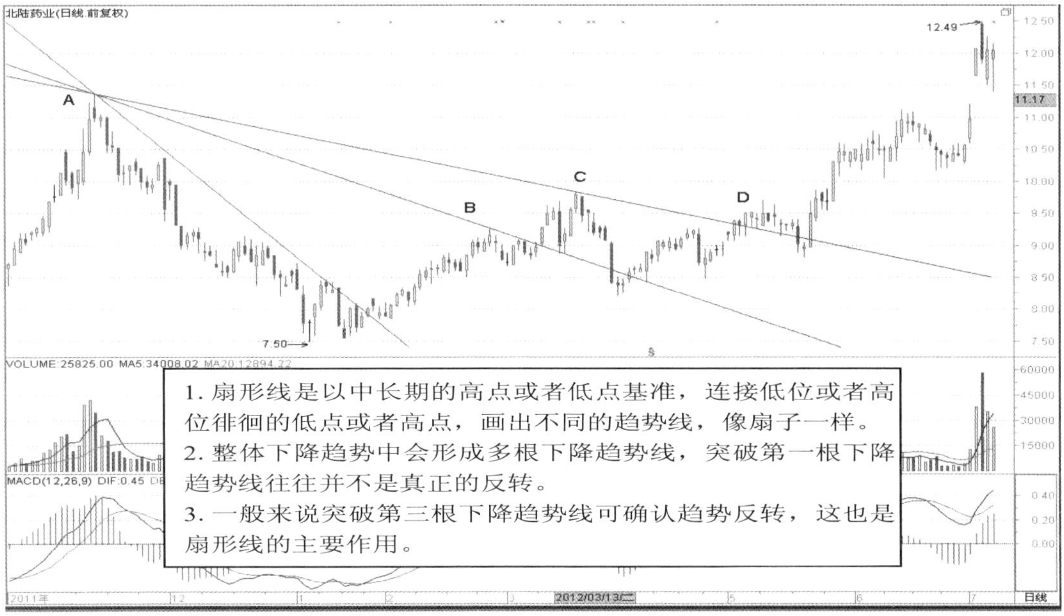

北陆药业

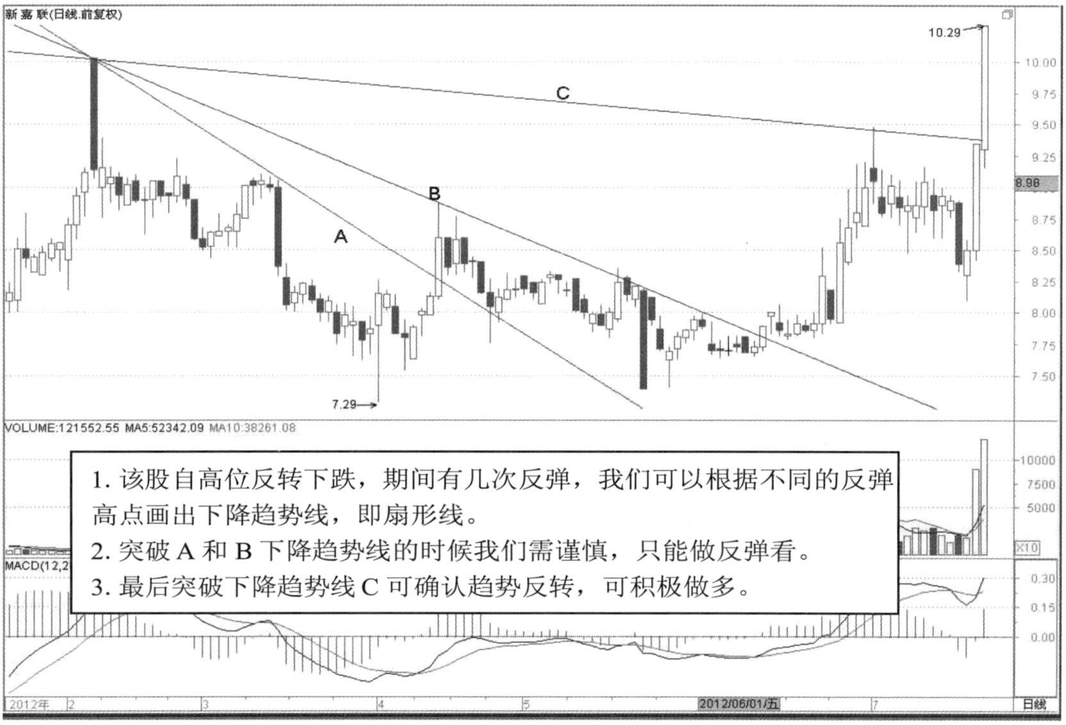
新嘉联(日线,前复权)
10.29
C
B
A
7.29
VOLUME:121552.55 MA5:52342.09 MA10:38261.08
1. 该股自高位反转下跌，期间有几次反弹，我们可以根据不同的反弹高点画出下降趋势线，即扇形线。
2. 突破A和B下降趋势线的时候我们需谨慎，只能做反弹看。
3. 最后突破下降趋势线C可确认趋势反转，可积极做多。
2012/06/01/五
日线

新嘉联

中路股份(日线,前复权)
14.71
C
B
A
8.30
VOLUME:43692.19 MA5:44883.21 MA10:48498.94
1. 该股自相对高位大幅下挫，然后逐浪反弹。
2. 根据不同的反弹高点画出三根典型的下降趋势线。
3. 突破最初的两根下降趋势线时做多还需谨慎，突破第三根的时候基本可确认趋势反转，可积极做多。
MACD(12,26,9)
2012/02/16/四
日线

中路股份

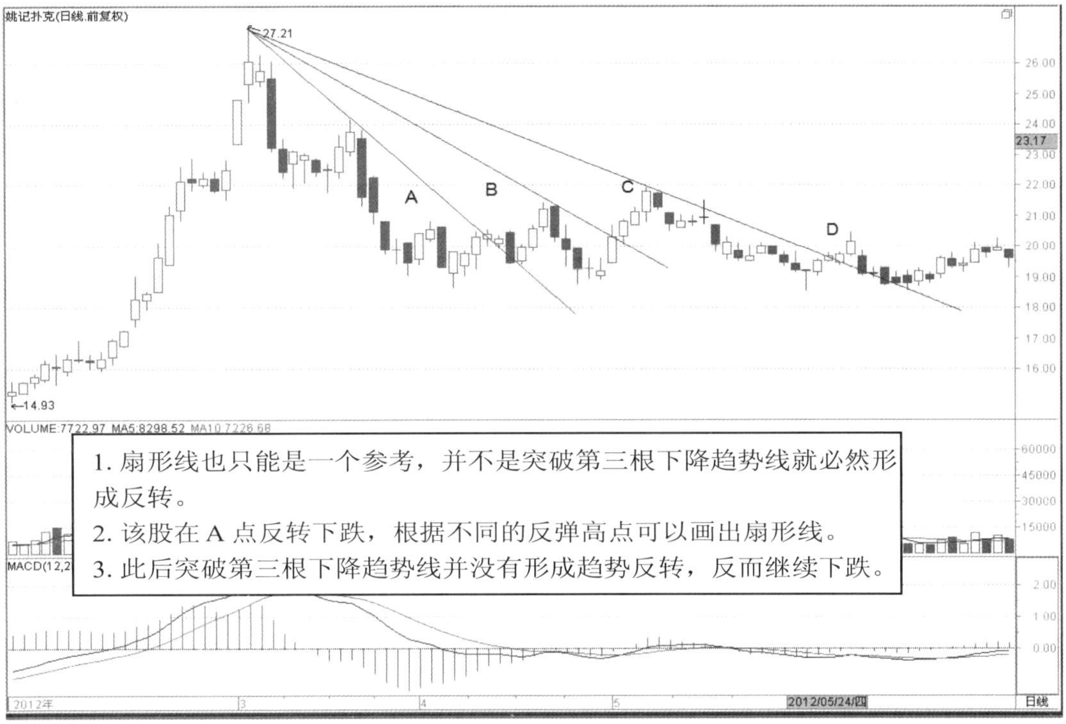
姚记扑克(日线,前复权)
27.21
14.93
A
B
C
D
VOLUME:7722.97 MA5:8298.52 MA10:7226.68
1. 扇形线也只能是一个参考，并不是突破第三根下降趋势线就必然形成反转。
2. 该股在A点反转下跌，根据不同的反弹高点可以画出扇形线。
3. 此后突破第三根下降趋势线并没有形成趋势反转，反而继续下跌。
2012/05/24/四
日线

姚记扑克

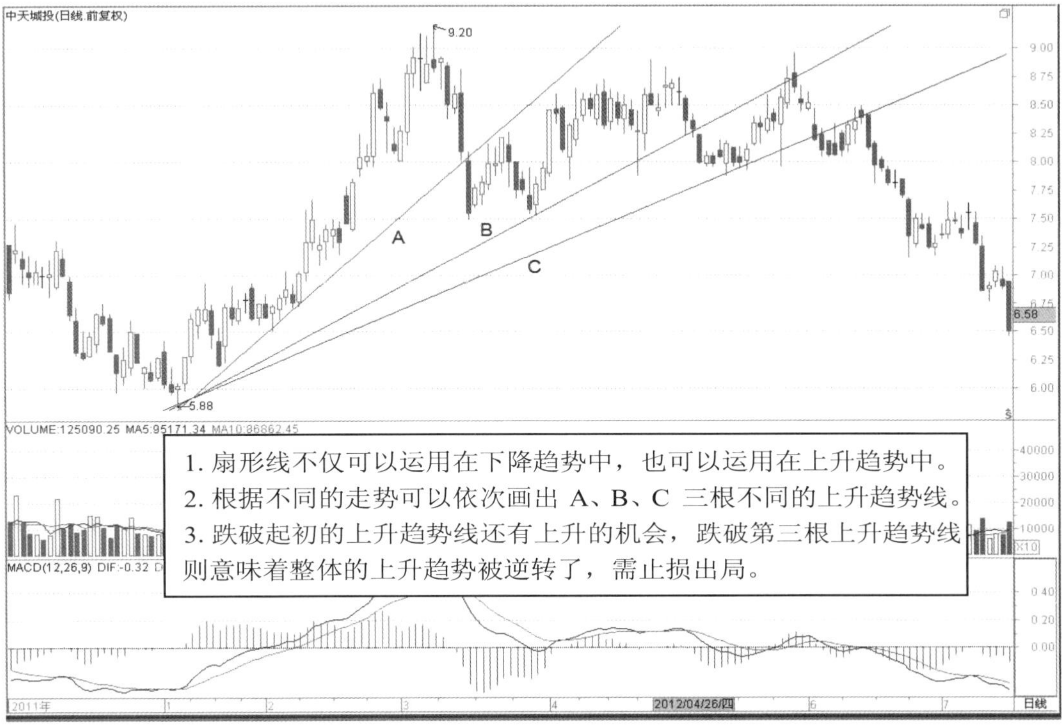
中天城投(日线,前复权)
9.20
5.88
A
B
C
VOLUME:125090.25 MA5:95171.34 MA10:86862.45
1. 扇形线不仅可以运用在下降趋势中，也可以运用在上升趋势中。
2. 根据不同的走势可以依次画出A、B、C三根不同的上升趋势线。
3. 跌破起初的上升趋势线还有上升的机会，跌破第三根上升趋势线则意味着整体的上升趋势被逆转了，需止损出局。
MACD(12,26,9) DIF:-0.32
2012/04/26/四
日线

中天城投

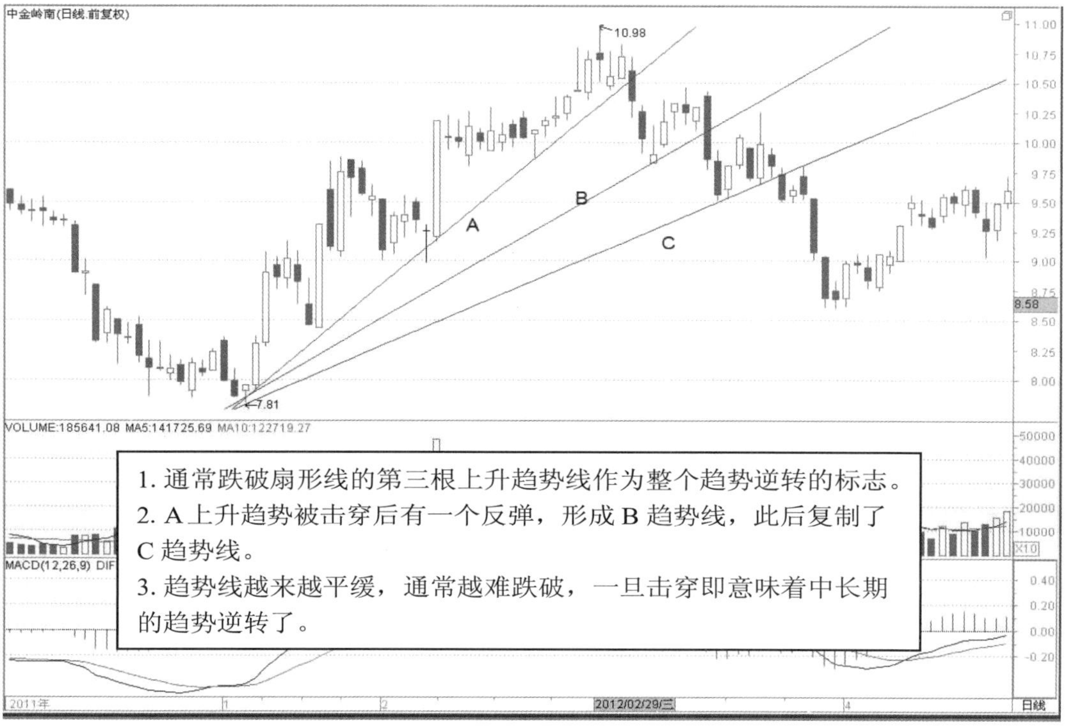
中金岭南(日线.前复权)
10.98
7.81
A
B
C
VOLUME:185641.08 MA5:141725.69 MA10:122719.27
MACD(12,26,9)
1. 通常跌破扇形线的第三根上升趋势线作为整个趋势逆转的标志。
2. A上升趋势被击穿后有一个反弹，形成B趋势线，此后复制了C趋势线。
3. 趋势线越来越平缓，通常越难跌破，一旦击穿即意味着中长期的趋势逆转了。
2011年
2012/02/29/三
日线

中金岭南

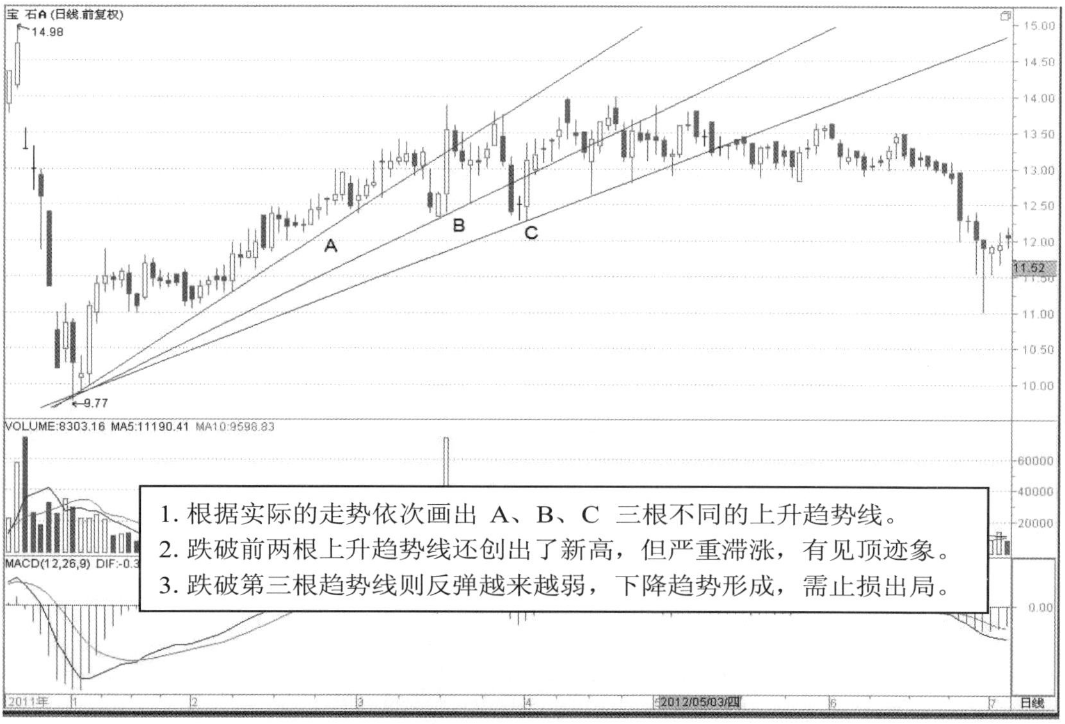
宝 石A(日线.前复权)
14.98
9.77
A
B
C
VOLUME:8303.16 MA5:11190.41 MA10:9598.83
MACD(12,26,9)
1. 根据实际的走势依次画出 A、B、C 三根不同的上升趋势线。
2. 跌破前两根上升趋势线还创出了新高，但严重滞涨，有见顶迹象。
3. 跌破第三根趋势线则反弹越来越弱，下降趋势形成，需止损出局。
2011年
2012/05/03/四
日线

宝石 A

第七章
上升趋势线和下降趋势线的操作

任何技术分析都是为了实际操作，没有实际操作价值的分析是没有任何存在的意义。趋势技术分析之所以受广大股民热爱，就在于具有很好的实战作用。

一、上升趋势线的操作

股价运行在上升趋势中，以做多为主，也可以顺带高抛低吸降低成本。

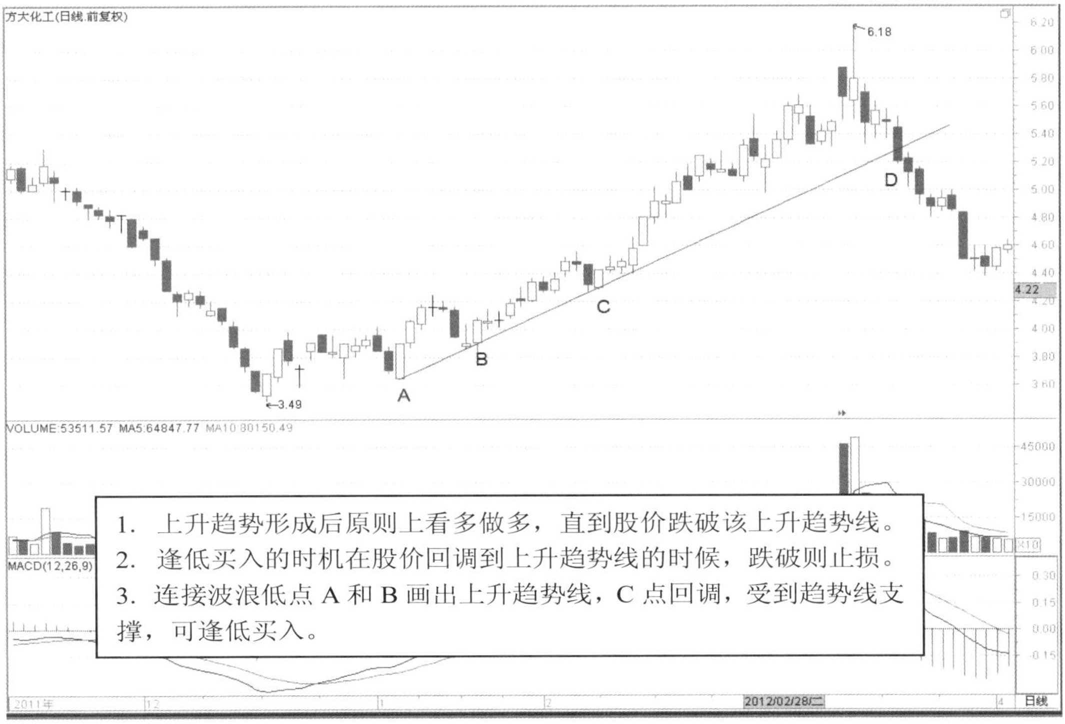

方大化工

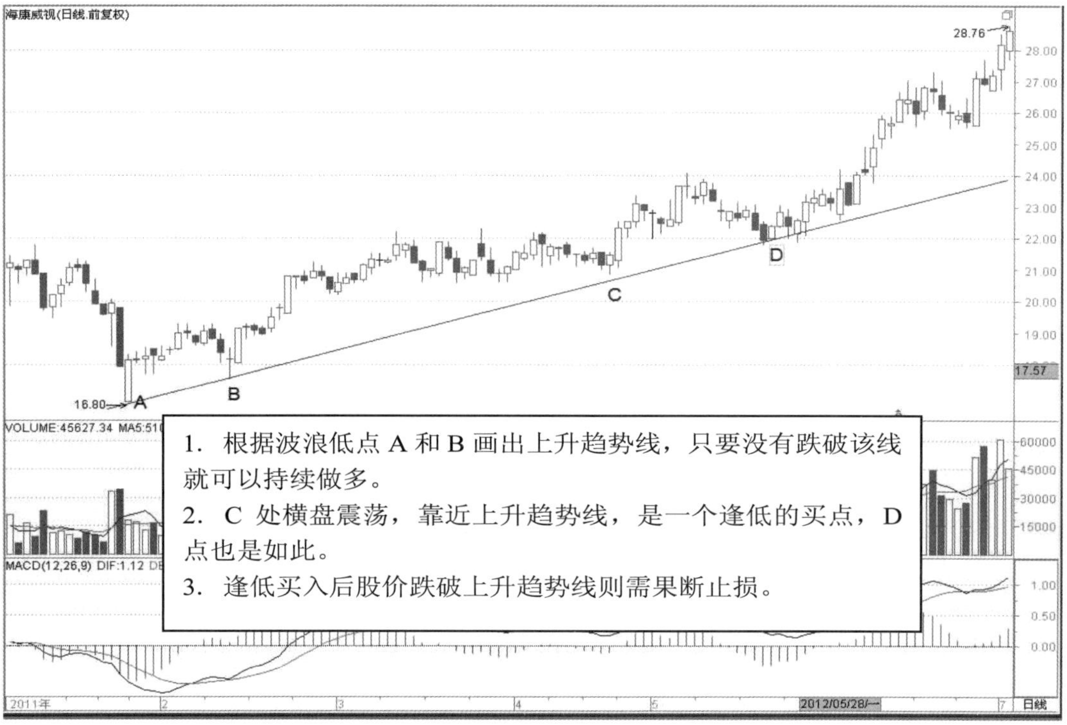
海康威视(日线,前复权)
28.76
16.80
A
B
C
D
17.57
VOLUME:45627.34 MA5:510
MACD(12,26,9) DIF:1.12
2011年
2012/05/28/一
日线
1. 根据波浪低点 A 和 B 画出上升趋势线，只要没有跌破该线就可以持续做多。
2. C 处横盘震荡，靠近上升趋势线，是一个逢低的买点，D 点也是如此。
3. 逢低买入后股价跌破上升趋势线则需果断止损。

海康威视

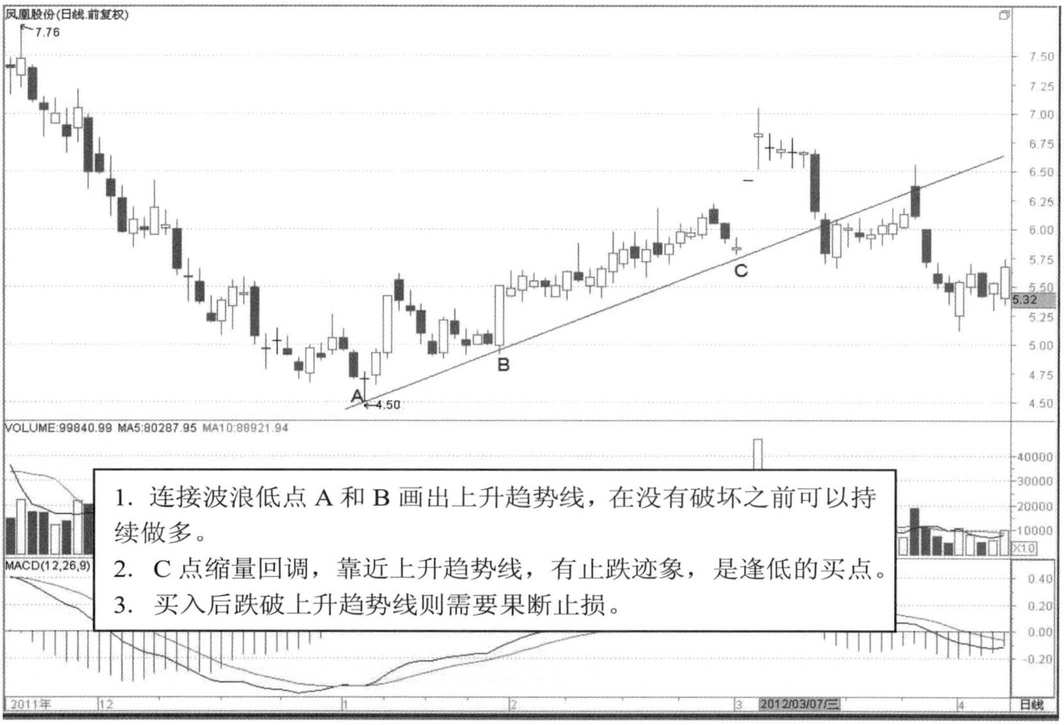
凤凰股份(日线,前复权)
7.76
4.50
A
B
C
5.32
VOLUME:99840.99 MA5:80287.95 MA10:88921.94
MACD(12,26,9)
2011年
2012/03/07/三
日线
1. 连接波浪低点 A 和 B 画出上升趋势线，在没有破坏之前可以持续做多。
2. C 点缩量回调，靠近上升趋势线，有止跌迹象，是逢低的买点。
3. 买入后跌破上升趋势线则需要果断止损。

凤凰股份

二、下降趋势线的操作

股价运行在下降趋势中，以做空为主，可是A股不能做空，只能超跌后买入，反弹到下降趋势线的时候择机卖出。

中国宝安

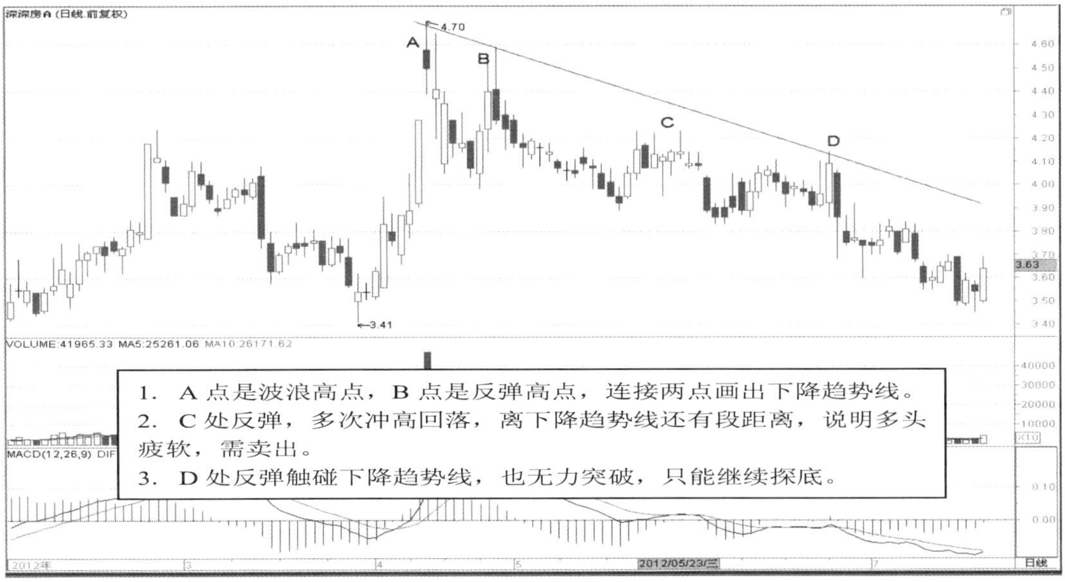

深深房A

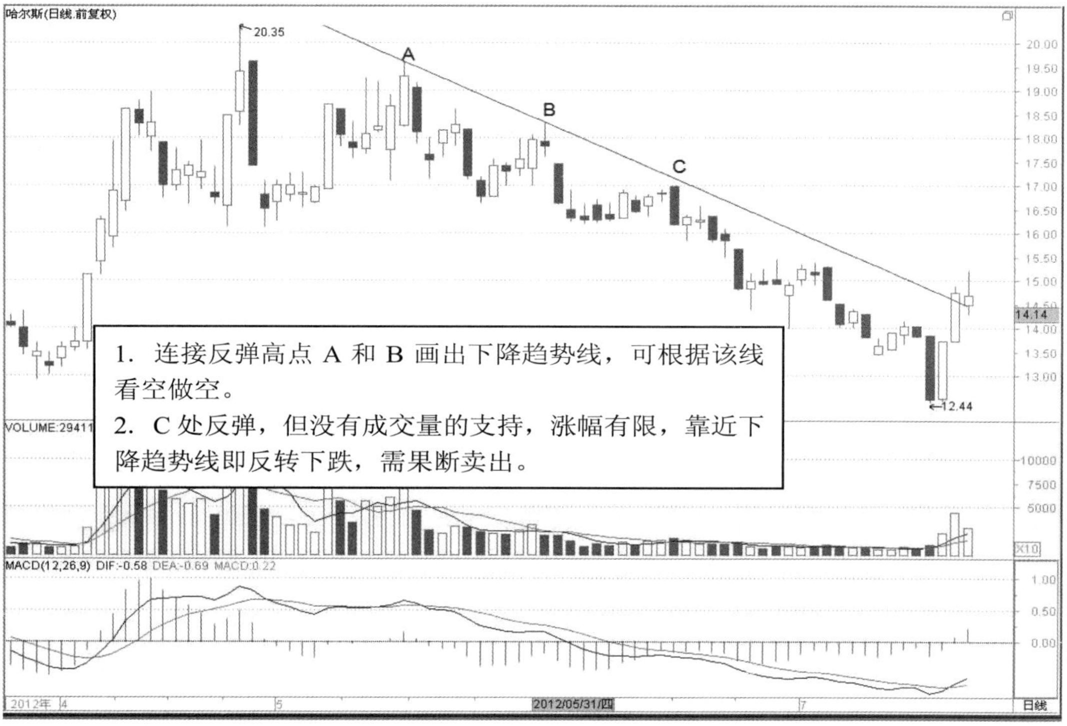
哈尔斯(日线,前复权)
20.35
A
B
C
12.44
14.14
1. 连接反弹高点 A 和 B 画出下降趋势线，可根据该线看空做空。
2. C 处反弹，但没有成交量的支持，涨幅有限，靠近下降趋势线即反转下跌，需果断卖出。
MACD(12,26,9) DIF:-0.58 DEA:-0.69 MACD:0.22
2012/05/31/四

哈尔斯

第八章
水平趋势线

水平趋势线即俗称的支撑线和压力线，也可以叫抵抗线。水平趋势线在技术分析中占据了重要位置，股票上涨或下跌基本是依托该线展开。

一、支撑线的确定

1. 波浪低点支撑

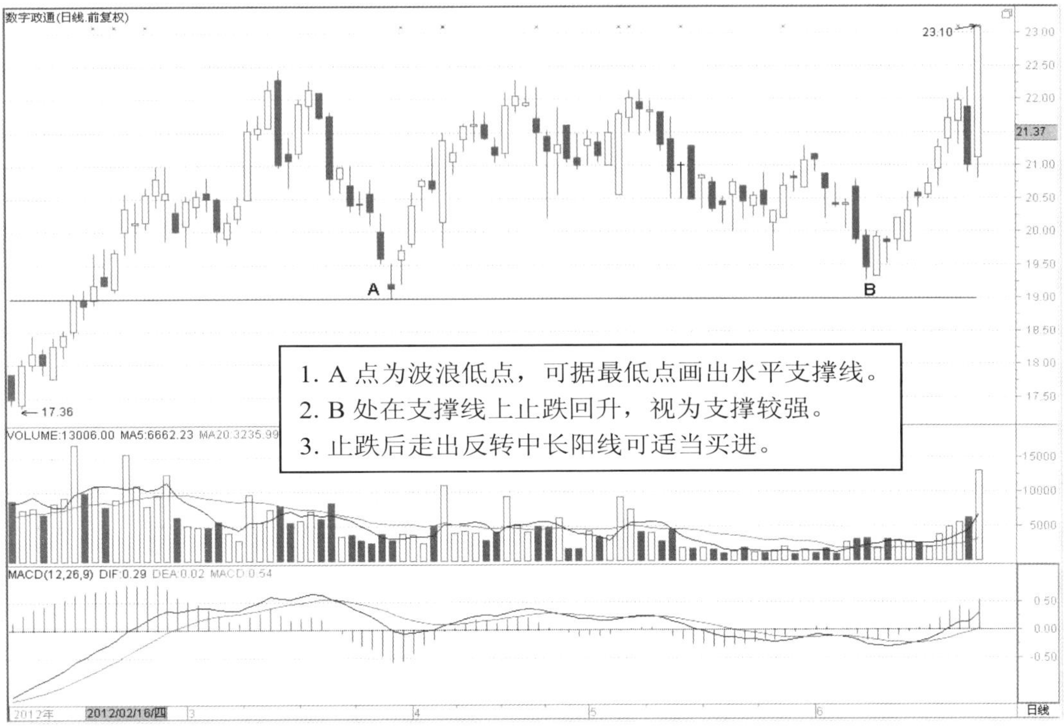

数字政通

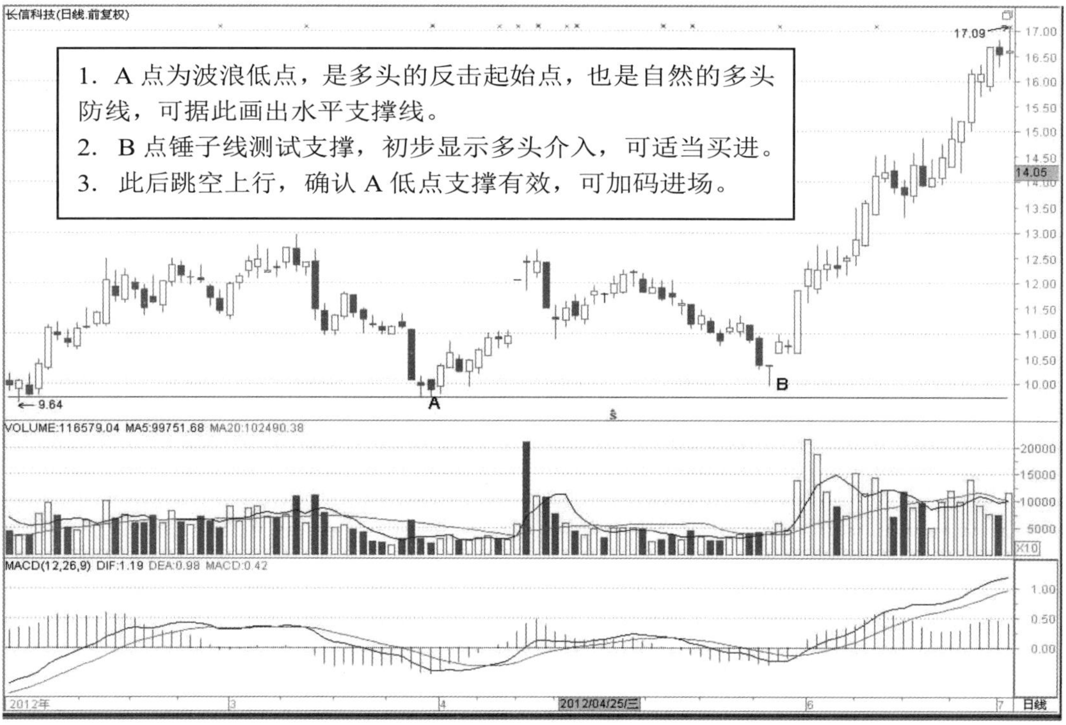
长信科技(日线,前复权)
1. A 点为波浪低点，是多头的反击起始点，也是自然的多头防线，可据此画出水平支撑线。
2. B 点锤子线测试支撑，初步显示多头介入，可适当买进。
3. 此后跳空上行，确认 A 低点支撑有效，可加码进场。
17.09
9.64
A
B
VOLUME:116579.04 MA5:99751.68 MA20:102490.38
MACD(12,26,9) DIF:1.19 DEA:0.98 MACD:0.42
2012年
2012/04/25/三
日线

长信科技

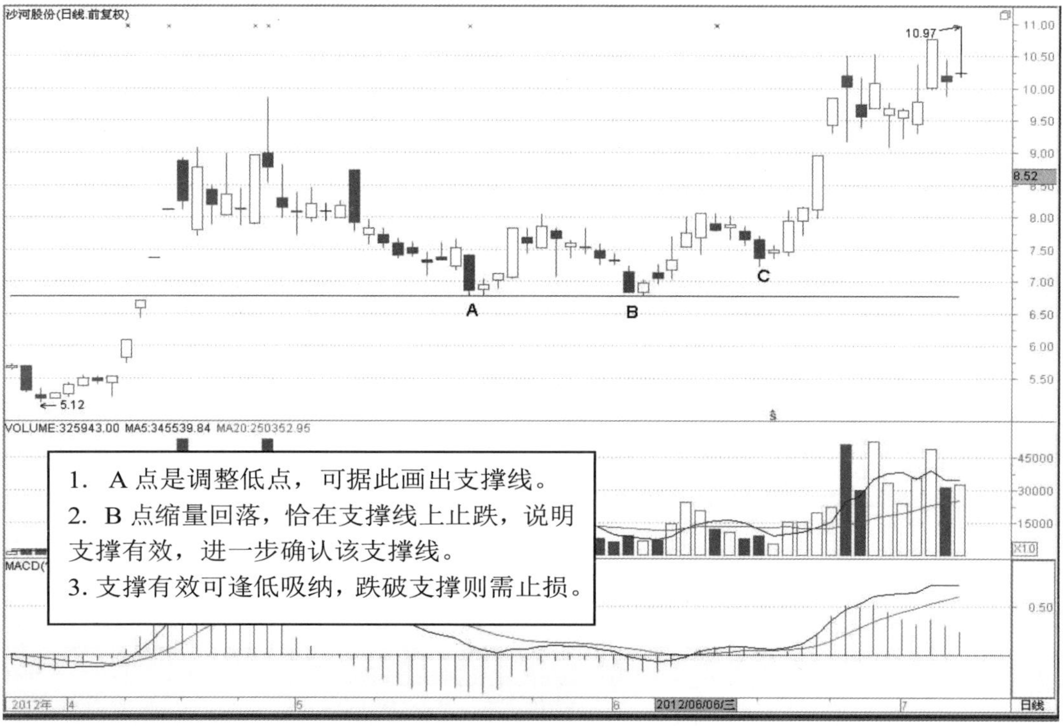
沙河股份(日线,前复权)
10.97
5.12
A
B
C
VOLUME:325943.00 MA5:345539.84 MA20:250352.95
1. A 点是调整低点，可据此画出支撑线。
2. B 点缩量回落，恰在支撑线上止跌，说明支撑有效，进一步确认该支撑线。
3. 支撑有效可逢低吸纳，跌破支撑则需止损。
2012年
2012/06/06/三
日线

沙河股份

2. 横盘密集区支撑

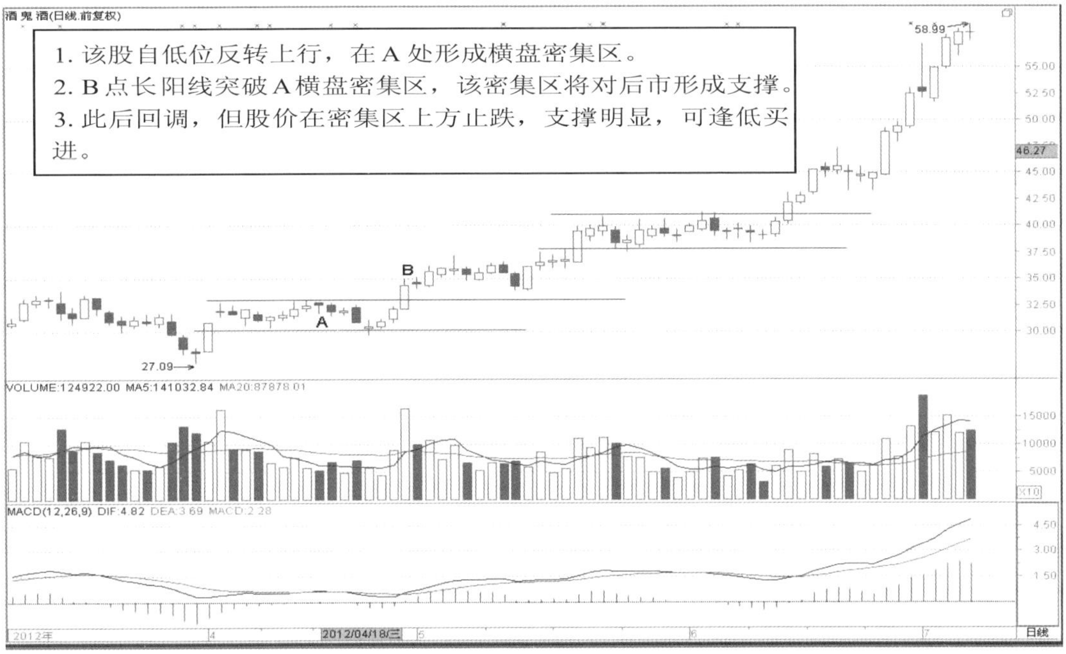

酒鬼酒

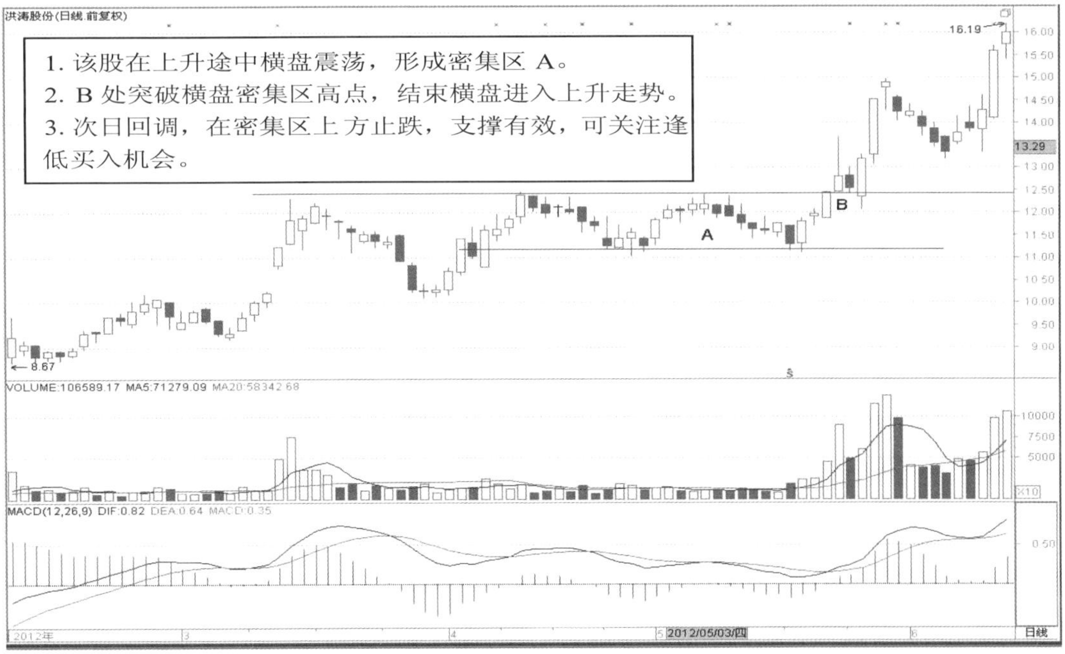

洪涛股份

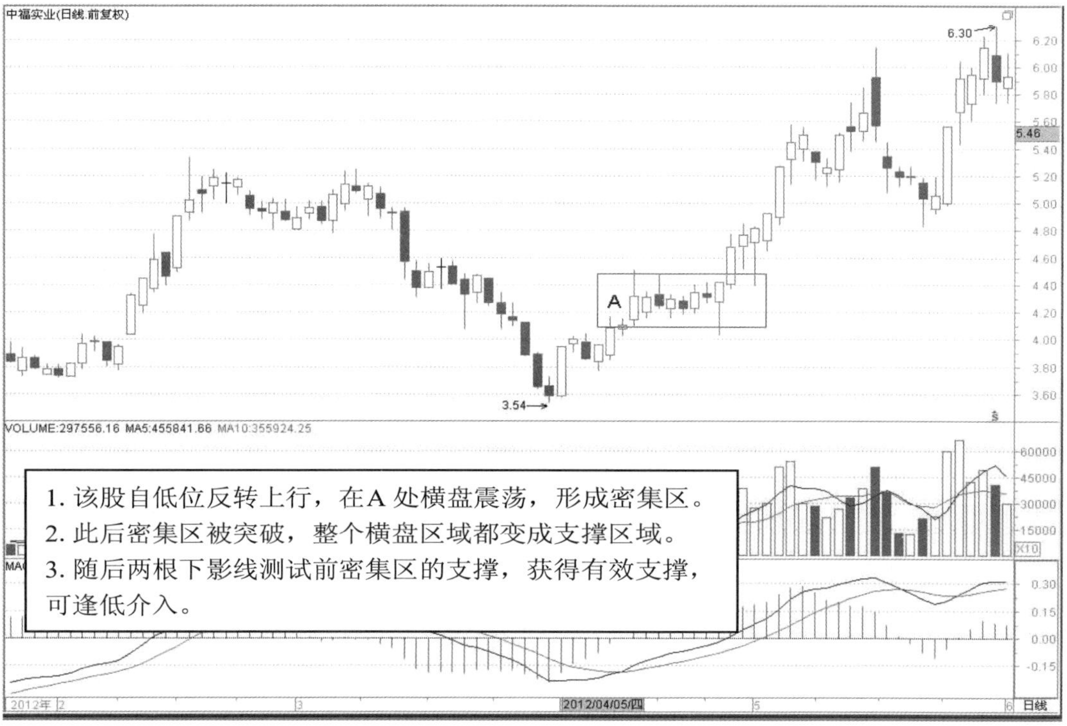
中福实业(日线,前复权)
6.30
A
3.54
VOLUME:297556.16 MA5:455841.66 MA10:355924.25
1. 该股自低位反转上行，在A处横盘震荡，形成密集区。
2. 此后密集区被突破，整个横盘区域都变成支撑区域。
3. 随后两根下影线测试前密集区的支撑，获得有效支撑，可逢低介入。
2012年
2012/04/05/四
日线

中福实业

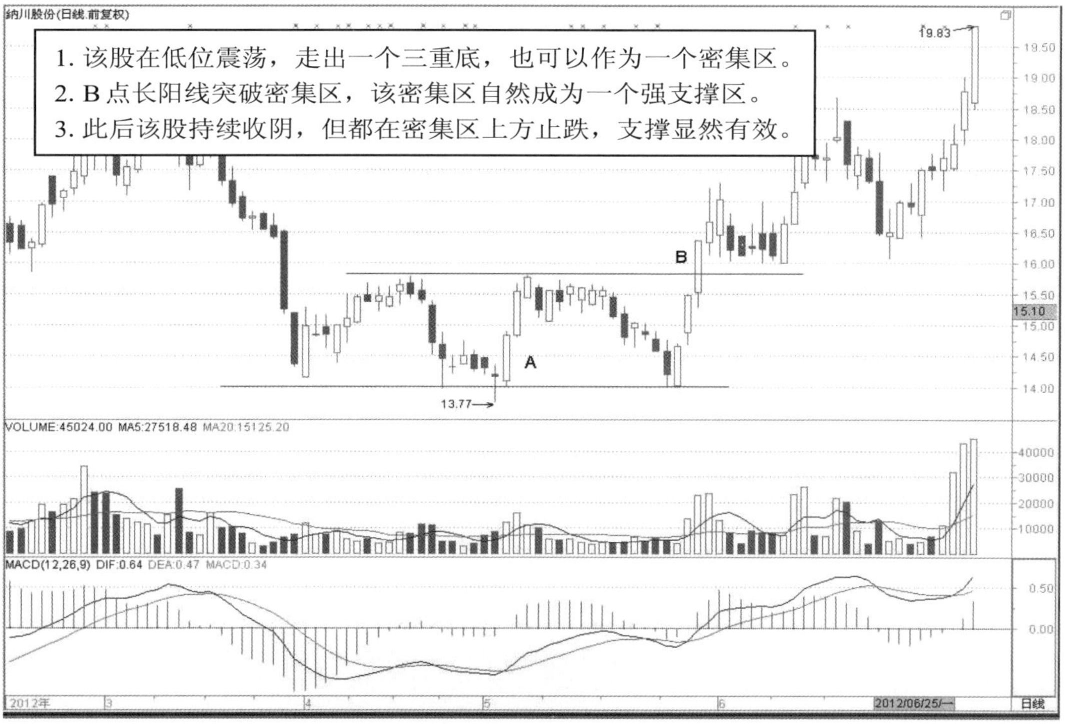
纳川股份(日线,前复权)
19.83
1. 该股在低位震荡，走出一个三重底，也可以作为一个密集区。
2. B点长阳线突破密集区，该密集区自然成为一个强支撑区。
3. 此后该股持续收阴，但都在密集区上方止跌，支撑显然有效。
B
A
13.77
VOLUME:45024.00 MA5:27518.48 MA20:15125.20
MACD(12,26,9) DIF:0.64 DEA:0.47 MACD:0.34
2012年
2012/06/25/一
日线

纳川股份

3. 中长阳线支撑

古井贡酒

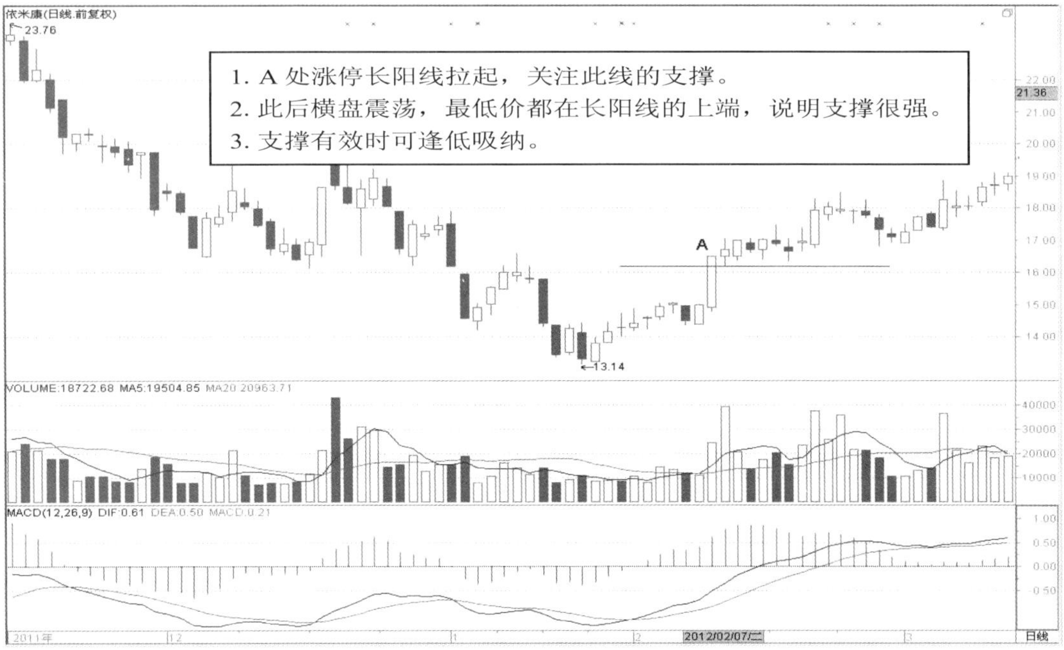

依米康

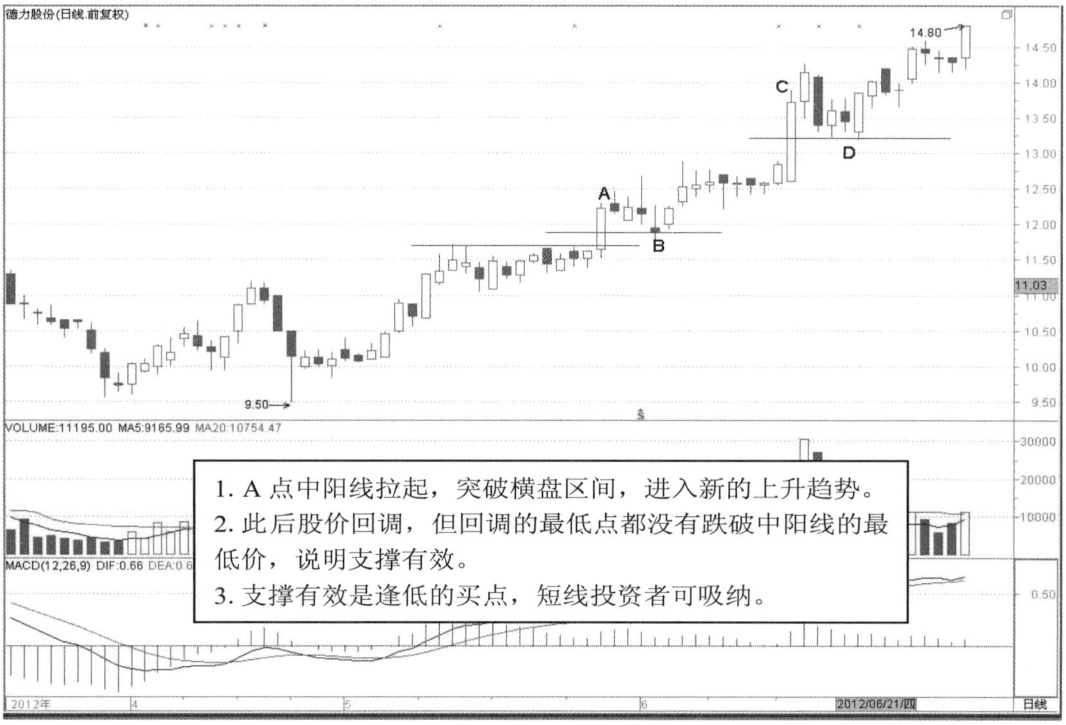
德力股份(日线,前复权)
14.80
C
D
A
B
9.50
11.03
VOLUME:11195.00 MA5:9165.99 MA20:10754.47
MACD(12,26,9) DIF:0.66
1. A 点中阳线拉起，突破横盘区间，进入新的上升趋势。
2. 此后股价回调，但回调的最低点都没有跌破中阳线的最低价，说明支撑有效。
3. 支撑有效是逢低的买点，短线投资者可吸纳。
2012/06/21/四
日线

德力股份

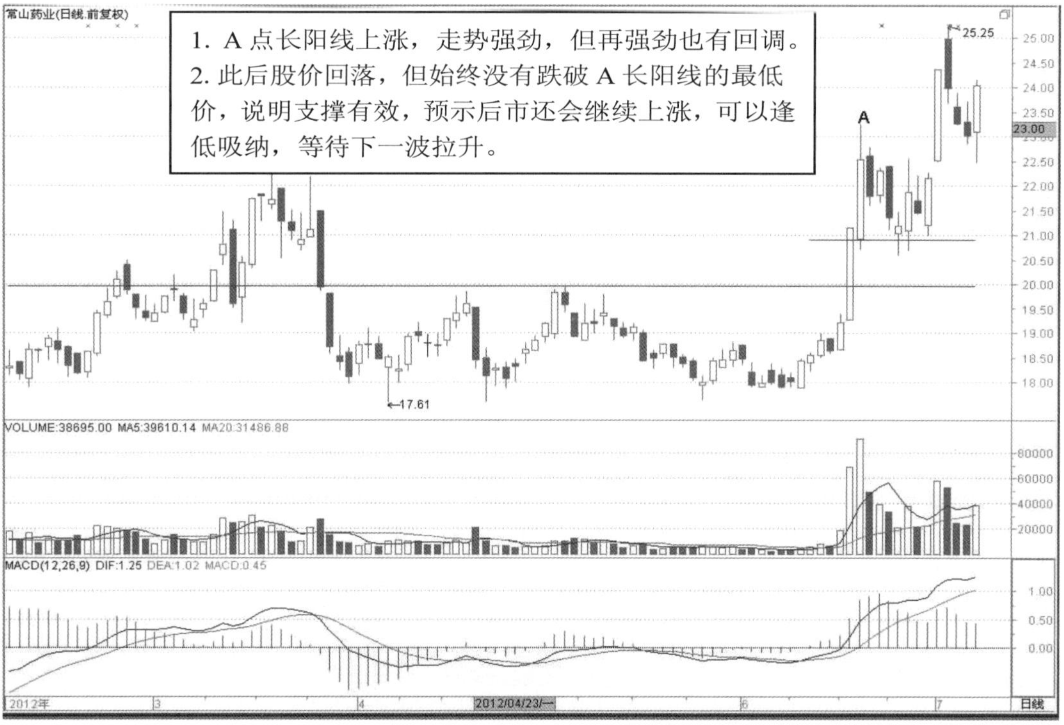
常山药业(日线,前复权)
1. A 点长阳线上涨，走势强劲，但再强劲也有回调。
2. 此后股价回落，但始终没有跌破 A 长阳线的最低价，说明支撑有效，预示后市还会继续上涨，可以逢低吸纳，等待下一波拉升。
25.25
A
23.00
17.61
VOLUME:38695.00 MA5:39610.14 MA20:31486.88
MACD(12,26,9) DIF:1.25 DEA:1.02 MACD:0.45
2012/04/23/一
日线

常山药业

4. 波浪高点支撑

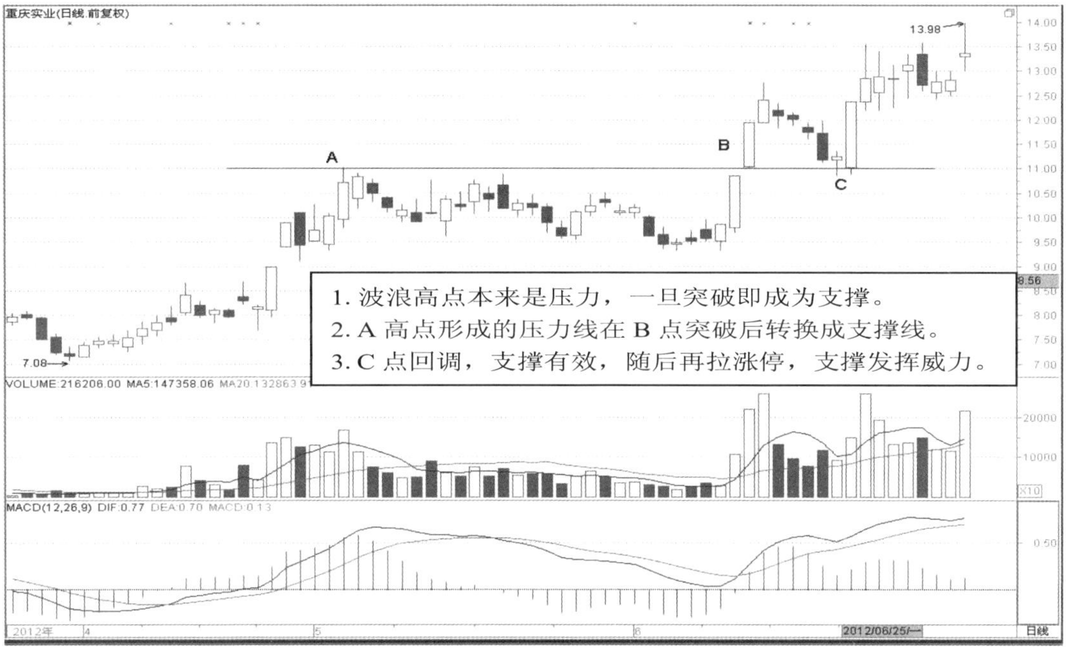

重庆实业

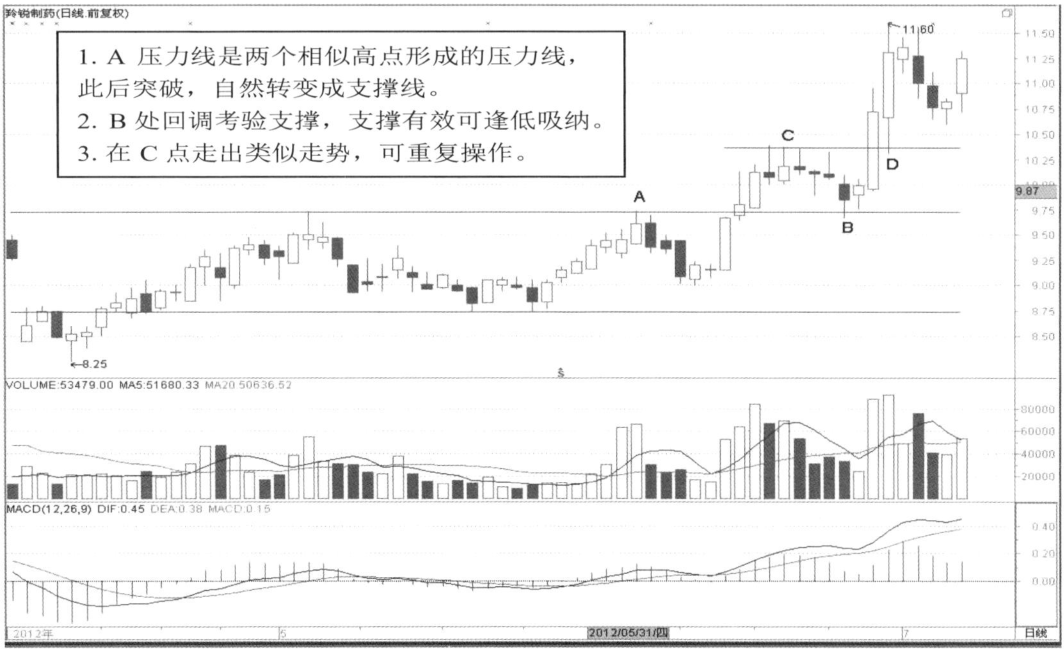

羚锐制药

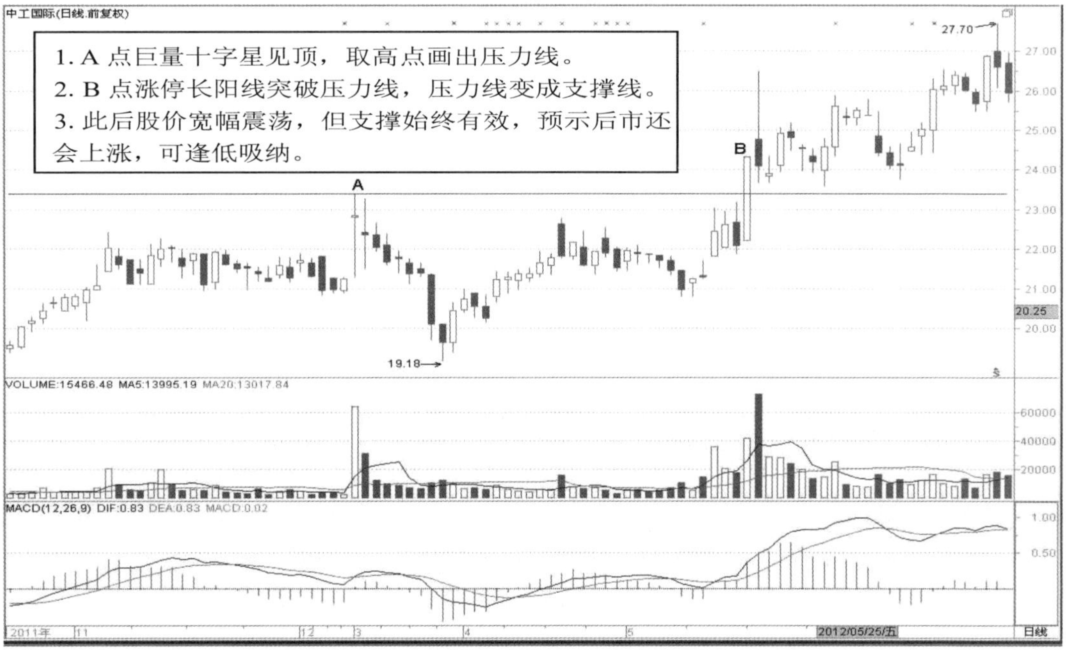

中工国际

5. 精准支撑

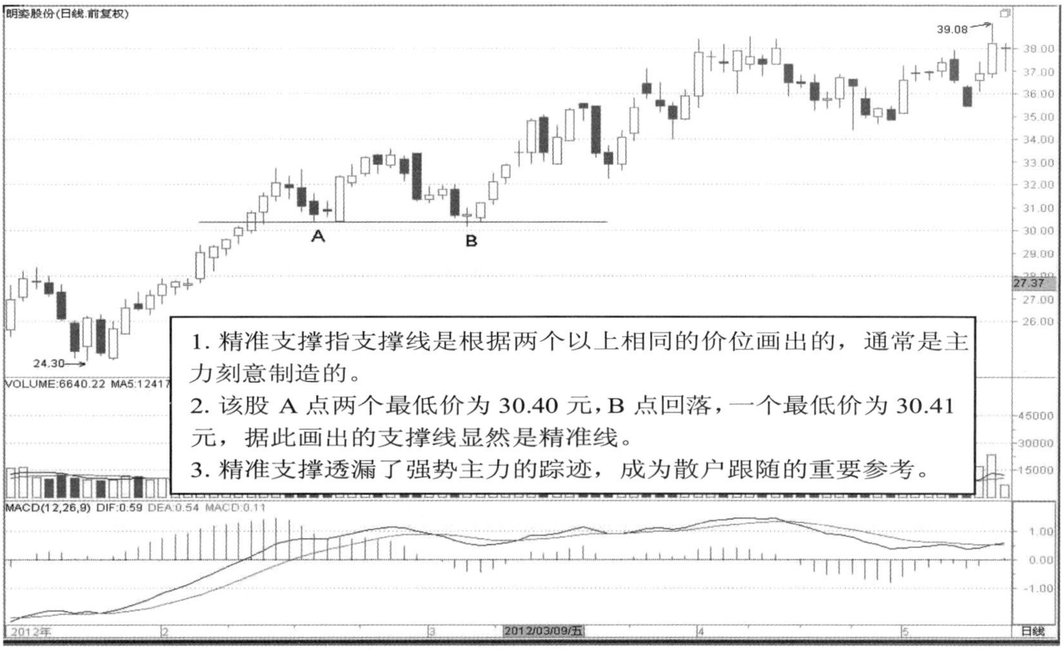

朗姿股份

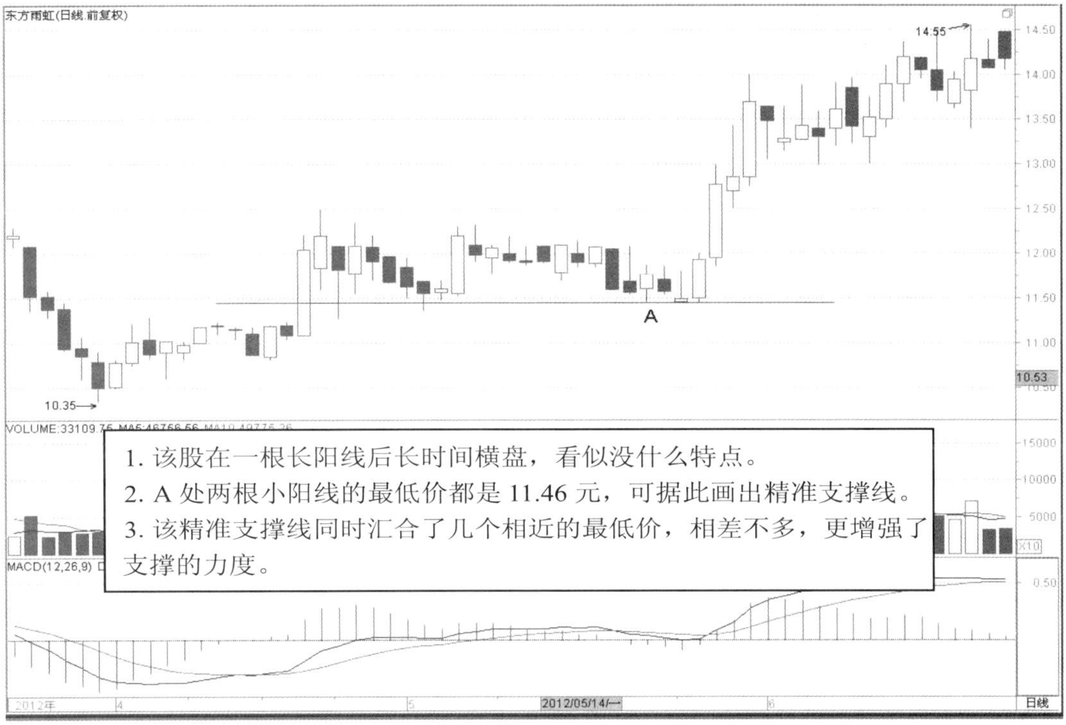
东方雨虹(日线,前复权)
14.55
10.35
A
10.53
1. 该股在一根长阳线后长时间横盘，看似没什么特点。
2. A 处两根小阳线的最低价都是 11.46 元，可据此画出精准支撑线。
3. 该精准支撑线同时汇合了几个相近的最低价，相差不多，更增强了支撑的力度。
2012/05/14/一
日线

东方雨虹

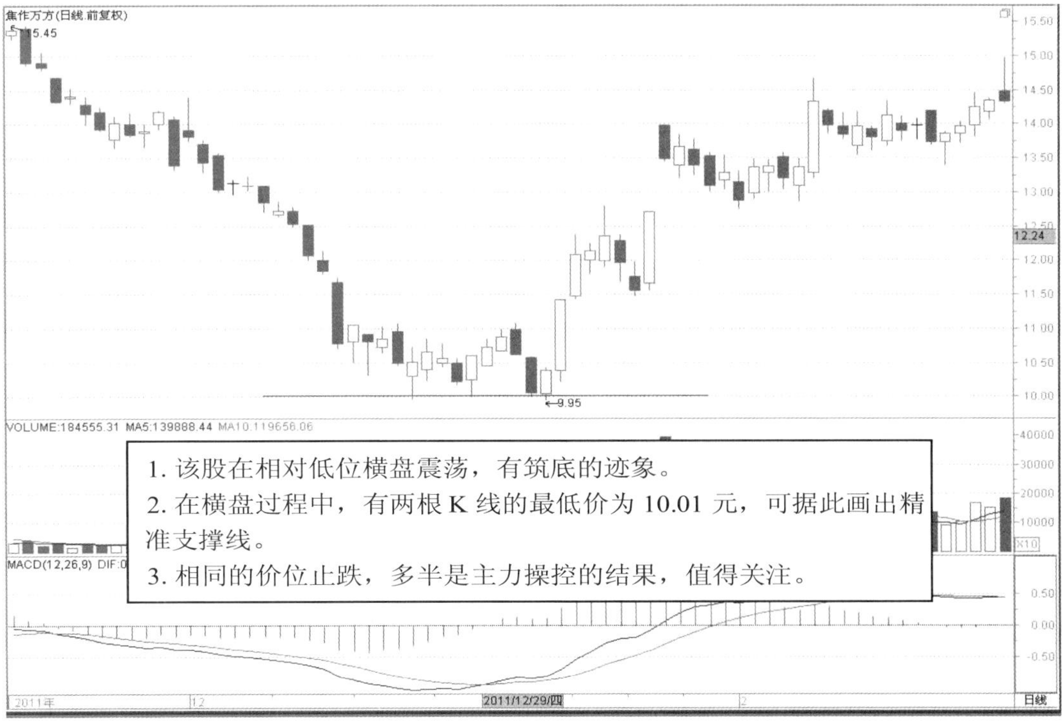
焦作万方(日线,前复权)
15.45
9.95
12.24
VOLUME:184555.31 MA5:139888.44 MA10:119656.06
1. 该股在相对低位横盘震荡，有筑底的迹象。
2. 在横盘过程中，有两根 K 线的最低价为 10.01 元，可据此画出精准支撑线。
3. 相同的价位止跌，多半是主力操控的结果，值得关注。
2011/12/29/四
日线

焦作万方

二、压力线的确定

1. 波浪高点压力

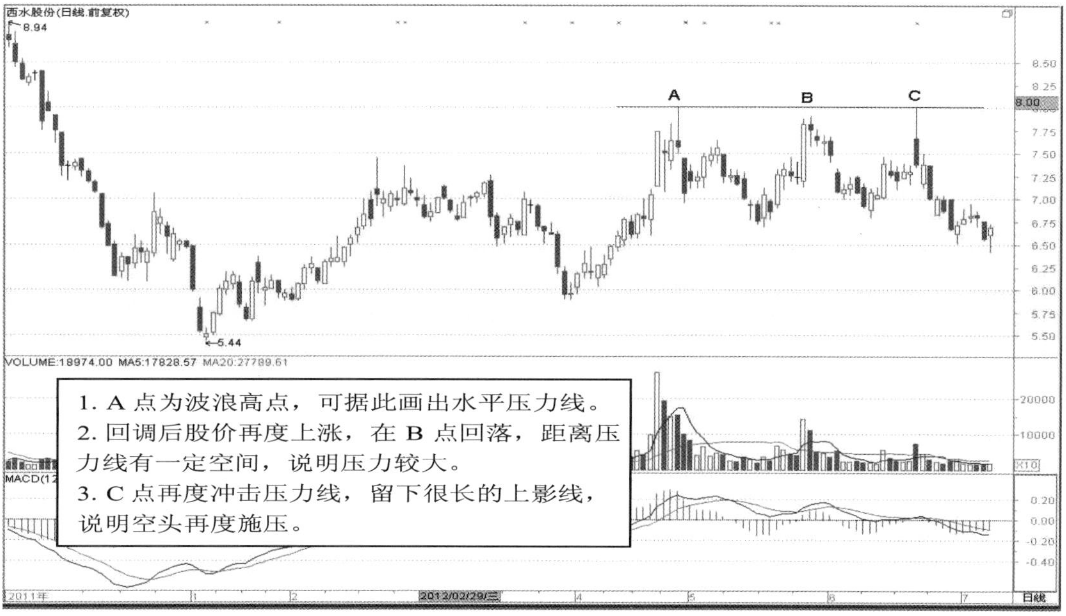

西水股份

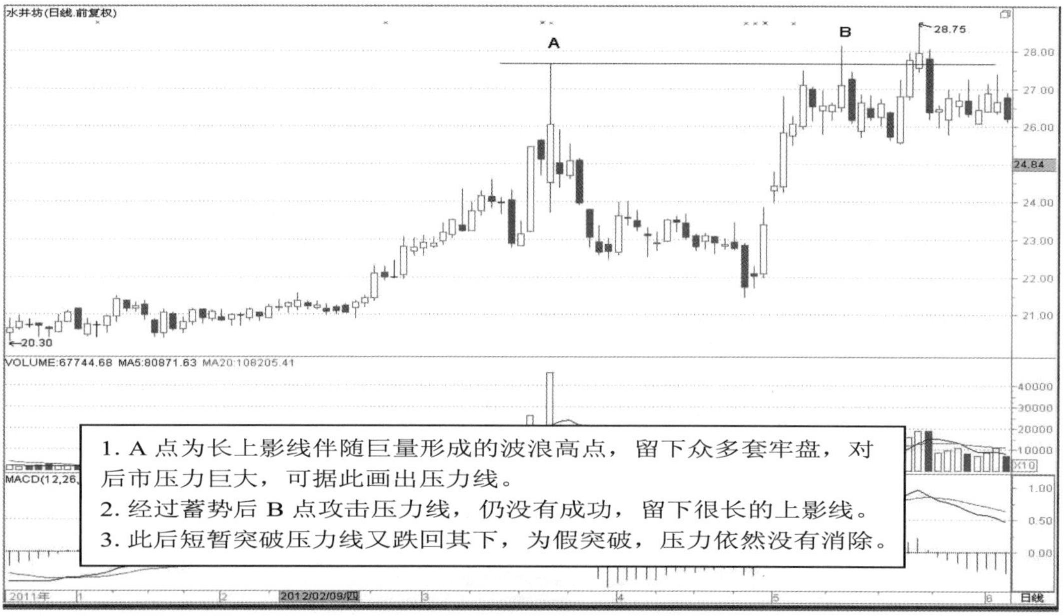

水井坊

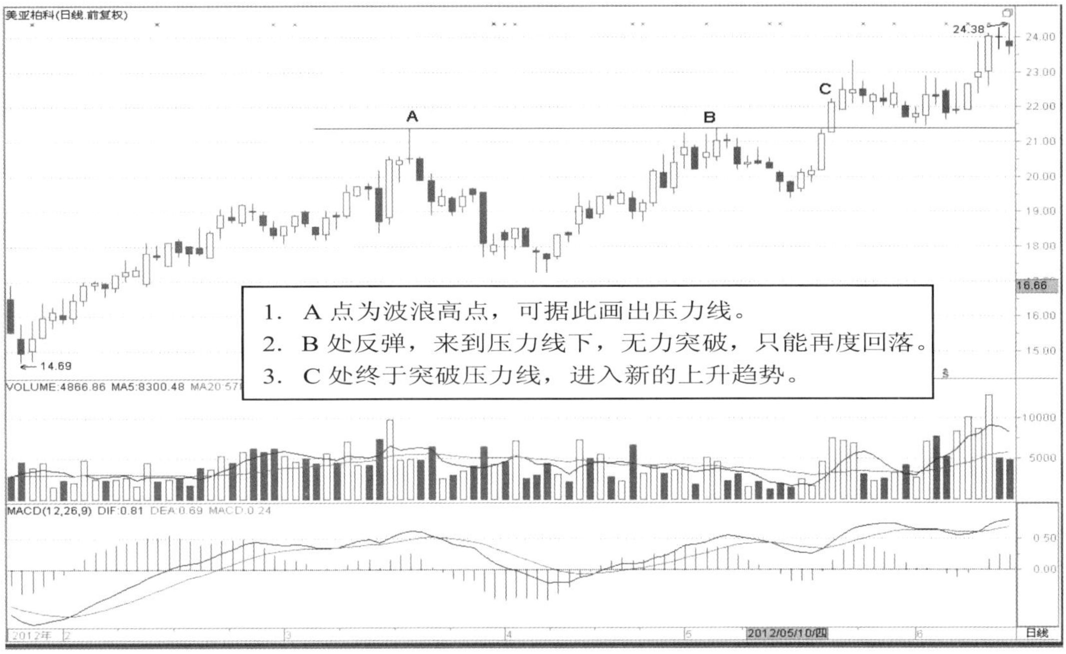

美亚柏科

2. 横盘密集区压力

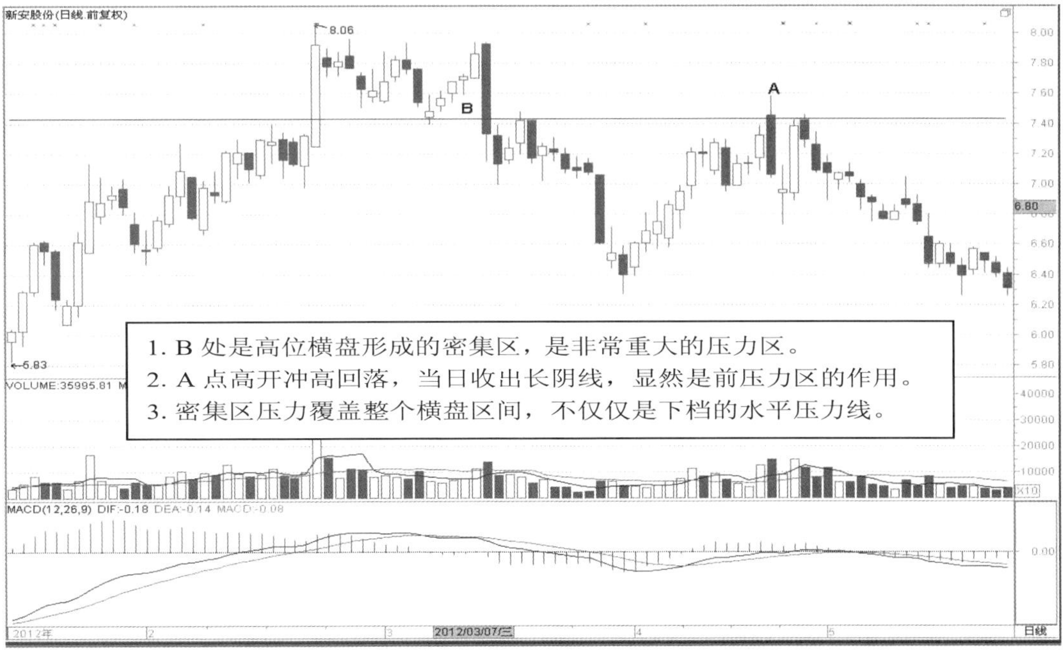

新安股份

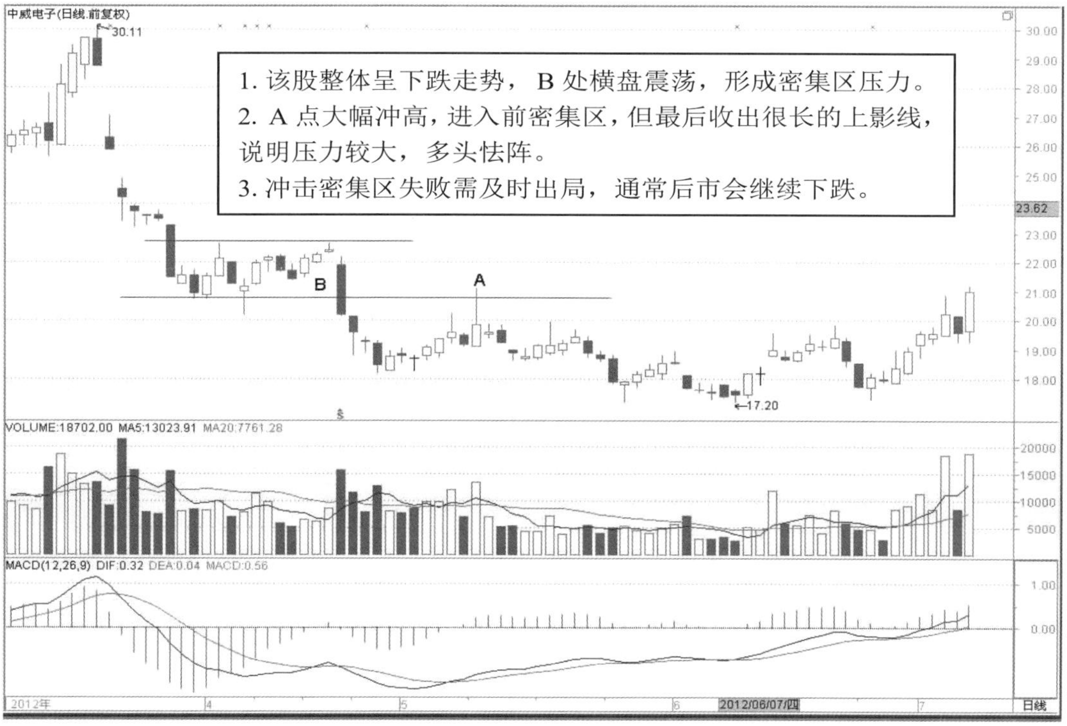
中威电子(日线,前复权)
1. 该股整体呈下跌走势，B 处横盘震荡，形成密集区压力。
2. A 点大幅冲高，进入前密集区，但最后收出很长的上影线，说明压力较大，多头怯阵。
3. 冲击密集区失败需及时出局，通常后市会继续下跌。
A
B
30.11
17.20
VOLUME:18702.00 MA5:13023.91 MA20:7761.28
MACD(12,26,9) DIF:0.32 DEA:0.04 MACD:0.56
2012/06/07/四
日线

中威电子

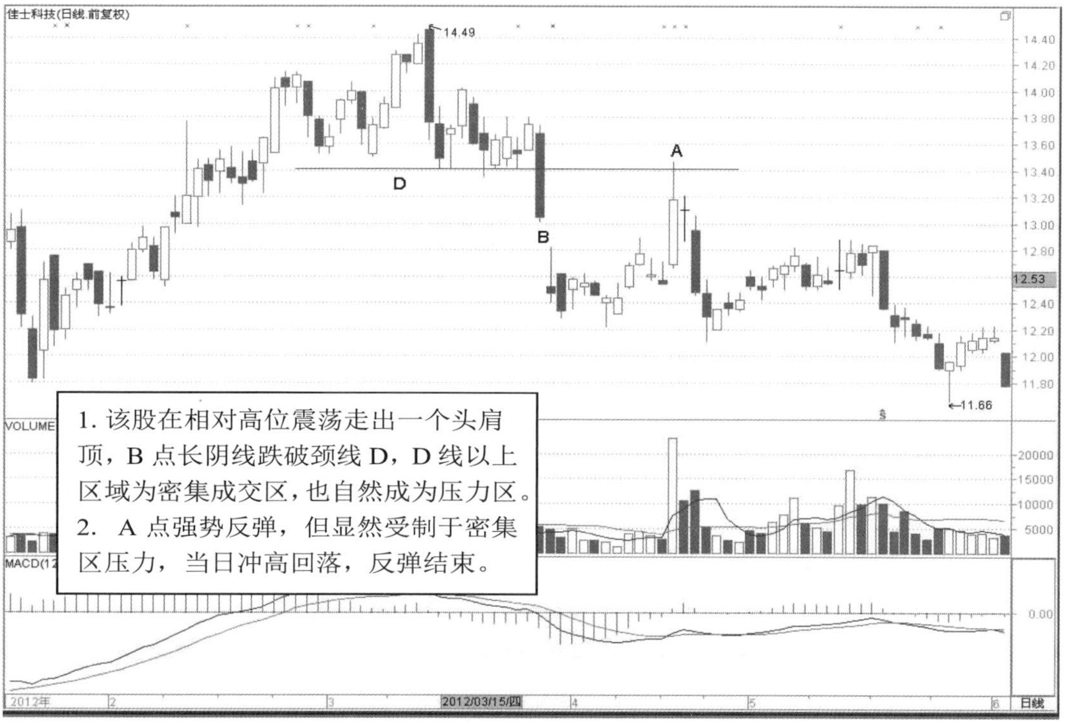
佳士科技(日线,前复权)
1. 该股在相对高位震荡走出一个头肩顶，B 点长阴线跌破颈线 D，D 线以上区域为密集成交区，也自然成为压力区。
2. A 点强势反弹，但显然受制于密集区压力，当日冲高回落，反弹结束。
A
B
D
14.49
11.66
2012/03/15/四
日线

佳士科技

3. 中长阴线压力

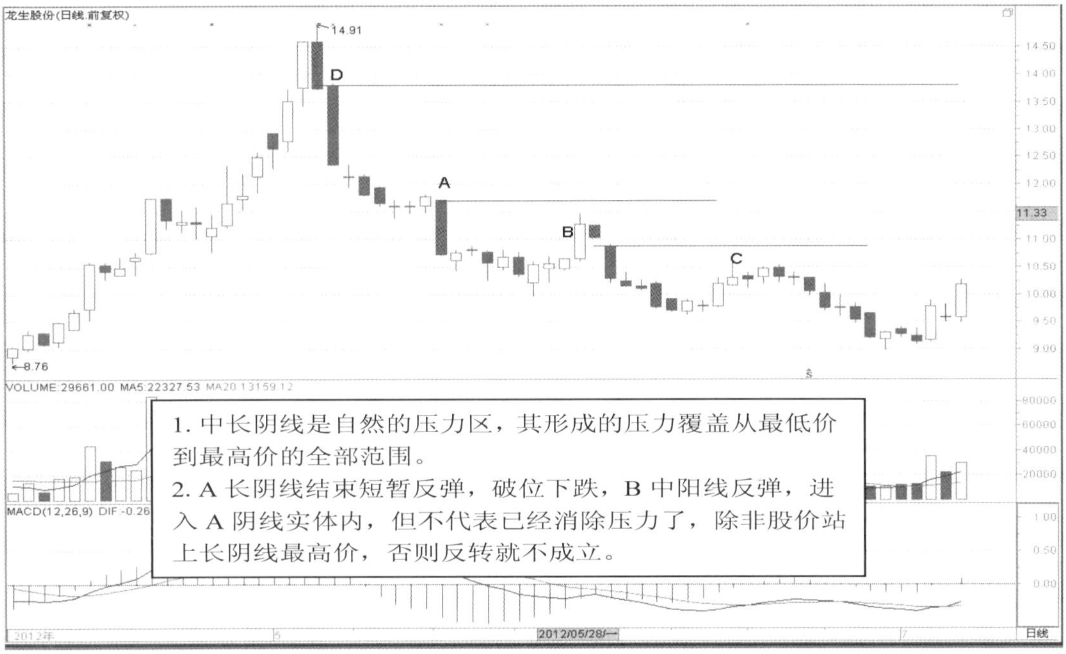

龙生股份

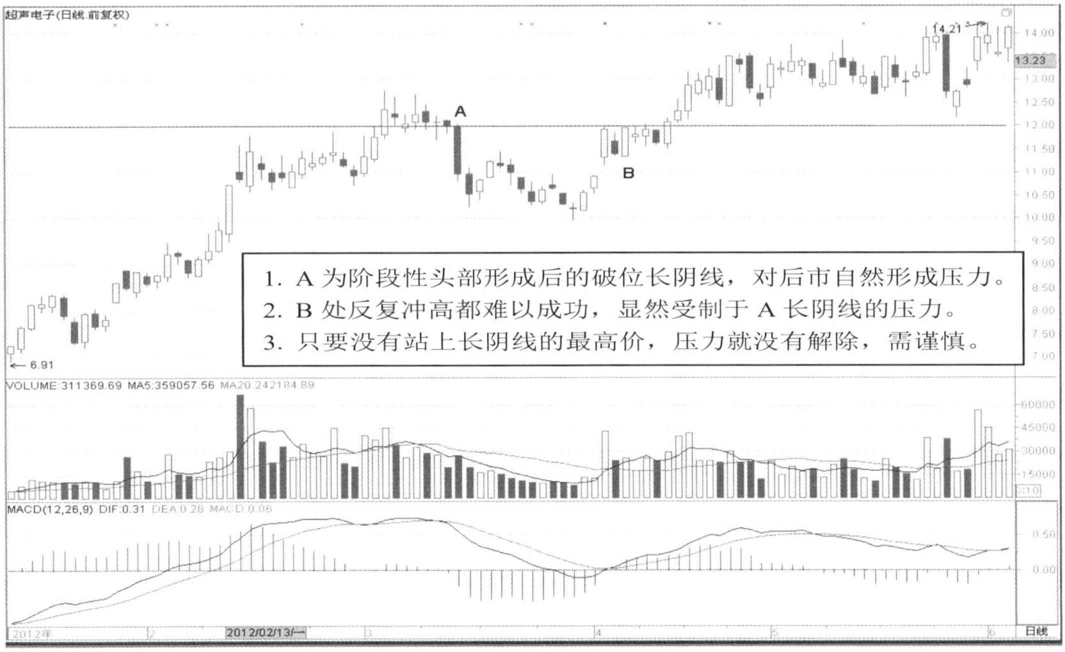

超声电子

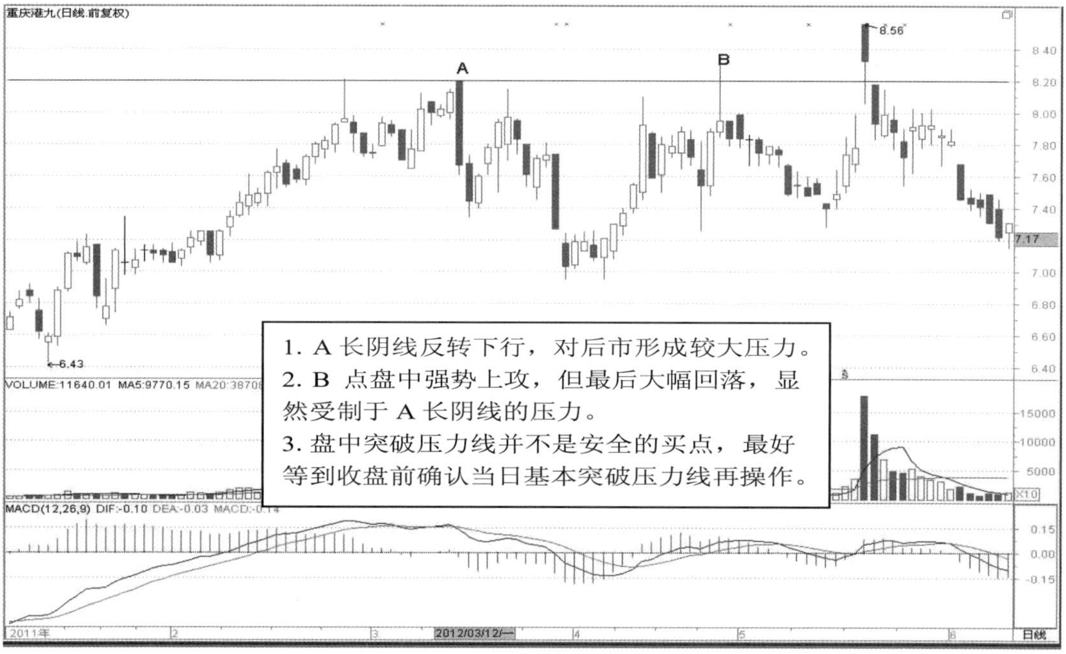

重庆港九

4. 波浪低点压力

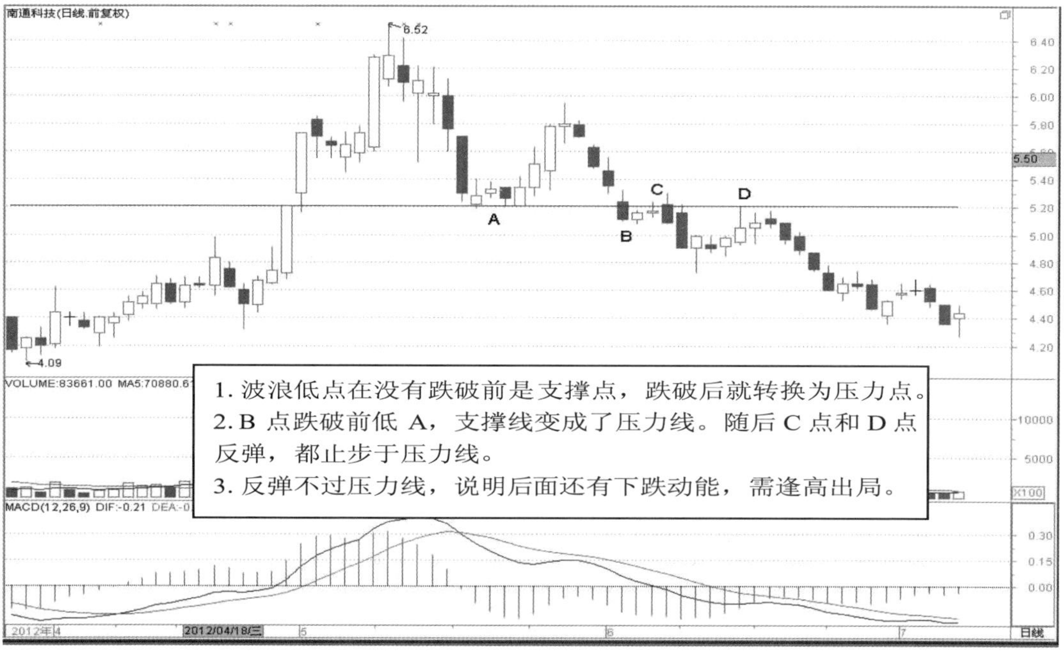

南通科技

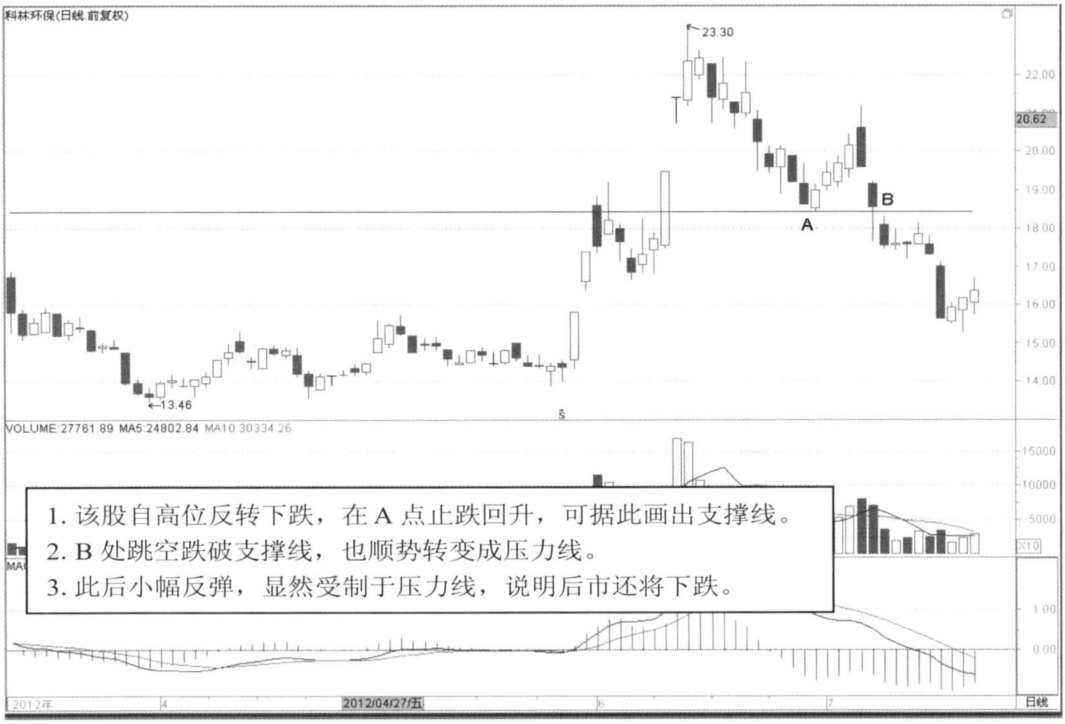

科林环保(日线.前复权)
23.30
13.46
A
B
VOLUME:27761.89 MA5:24802.84 MA10:30334.26
1. 该股自高位反转下跌，在A点止跌回升，可据此画出支撑线。
2. B处跳空跌破支撑线，也顺势转变成压力线。
3. 此后小幅反弹，显然受制于压力线，说明后市还将下跌。
2012年
2012/04/27/五
日线

科林环保

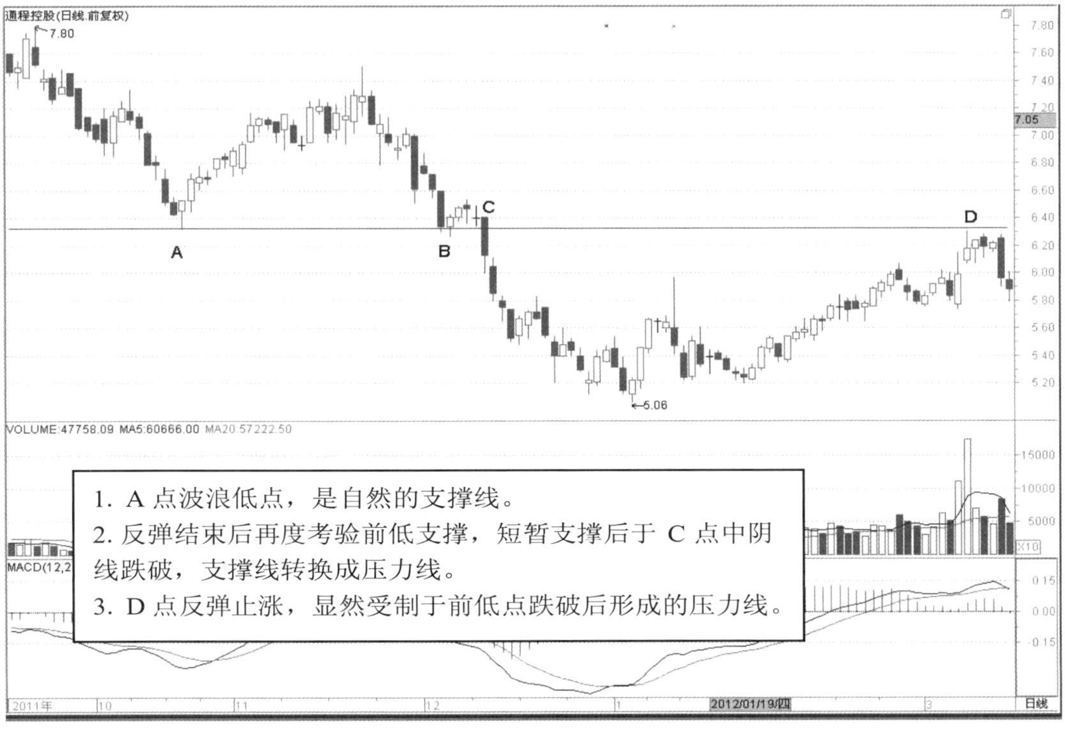

通程控股(日线.前复权)
7.80
5.06
A
B
C
D
VOLUME:47758.09 MA5:60666.00 MA20:57222.50
1. A点波浪低点，是自然的支撑线。
2. 反弹结束后再度考验前低支撑，短暂支撑后于C点中阴线跌破，支撑线转换成压力线。
3. D点反弹止涨，显然受制于前低点跌破后形成的压力线。
2011年
2012/01/19/四
日线

通程控股

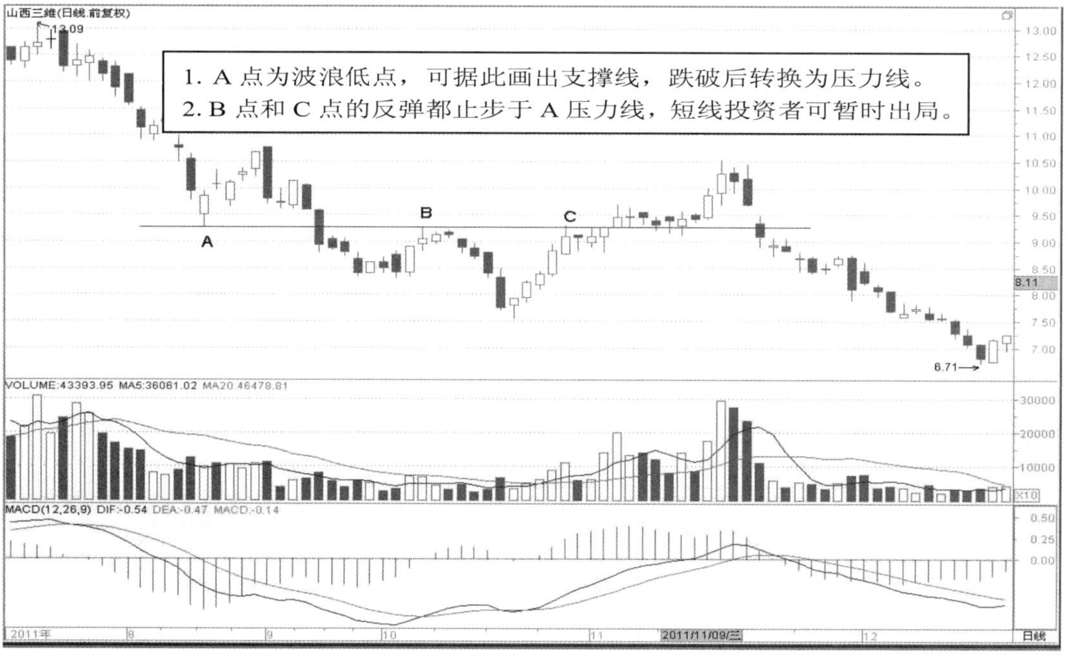

山西三维

5. 精准压力

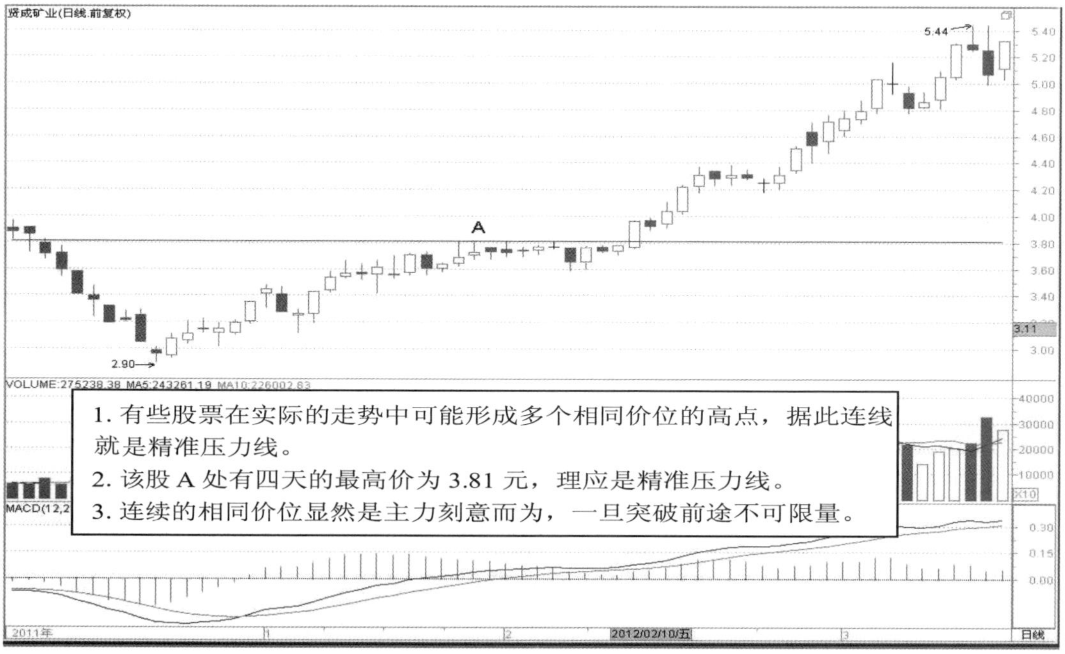

贤成矿业

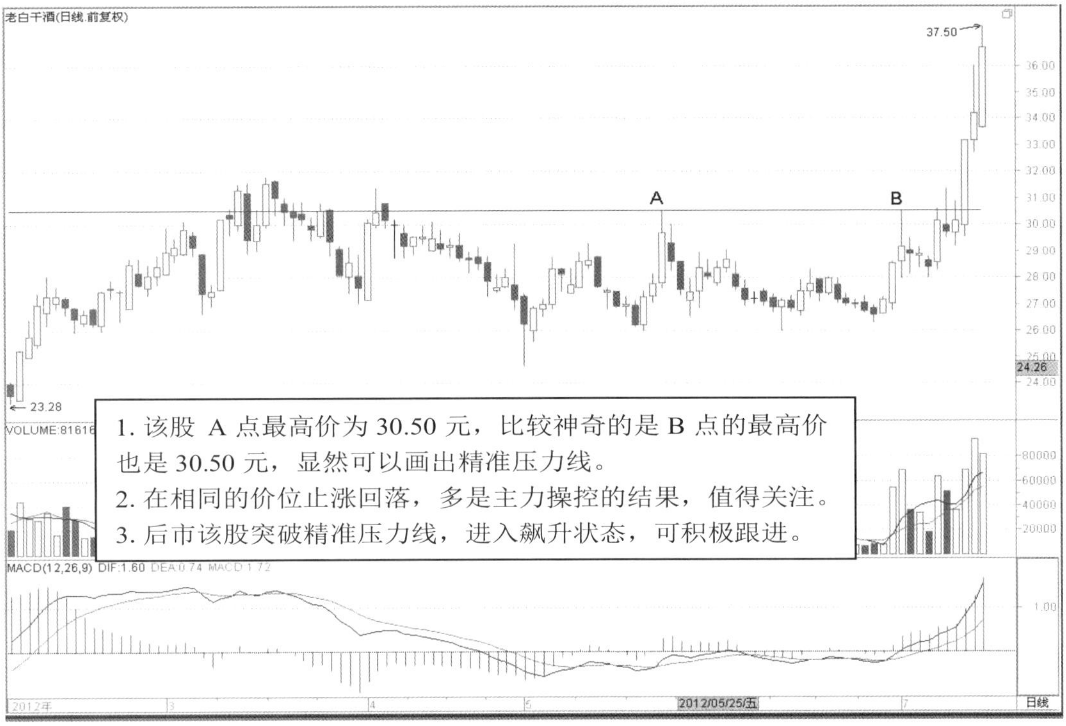
老白干酒(日线,前复权)
37.50
A
B
23.28
1. 该股 A 点最高价为 30.50 元，比较神奇的是 B 点的最高价也是 30.50 元，显然可以画出精准压力线。
2. 在相同的价位止涨回落，多是主力操控的结果，值得关注。
3. 后市该股突破精准压力线，进入飙升状态，可积极跟进。
MACD(12,26,9) DIF:1.60 DEA:0.74 MACD:1.72
2012/05/25/五
日线

老白干酒

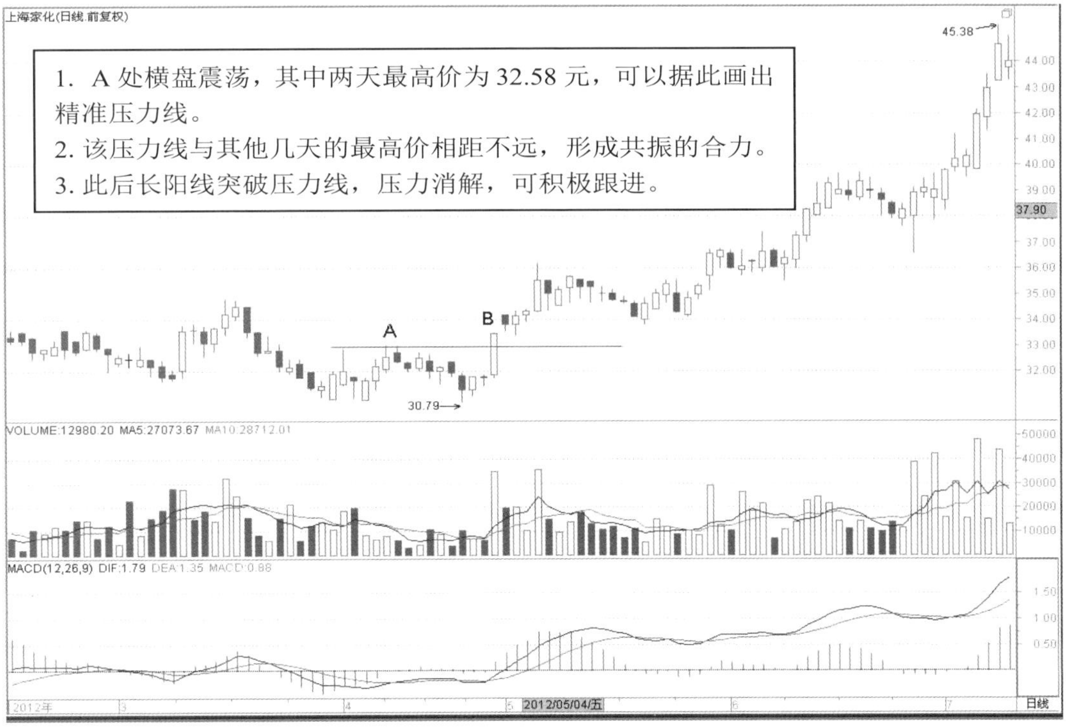
上海家化(日线,前复权)
45.38
1. A 处横盘震荡，其中两天最高价为 32.58 元，可以据此画出精准压力线。
2. 该压力线与其他几天的最高价相距不远，形成共振的合力。
3. 此后长阳线突破压力线，压力消解，可积极跟进。
A
B
30.79
VOLUME:12980.20 MA5:27073.67 MA10:28712.01
MACD(12,26,9) DIF:1.79 DEA:1.35 MACD:0.88
2012/05/04/五
日线

上海家化

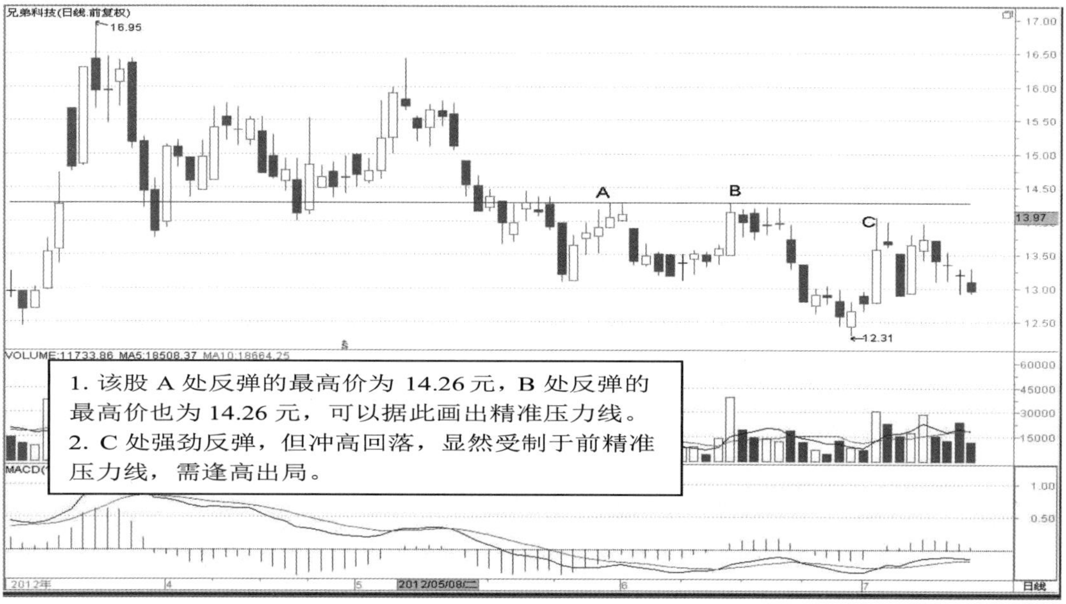

兄弟科技

三、支撑线的操作

股价回调，回到支撑线上，只要能确认支撑有效，即可积极买入。后市万一有效跌破则需就地止损，止损线还是该支撑线。

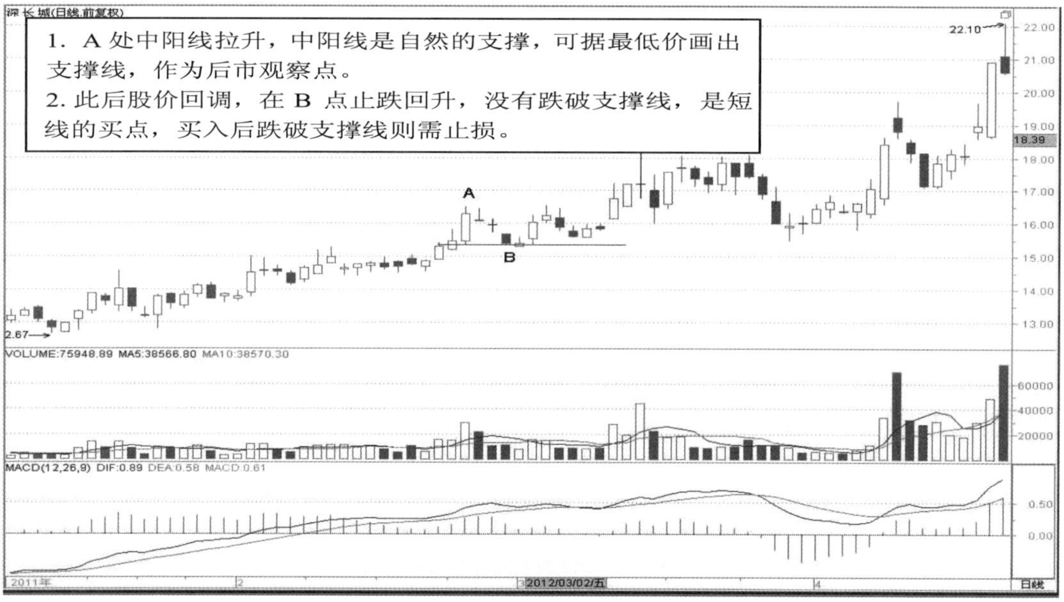

深长城

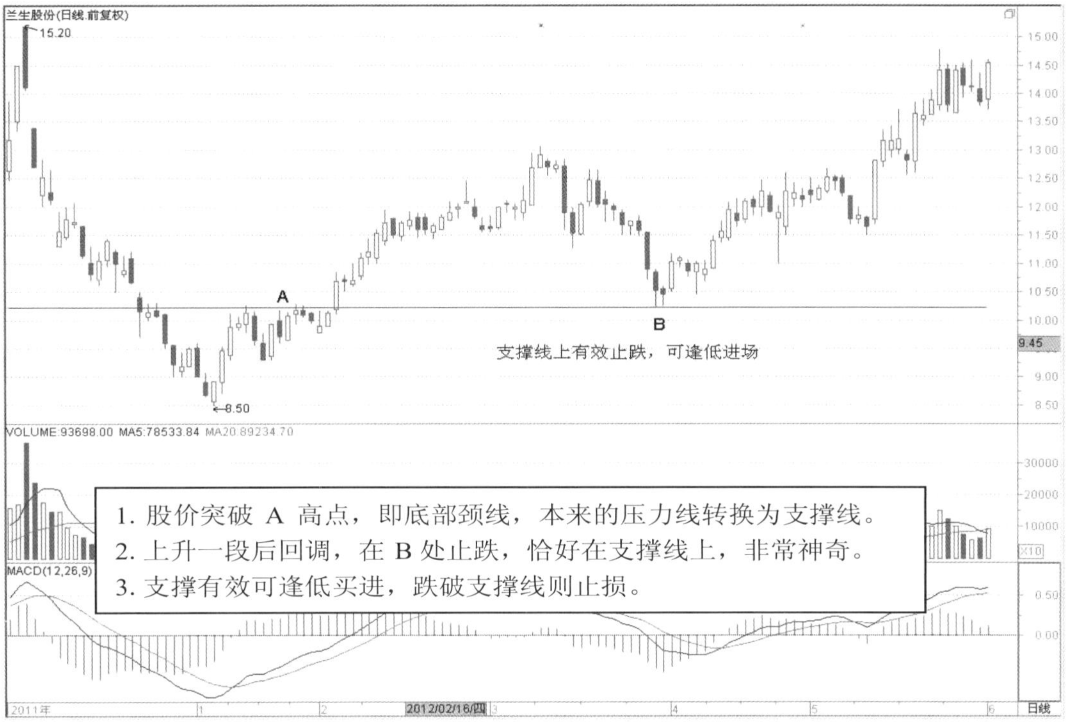
兰生股份(日线,前复权)
15.20
A
B
8.50
支撑线上有效止跌，可逢低进场
9.45
VOLUME:93698.00 MA5:78533.84 MA20:89234.70
MACD(12,26,9)
1. 股价突破 A 高点，即底部颈线，本来的压力线转换为支撑线。
2. 上升一段后回调，在 B 处止跌，恰好在支撑线上，非常神奇。
3. 支撑有效可逢低买进，跌破支撑线则止损。
2011年
2012/02/16/四
日线

兰生股份

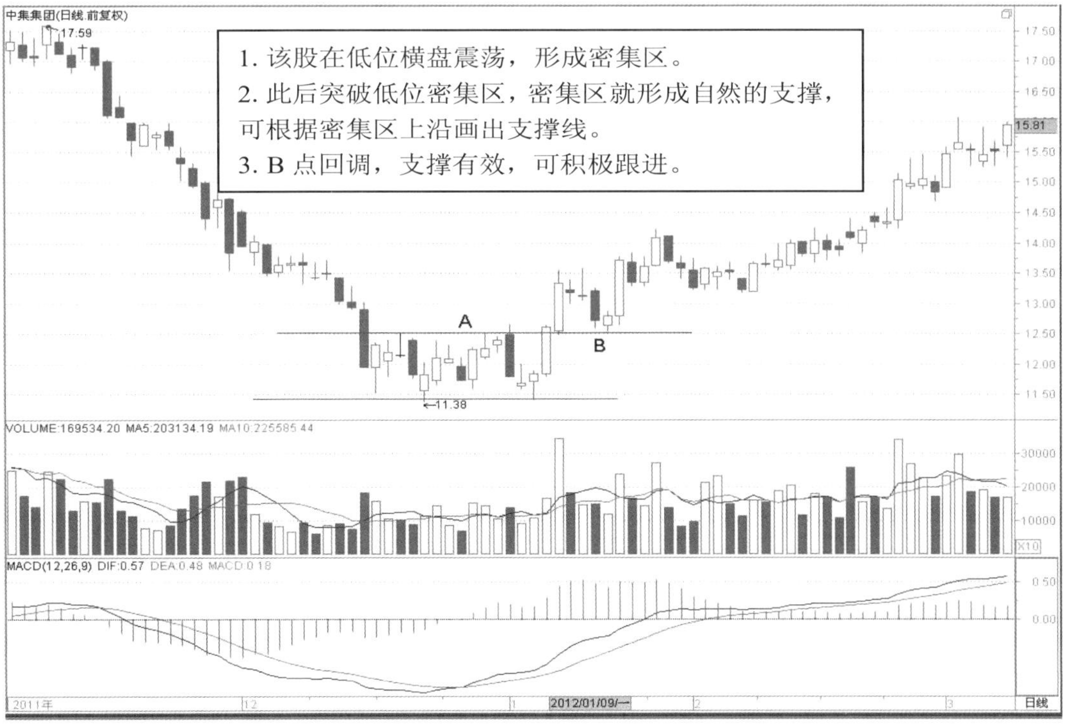
中集集团(日线,前复权)
17.59
1. 该股在低位横盘震荡，形成密集区。
2. 此后突破低位密集区，密集区就形成自然的支撑，
可根据密集区上沿画出支撑线。
3. B 点回调，支撑有效，可积极跟进。
15.81
A
B
11.38
VOLUME:169534.20 MA5:203134.19 MA10:225585.44
MACD(12,26,9) DIF:0.57 DEA:0.48 MACD:0.18
2011年
2012/01/09/一
日线

中集集团

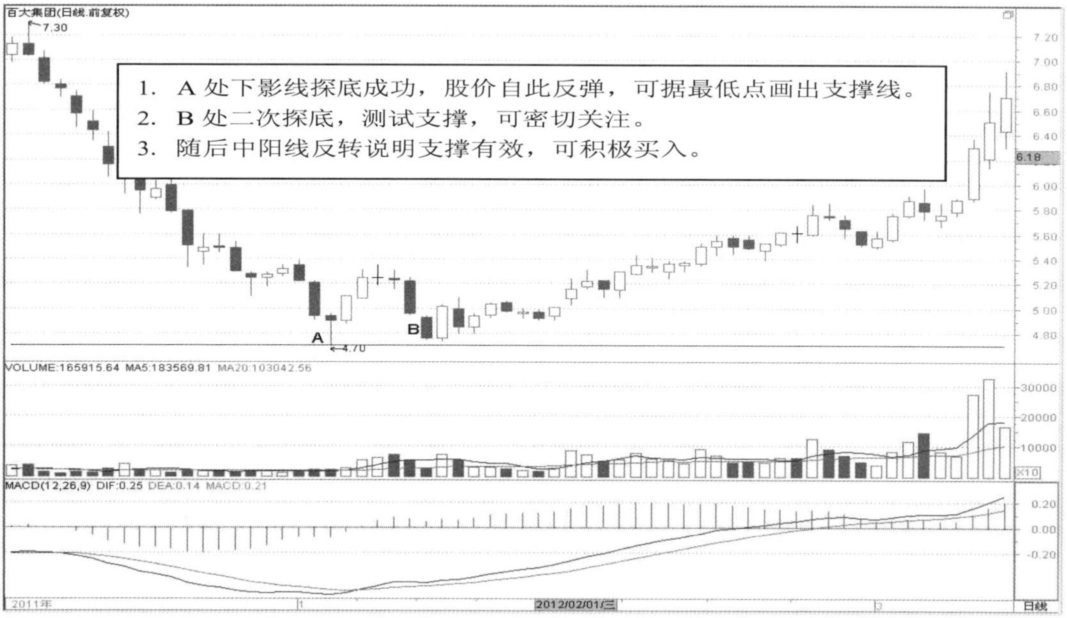

百大集团

四、压力线的操作

股价反弹到压力线的位置后停止上涨，不能有效突破时，则是高抛的机会。

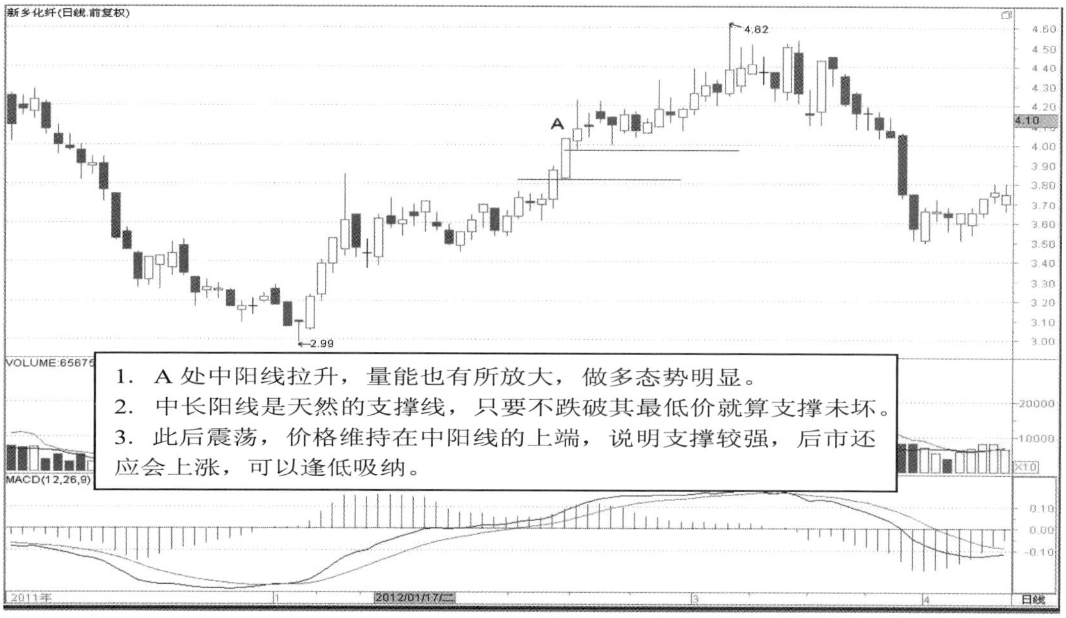

新乡化纤

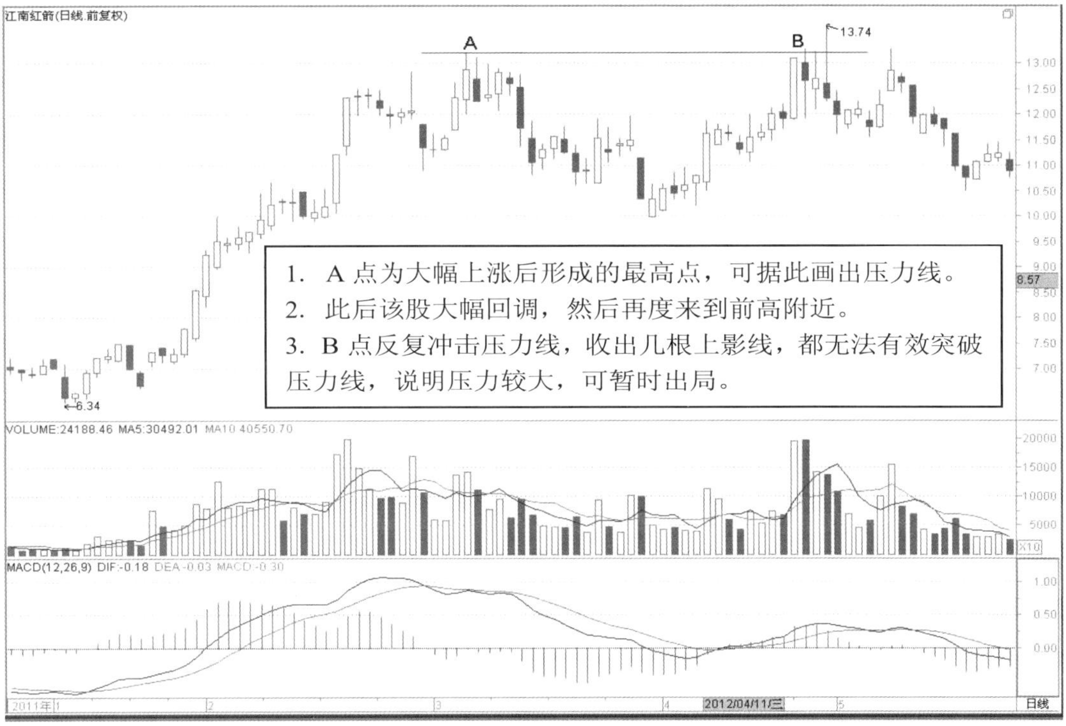
江南红箭(日线,前复权)
A
B
13.74
6.34
1. A 点为大幅上涨后形成的最高点，可据此画出压力线。
2. 此后该股大幅回调，然后再度来到前高附近。
3. B 点反复冲击压力线，收出几根上影线，都无法有效突破压力线，说明压力较大，可暂时出局。
VOLUME:24188.46 MA5:30492.01 MA10:40550.70
MACD(12,26,9) DIF:-0.18 DEA:-0.03 MACD:-0.30
2012/04/11/三
日线

江南红箭

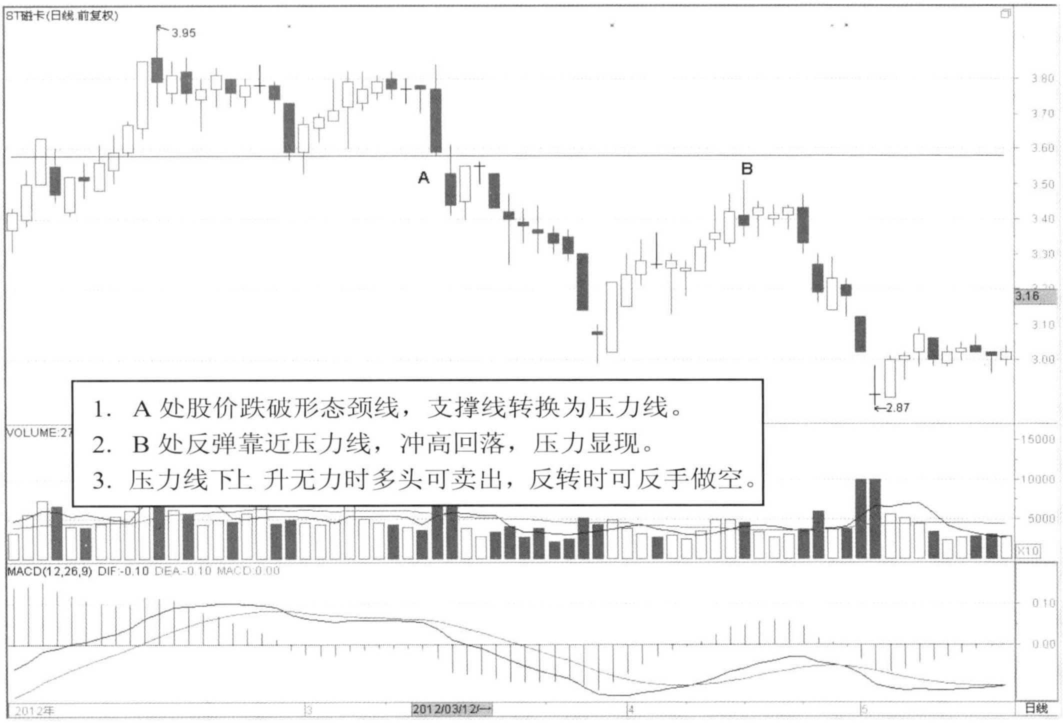
ST磁卡(日线,前复权)
3.95
A
B
2.87
1. A 处股价跌破形态颈线，支撑线转换为压力线。
2. B 处反弹靠近压力线，冲高回落，压力显现。
3. 压力线下上 升无力时多头可卖出，反转时可反手做空。
MACD(12,26,9) DIF:-0.10 DEA:-0.10 MACD:0.00
2012/03/12/一
日线

ST 磁卡

五、支撑线和压力线转换后的操作

突破压力线后该线转换成支撑线，只要能确定是有效突破即可买入。后市如果回踩支撑线获得有效支撑则可以加仓。

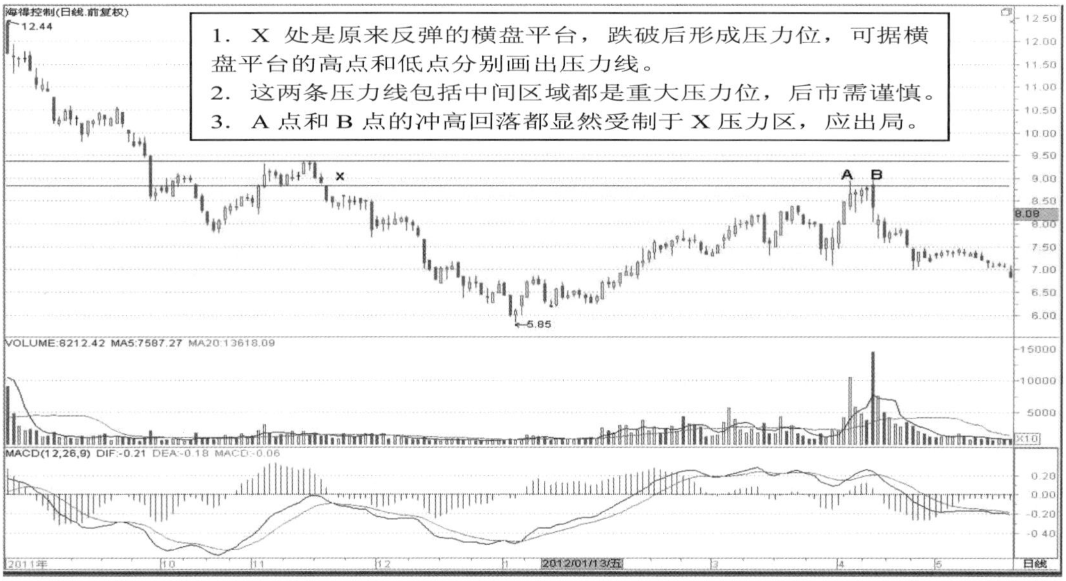

海得控股

潞安环能

康达尔(日线,前复权)
A
B
8.81
6.84
7.30
VOLUME:18619.13 MA5:62098.39 MA10:39948.65
MACD(12,26,9)
1. 股价的涨跌导致支撑线和压力线经常转换，投资者的操作也自然要随之改变。
2. 该股 A 点为反弹高点，可据此画出压力线。
3. B 点长阳线突破压力线，压力线转变为支撑线，可买进。
4. 此后该股回踩支撑线，支撑有效可继续加仓。
2012/05/22/二
日线

康达尔

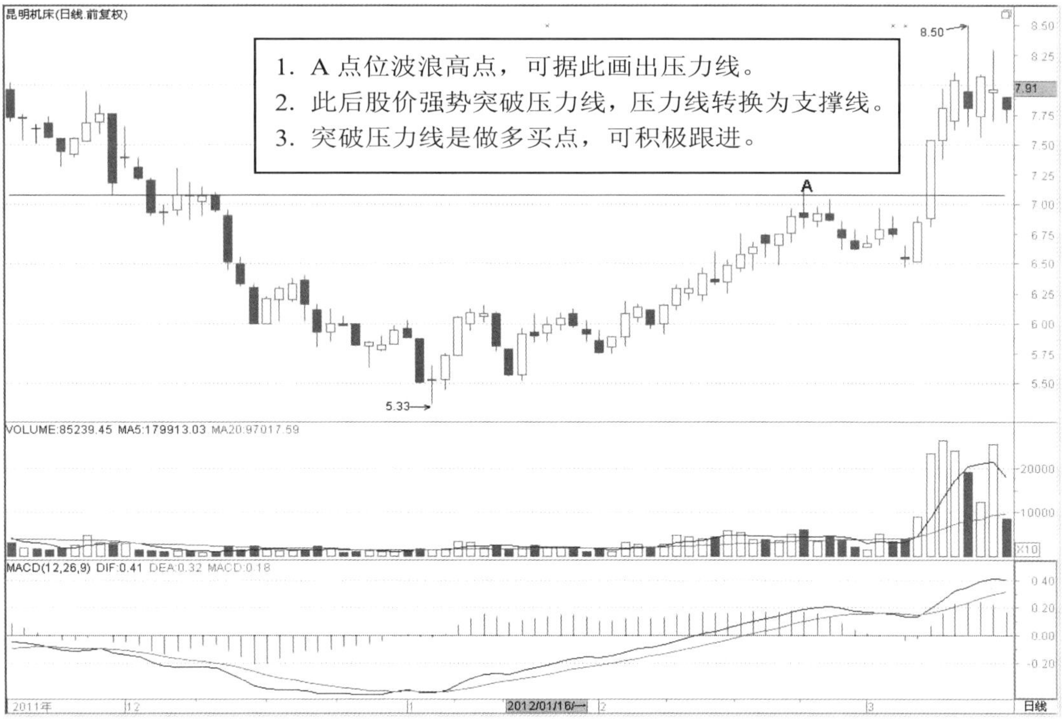
昆明机床(日线,前复权)
1. A 点位波浪高点，可据此画出压力线。
2. 此后股价强势突破压力线，压力线转换为支撑线。
3. 突破压力线是做多买点，可积极跟进。
A
8.50
5.33
7.91
VOLUME:85239.45 MA5:179913.03 MA20:97017.59
MACD(12,26,9) DIF:0.41 DEA:0.32 MACD:0.18
2012/01/16/一
日线

昆明机床

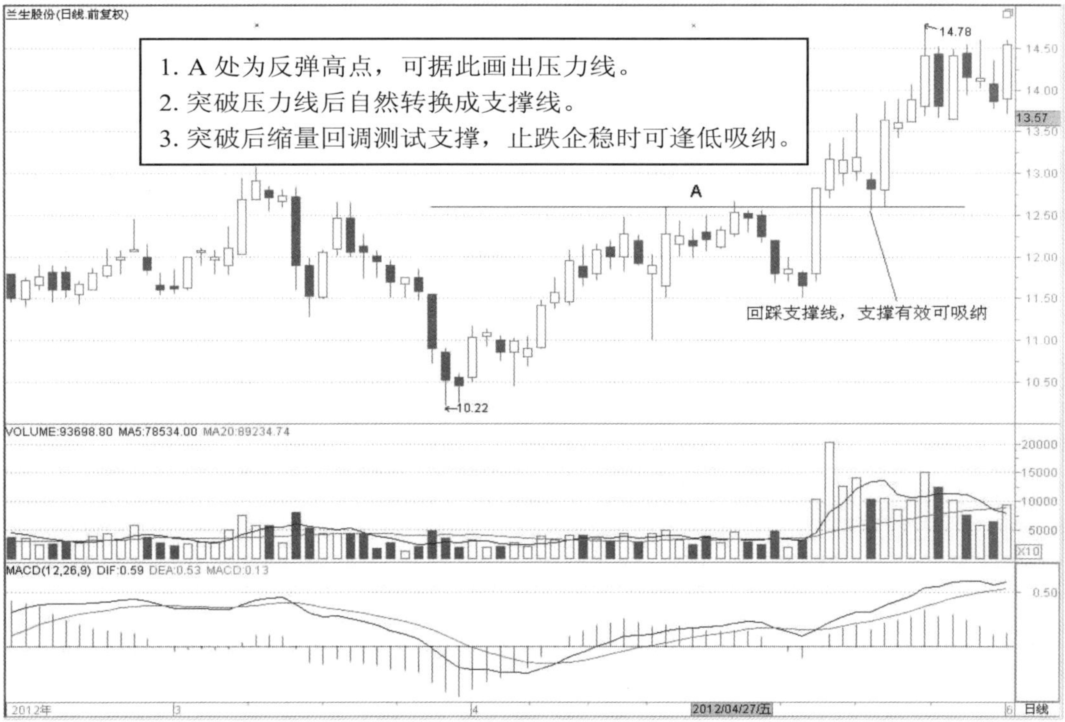
兰生股份(日线.前复权)
1. A 处为反弹高点，可据此画出压力线。
2. 突破压力线后自然转换成支撑线。
3. 突破后缩量回调测试支撑，止跌企稳时可逢低吸纳。
A
回踩支撑线，支撑有效可吸纳
14.78
10.22
13.57
VOLUME:93698.80 MA5:78534.00 MA20:89234.74
MACD(12,26,9) DIF:0.59 DEA:0.53 MACD:0.13
2012年
2012/04/27/五
日线

兰生股份

四环生物(日线.前复权)
5.98
A
B
C
3.62
4.89
VOLUME:507275.44 MA5:299549.13 MA10:236801.44
1. A 点为横盘密集区高点，可以据此画出压力线。
2. B 点长阳线突破压力线，压力线变成支撑线，可跟进。
3. 高位反转后，该股在 C 点靠近前支撑线，可关注能否有效支撑，择机做多。
2011年
2012/01/30/一
日线

四环生物

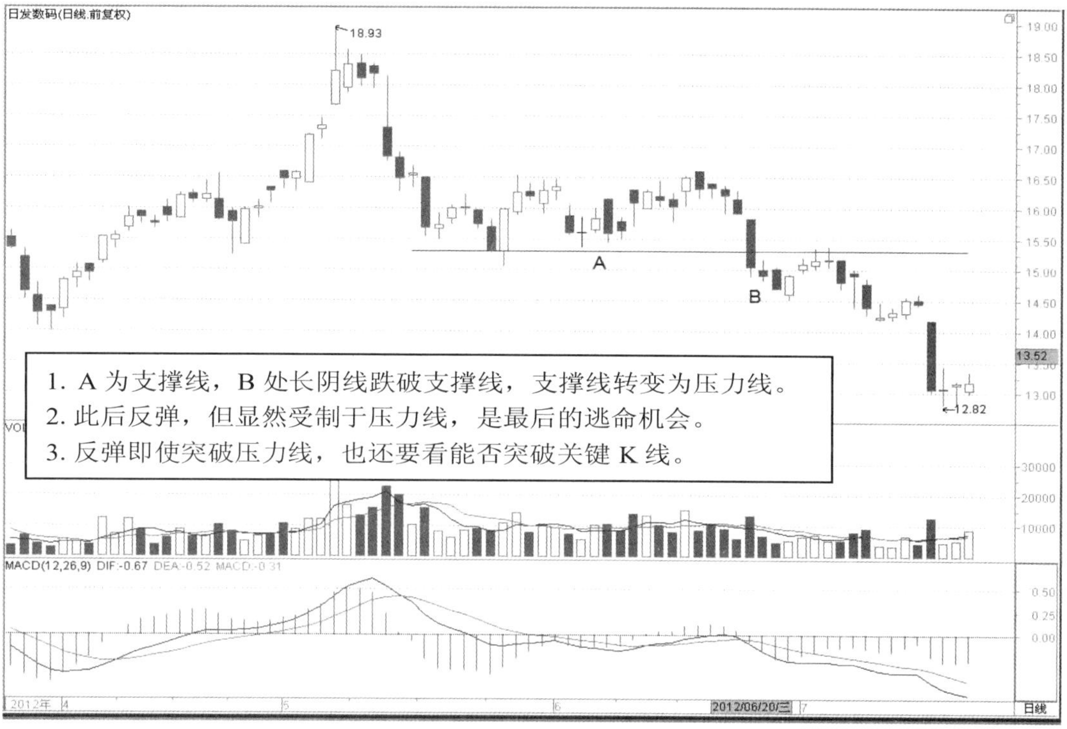
日发数码(日线,前复权)
18.93
A
B
13.52
12.82
1. A 为支撑线，B 处长阴线跌破支撑线，支撑线转变为压力线。
2. 此后反弹，但显然受制于压力线，是最后的逃命机会。
3. 反弹即使突破压力线，也还要看能否突破关键 K 线。
MACD(12,26,9) DIF:-0.67 DEA:-0.52 MACD:-0.31
2012/06/20/三
日线

日发数码

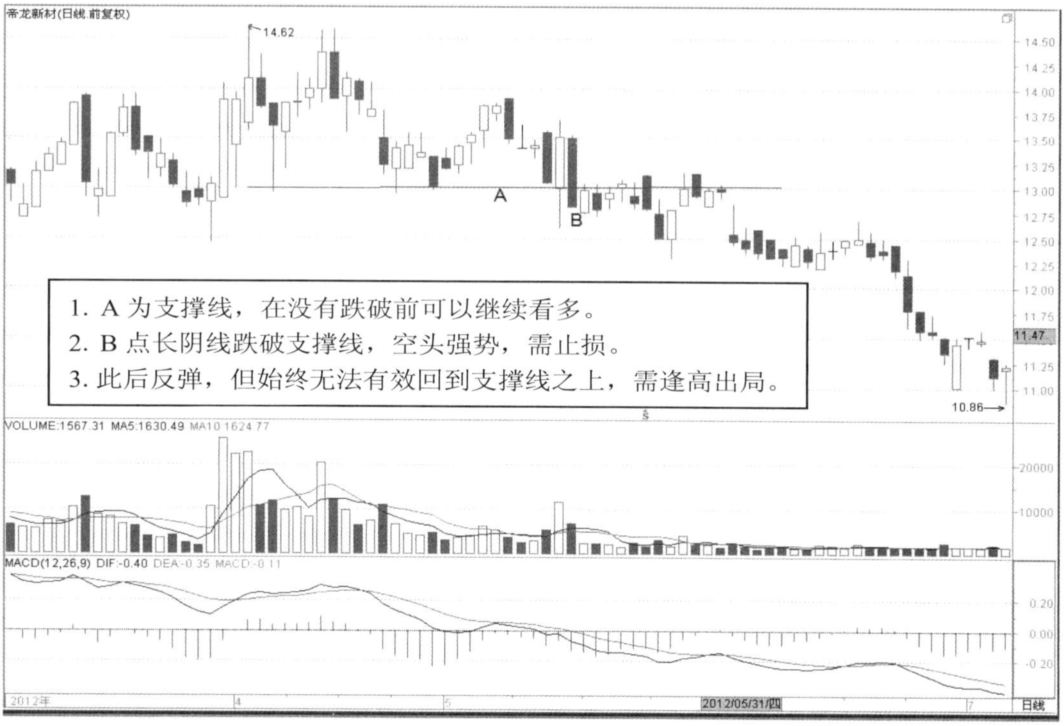
帝龙新材(日线,前复权)
14.62
A
B
11.47
10.86
1. A 为支撑线，在没有跌破前可以继续看多。
2. B 点长阴线跌破支撑线，空头强势，需止损。
3. 此后反弹，但始终无法有效回到支撑线之上，需逢高出局。
VOLUME:1567.31 MA5:1630.49 MA10:1624.77
MACD(12,26,9) DIF:-0.40 DEA:-0.35 MACD:-0.11
2012/05/31/四
日线

帝龙新材

六、底部确认和抬高的做多机会

一次探底往往不能确定底部，往往需要两次以上探底。假如二次下跌的低点高于前低，则基本可以确立底部成立，是买入的时机。

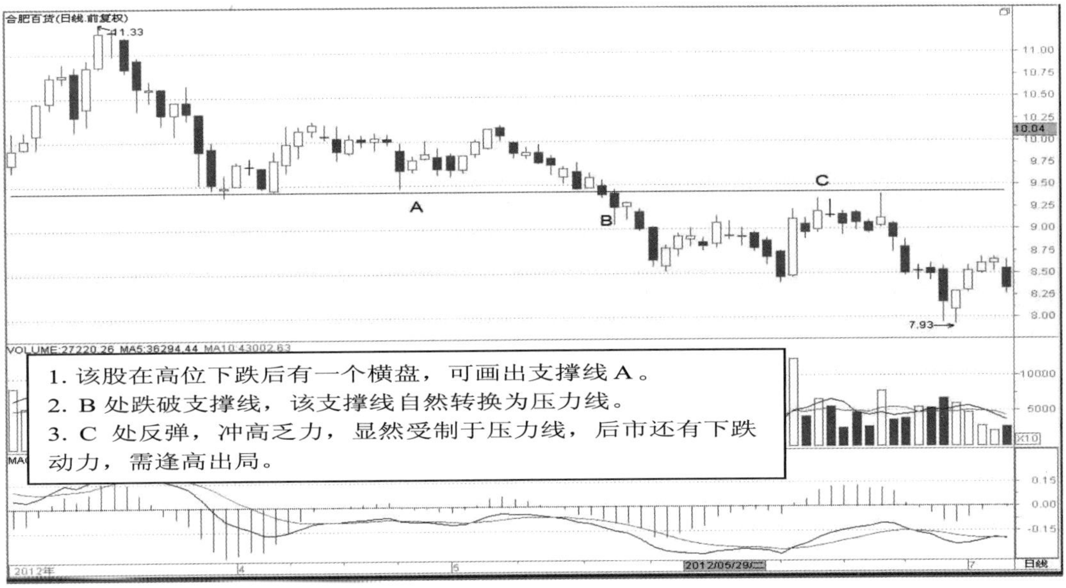

合肥百货

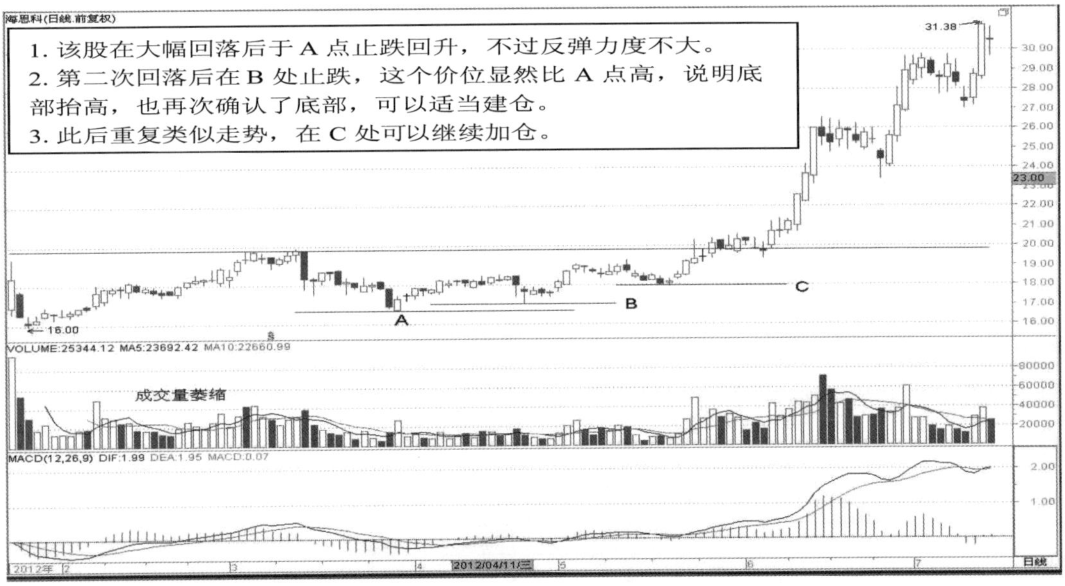

海思科

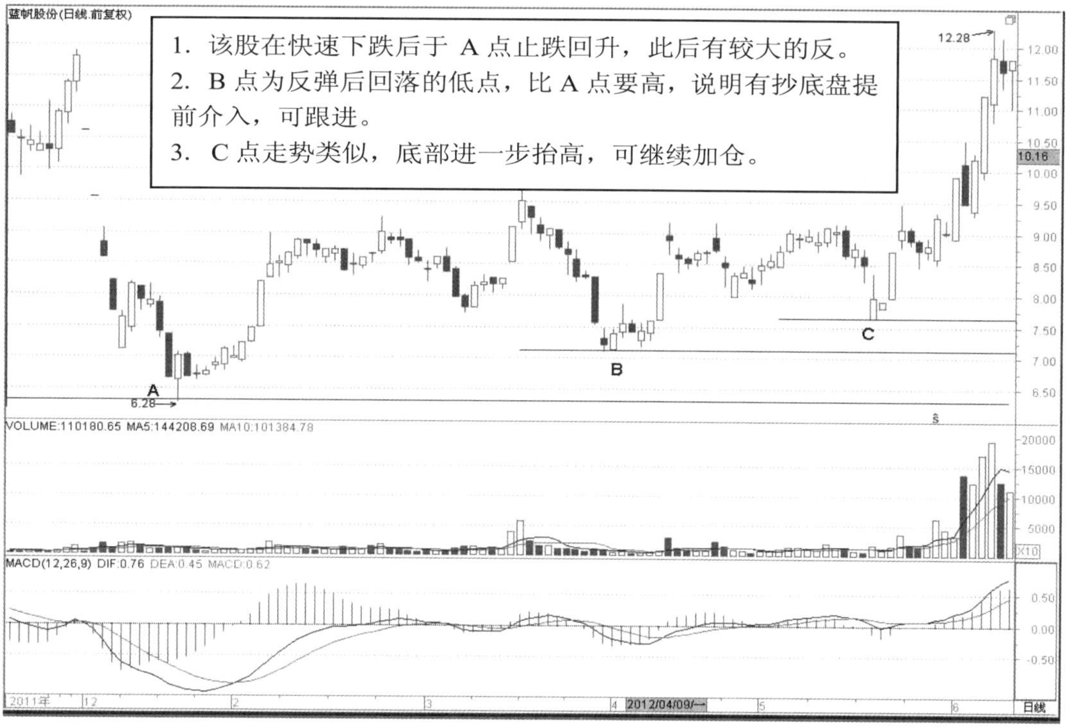
蓝帆股份(日线,前复权)
1. 该股在快速下跌后于 A 点止跌回升，此后有较大的反。
2. B 点为反弹后回落的低点，比 A 点要高，说明有抄底盘提前介入，可跟进。
3. C 点走势类似，底部进一步抬高，可继续加仓。
12.28
6.28
A
B
C
VOLUME:110180.65 MA5:144208.69 MA10:101384.78
MACD(12,26,9) DIF:0.76 DEA:0.45 MACD:0.62
2012/04/09/一
日线

蓝帆股份

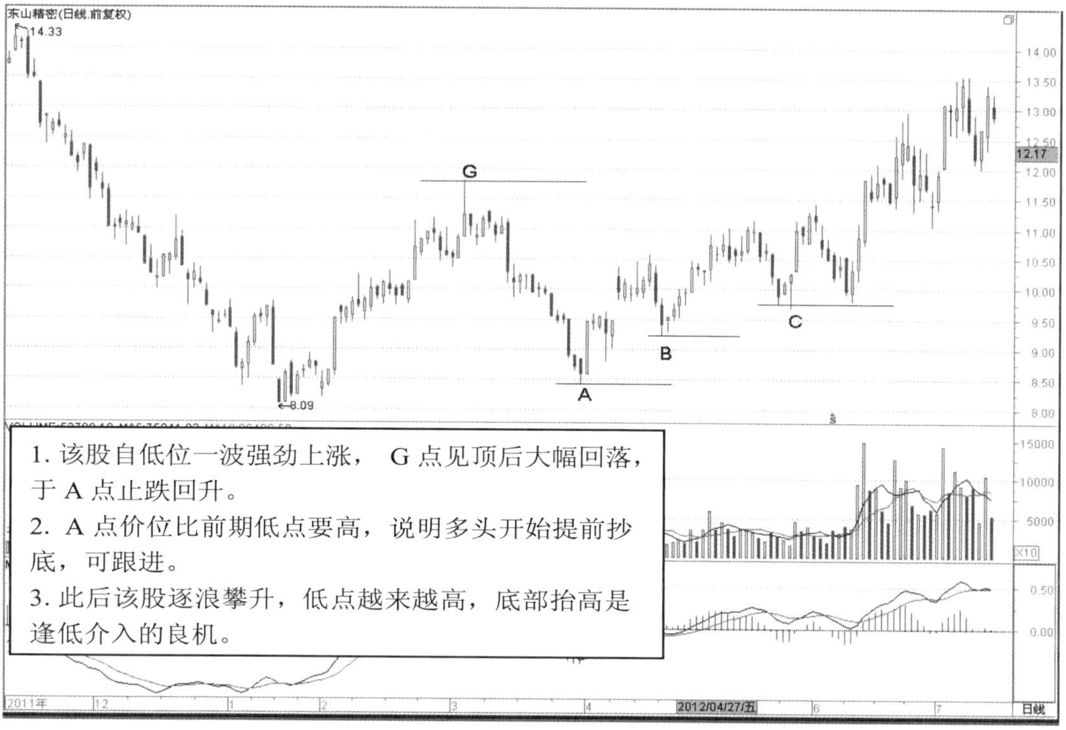
东山精密(日线,前复权)
14.33
8.09
G
A
B
C
1. 该股自低位一波强劲上涨， G 点见顶后大幅回落，于 A 点止跌回升。
2. A 点价位比前期低点要高，说明多头开始提前抄底，可跟进。
3. 此后该股逐浪攀升，低点越来越高，底部抬高是逢低介入的良机。
2012/04/27/五
日线

东山精密

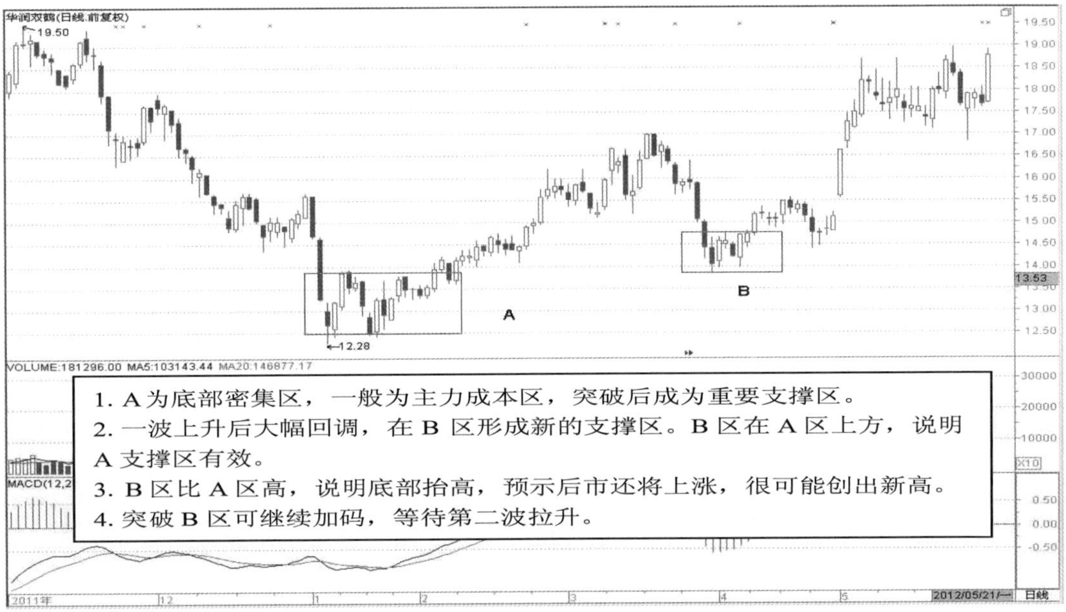

华润双鹤

七、支撑线上抓涨停

支撑线能不能走出涨停有较多的附加条件，比如突破要强劲，回调要干净，成交量最好是地量。最后股价再度上升，往往会有涨停，可以追击。

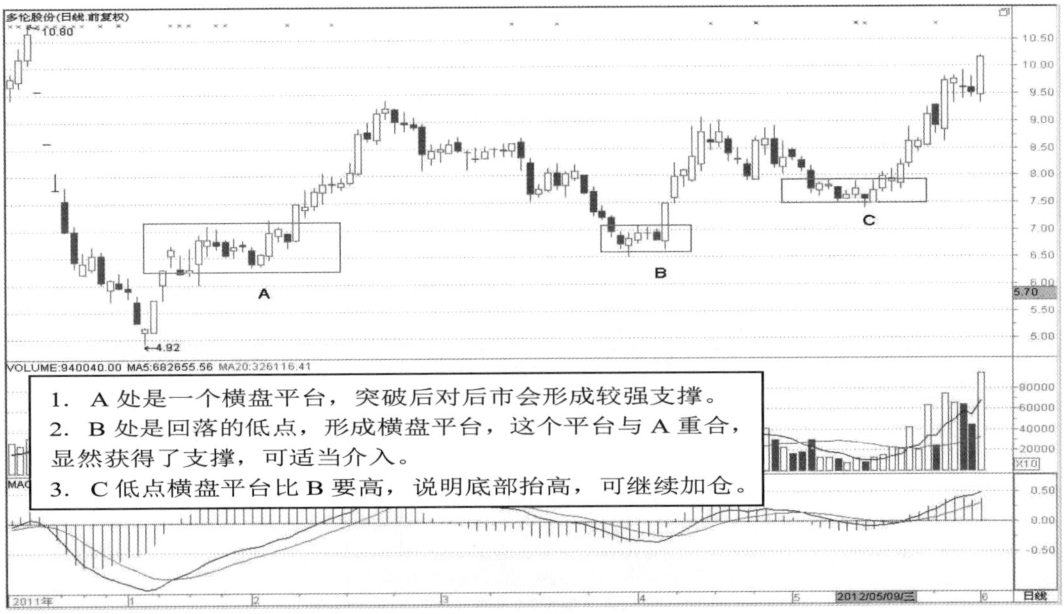

多伦股份

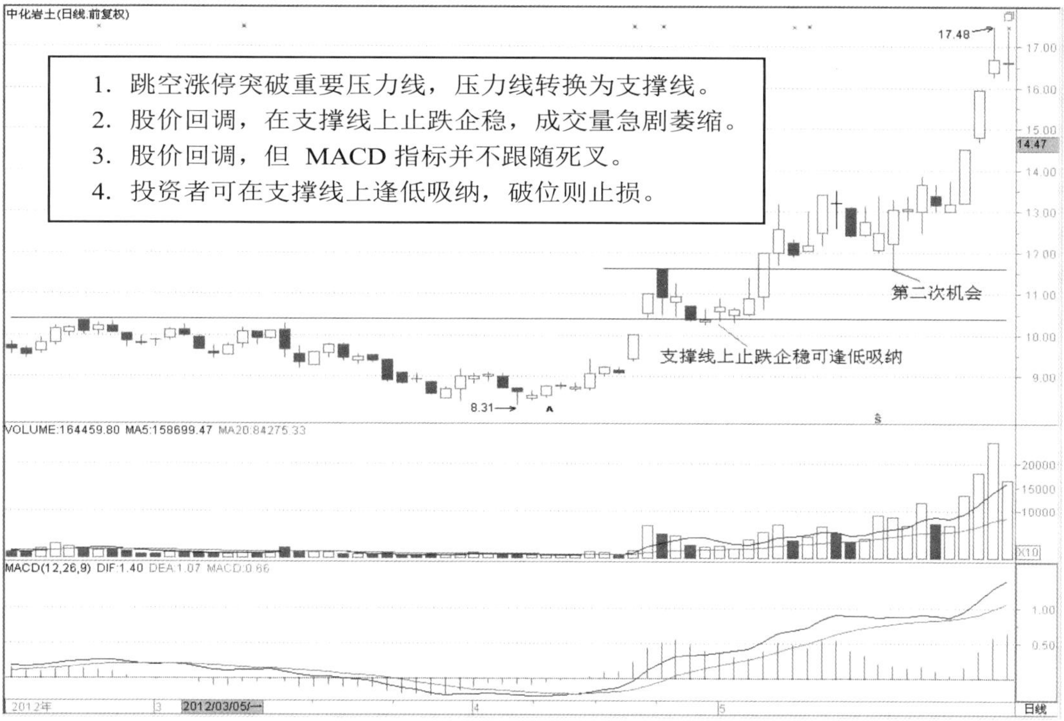
中化岩土(日线,前复权)
1. 跳空涨停突破重要压力线，压力线转换为支撑线。
2. 股价回调，在支撑线上止跌企稳，成交量急剧萎缩。
3. 股价回调，但 MACD 指标并不跟随死叉。
4. 投资者可在支撑线上逢低吸纳，破位则止损。
17.48
第二次机会
支撑线上止跌企稳可逢低吸纳
8.31
VOLUME:164459.80 MA5:158699.47 MA20:84275.33
MACD(12,26,9) DIF:1.40 DEA:1.07 MACD:0.66
2012/03/05/一
日线

中化岩土

第九章 趋势通道

股价波浪在上升或者下降时，往往会形成趋势通道，这种趋势通道对买卖点的确定有一定的参考价值。

一、通道内做波段

股价以通道的方式上升或者下降，投资者可以根据通道的上轨和下轨进行高抛低吸。

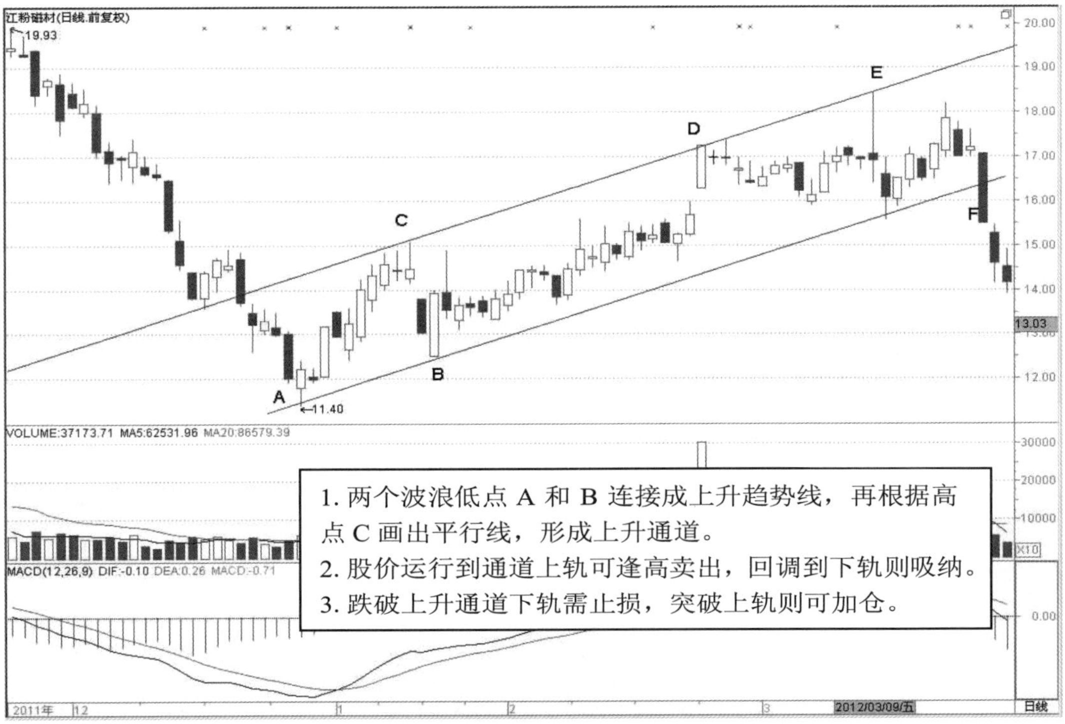

江粉磁材

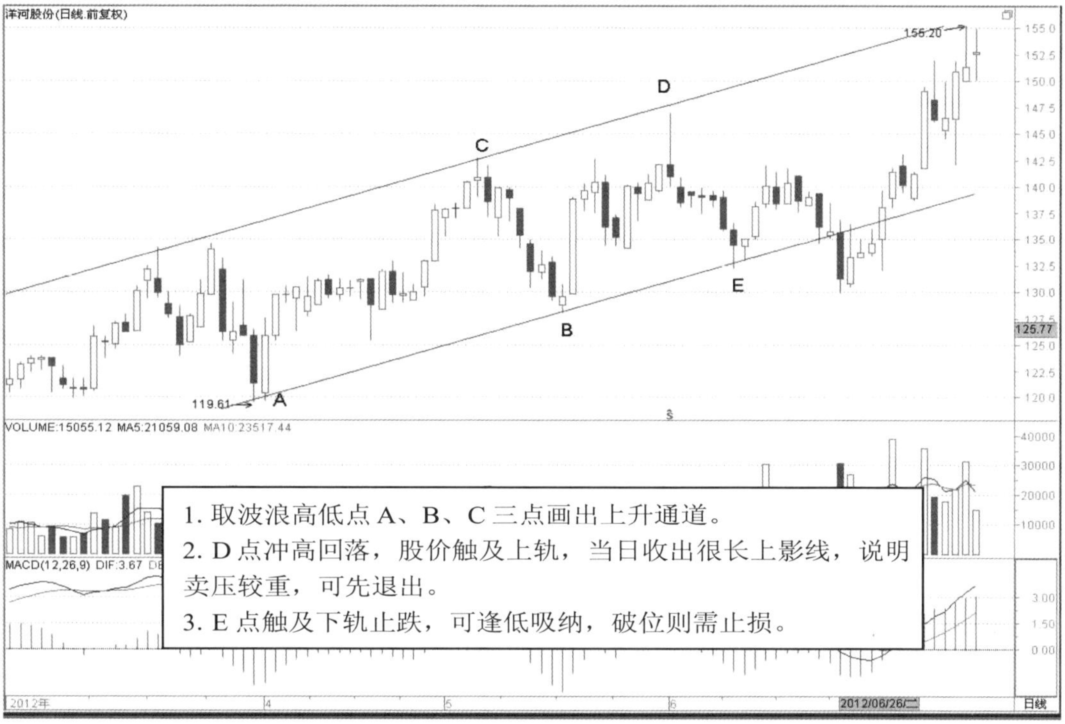
洋河股份(日线,前复权)
155.20
119.61
A
B
C
D
E
VOLUME:15055.12 MA5:21059.08 MA10:23517.44
MACD(12,26,9) DIF:3.67
1. 取波浪高低点 A、B、C 三点画出上升通道。
2. D 点冲高回落，股价触及上轨，当日收出很长上影线，说明卖压较重，可先退出。
3. E 点触及下轨止跌，可逢低吸纳，破位则需止损。
2012年
2012/06/26/二
日线

洋河股份

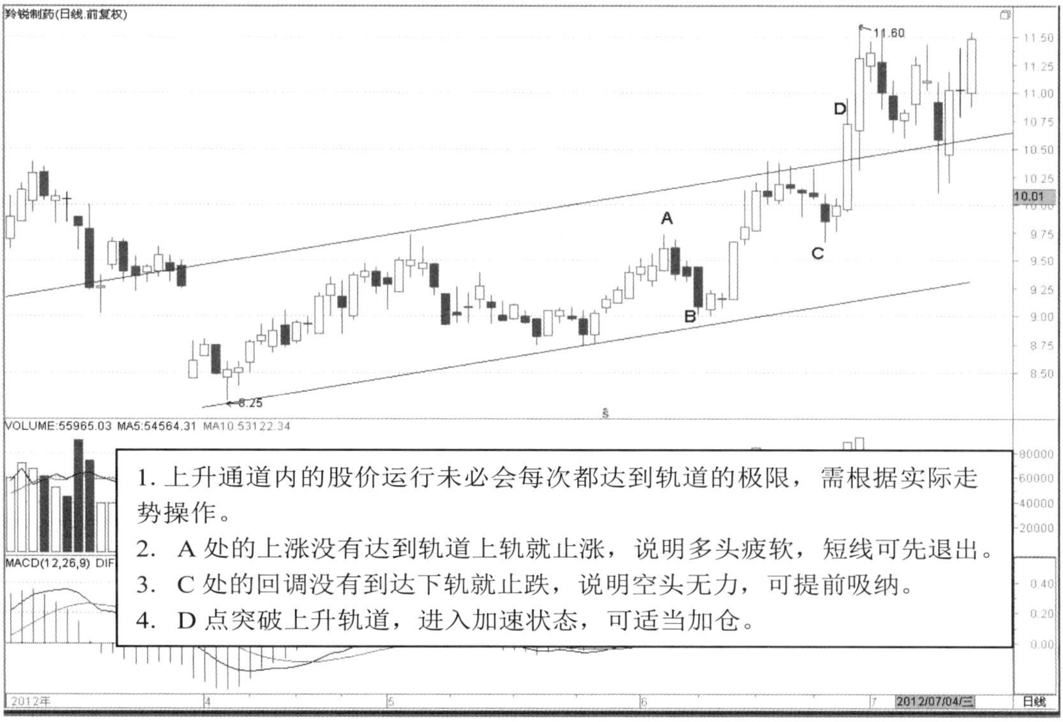
羚锐制药(日线,前复权)
11.60
8.25
A
B
C
D
VOLUME:55965.03 MA5:54564.31 MA10:53122.34
MACD(12,26,9)
1. 上升通道内的股价运行未必会每次都达到轨道的极限，需根据实际走势操作。
2. A 处的上涨没有达到轨道上轨就止涨，说明多头疲软，短线可先退出。
3. C 处的回调没有到达下轨就止跌，说明空头无力，可提前吸纳。
4. D 点突破上升轨道，进入加速状态，可适当加仓。
2012年
2012/07/04/三
日线

羚锐制药

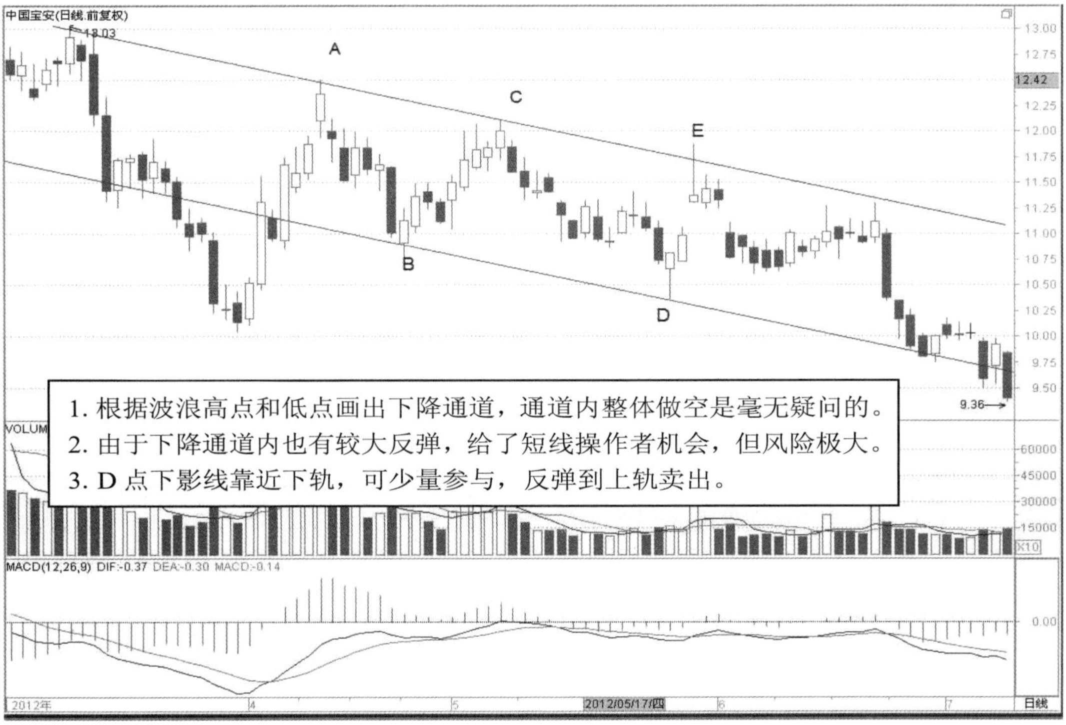
中国宝安(日线,前复权)
13.03
A
C
E
B
D
9.36
1. 根据波浪高点和低点画出下降通道，通道内整体做空是毫无疑问的。
2. 由于下降通道内也有较大反弹，给了短线操作者机会，但风险极大。
3. D 点下影线靠近下轨，可少量参与，反弹到上轨卖出。
MACD(12,26,9) DIF:-0.37 DEA:-0.30 MACD:-0.14
2012年
2012/05/17/四
日线

中国宝安

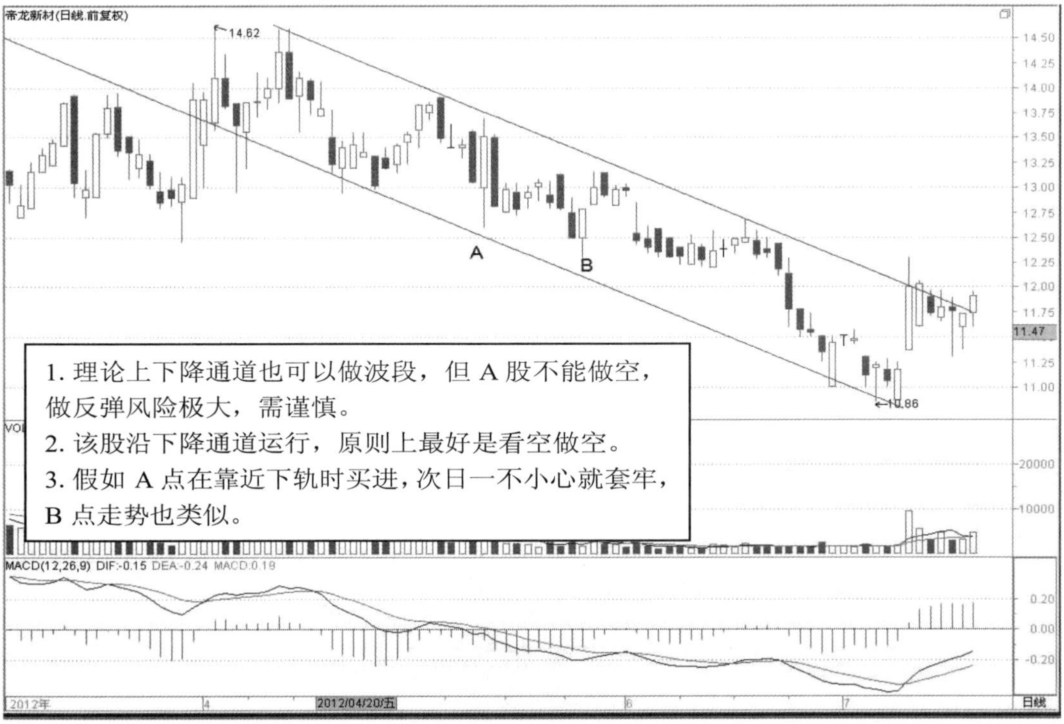
帝龙新材(日线,前复权)
14.62
A
B
10.86
1. 理论上下降通道也可以做波段，但 A 股不能做空，
做反弹风险极大，需谨慎。
2. 该股沿下降通道运行，原则上最好是看空做空。
3. 假如 A 点在靠近下轨时买进，次日一不小心就套牢，
B 点走势也类似。
MACD(12,26,9) DIF:-0.15 DEA:-0.24 MACD:0.18
2012年
2012/04/20/五
日线

帝龙新材

二、通道测幅

上升通道测幅的公式：下一个高点＝上升高点＋第二低点－第一低点

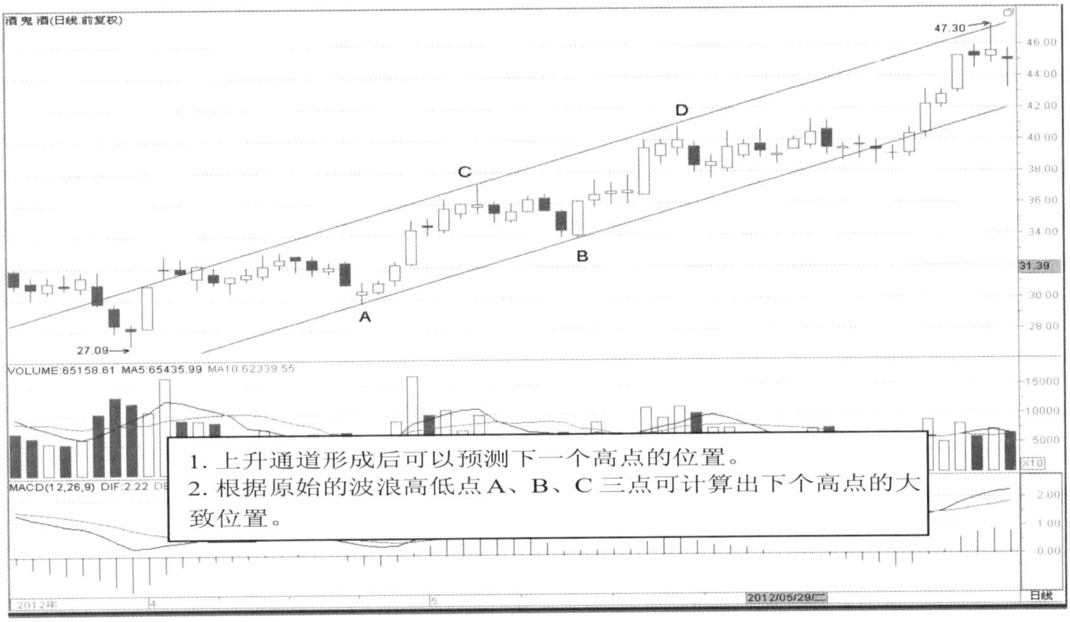

酒鬼酒

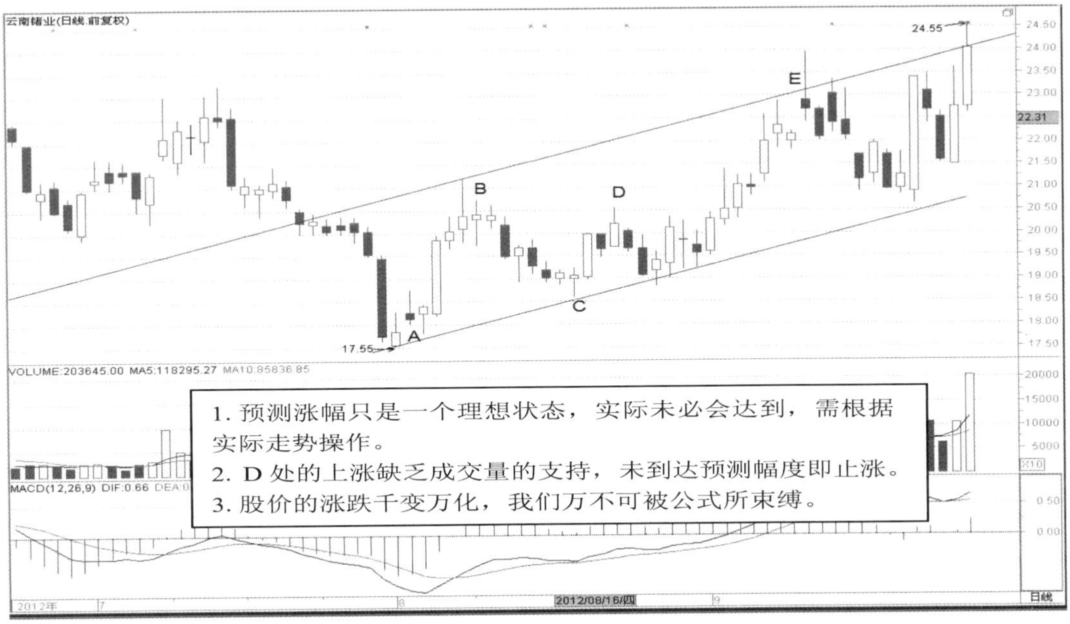

云南锗业

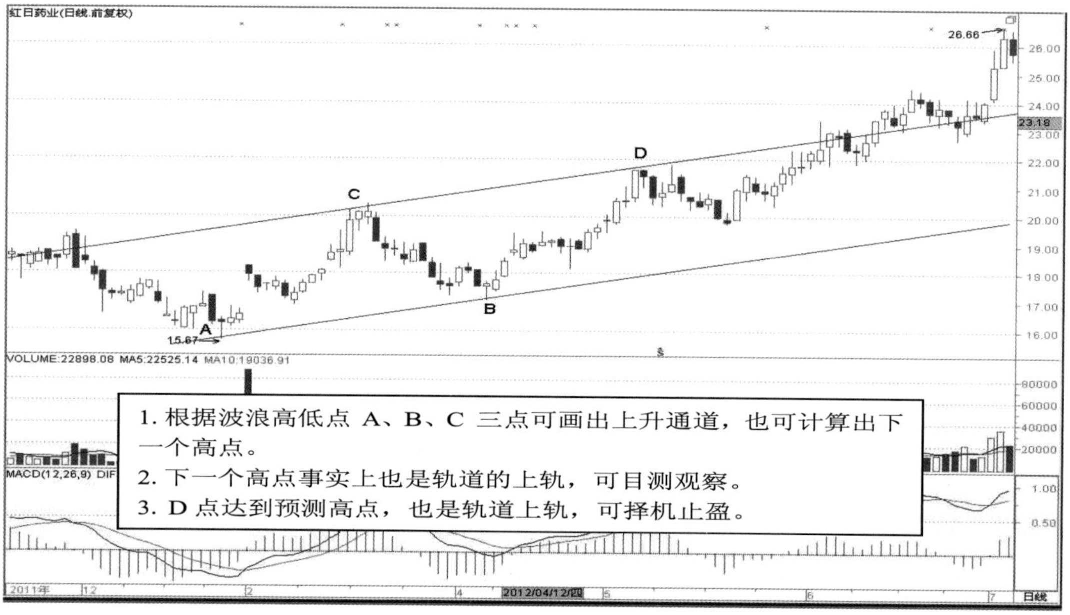

红日药业

三、突破通道的操作

突破通道有两种具体走势，一是向上突破；一是向下突破。前者可以做多，后者则是做空机会。

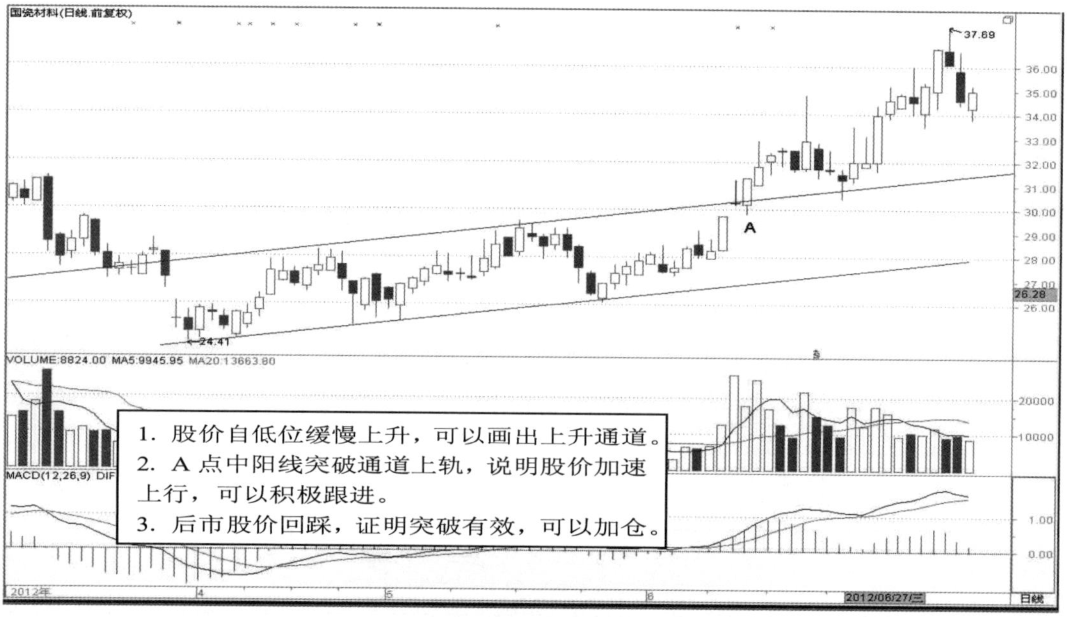

国瓷材料

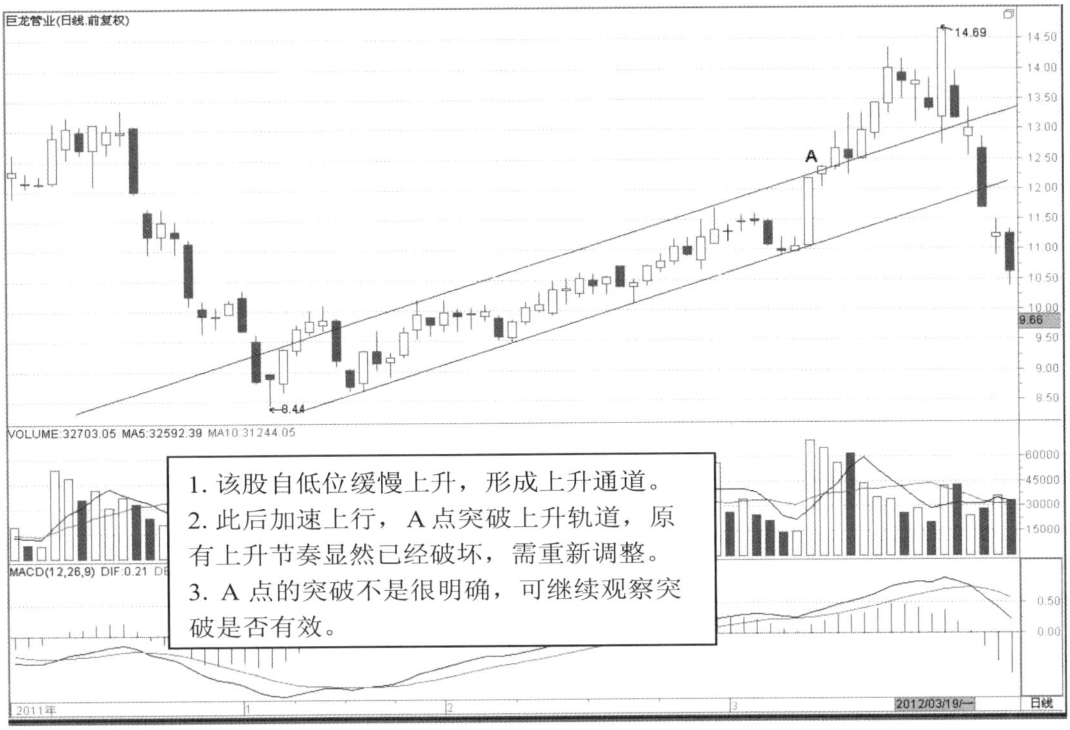
巨龙管业(日线,前复权)
14.69
A
8.44
VOLUME:32703.05 MA5:32592.39 MA10:31244.05
1. 该股自低位缓慢上升，形成上升通道。
2. 此后加速上行，A 点突破上升轨道，原有上升节奏显然已经破坏，需重新调整。
3. A 点的突破不是很明确，可继续观察突破是否有效。
MACD(12,26,9) DIF:0.21
2011年
2012/03/19/一
日线

巨龙管业

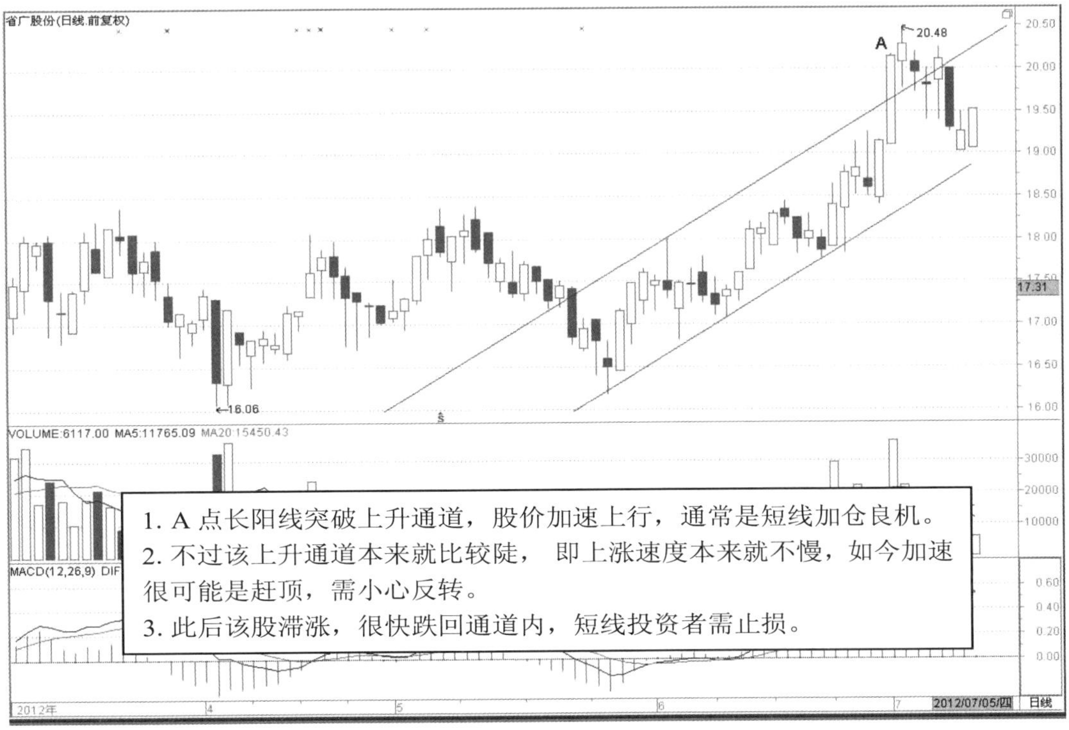
省广股份(日线,前复权)
20.48
A
16.06
VOLUME:6117.00 MA5:11765.09 MA20:15450.43
1. A 点长阳线突破上升通道，股价加速上行，通常是短线加仓良机。
2. 不过该上升通道本来就比较陡， 即上涨速度本来就不慢，如今加速很可能是赶顶，需小心反转。
3. 此后该股滞涨，很快跌回通道内，短线投资者需止损。
MACD(12,26,9) DIF
2012年
2012/07/05/四
日线

省广股份

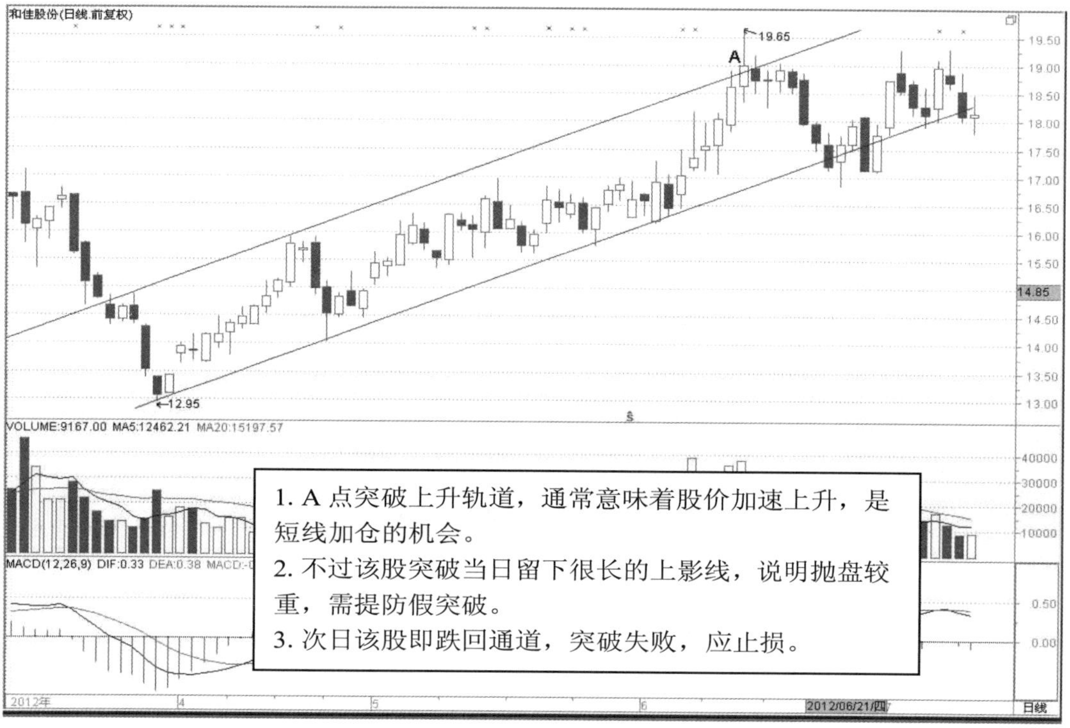
和佳股份(日线,前复权)
1. A 点突破上升轨道，通常意味着股价加速上升，是短线加仓的机会。
2. 不过该股突破当日留下很长的上影线，说明抛盘较重，需提防假突破。
3. 次日该股即跌回通道，突破失败，应止损。

和佳股份

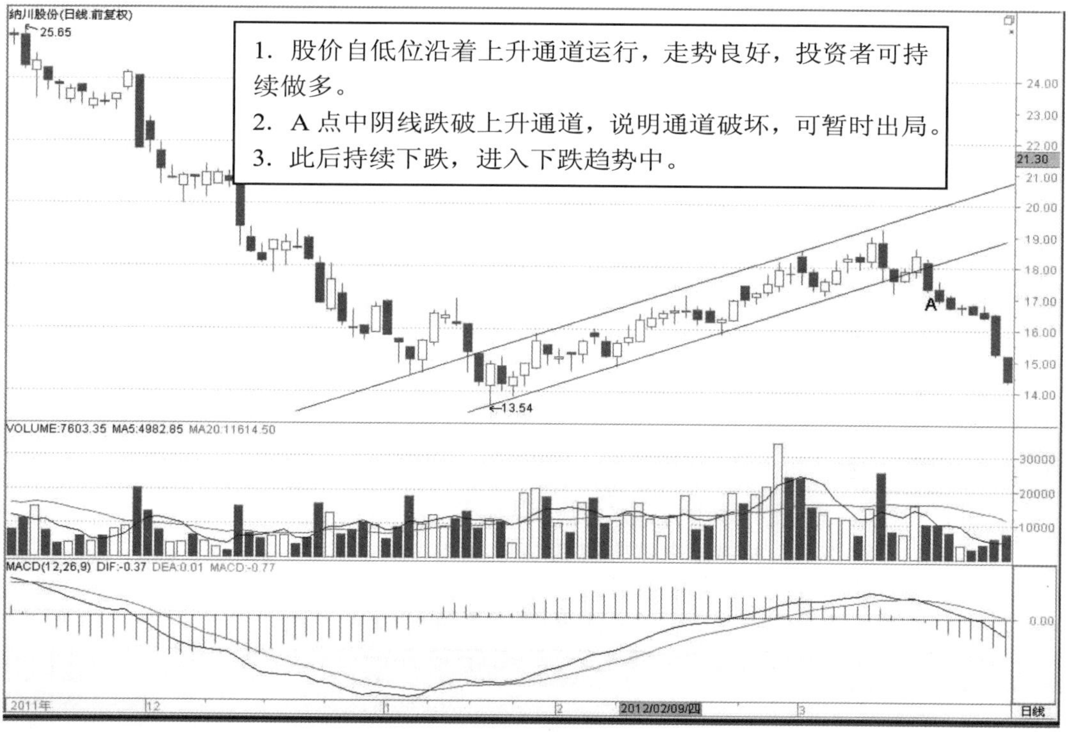
纳川股份(日线,前复权)
1. 股价自低位沿着上升通道运行，走势良好，投资者可持续做多。
2. A 点中阴线跌破上升通道，说明通道破坏，可暂时出局。
3. 此后持续下跌，进入下跌趋势中。

纳川股份

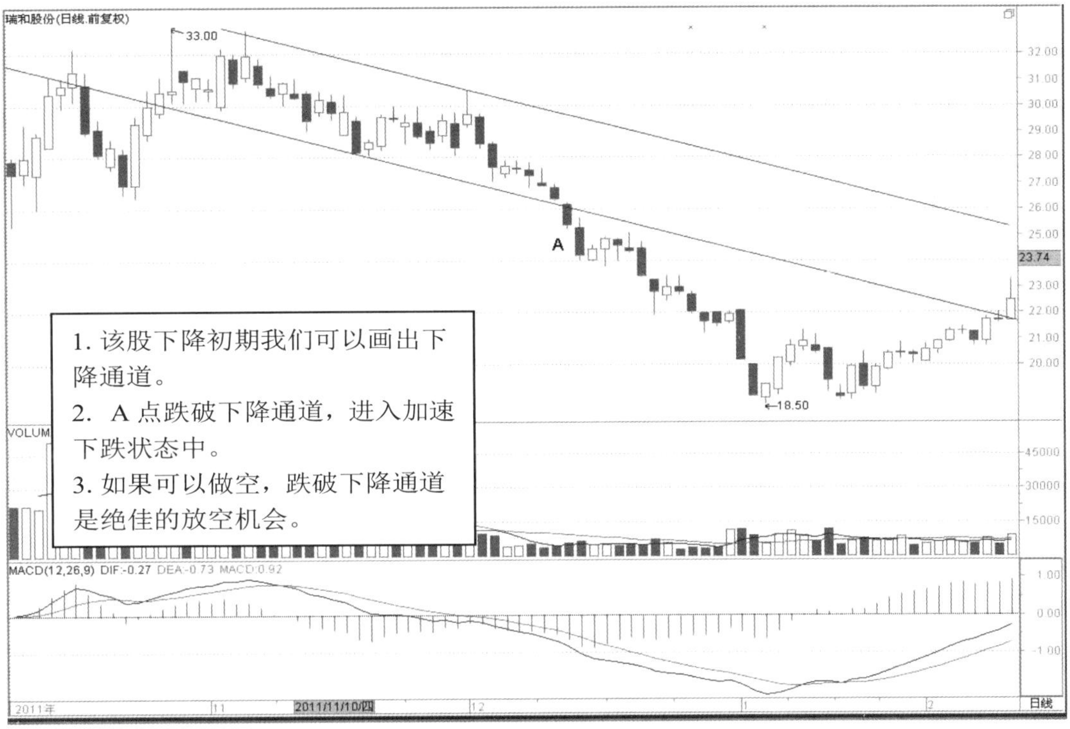
瑞和股份(日线,前复权)
33.00
A
18.50
1. 该股下降初期我们可以画出下降通道。
2. A 点跌破下降通道，进入加速下跌状态中。
3. 如果可以做空，跌破下降通道是绝佳的放空机会。
MACD(12,26,9) DIF:-0.27 DEA:-0.73 MACD:0.92
2011/11/10/四
日线

瑞和股份

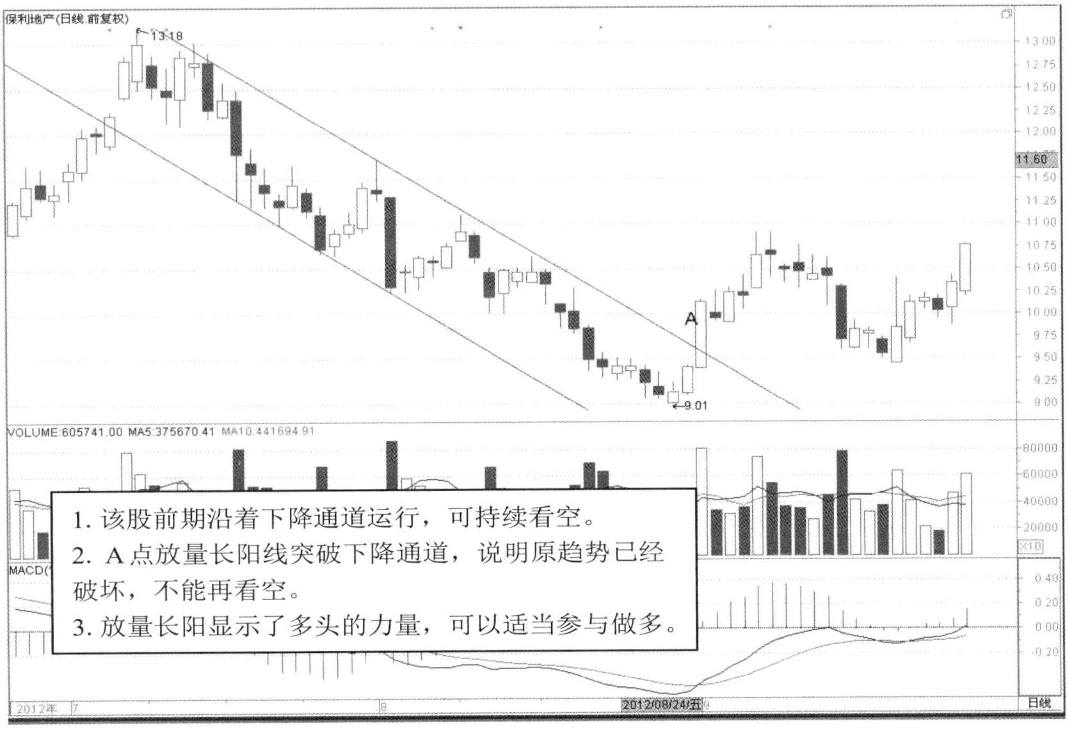
保利地产(日线,前复权)
13.18
A
9.01
VOLUME:605741.00 MA5:375670.41 MA10:441694.91
1. 该股前期沿着下降通道运行，可持续看空。
2. A 点放量长阳线突破下降通道，说明原趋势已经破坏，不能再看空。
3. 放量长阳显示了多头的力量，可以适当参与做多。
2012/08/24/五
日线

保利地产

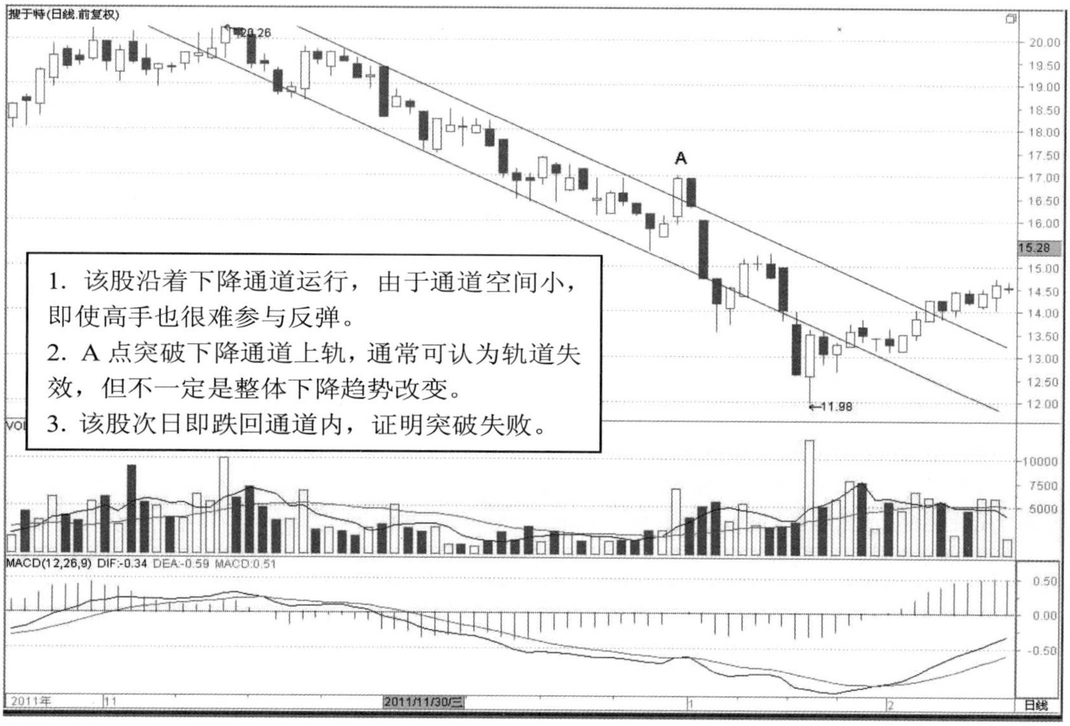
搜于特(日线,前复权)
20.26
A
11.98
1. 该股沿着下降通道运行，由于通道空间小，即使高手也很难参与反弹。
2. A 点突破下降通道上轨，通常可认为轨道失效，但不一定是整体下降趋势改变。
3. 该股次日即跌回通道内，证明突破失败。
MACD(12,26,9) DIF:-0.34 DEA:-0.59 MACD:0.51
2011/11/30/三
日线

搜于特

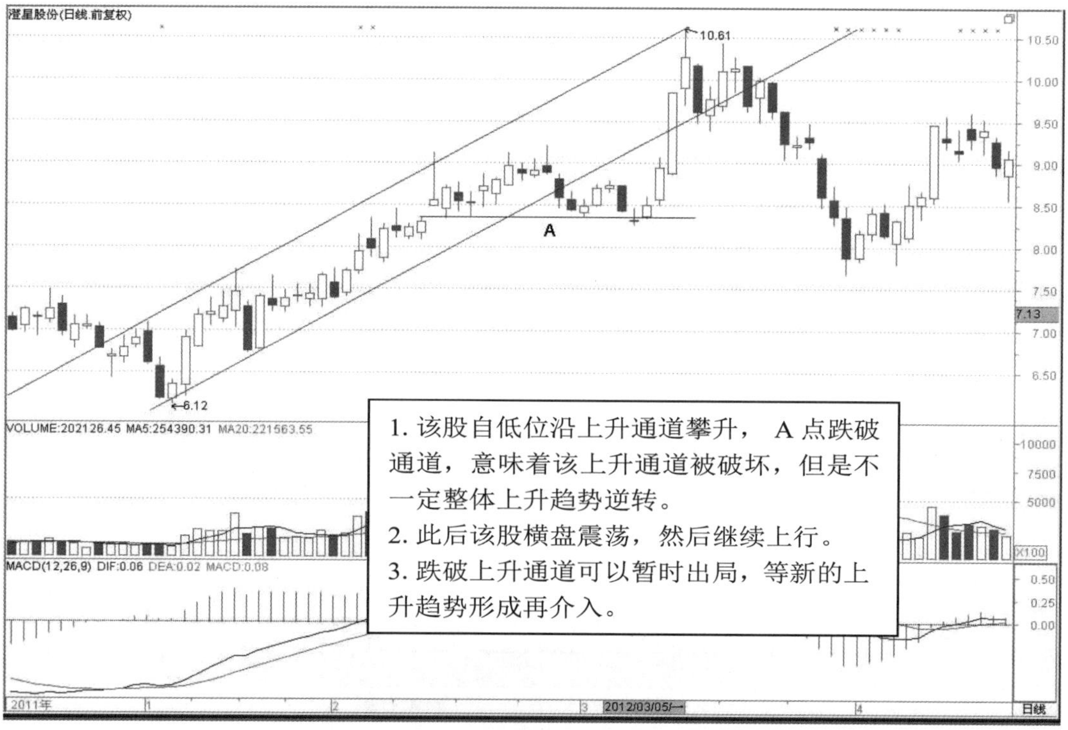
澄星股份(日线,前复权)
10.61
A
6.12
VOLUME:202126.45 MA5:254390.31 MA20:221563.55
1. 该股自低位沿上升通道攀升，A 点跌破通道，意味着该上升通道被破坏，但是不一定整体上升趋势逆转。
2. 此后该股横盘震荡，然后继续上行。
3. 跌破上升通道可以暂时出局，等新的上升趋势形成再介入。
MACD(12,26,9) DIF:0.06 DEA:0.02 MACD:0.08
2012/03/05/一
日线

澄星股份

第十章 趋势线交叉

在K线图上我们可以根据各种周期画出不同的趋势线，这些趋势线有交叉的可能性，这个交叉点往往就是变盘点。

一、斜线交叉

斜线交叉指两根趋势线交汇，往往是一种收敛的走势，是多空平衡点。但这种平衡不会维持很久，往往有剧烈的变盘，是买卖的较好时机。

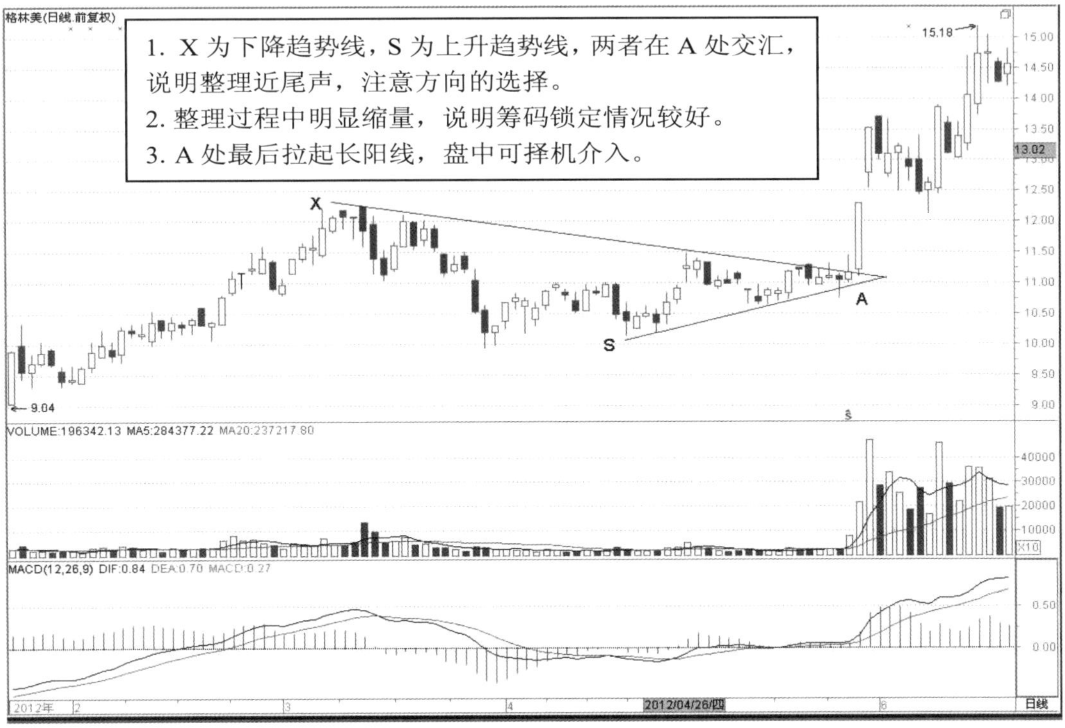

格林美

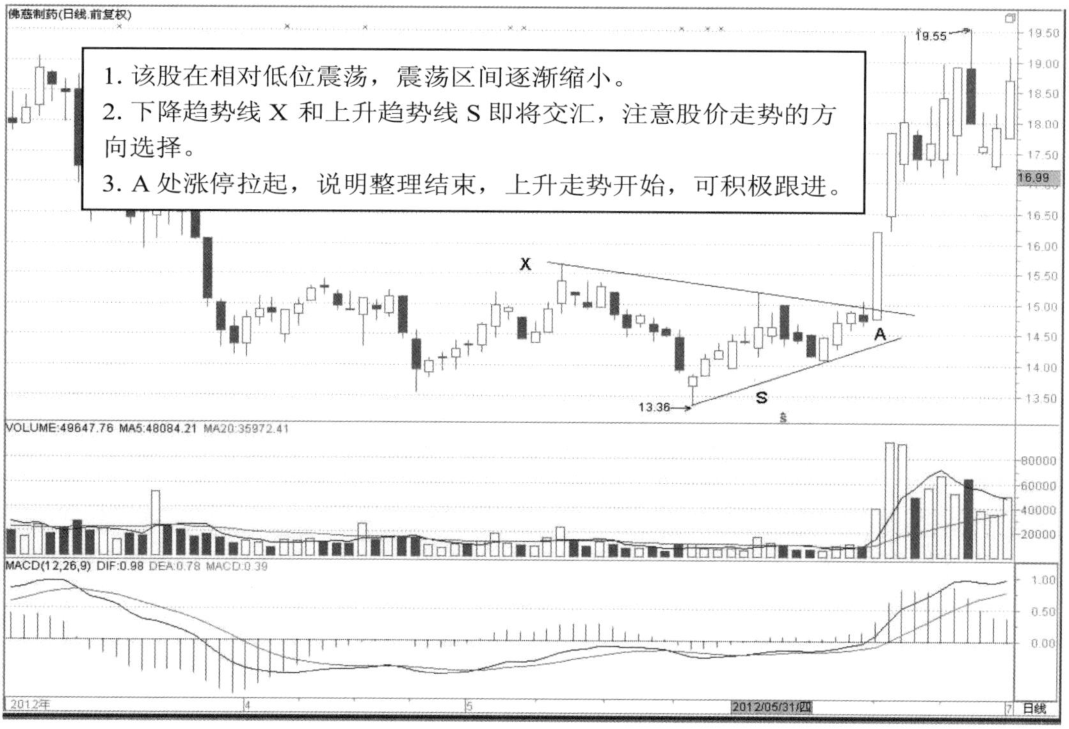
佛慈制药(日线,前复权)
1. 该股在相对低位震荡，震荡区间逐渐缩小。
2. 下降趋势线 X 和上升趋势线 S 即将交汇，注意股价走势的方向选择。
3. A 处涨停拉起，说明整理结束，上升走势开始，可积极跟进。
19.55
X
A
13.36
S
VOLUME:49647.76 MA5:48084.21 MA20:35972.41
MACD(12,26,9) DIF:0.98 DEA:0.78 MACD:0.39
2012年
2012/05/31/四
日线

佛慈制药

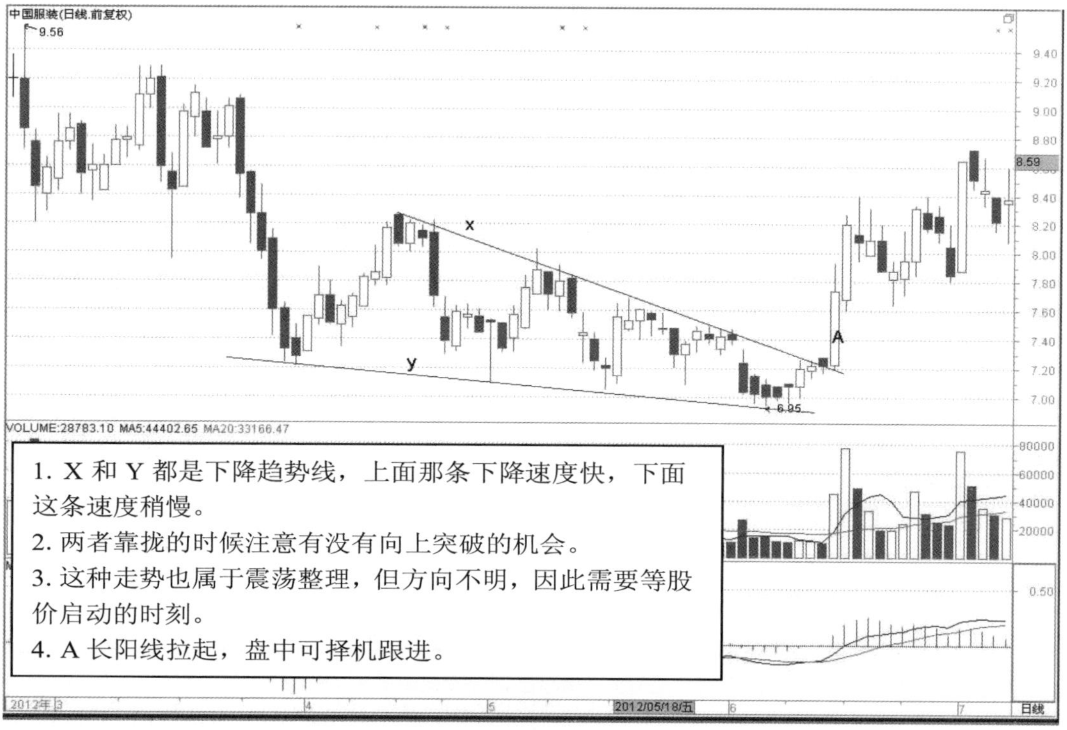
中国服装(日线,前复权)
9.56
x
y
A
6.95
VOLUME:28783.10 MA5:44402.65 MA20:33166.47
1. X 和 Y 都是下降趋势线，上面那条下降速度快，下面这条速度稍慢。
2. 两者靠拢的时候注意有没有向上突破的机会。
3. 这种走势也属于震荡整理，但方向不明，因此需要等股价启动的时刻。
4. A 长阳线拉起，盘中可择机跟进。
2012年
2012/05/18/五
日线

中国服装

二、水平线和斜线交叉

水平线和斜线交叉的地方往往是变盘的关键节点，一旦向上起跳就可以积极跟进。

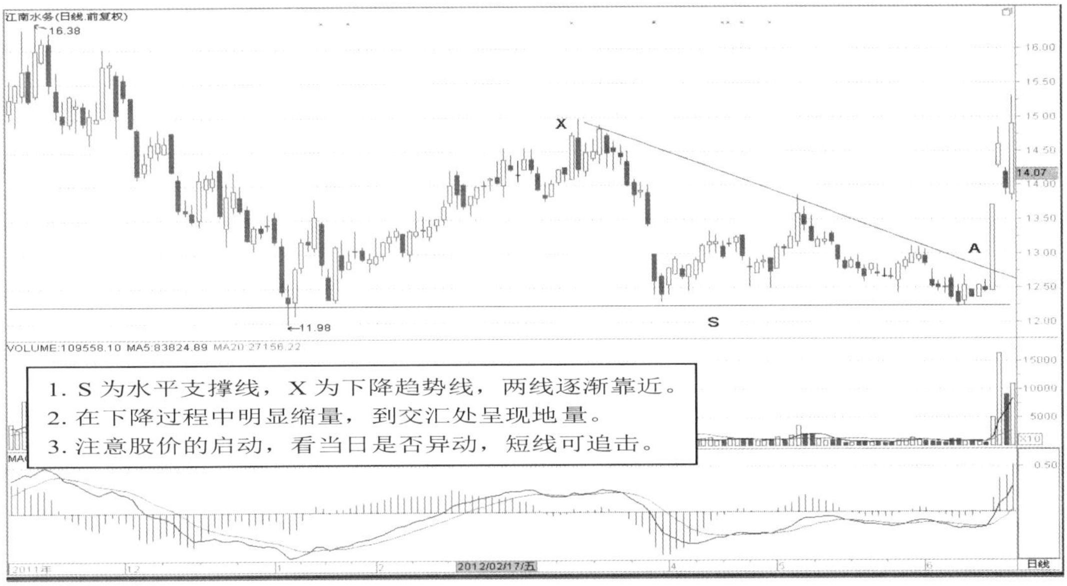

江南水务

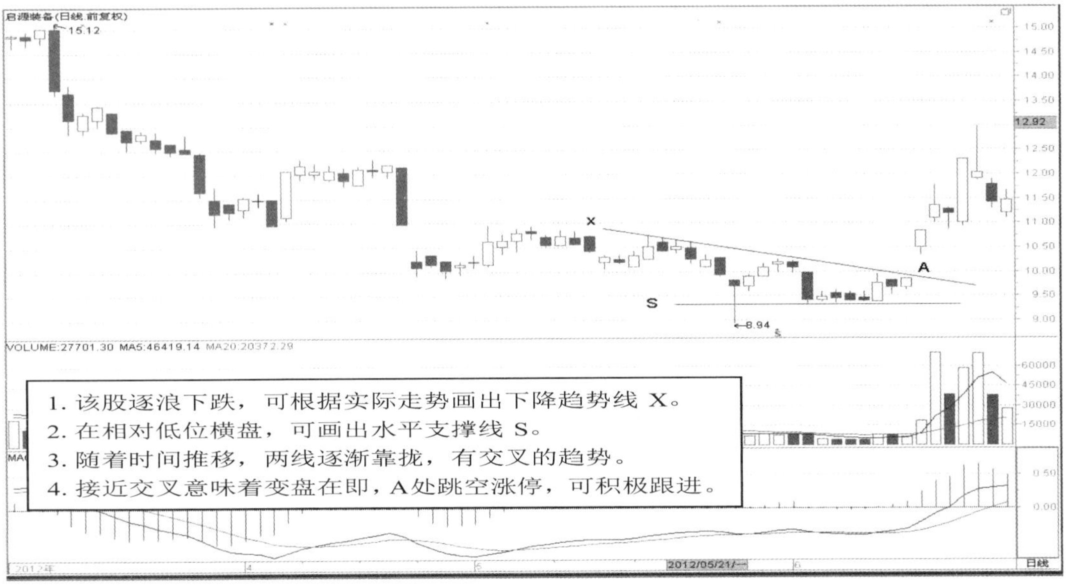

启源装备

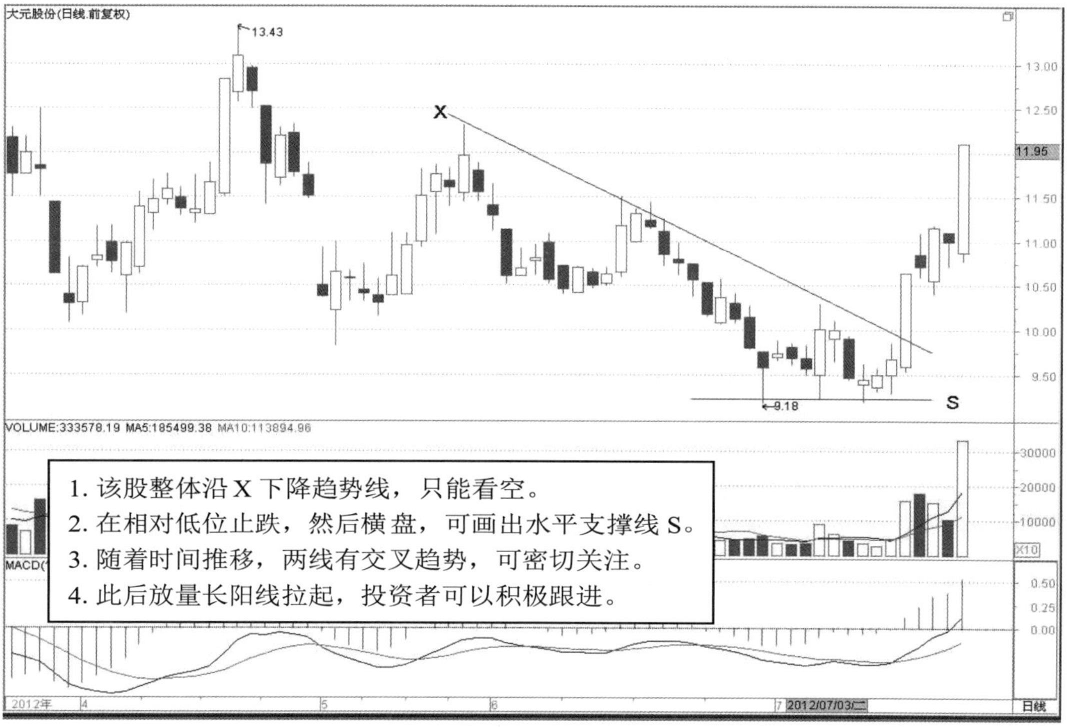
大元股份(日线,前复权)
13.43
X
S
9.18
1. 该股整体沿 X 下降趋势线，只能看空。
2. 在相对低位止跌，然后横盘，可画出水平支撑线 S。
3. 随着时间推移，两线有交叉趋势，可密切关注。
4. 此后放量长阳线拉起，投资者可以积极跟进。

大元股份

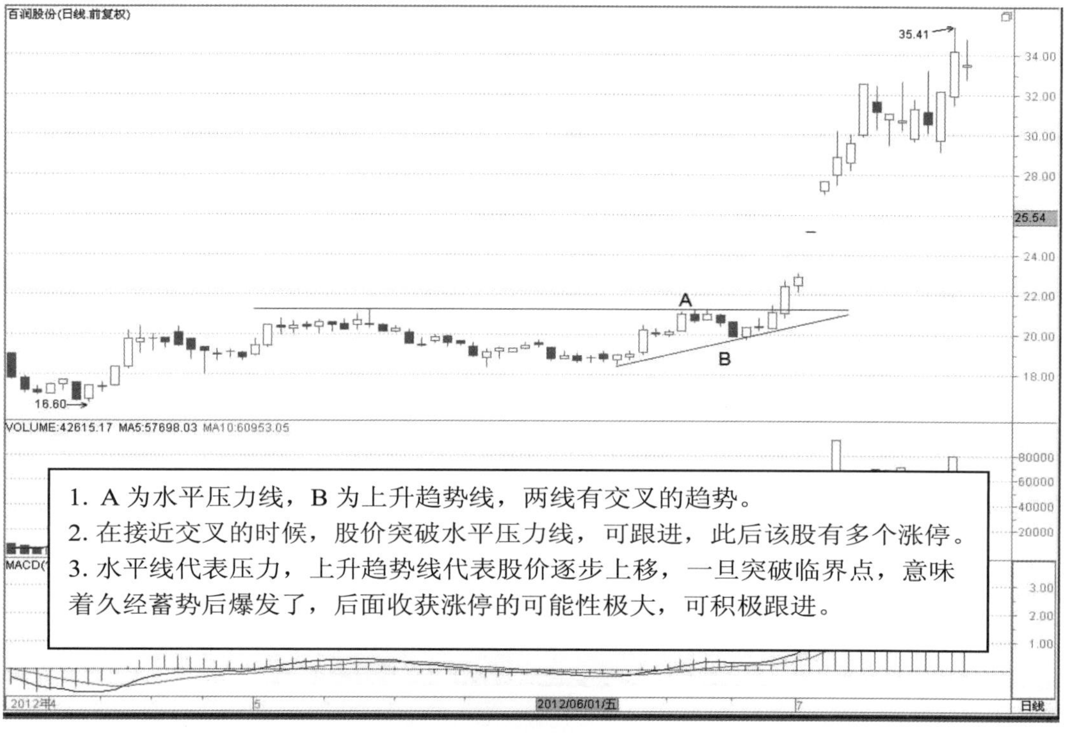
百润股份(日线,前复权)
35.41
16.60
A
B
1. A 为水平压力线，B 为上升趋势线，两线有交叉的趋势。
2. 在接近交叉的时候，股价突破水平压力线，可跟进，此后该股有多个涨停。
3. 水平线代表压力，上升趋势线代表股价逐步上移，一旦突破临界点，意味着久经蓄势后爆发了，后面收获涨停的可能性极大，可积极跟进。

百润股份

爱使股份(日线,前复权)
A
B
1. A 为水平压力线，B 为上升趋势线，两线逐渐靠拢。
2. 两线逐渐靠拢说明震荡的区间越来越小，是变盘的征兆。
3. 由于该股此前只有一波上升，后市很可能继续上涨，可适当在即将交叉的地方潜伏，很可能有意外的惊喜。

爱使股份

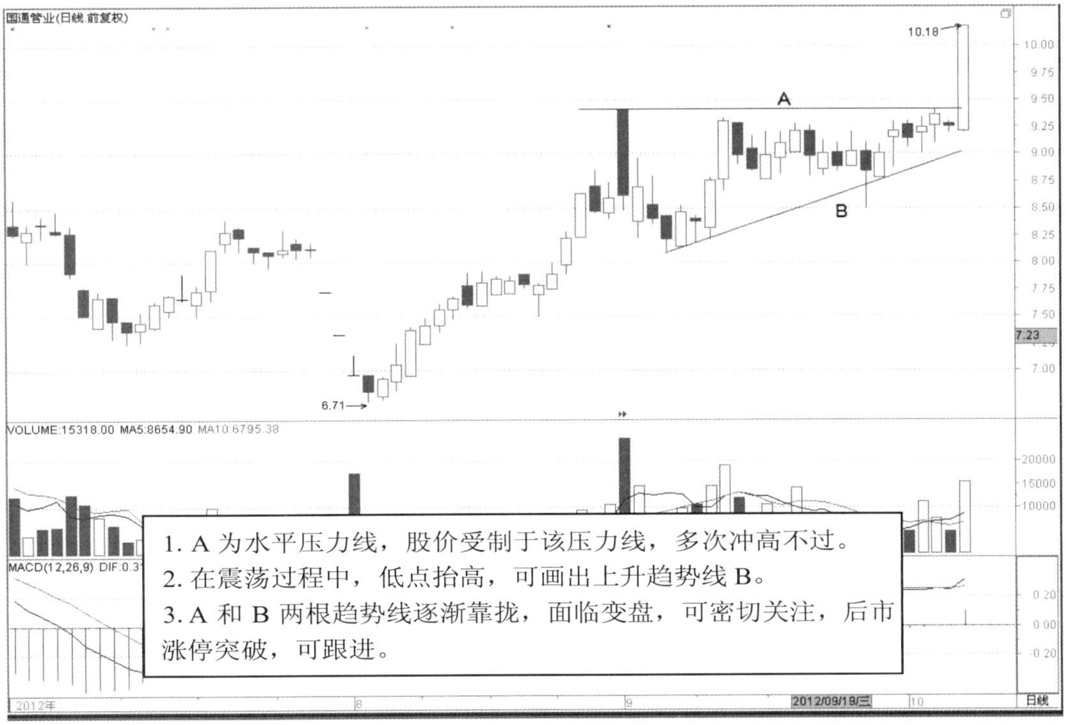
国通管业(日线,前复权)
A
B
1. A 为水平压力线，股价受制于该压力线，多次冲高不过。
2. 在震荡过程中，低点抬高，可画出上升趋势线 B。
3. A 和 B 两根趋势线逐渐靠拢，面临变盘，可密切关注，后市涨停突破，可跟进。

国通管业

第十一章
趋势正反转形态

形态分析是趋势分析的一个重要部分。趋势正反转形态指向上反转的技术形态，是做多的信号。

一、双底

双底是一种二次探底的过程，第二个低点比前低要高，最后突破颈线，趋势反转向上，是买入的信号。

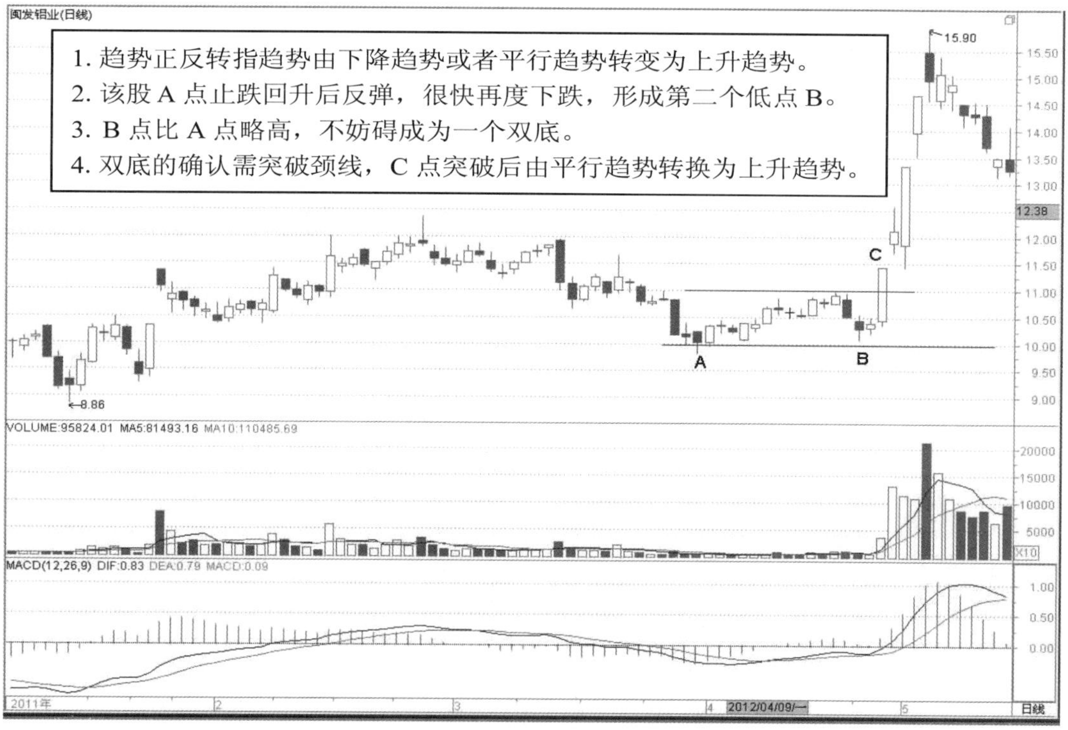

闽发铝业

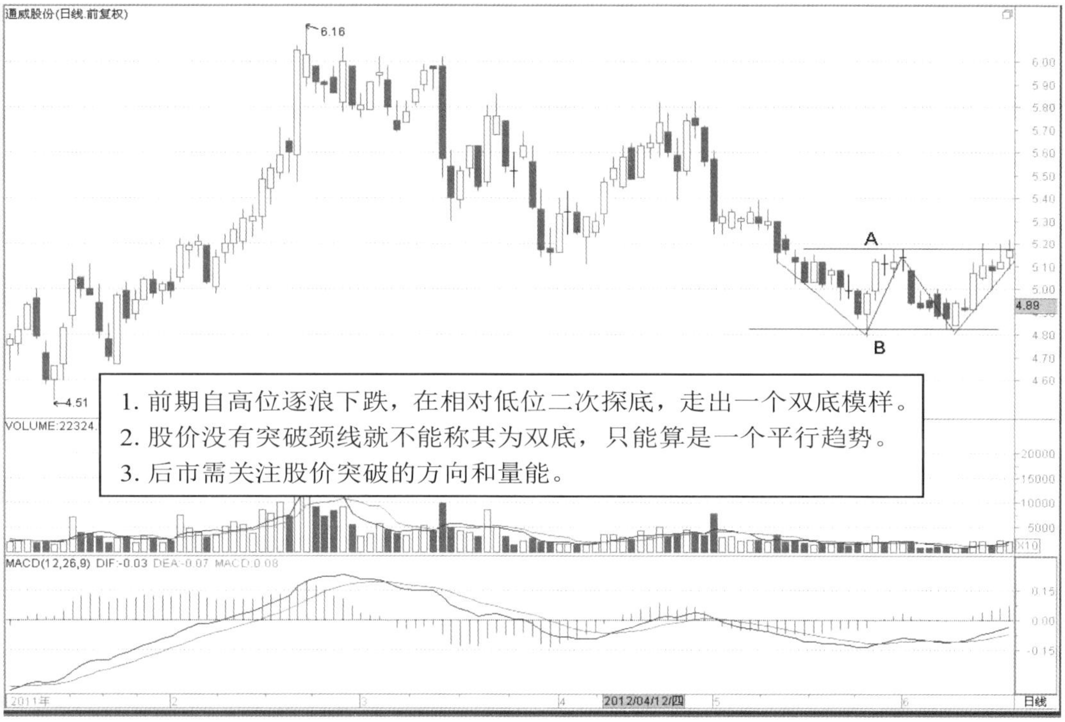
通威股份(日线,前复权)
6.16
4.51
A
B
4.88
1. 前期自高位逐浪下跌，在相对低位二次探底，走出一个双底模样。
2. 股价没有突破颈线就不能称其为双底，只能算是一个平行趋势。
3. 后市需关注股价突破的方向和量能。
MACD(12,26,9) DIF:-0.03 DEA:-0.07 MACD:0.08
2012/04/12/四
日线

通威股份

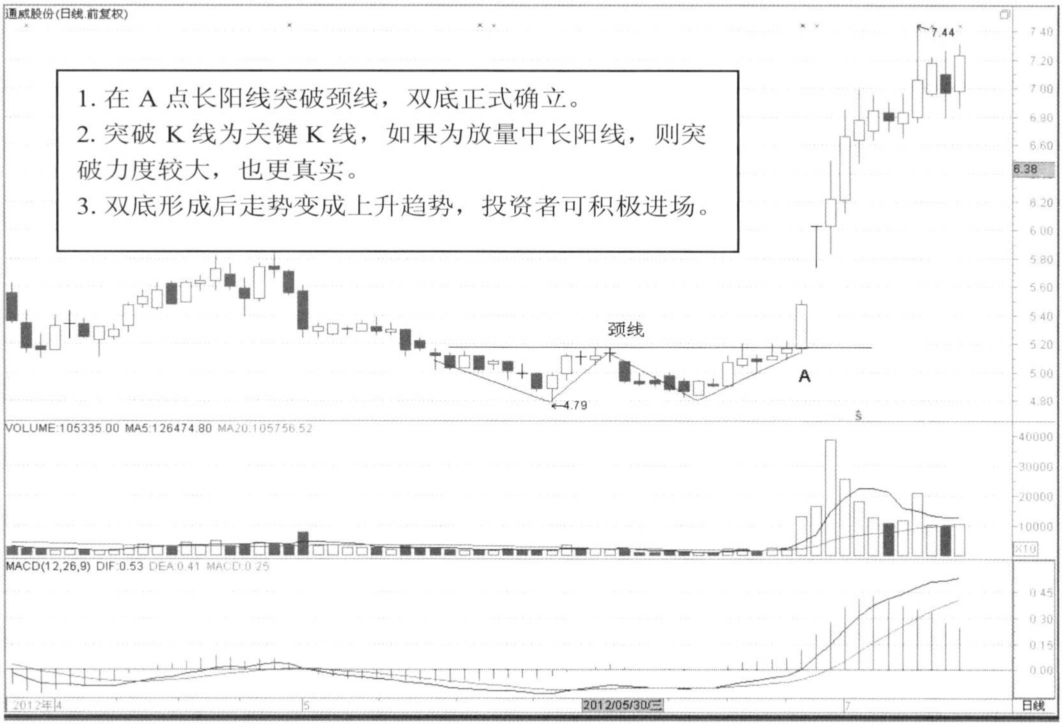
通威股份(日线,前复权)
1. 在 A 点长阳线突破颈线，双底正式确立。
2. 突破 K 线为关键 K 线，如果为放量中长阳线，则突破力度较大，也更真实。
3. 双底形成后走势变成上升趋势，投资者可积极进场。
7.44
6.38
颈线
A
4.79
VOLUME:105335.00 MA5:126474.80 MA20:105756.52
MACD(12,26,9) DIF:0.53 DEA:0.41 MACD:0.25
2012/05/30/三
日线

通威股份

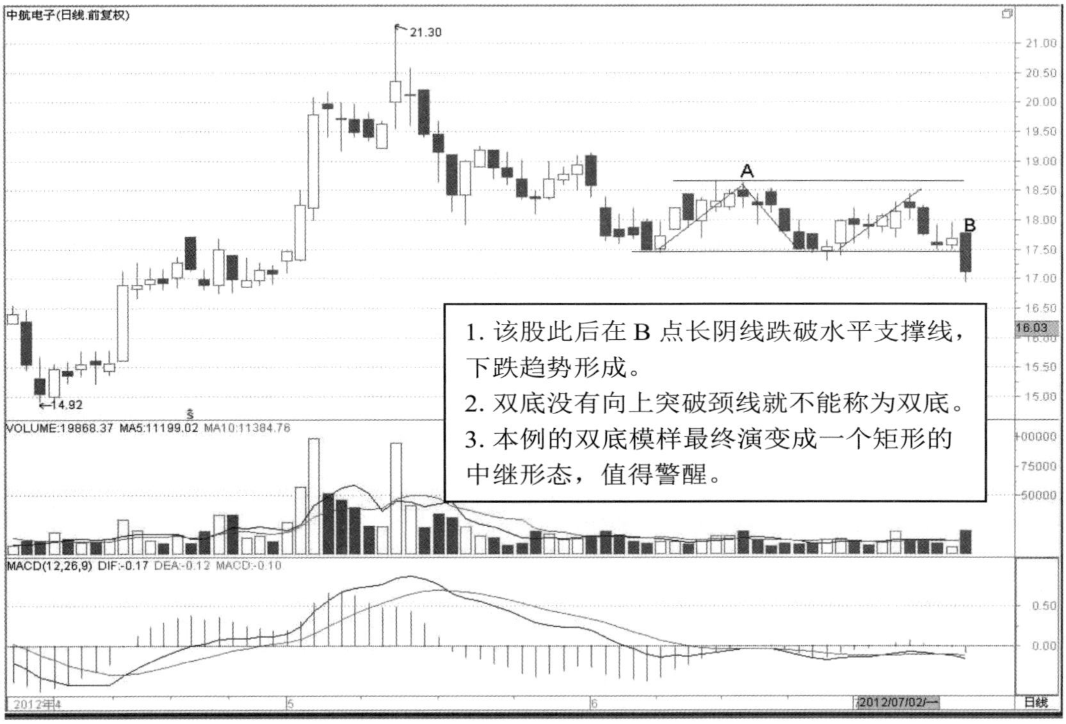
中航电子(日线.前复权)
21.30
A
B
14.92
1. 该股此后在 B 点长阴线跌破水平支撑线，下跌趋势形成。
2. 双底没有向上突破颈线就不能称为双底。
3. 本例的双底模样最终演变成一个矩形的中继形态，值得警醒。
VOLUME:19868.37 MA5:11199.02 MA10:11384.76
MACD(12,26,9) DIF:-0.17 DEA:-0.12 MACD:-0.10
2012/07/02/一
日线

中航电子

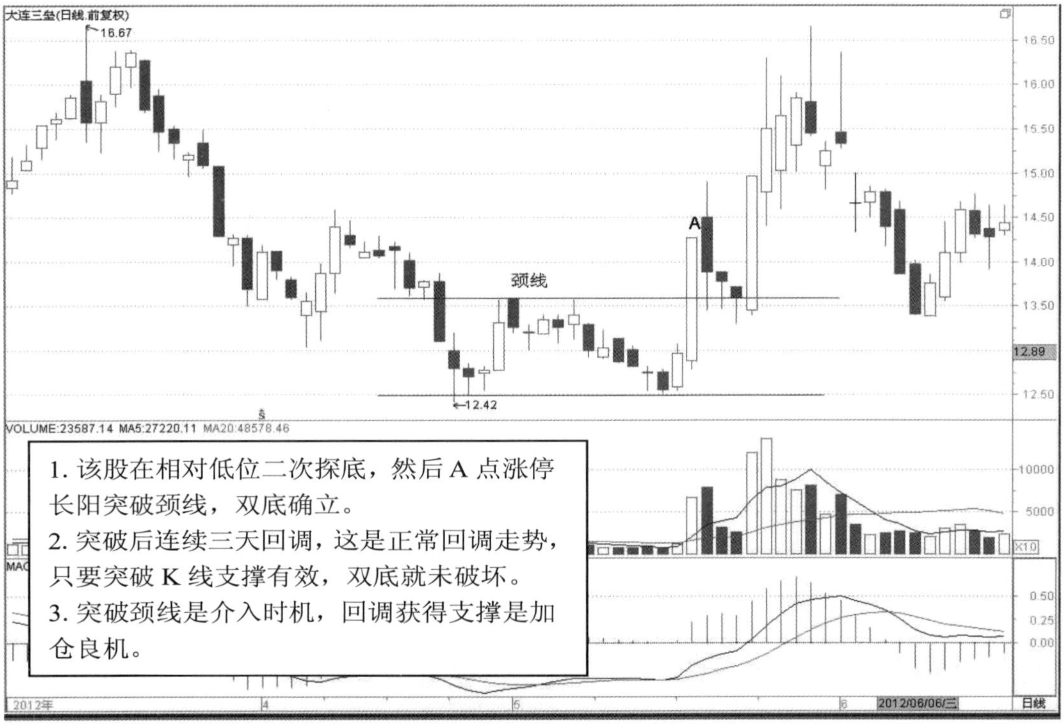
大连三垒(日线.前复权)
16.67
A
颈线
12.42
VOLUME:23587.14 MA5:27220.11 MA20:48578.46
1. 该股在相对低位二次探底，然后 A 点涨停长阳突破颈线，双底确立。
2. 突破后连续三天回调，这是正常回调走势，只要突破 K 线支撑有效，双底就未破坏。
3. 突破颈线是介入时机，回调获得支撑是加仓良机。
2012/06/06/三
日线

大连三垒

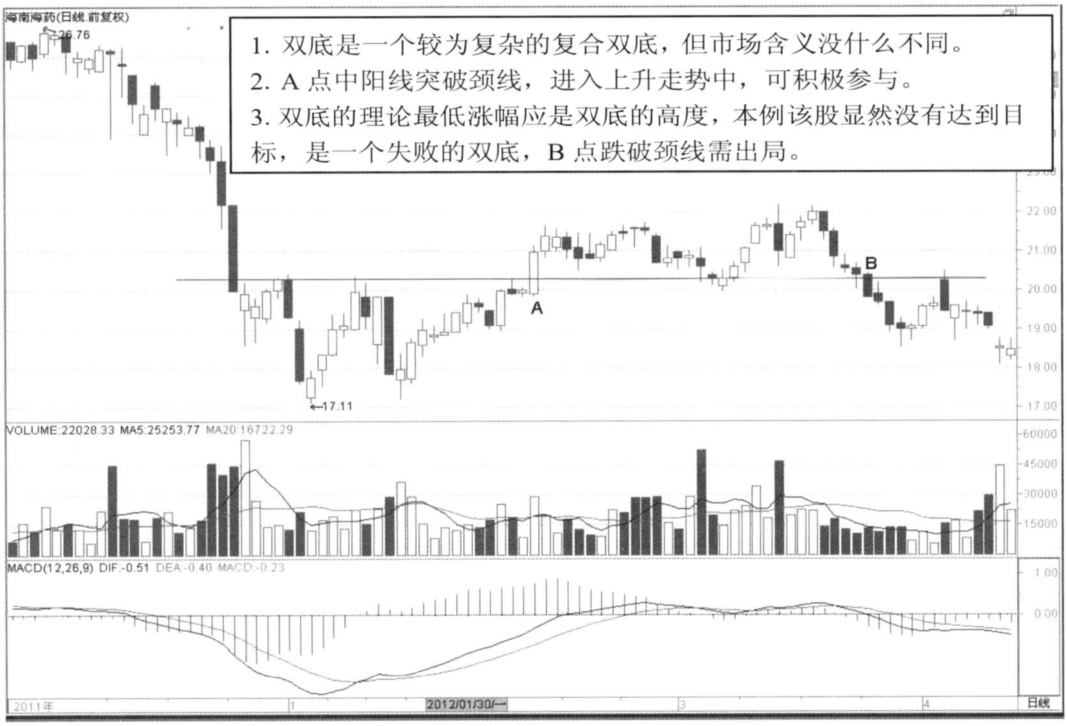
海南海药(日线.前复权)
1. 双底是一个较为复杂的复合双底，但市场含义没什么不同。
2. A 点中阳线突破颈线，进入上升走势中，可积极参与。
3. 双底的理论最低涨幅应是双底的高度，本例该股显然没有达到目标，是一个失败的双底，B 点跌破颈线需出局。
A
B
17.11
VOLUME:22028.33 MA5:25253.77 MA20:16722.29
MACD(12,26,9) DIF:-0.51 DEA:-0.40 MACD:-0.23
2012/01/30/一
日线

海南海药

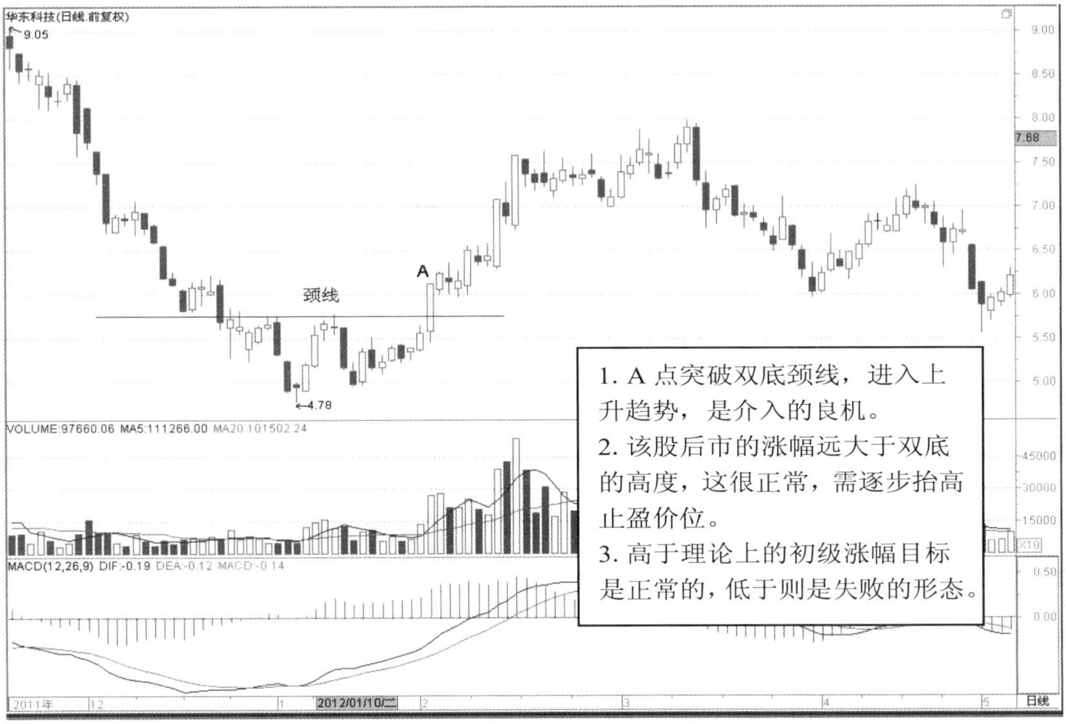
华东科技(日线.前复权)
9.05
颈线
A
4.78
1. A 点突破双底颈线，进入上升趋势，是介入的良机。
2. 该股后市的涨幅远大于双底的高度，这很正常，需逐步抬高止盈价位。
3. 高于理论上的初级涨幅目标是正常的，低于则是失败的形态。
VOLUME:97660.06 MA5:111266.00 MA20:101502.24
MACD(12,26,9) DIF:-0.19 DEA:-0.12 MACD:-0.14
2012/01/10/二
日线

华东科技

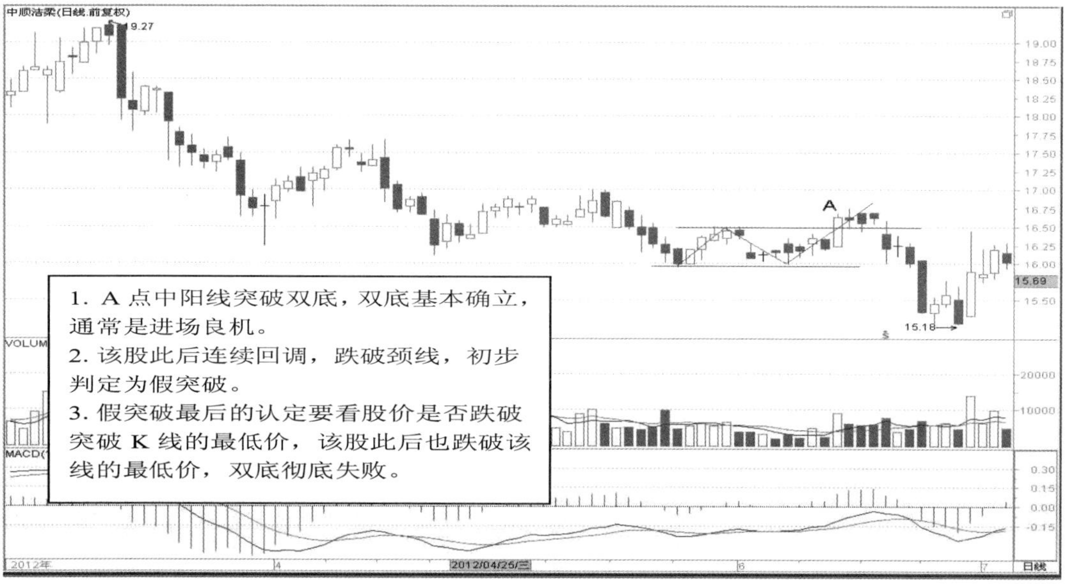

中顺洁柔

二、三重底

三重底比双底多了一次探底过程，也往往因此更为扎实可靠，一旦确立可以放心买入。

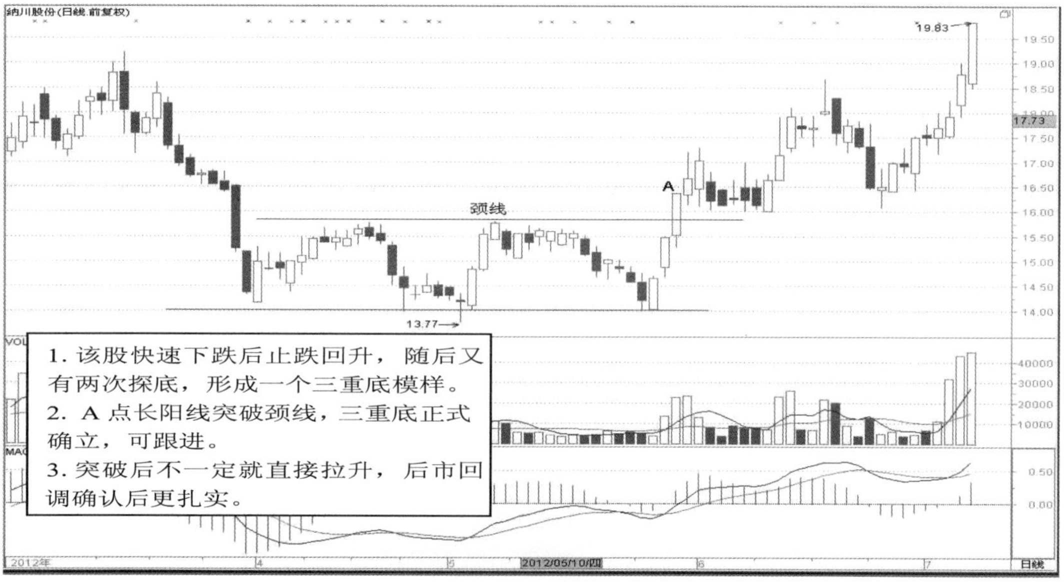

纳川股份

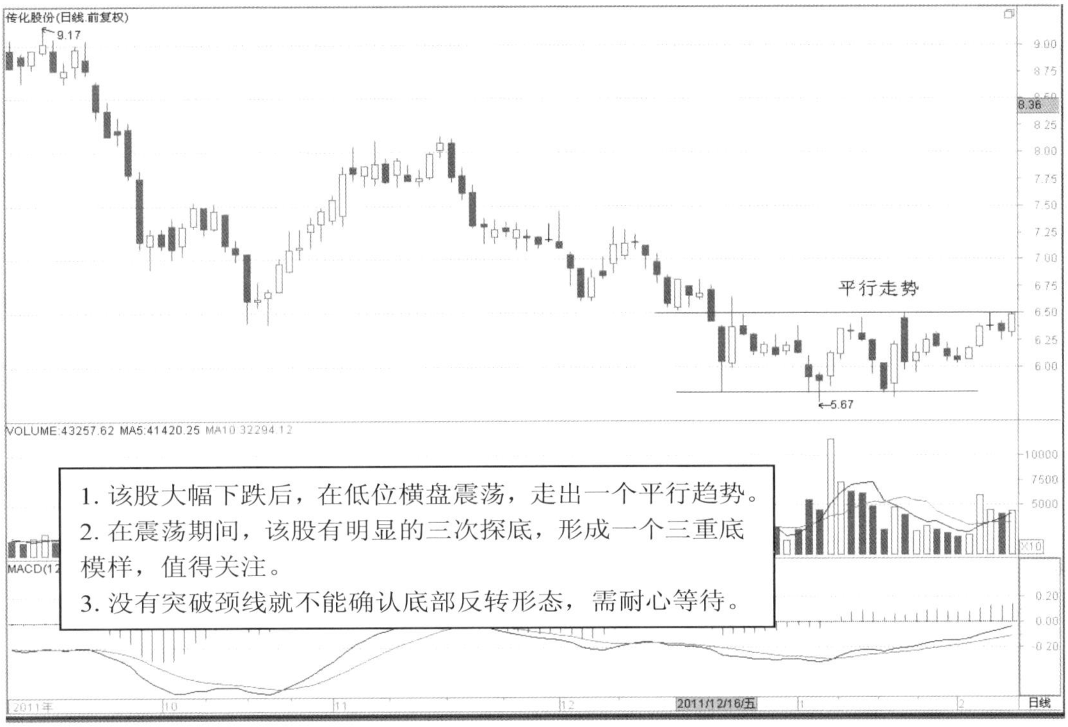
传化股份(日线,前复权)
9.17
平行走势
5.67
VOLUME:43257.62 MA5:41420.25 MA10:32294.12
1. 该股大幅下跌后，在低位横盘震荡，走出一个平行趋势。
2. 在震荡期间，该股有明显的三次探底，形成一个三重底模样，值得关注。
3. 没有突破颈线就不能确认底部反转形态，需耐心等待。
2011/12/16/五
日线

传化股份

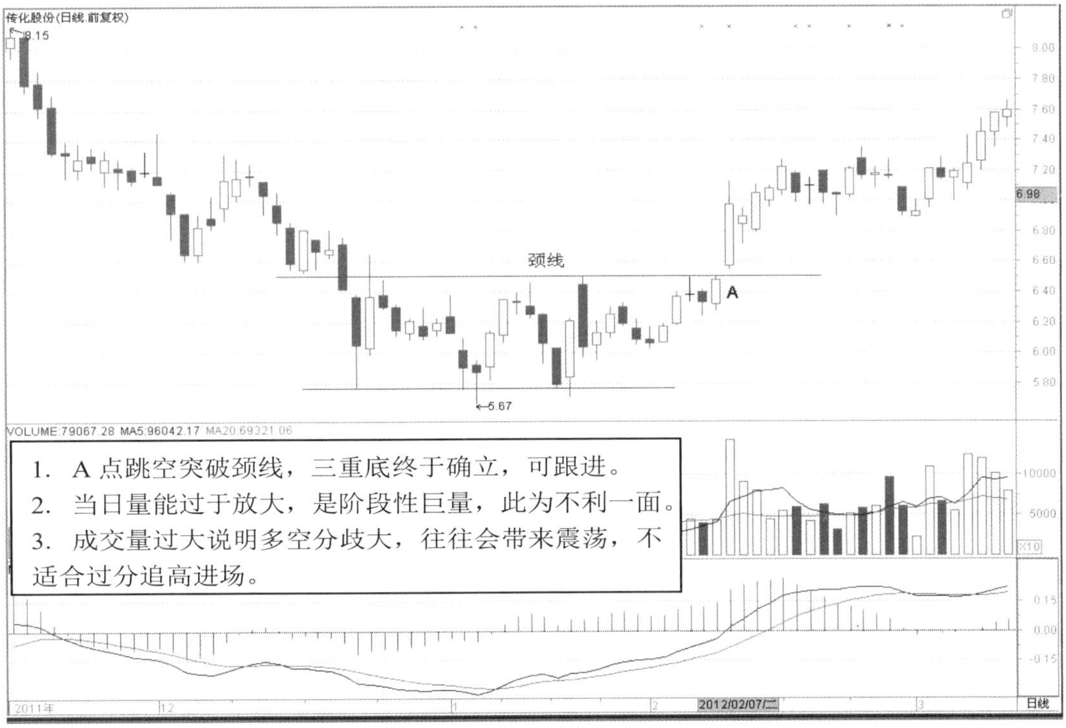
传化股份(日线,前复权)
8.15
颈线
A
5.67
VOLUME:79067.28 MA5:96042.17 MA20:69321.06
1. A点跳空突破颈线，三重底终于确立，可跟进。
2. 当日量能过于放大，是阶段性巨量，此为不利一面。
3. 成交量过大说明多空分歧大，往往会带来震荡，不适合过分追高进场。
2012/02/07/二
日线

传化股份

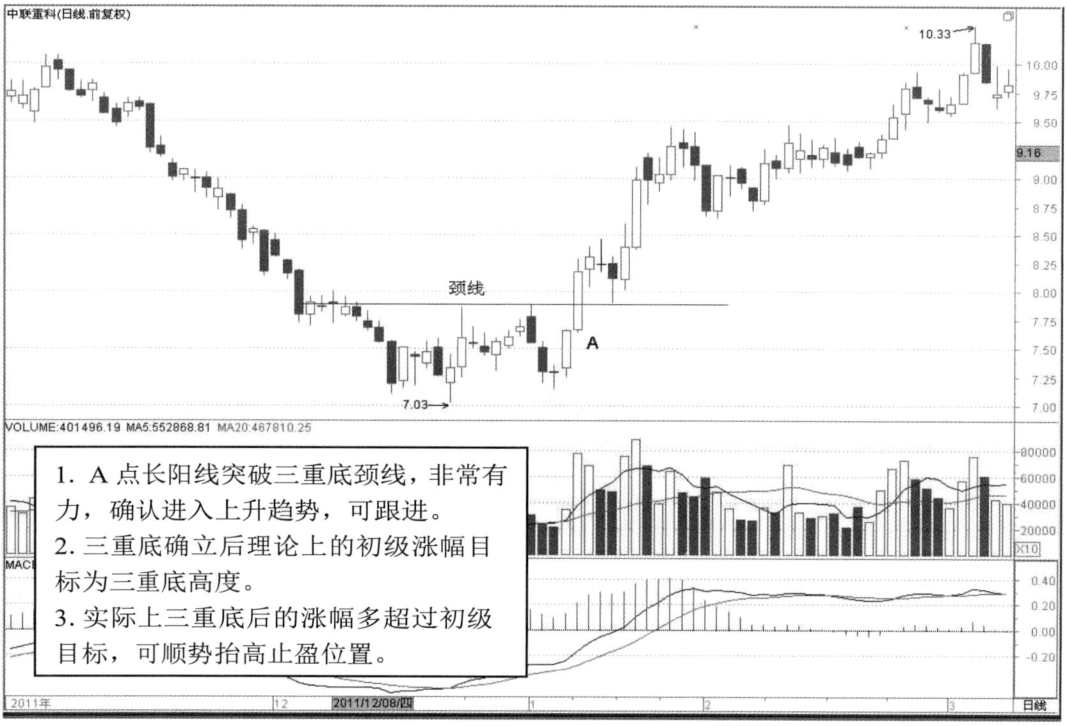
中联重科(日线,前复权)
10.33
颈线
A
7.03
VOLUME:401496.19 MA5:552868.81 MA20:467810.25
1. A 点长阳线突破三重底颈线，非常有力，确认进入上升趋势，可跟进。
2. 三重底确立后理论上的初级涨幅目标为三重底高度。
3. 实际上三重底后的涨幅多超过初级目标，可顺势抬高止盈位置。
2011/12/08/四
日线

中联重科

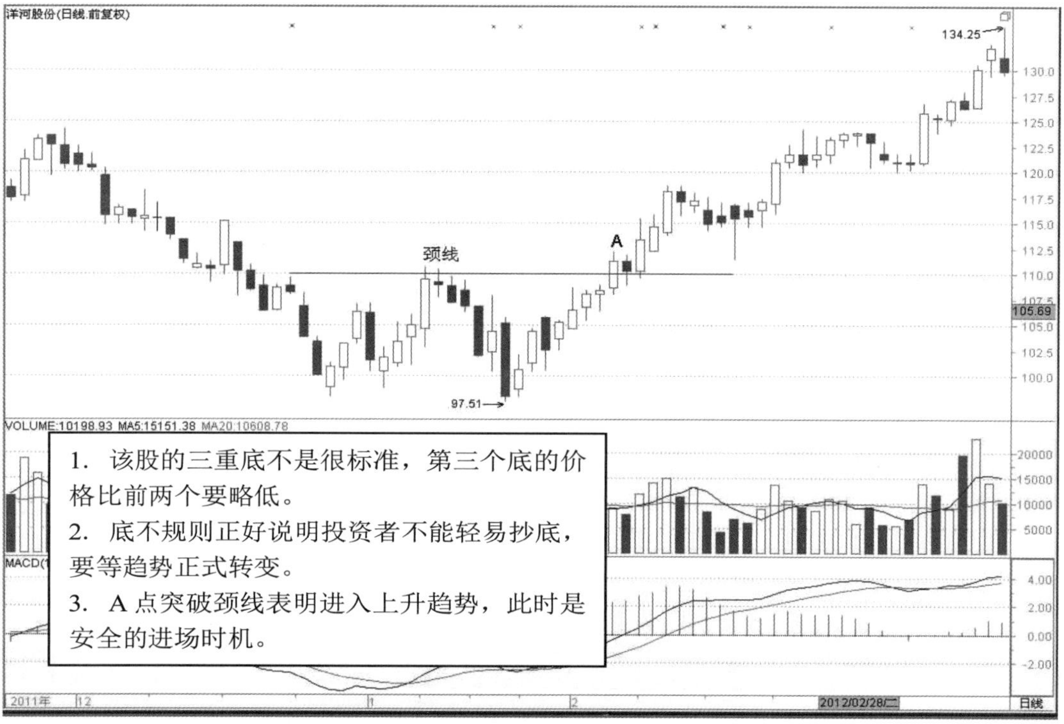
洋河股份(日线,前复权)
134.25
颈线
A
97.51
VOLUME:10198.93 MA5:15151.38 MA20:10608.78
1. 该股的三重底不是很标准，第三个底的价格比前两个要略低。
2. 底不规则正好说明投资者不能轻易抄底，要等趋势正式转变。
3. A 点突破颈线表明进入上升趋势，此时是安全的进场时机。
2012/02/28/二
日线

洋河股份

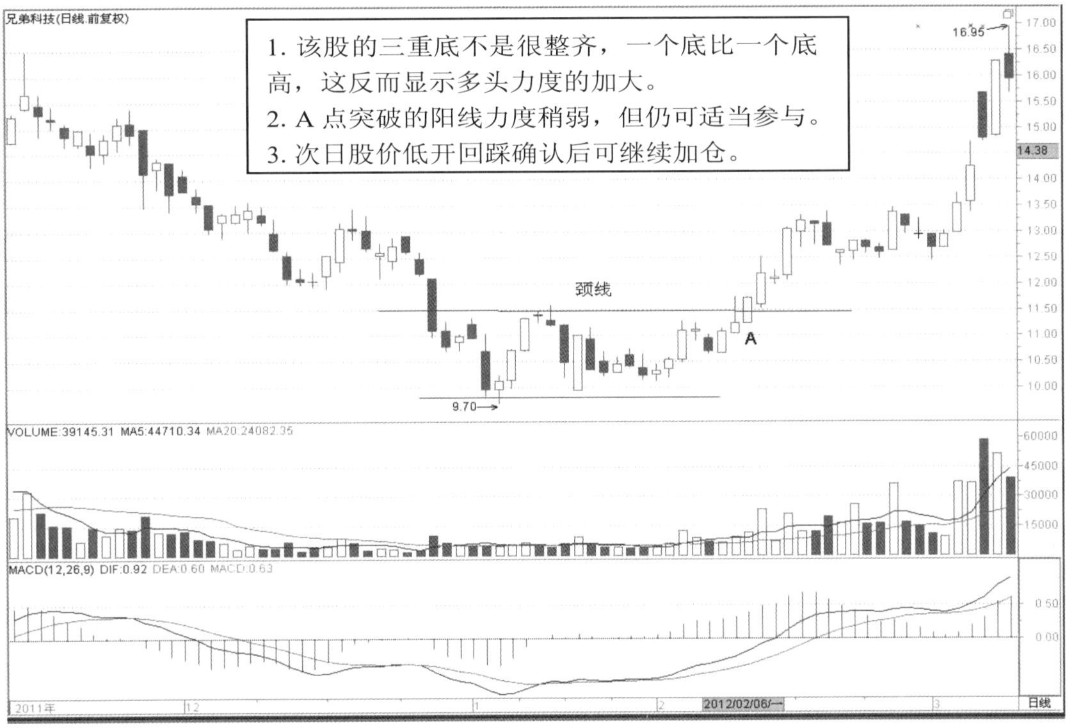
兄弟科技(日线,前复权)
1. 该股的三重底不是很整齐，一个底比一个底高，这反而显示多头力度的加大。
2. A 点突破的阳线力度稍弱，但仍可适当参与。
3. 次日股价低开回踩确认后可继续加仓。
颈线
A
9.70
16.95
14.38
VOLUME:39145.31 MA5:44710.34 MA20:24082.35
MACD(12,26,9) DIF:0.92 DEA:0.60 MACD:0.63
2011年
2012/02/06/一
日线

兄弟科技

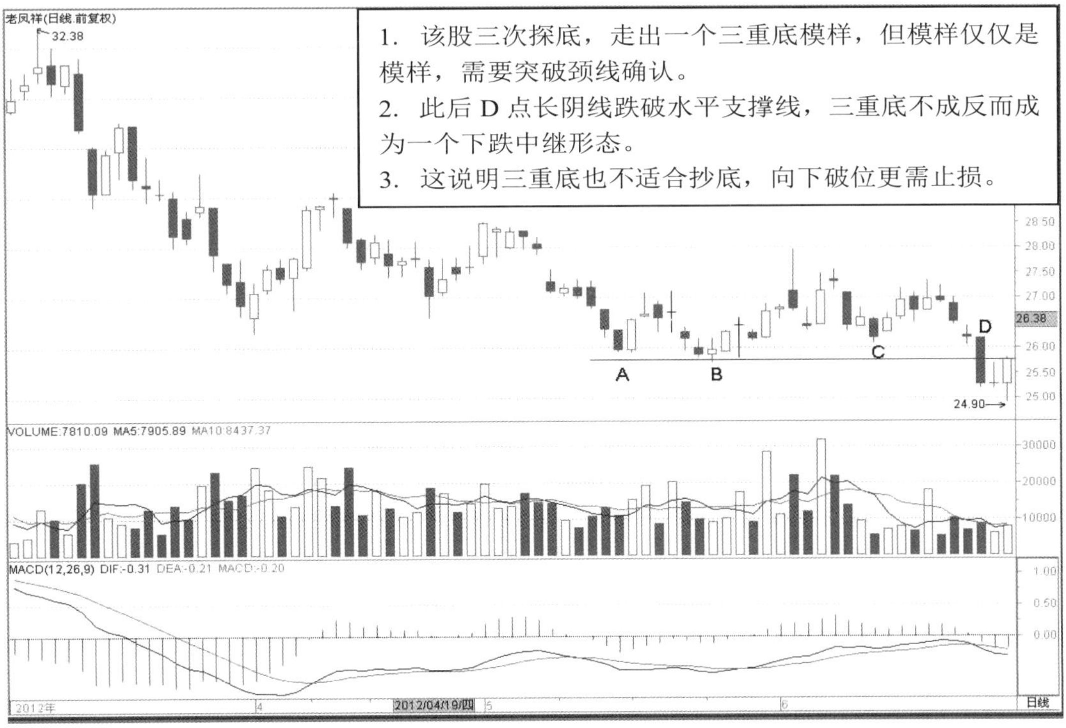
老凤祥(日线,前复权)
32.38
1. 该股三次探底，走出一个三重底模样，但模样仅仅是模样，需要突破颈线确认。
2. 此后 D 点长阴线跌破水平支撑线，三重底不成反而成为一个下跌中继形态。
3. 这说明三重底也不适合抄底，向下破位更需止损。
A
B
C
D
24.90
26.38
VOLUME:7810.09 MA5:7905.89 MA10:8437.37
MACD(12,26,9) DIF:-0.31 DEA:-0.21 MACD:-0.20
2012年
2012/04/19/四
日线

老凤祥

三、头肩底

头肩底指中间最低，两边次低的底部形态，外形类似人头。突破颈线意味着底部确立，进入上升趋势，可以买入。

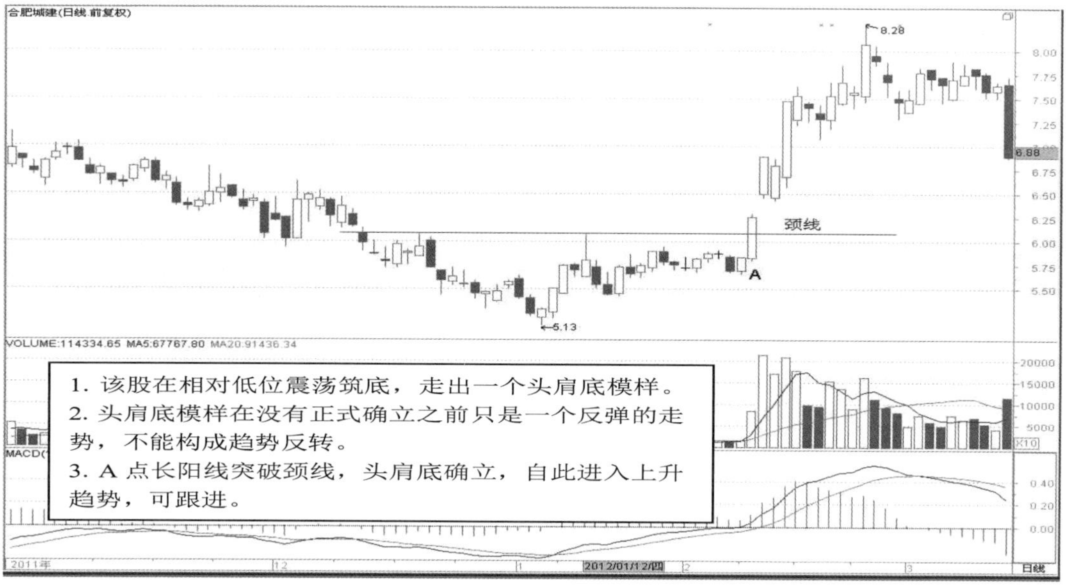

合肥城建

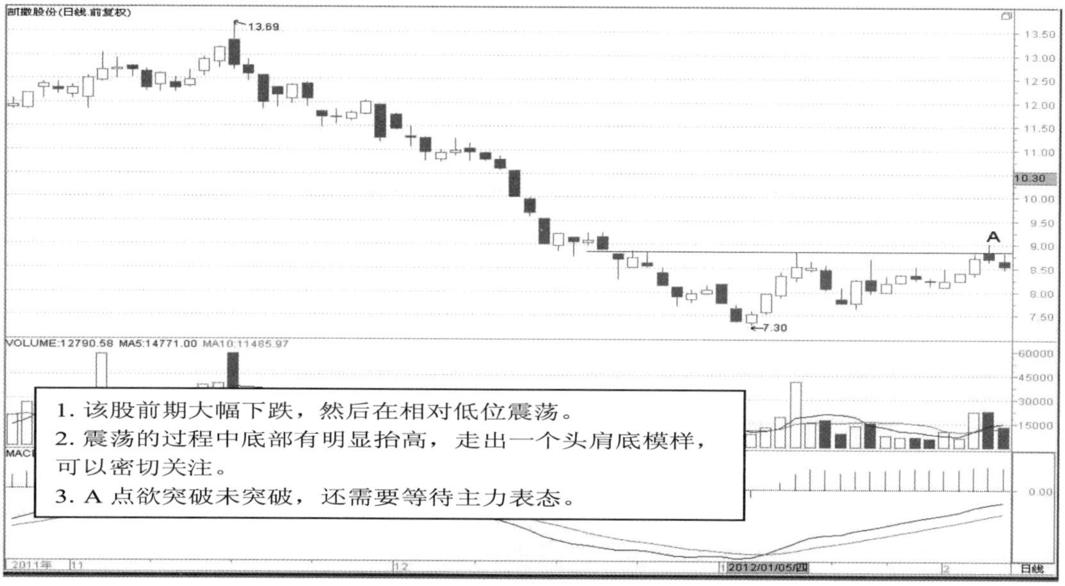

凯撒股份

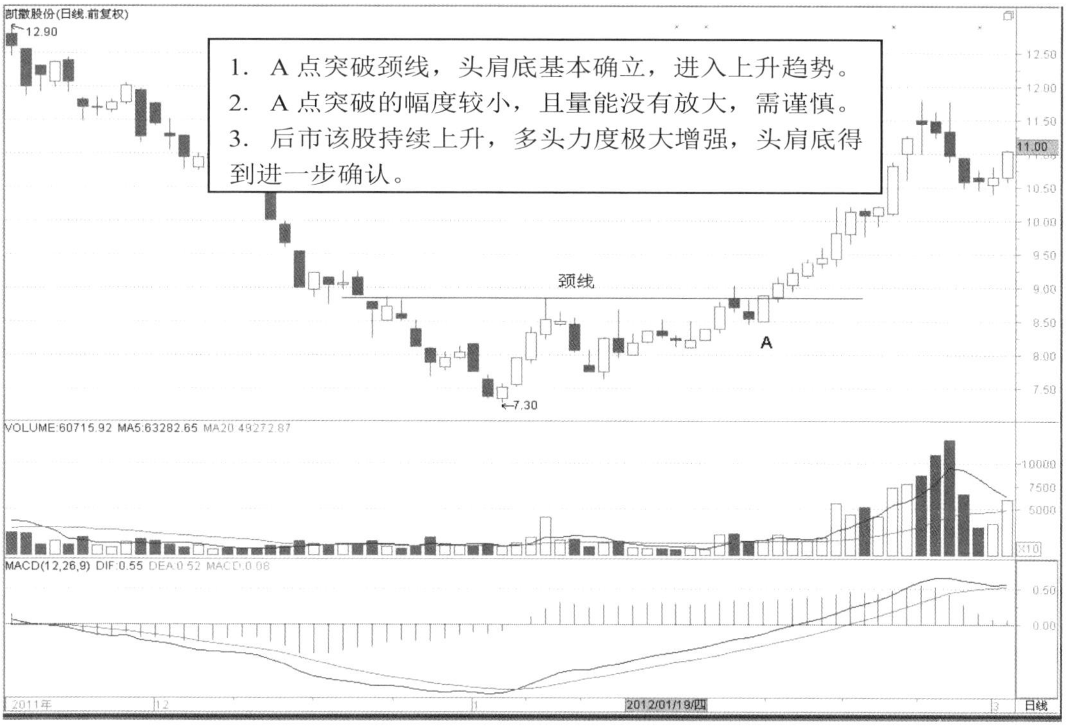
凯撒股份(日线,前复权)
12.90
1. A 点突破颈线，头肩底基本确立，进入上升趋势。
2. A 点突破的幅度较小，且量能没有放大，需谨慎。
3. 后市该股持续上升，多头力度极大增强，头肩底得到进一步确认。
颈线
A
7.30
11.00
VOLUME:60715.92 MA5:63282.65 MA20:49272.87
MACD(12,26,9) DIF:0.55 DEA:0.52 MACD:0.08
2011年
2012/01/19/四
日线

凯撒股份

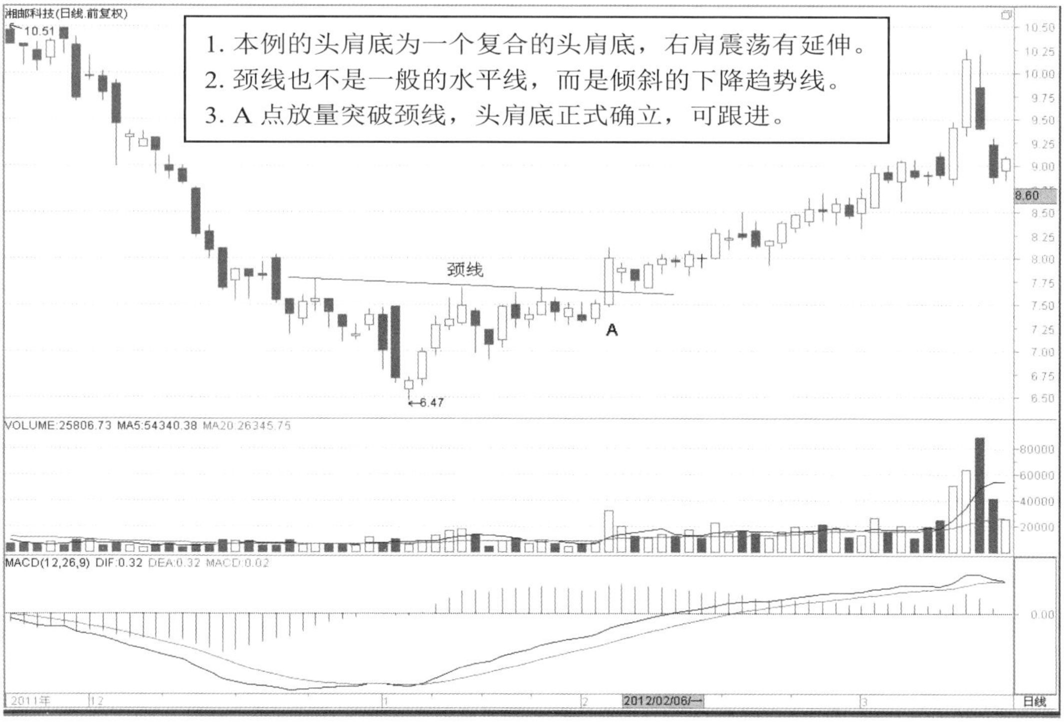
湘邮科技(日线,前复权)
10.51
1. 本例的头肩底为一个复合的头肩底，右肩震荡有延伸。
2. 颈线也不是一般的水平线，而是倾斜的下降趋势线。
3. A 点放量突破颈线，头肩底正式确立，可跟进。
颈线
A
6.47
8.60
VOLUME:25806.73 MA5:54340.38 MA20:26345.75
MACD(12,26,9) DIF:0.32 DEA:0.32 MACD:0.02
2011年
2012/02/06/一
日线

湘邮科技

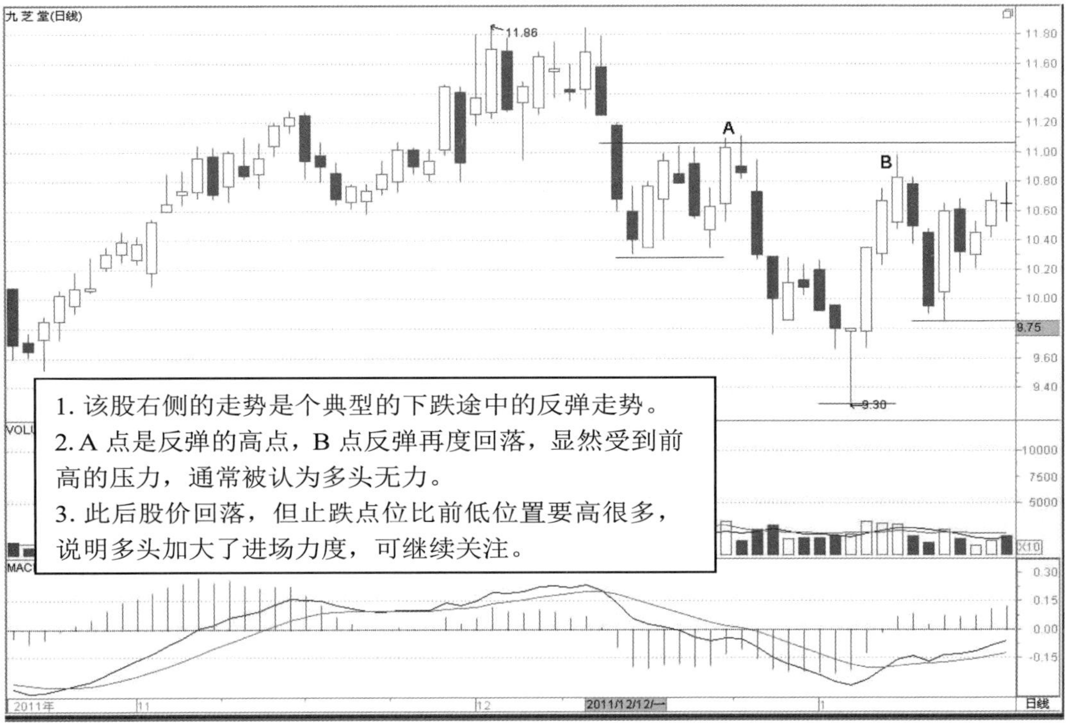
九芝堂(日线)
11.86
A
B
9.75
9.30
1. 该股右侧的走势是个典型的下跌途中的反弹走势。
2. A 点是反弹的高点，B 点反弹再度回落，显然受到前高的压力，通常被认为多头无力。
3. 此后股价回落，但止跌点位比前低位置要高很多，说明多头加大了进场力度，可继续关注。
2011年
2011/12/12/一
日线

九芝堂

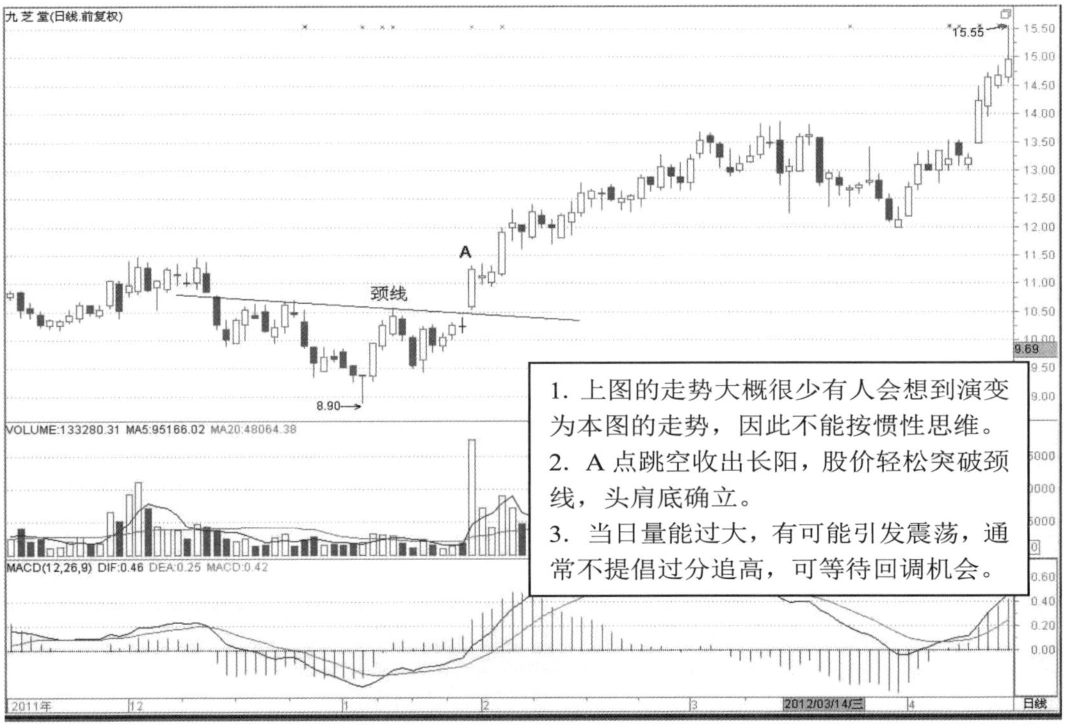
九芝堂(日线,前复权)
15.55
A
颈线
8.90
9.69
VOLUME:133280.31 MA5:95166.02 MA20:48064.38
MACD(12,26,9) DIF:0.46 DEA:0.25 MACD:0.42
1. 上图的走势大概很少有人会想到演变为本图的走势，因此不能按惯性思维。
2. A 点跳空收出长阳，股价轻松突破颈线，头肩底确立。
3. 当日量能过大，有可能引发震荡，通常不提倡过分追高，可等待回调机会。
2011年
2012/03/14/三
日线

九芝堂

四、三角底

严格来说没有三角底的说法，是矩形底的一种变形。突破三角形最高点可以确立趋势反转，可以跟进做多。

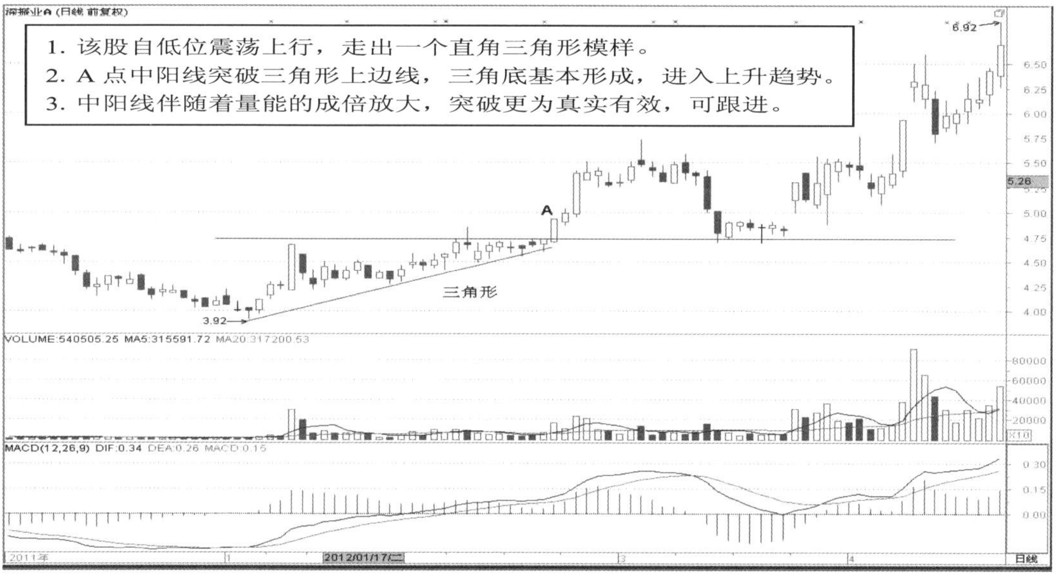

深振业 A

合肥城建

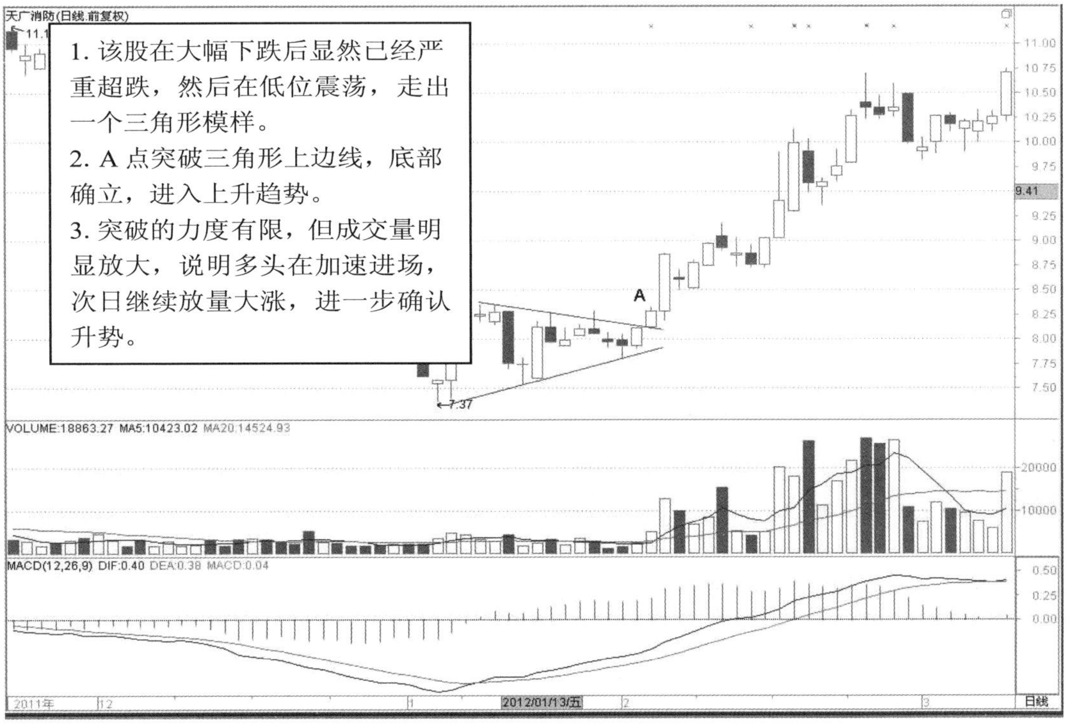
天广消防(日线,前复权)
1. 该股在大幅下跌后显然已经严重超跌，然后在低位震荡，走出一个三角形模样。
2. A 点突破三角形上边线，底部确立，进入上升趋势。
3. 突破的力度有限，但成交量明显放大，说明多头在加速进场，次日继续放量大涨，进一步确认升势。
A
7.37
VOLUME:18863.27 MA5:10423.02 MA20:14524.93
MACD(12,26,9) DIF:0.40 DEA:0.38 MACD:0.04
2011年
2012/01/13/五
日线

天广消防

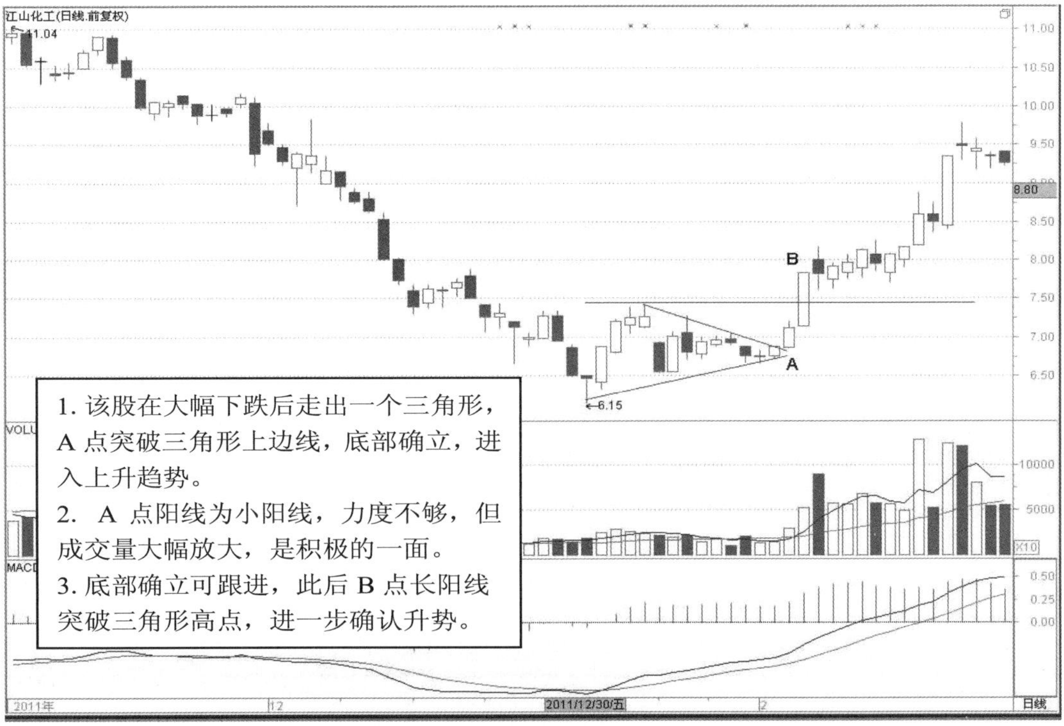
江山化工(日线,前复权)
11.04
B
A
6.15
1. 该股在大幅下跌后走出一个三角形，A 点突破三角形上边线，底部确立，进入上升趋势。
2. A 点阳线为小阳线，力度不够，但成交量大幅放大，是积极的一面。
3. 底部确立可跟进，此后 B 点长阳线突破三角形高点，进一步确认升势。
2011年
2011/12/30/五
日线

江山化工

五、矩形底

矩形底即俗称的箱底，指股价在低位盘整，走出箱体走势，最后股价向上突破，形成矩形底。

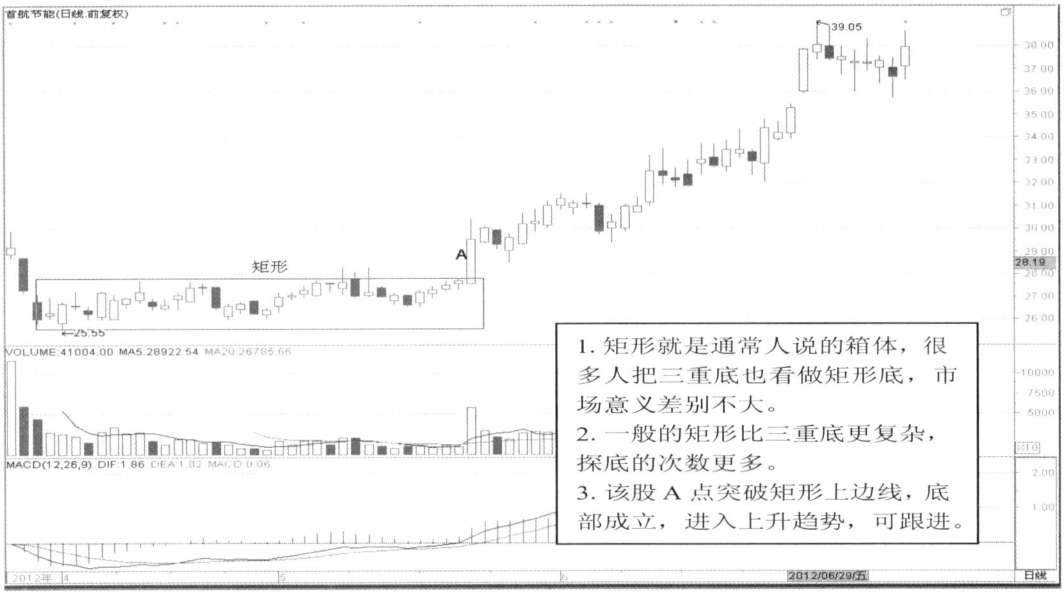

首航节能

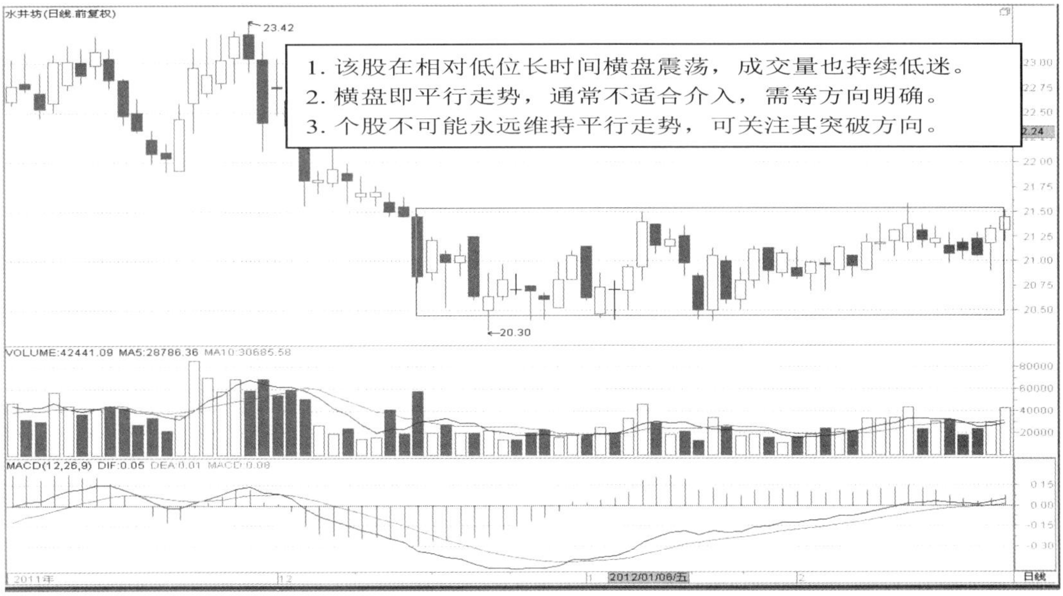

水井坊

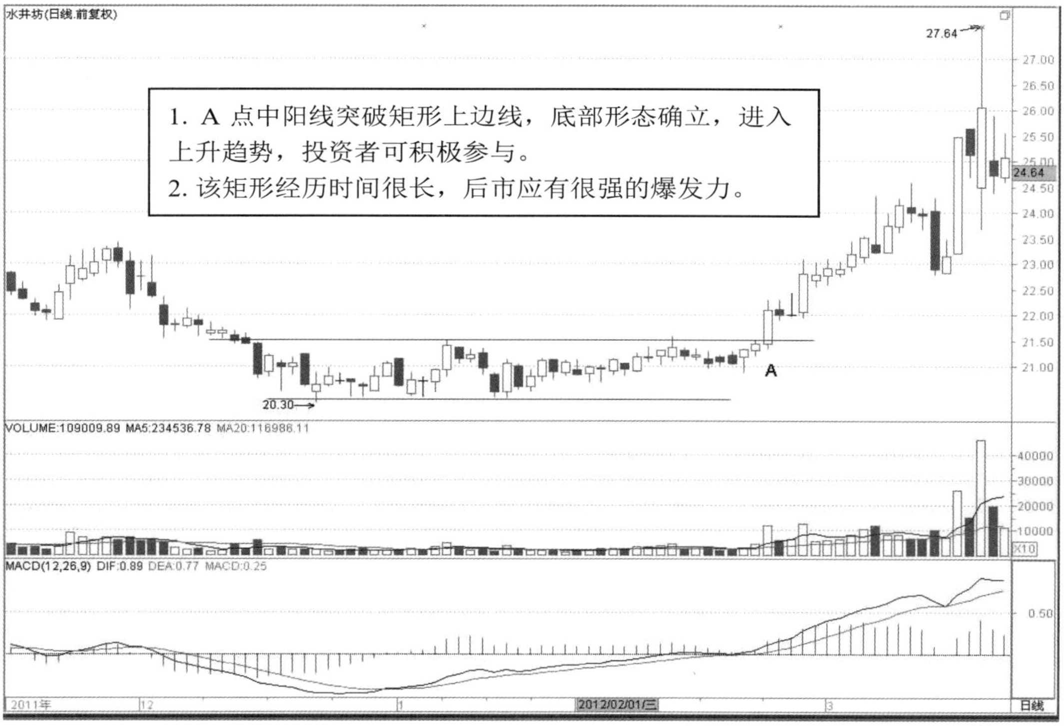
水井坊(日线.前复权)
1. A 点中阳线突破矩形上边线，底部形态确立，进入上升趋势，投资者可积极参与。
2. 该矩形经历时间很长，后市应有很强的爆发力。
27.64
20.30
A
VOLUME:109009.89 MA5:234536.78 MA20:116986.11
MACD(12,26,9) DIF:0.89 DEA:0.77 MACD:0.25
2011年
2012/02/01/三
日线

水井坊

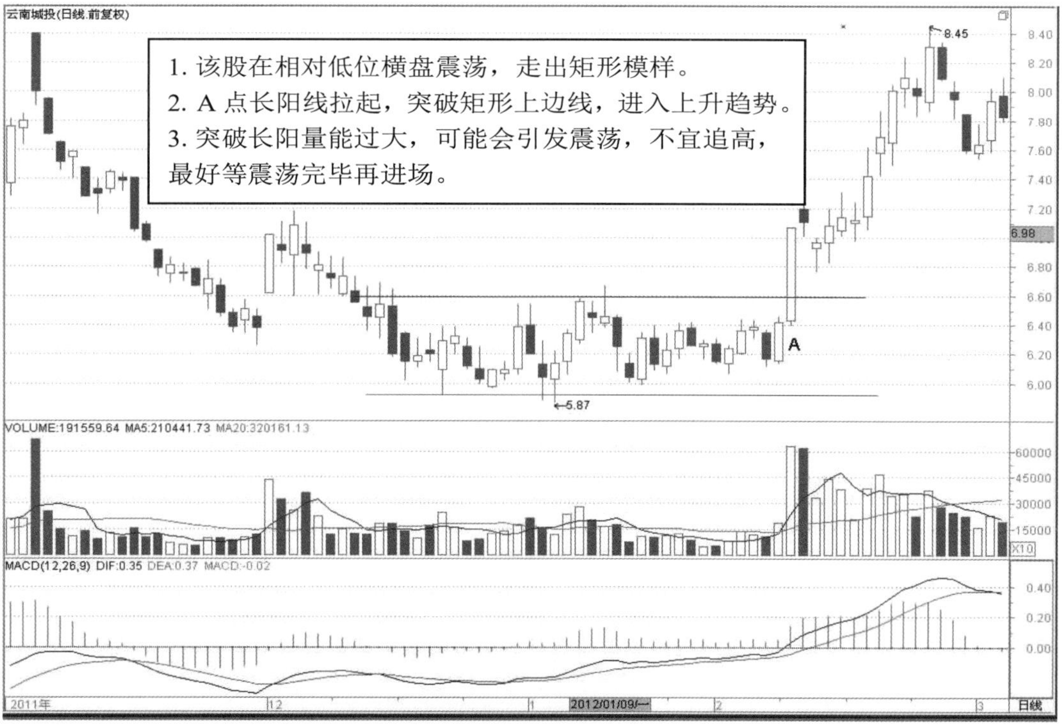
云南城投(日线.前复权)
1. 该股在相对低位横盘震荡，走出矩形模样。
2. A 点长阳线拉起，突破矩形上边线，进入上升趋势。
3. 突破长阳量能过大，可能会引发震荡，不宜追高，最好等震荡完毕再进场。
8.45
5.87
A
VOLUME:191559.64 MA5:210441.73 MA20:320161.13
MACD(12,26,9) DIF:0.35 DEA:0.37 MACD:-0.02
2011年
2012/01/09/一
日线

云南城投

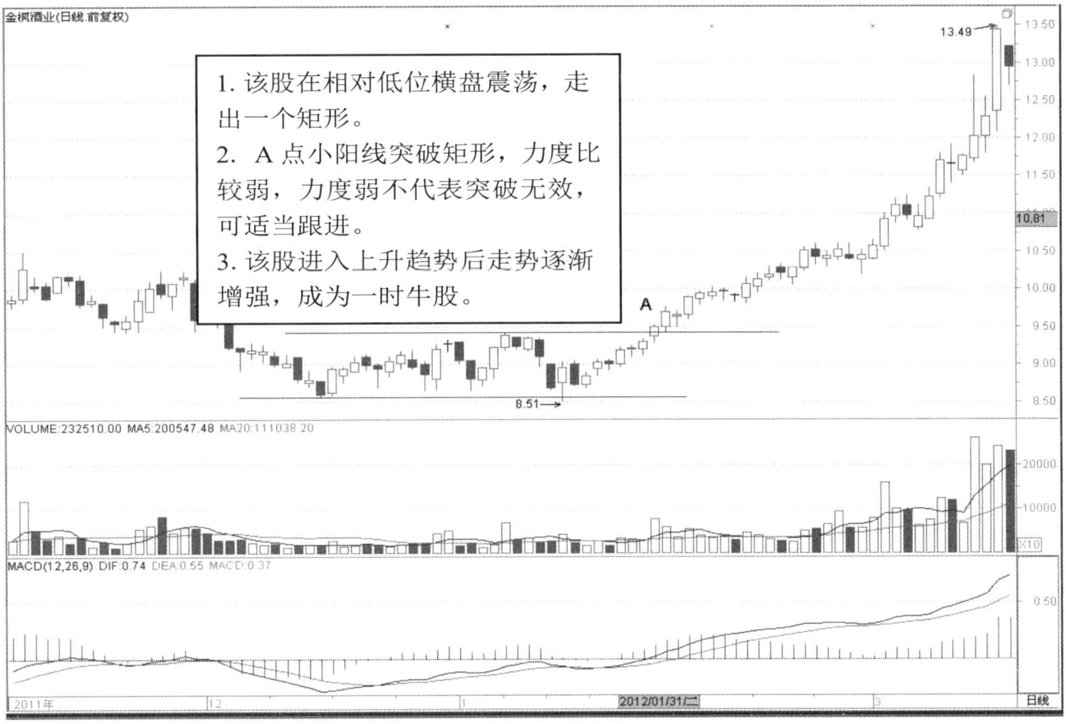
金枫酒业(日线.前复权)
1. 该股在相对低位横盘震荡，走出一个矩形。
2. A 点小阳线突破矩形，力度比较弱，力度弱不代表突破无效，可适当跟进。
3. 该股进入上升趋势后走势逐渐增强，成为一时牛股。
A
13.49
8.51
10.81
VOLUME:232510.00 MA5:200547.48 MA20:111038.20
MACD(12,26,9) DIF:0.74 DEA:0.55 MACD:0.37
2011年
2012/01/31/二
日线

金枫酒业

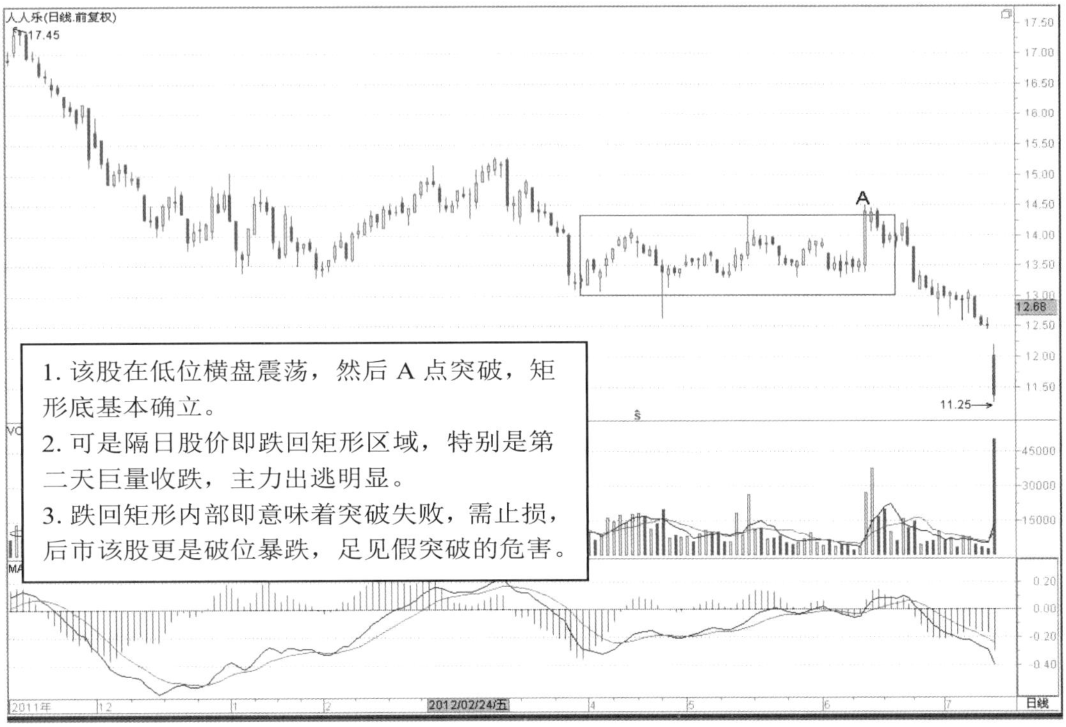
人人乐(日线.前复权)
17.45
A
12.68
11.25
1. 该股在低位横盘震荡，然后 A 点突破，矩形底基本确立。
2. 可是隔日股价即跌回矩形区域，特别是第二天巨量收跌，主力出逃明显。
3. 跌回矩形内部即意味着突破失败，需止损，后市该股更是破位暴跌，足见假突破的危害。
2011年
2012/02/24/五
日线

人人乐

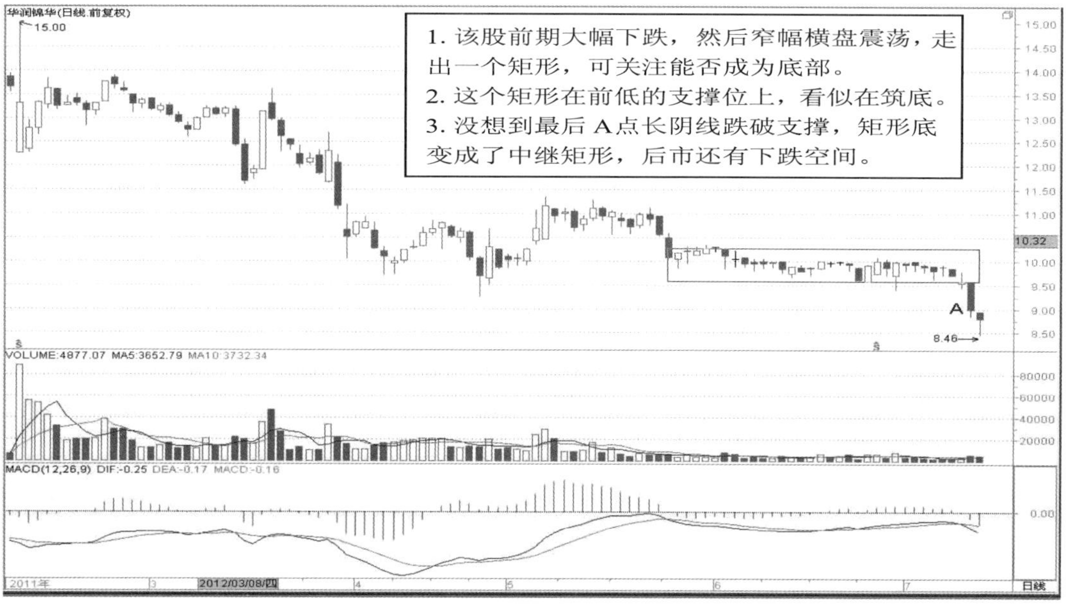

华润锦华

六、圆底

圆底指股价在大幅下跌后跌势减缓，然后逐渐企稳，接着逐渐回升，走出一个锅底形态的反转。圆底经历的时间较长，对后市影响深远。

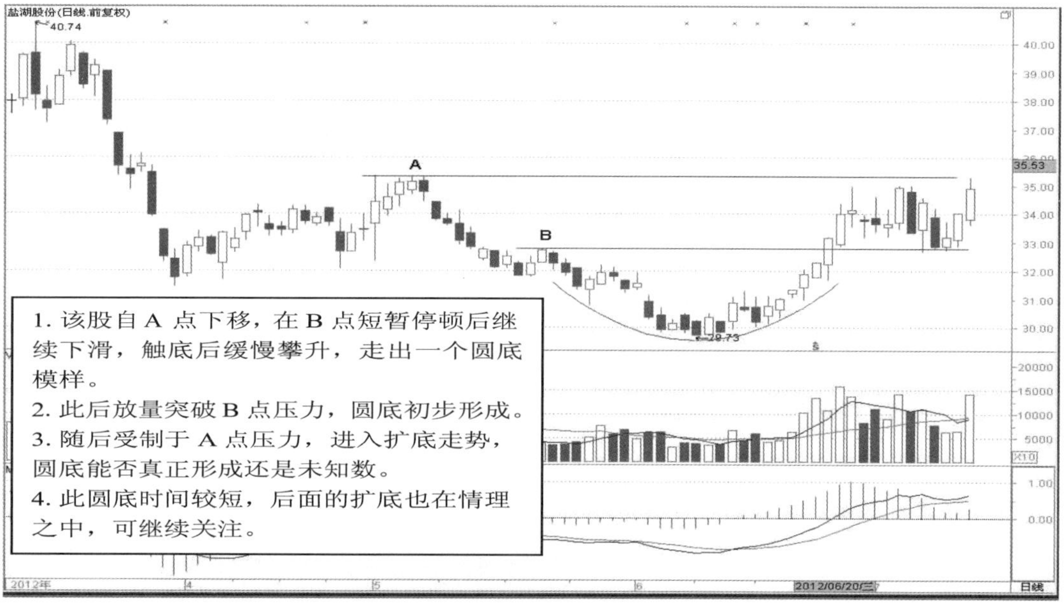

盐湖股份

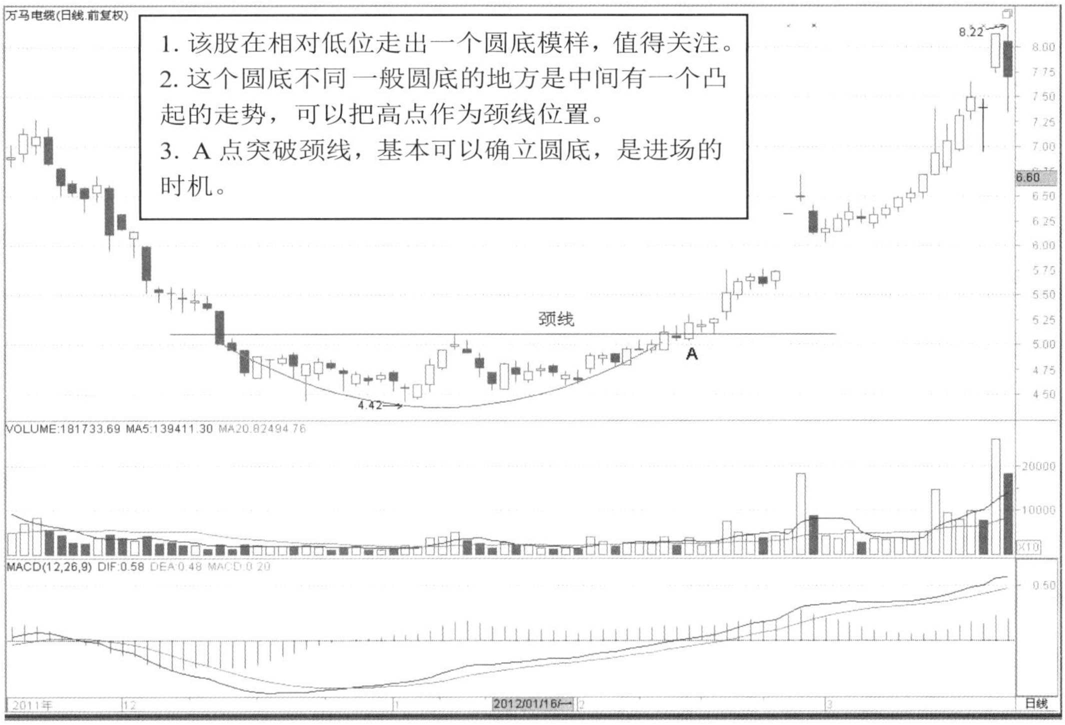
万马电缆(日线.前复权)
1. 该股在相对低位走出一个圆底模样，值得关注。
2. 这个圆底不同一般圆底的地方是中间有一个凸起的走势，可以把高点作为颈线位置。
3. A 点突破颈线，基本可以确立圆底，是进场的时机。
颈线
A
4.42
8.22
6.60
VOLUME:181733.69 MA5:139411.30 MA20:82494.76
MACD(12,26,9) DIF:0.58 DEA:0.48 MACD:0.20
2011年
2012/01/16/一
日线

万马电缆

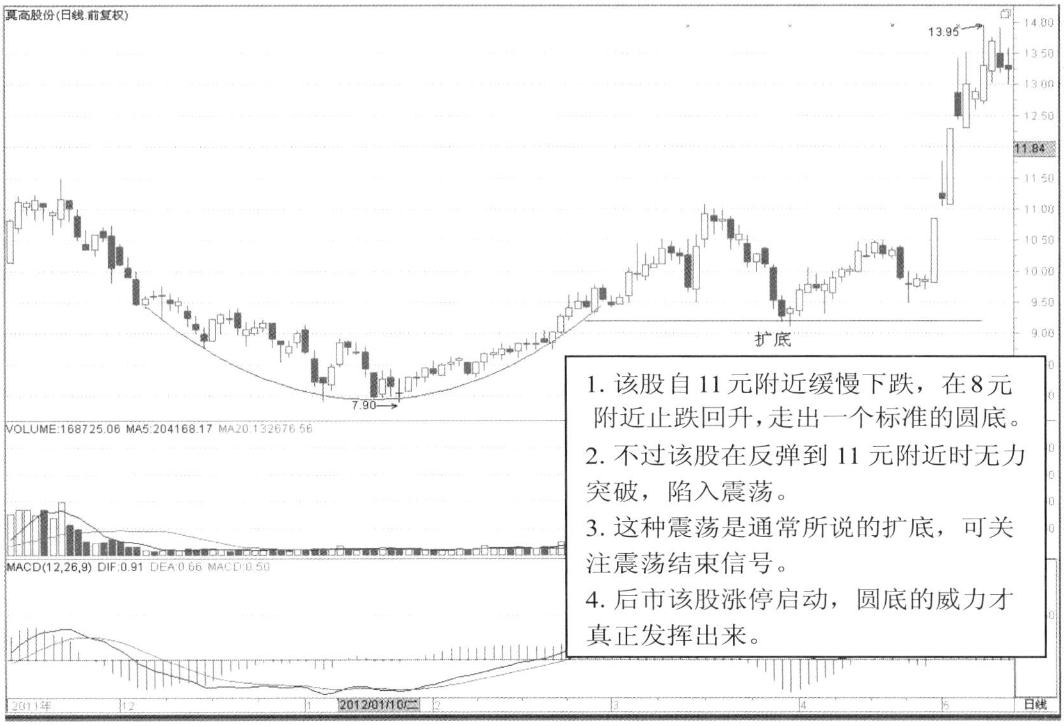
莫高股份(日线.前复权)
13.95
11.84
扩底
7.90
1. 该股自11元附近缓慢下跌，在8元附近止跌回升，走出一个标准的圆底。
2. 不过该股在反弹到11元附近时无力突破，陷入震荡。
3. 这种震荡是通常所说的扩底，可关注震荡结束信号。
4. 后市该股涨停启动，圆底的威力才真正发挥出来。
VOLUME:168725.06 MA5:204168.17 MA20:132676.56
MACD(12,26,9) DIF:0.91 DEA:0.66 MACD:0.50
2011年
2012/01/10/二
日线

莫高股份

七、塔底

塔底指股价先快速下跌，走出长阴线，然后横盘，最后股价强劲反转向上，走出长阳线，组成塔底。

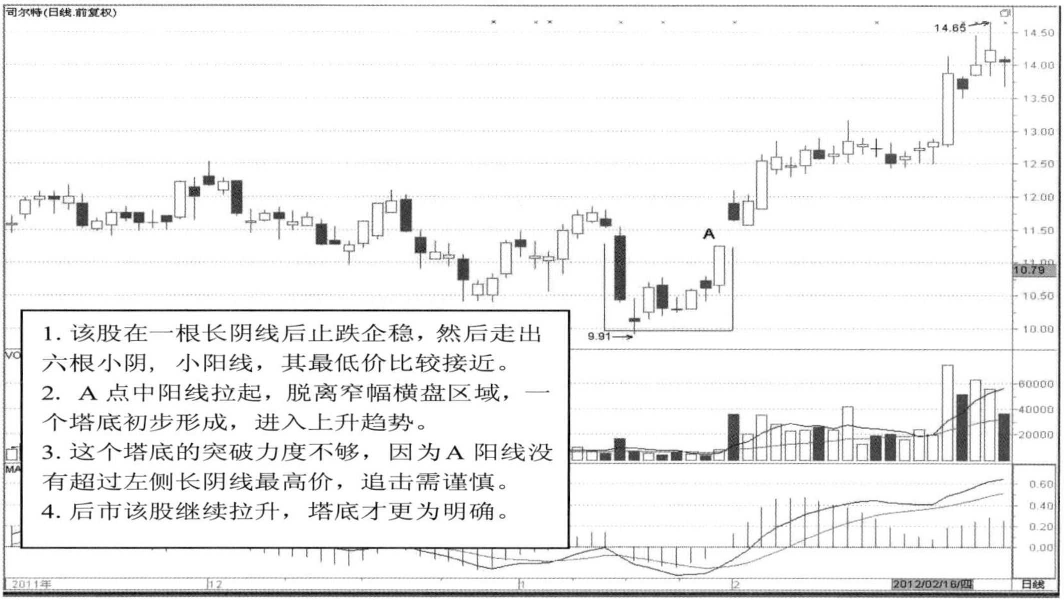

司尔特

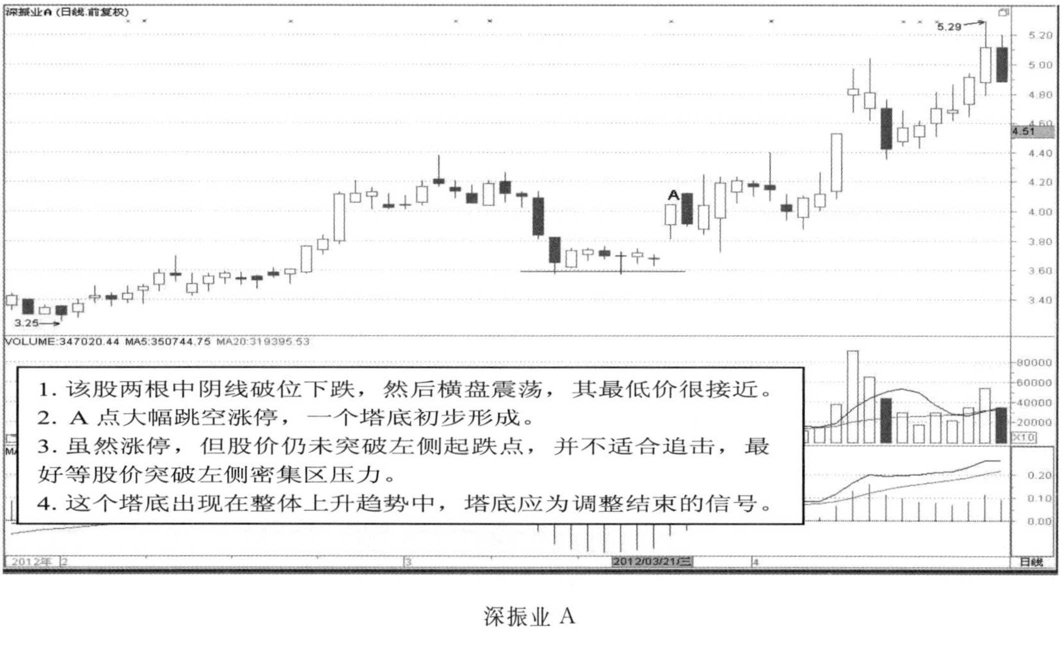

深振业 A

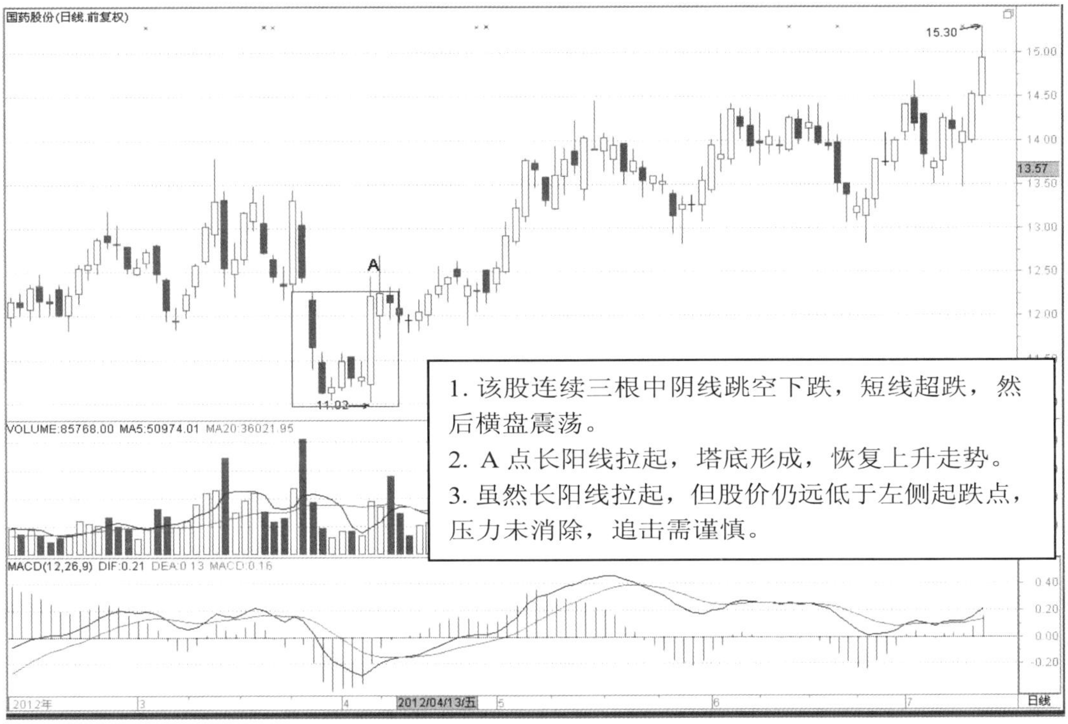
国药股份(日线,前复权)
15.30
A
11.02
1. 该股连续三根中阴线跳空下跌，短线超跌，然后横盘震荡。
2. A 点长阳线拉起，塔底形成，恢复上升走势。
3. 虽然长阳线拉起，但股价仍远低于左侧起跌点，压力未消除，追击需谨慎。
VOLUME:85768.00 MA5:50974.01 MA20:36021.95
MACD(12,26,9) DIF:0.21 DEA:0.13 MACD:0.16
2012年
2012/04/13/五
日线

国药股份

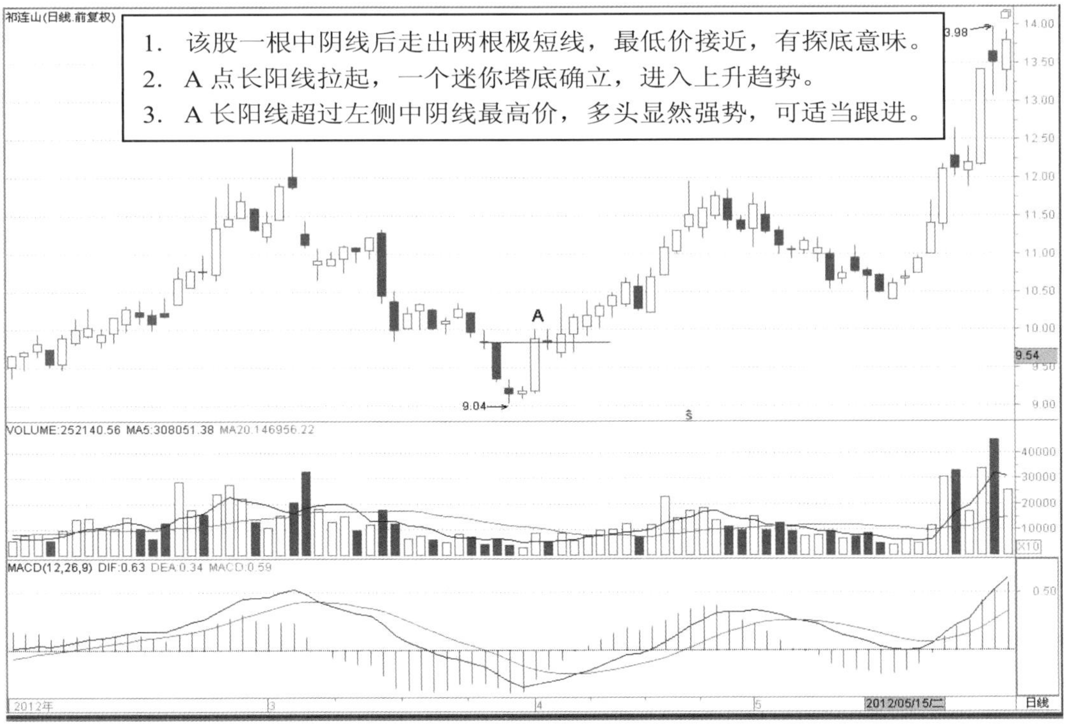
祁连山(日线,前复权)
1. 该股一根中阴线后走出两根极短线，最低价接近，有探底意味。
2. A 点长阳线拉起，一个迷你塔底确立，进入上升趋势。
3. A 长阳线超过左侧中阴线最高价，多头显然强势，可适当跟进。
A
9.04
9.54
VOLUME:252140.56 MA5:308051.38 MA20:146956.22
MACD(12,26,9) DIF:0.63 DEA:0.34 MACD:0.59
2012年
2012/05/15/二
日线

祁连山

八、尖底

尖底是一种剧烈的反转形态。股价先下跌，然后急剧向上反转，中间没有盘整过程。

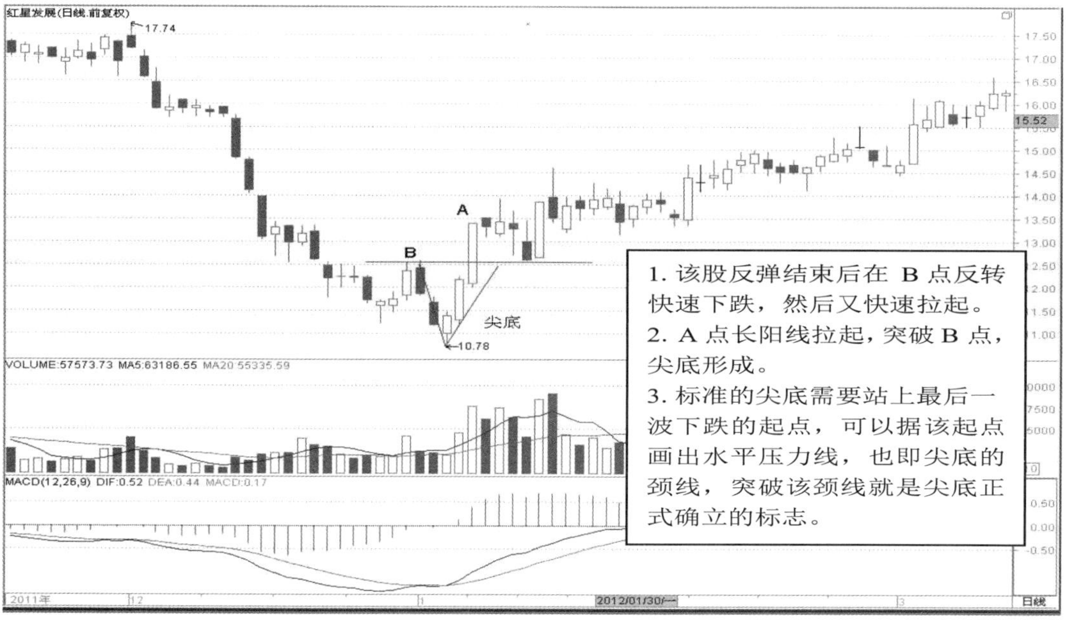

红星发展

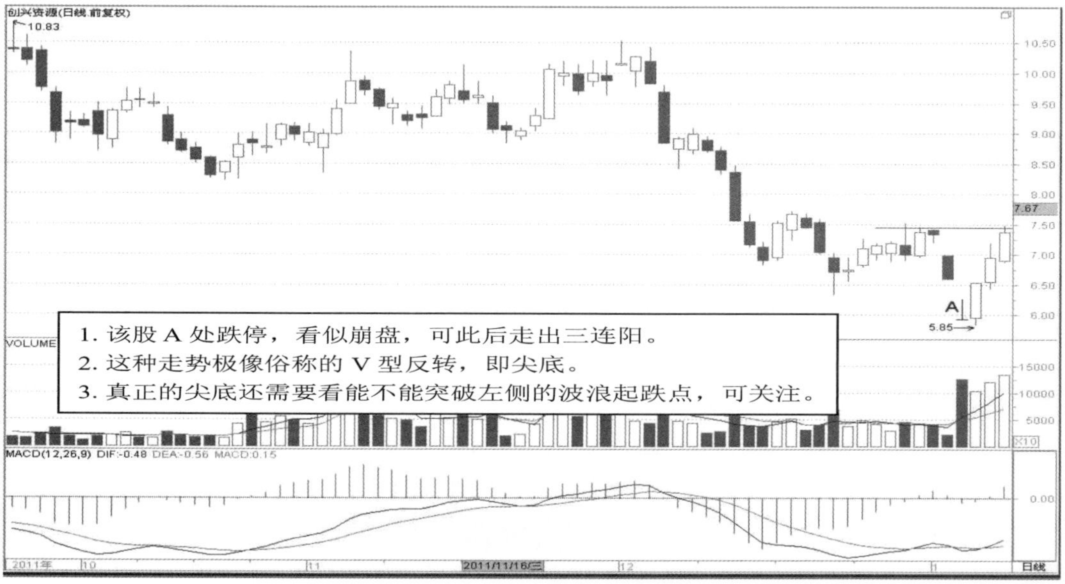

创兴资源

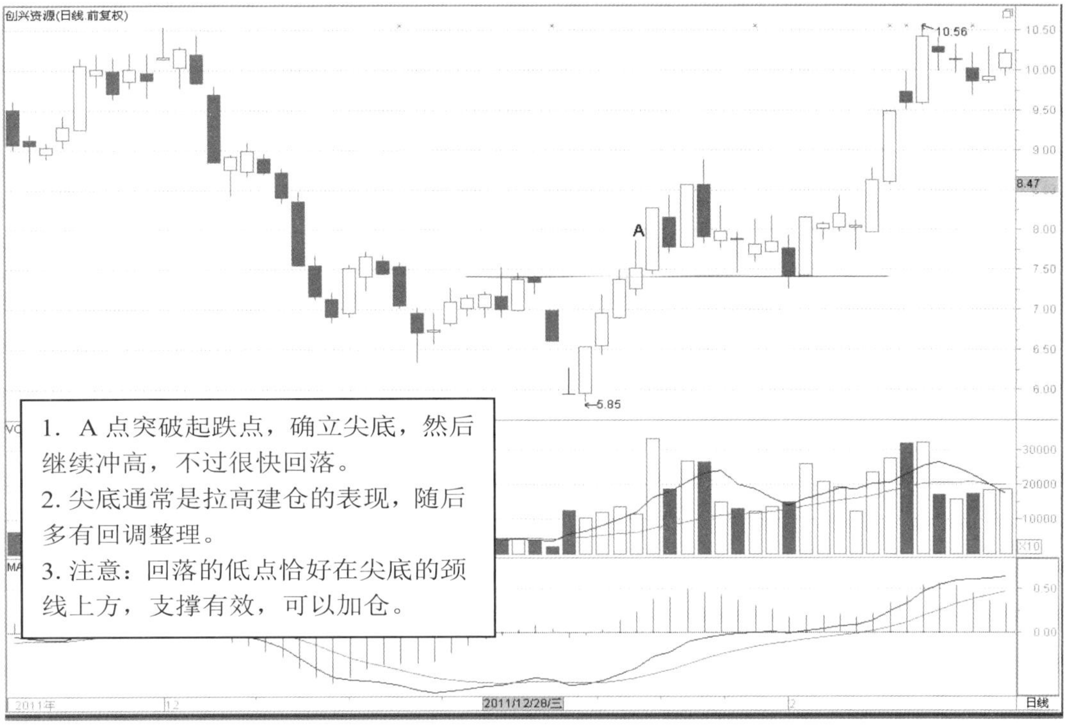
创兴资源(日线 前复权)
10.56
A
5.85
8.47
1. A 点突破起跌点，确立尖底，然后继续冲高，不过很快回落。
2. 尖底通常是拉高建仓的表现，随后多有回调整理。
3. 注意：回落的低点恰好在尖底的颈线上方，支撑有效，可以加仓。
2011/12/28/三
日线

创兴资源

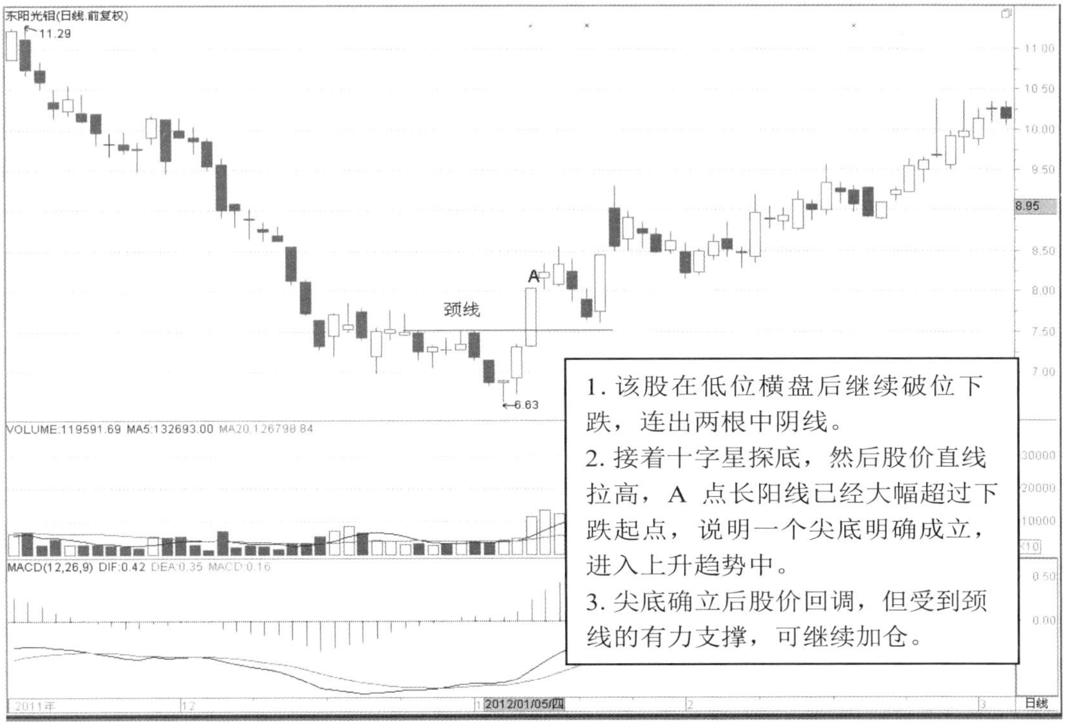
东阳光铝(日线 前复权)
11.29
A
颈线
6.63
8.95
VOLUME:119591.69 MA5:132693.00 MA20:126798.84
MACD(12,26,9) DIF:0.42 DEA:0.35 MACD:0.16
1. 该股在低位横盘后继续破位下跌，连出两根中阴线。
2. 接着十字星探底，然后股价直线拉高，A 点长阳线已经大幅超过下跌起点，说明一个尖底明确成立，进入上升趋势中。
3. 尖底确立后股价回调，但受到颈线的有力支撑，可继续加仓。
2012/01/05/四
日线

东阳光铝

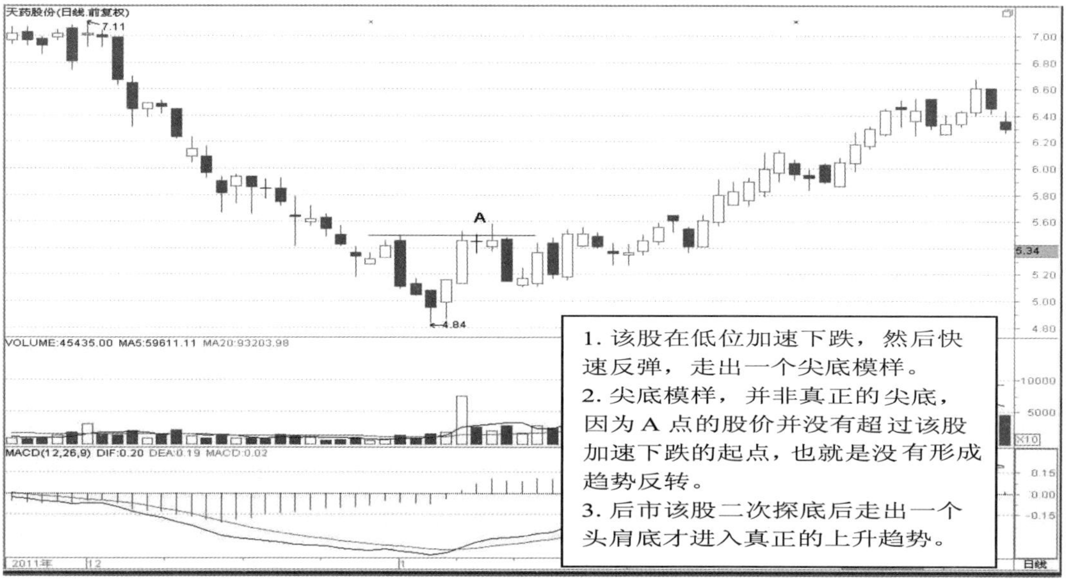

天药股份

九、底部岛型

底部岛型就是先跳空下跌，然后止跌横盘，最后跳空向上，趋势逆转上行。岛型反转是一种强烈的反转信号，可以积极参与操作。

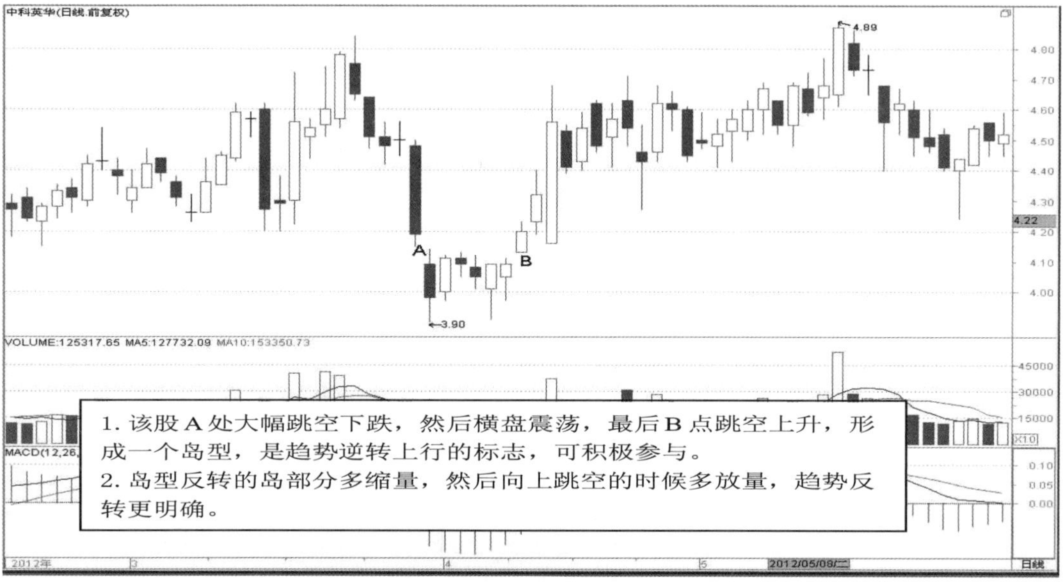

中科英华

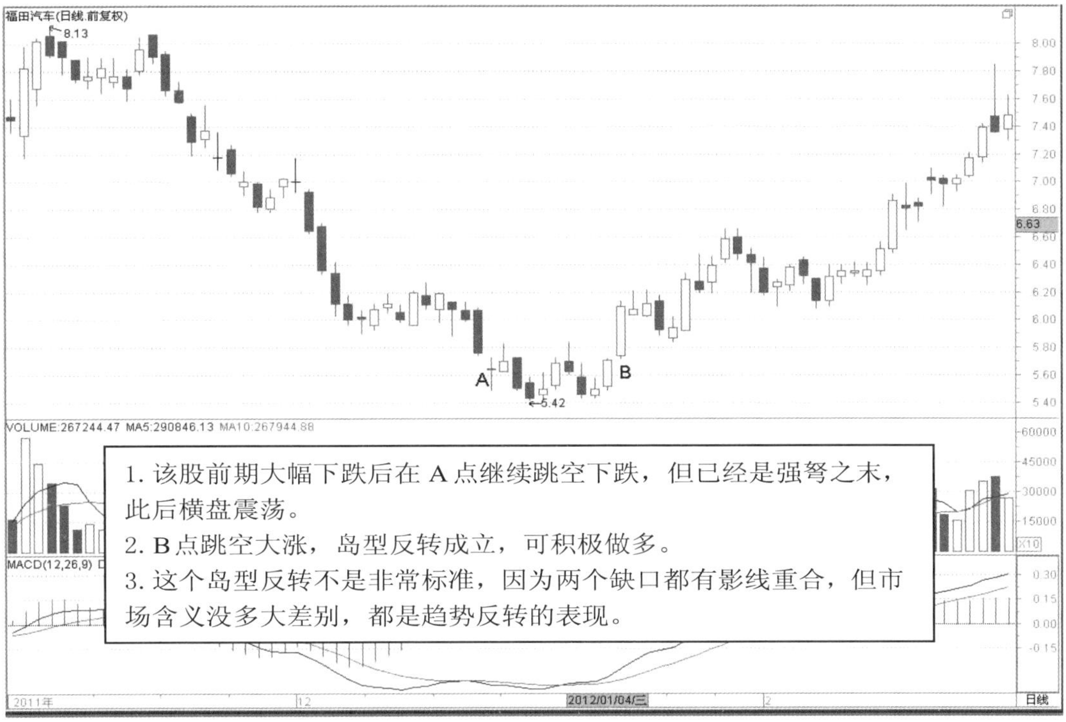
福田汽车(日线,前复权)
8.13
A
B
5.42
6.63
VOLUME:267244.47 MA5:290846.13 MA10:267944.88
MACD(12,26,9)
1. 该股前期大幅下跌后在 A 点继续跳空下跌，但已经是强弩之末，此后横盘震荡。
2. B 点跳空大涨，岛型反转成立，可积极做多。
3. 这个岛型反转不是非常标准，因为两个缺口都有影线重合，但市场含义没多大差别，都是趋势反转的表现。
2011年
12
2012/01/04/三
2
日线

福田汽车

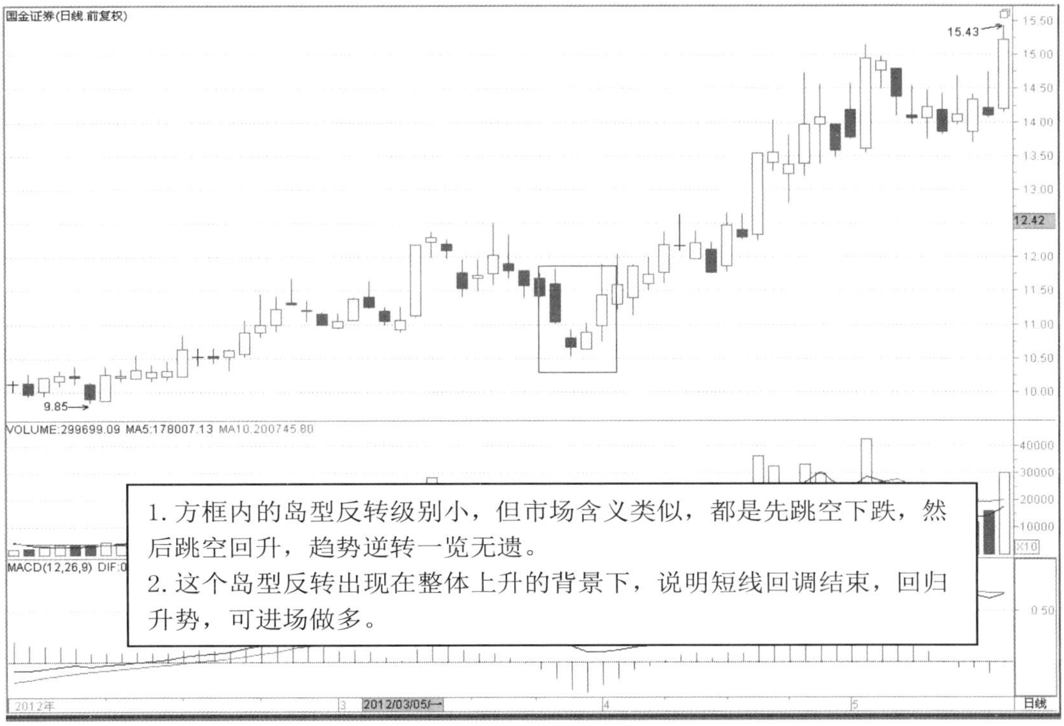
国金证券(日线,前复权)
15.43
9.85
12.42
VOLUME:299699.09 MA5:178007.13 MA10:200745.80
MACD(12,26,9)
1. 方框内的岛型反转级别小，但市场含义类似，都是先跳空下跌，然后跳空回升，趋势逆转一览无遗。
2. 这个岛型反转出现在整体上升的背景下，说明短线回调结束，回归升势，可进场做多。
2012年
3
2012/03/05/一
4
5
日线

国金证券

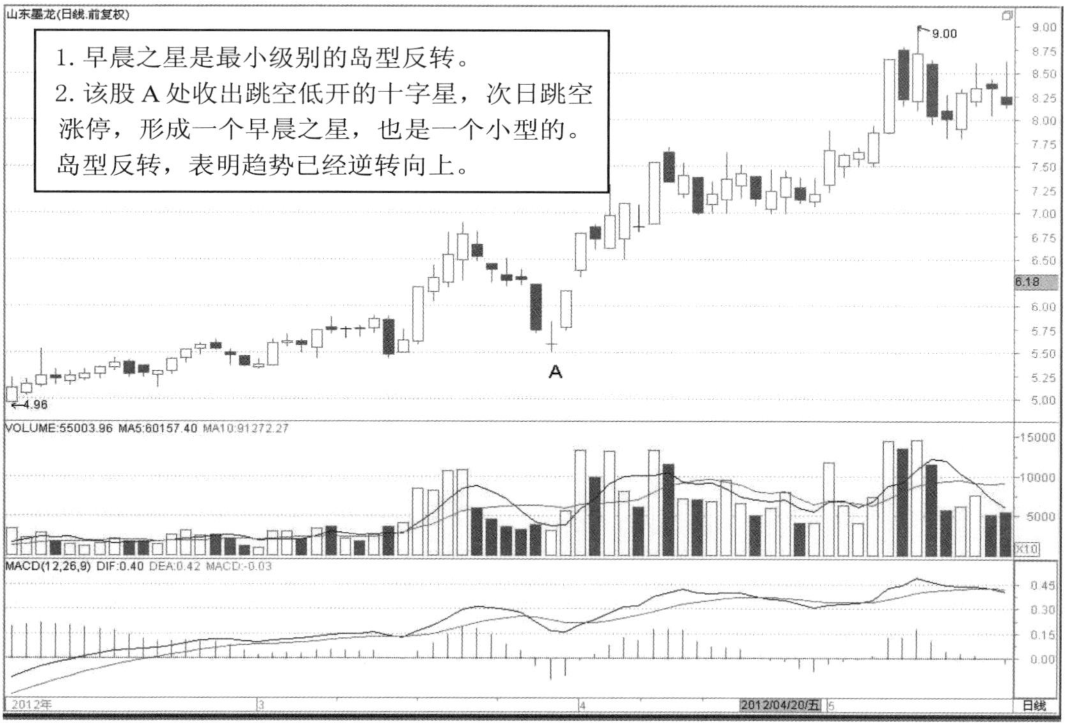
山东墨龙(日线,前复权)
1. 早晨之星是最小级别的岛型反转。
2. 该股A处收出跳空低开的十字星，次日跳空涨停，形成一个早晨之星，也是一个小型的。岛型反转，表明趋势已经逆转向上。
9.00
4.96
A
6.18
VOLUME:55003.96 MA5:60157.40 MA10:91272.27
MACD(12,26,9) DIF:0.40 DEA:0.42 MACD:-0.03
2012年
2012/04/20/五
日线

山东墨龙

第十二章
趋势负反转形态

趋势负反转形态指向下反转的形态，是做空的信号，也是卖出股票的信号。

一、双头

双头指股价在高位有两次冲高的过程，第二次高点比前次要低，最后跌破回调的低点，形成反转走势。

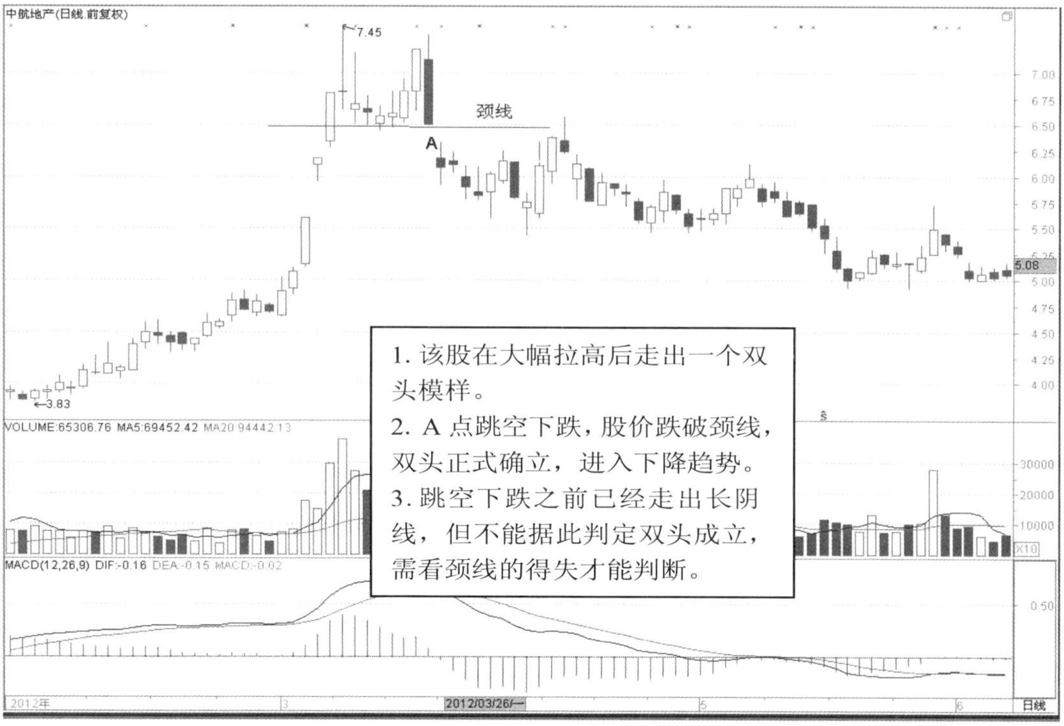

中航地产

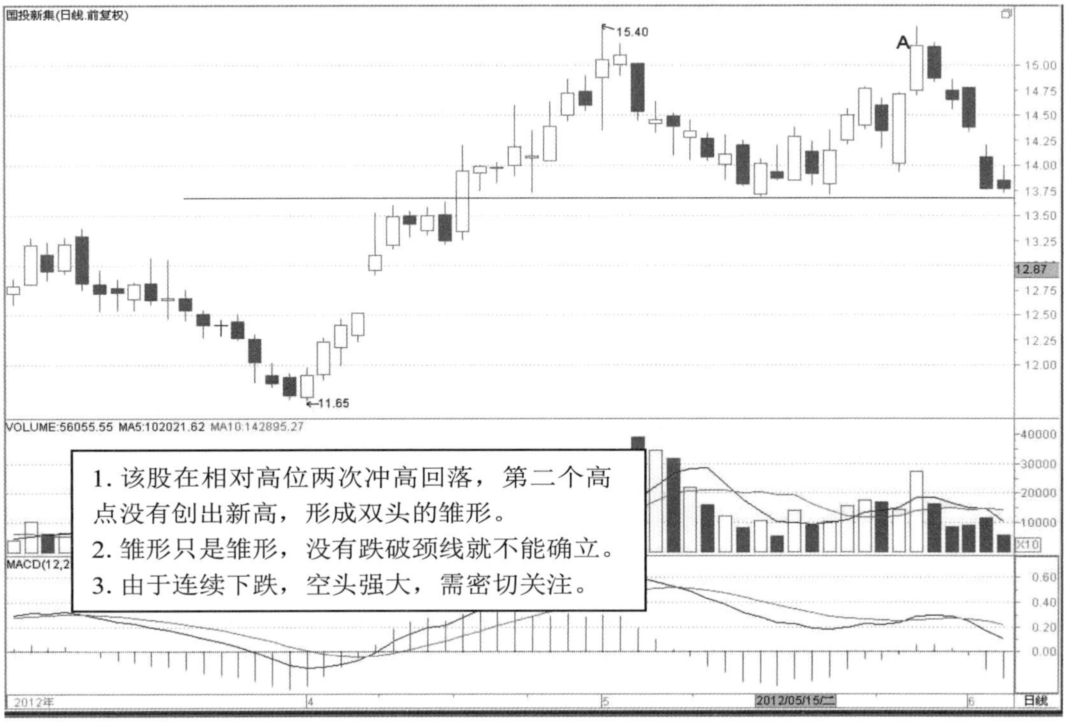
国投新集(日线,前复权)
15.40
A
11.65
VOLUME:56055.55 MA5:102021.62 MA10:142895.27
1. 该股在相对高位两次冲高回落，第二个高点没有创出新高，形成双头的雏形。
2. 雏形只是雏形，没有跌破颈线就不能确立。
3. 由于连续下跌，空头强大，需密切关注。
2012年
2012/05/15/二
日线

国投新集

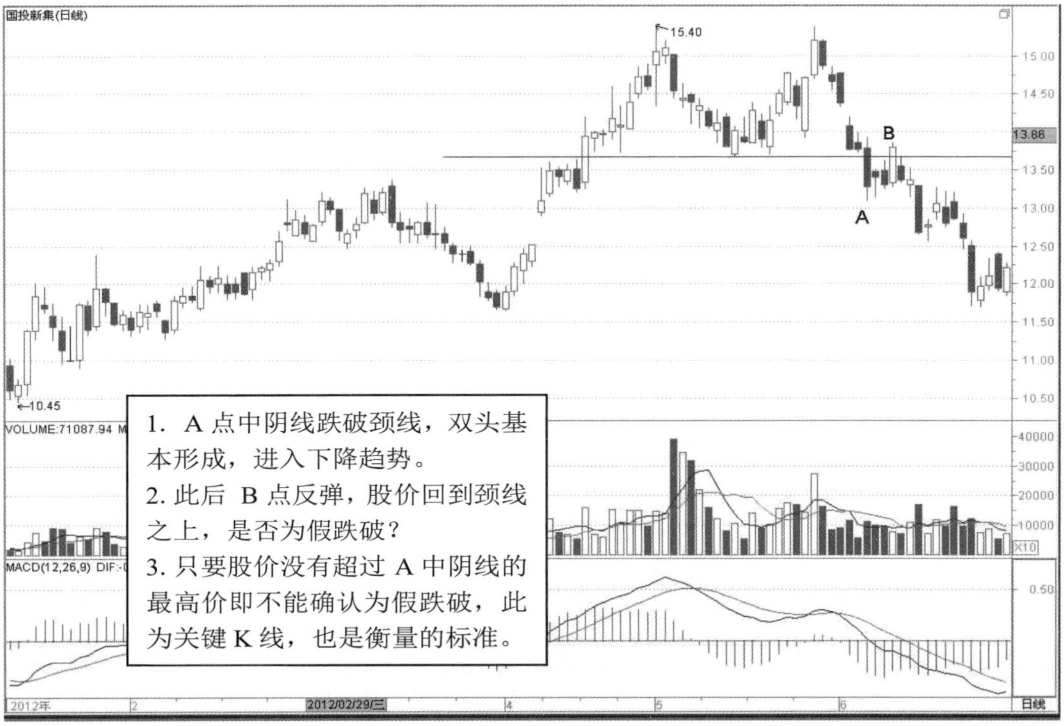
国投新集(日线)
15.40
B
A
10.45
VOLUME:71087.94
MACD(12,26,9)
1. A 点中阴线跌破颈线，双头基本形成，进入下降趋势。
2. 此后 B 点反弹，股价回到颈线之上，是否为假跌破？
3. 只要股价没有超过 A 中阴线的最高价即不能确认为假跌破，此为关键 K 线，也是衡量的标准。
2012年
2012/02/29/三
日线

国投新集

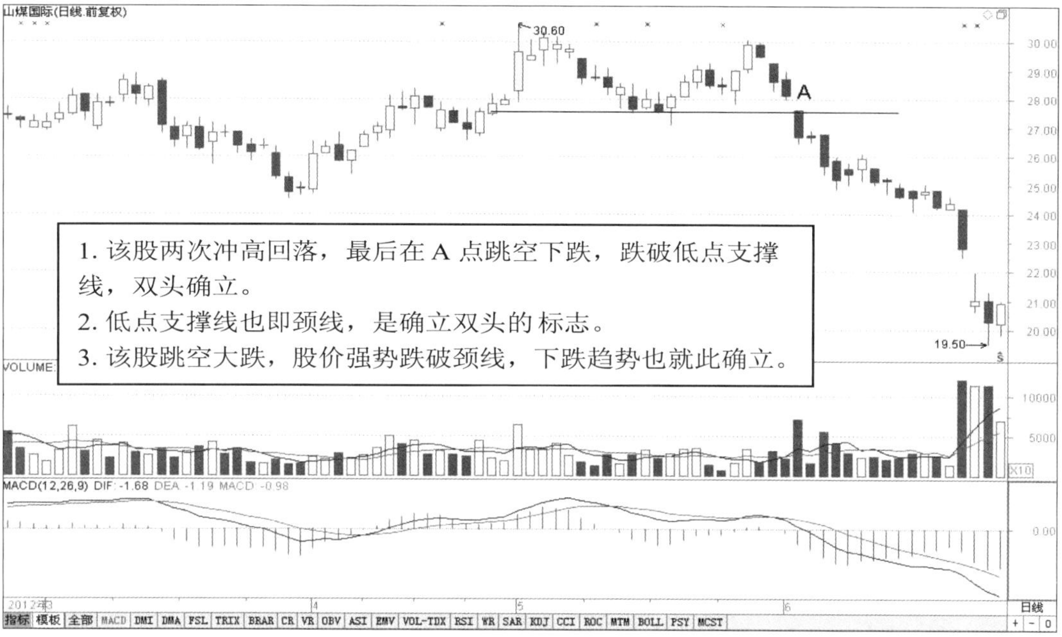
山煤国际(日线.前复权)
30.60
A
19.50
1. 该股两次冲高回落，最后在 A 点跳空下跌，跌破低点支撑线，双头确立。
2. 低点支撑线也即颈线，是确立双头的标志。
3. 该股跳空大跌，股价强势跌破颈线，下跌趋势也就此确立。
VOLUME
MACD(12,26,9) DIF:-1.68 DEA:-1.19 MACD:-0.98
日线

山煤国际

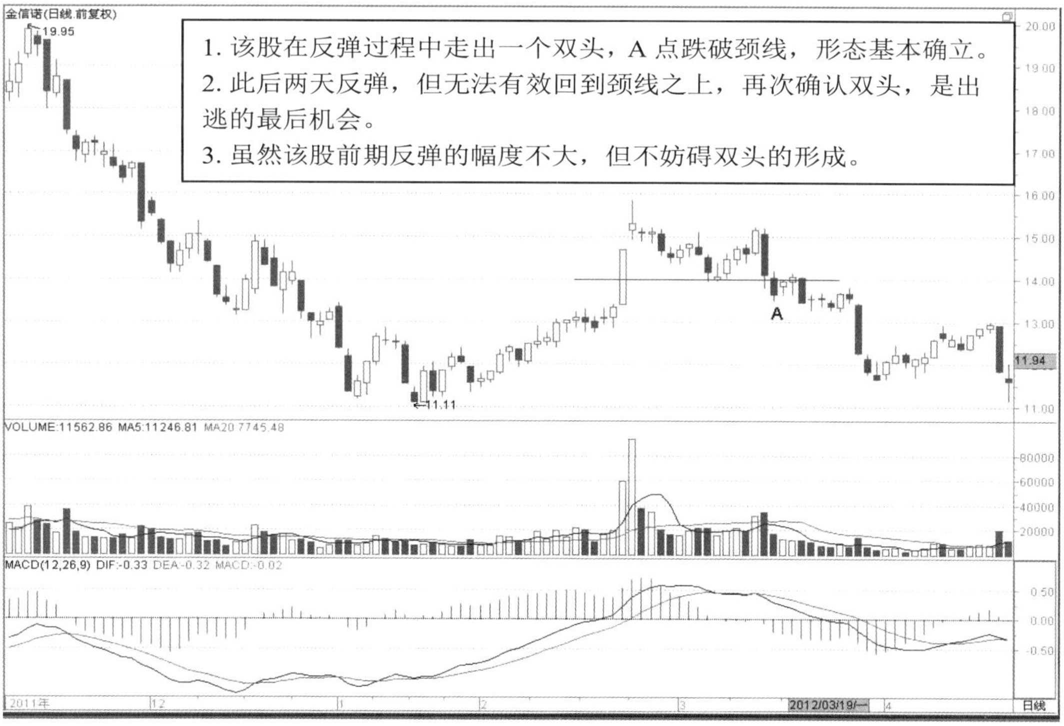
金信诺(日线.前复权)
19.95
1. 该股在反弹过程中走出一个双头，A 点跌破颈线，形态基本确立。
2. 此后两天反弹，但无法有效回到颈线之上，再次确认双头，是出逃的最后机会。
3. 虽然该股前期反弹的幅度不大，但不妨碍双头的形成。
A
11.11
11.94
VOLUME:11562.86 MA5:11246.81 MA20:7745.48
MACD(12,26,9) DIF:-0.33 DEA:-0.32 MACD:-0.02
2012/03/19/一
日线

金信诺

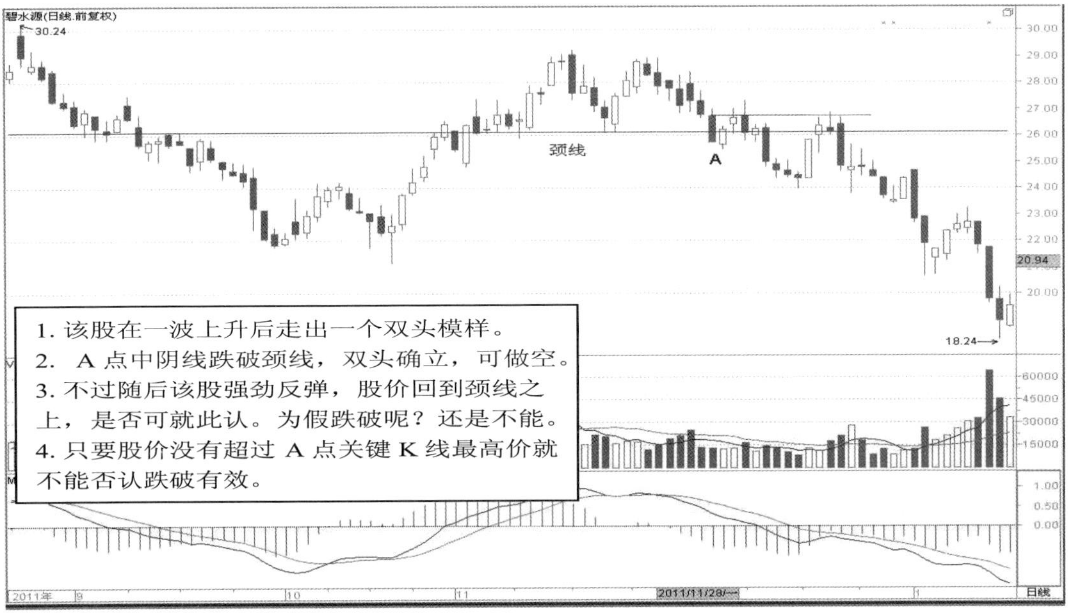

碧水源

二、三重顶

三重顶比双头多了一次冲高的过程，意义类似，只是杀伤力更大。跌破三重顶颈线的时候确立反转形态，必须果断止损。

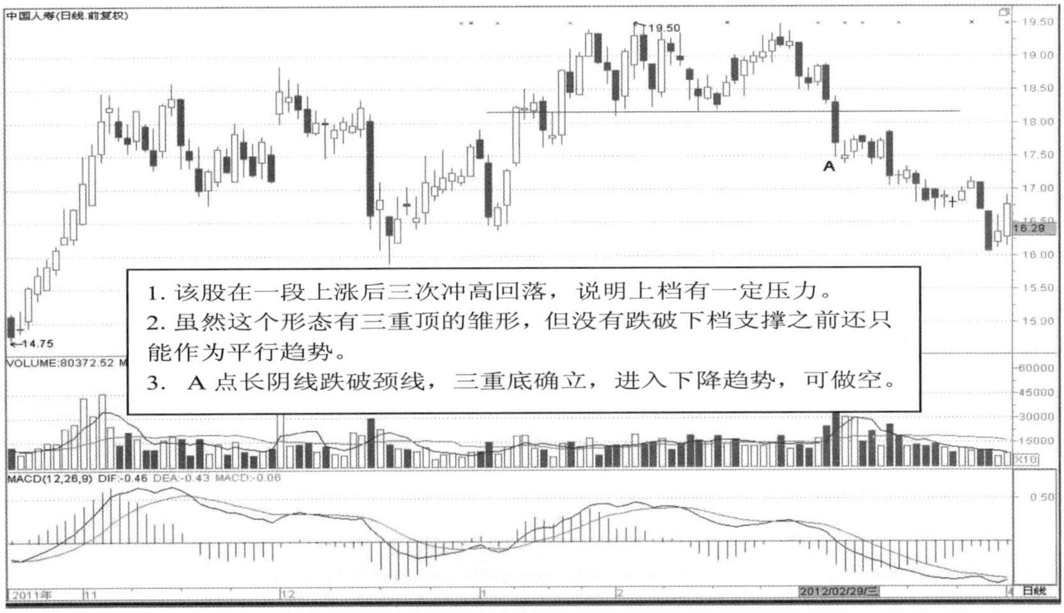

中国人寿

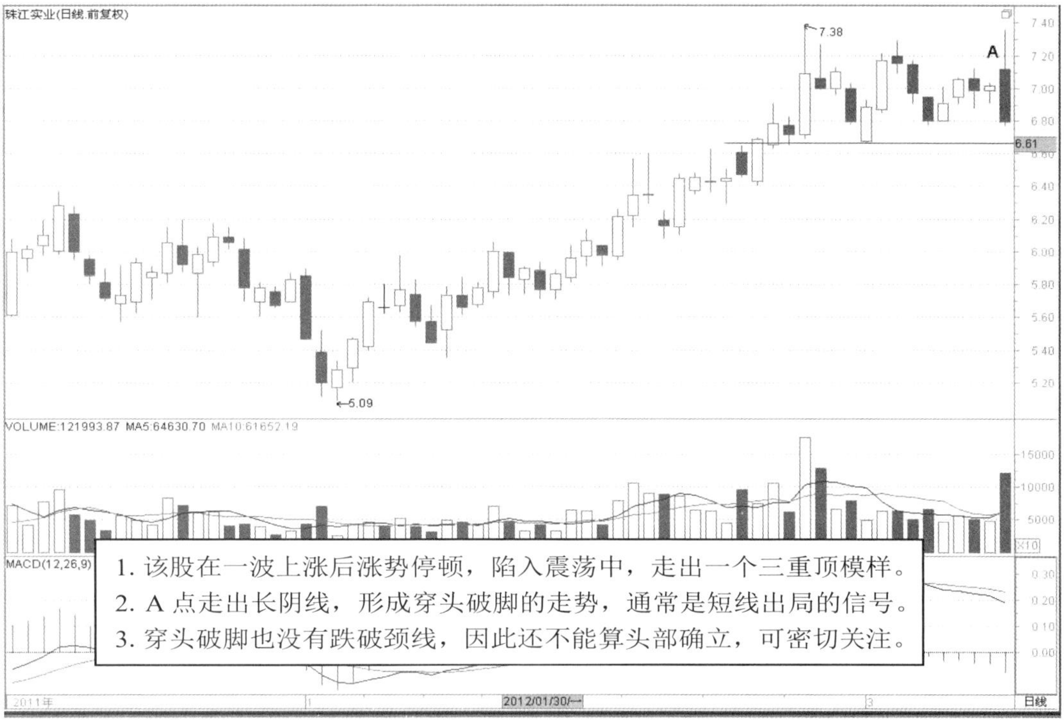
珠江实业(日线,前复权)
7.38
A
6.61
5.09
VOLUME:121993.87 MA5:64630.70 MA10:61652.19
MACD(12,26,9)
1. 该股在一波上涨后涨势停顿，陷入震荡中，走出一个三重顶模样。
2. A 点走出长阴线，形成穿头破脚的走势，通常是短线出局的信号。
3. 穿头破脚也没有跌破颈线，因此还不能算头部确立，可密切关注。
2011年
2012/01/30/一
日线

珠江实业

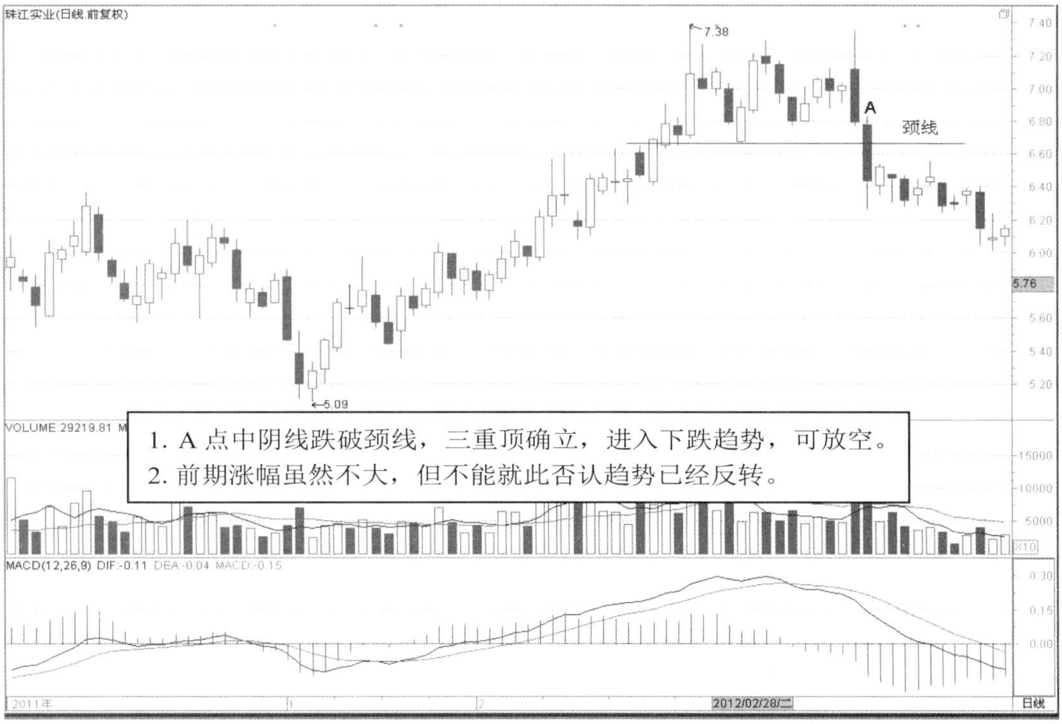
珠江实业(日线,前复权)
7.38
A
颈线
5.76
5.09
VOLUME:29219.81
1. A 点中阴线跌破颈线，三重顶确立，进入下跌趋势，可放空。
2. 前期涨幅虽然不大，但不能就此否认趋势已经反转。
MACD(12,26,9) DIF:-0.11 DEA:-0.04 MACD:-0.15
2011年
2012/02/28/二
日线

珠江实业

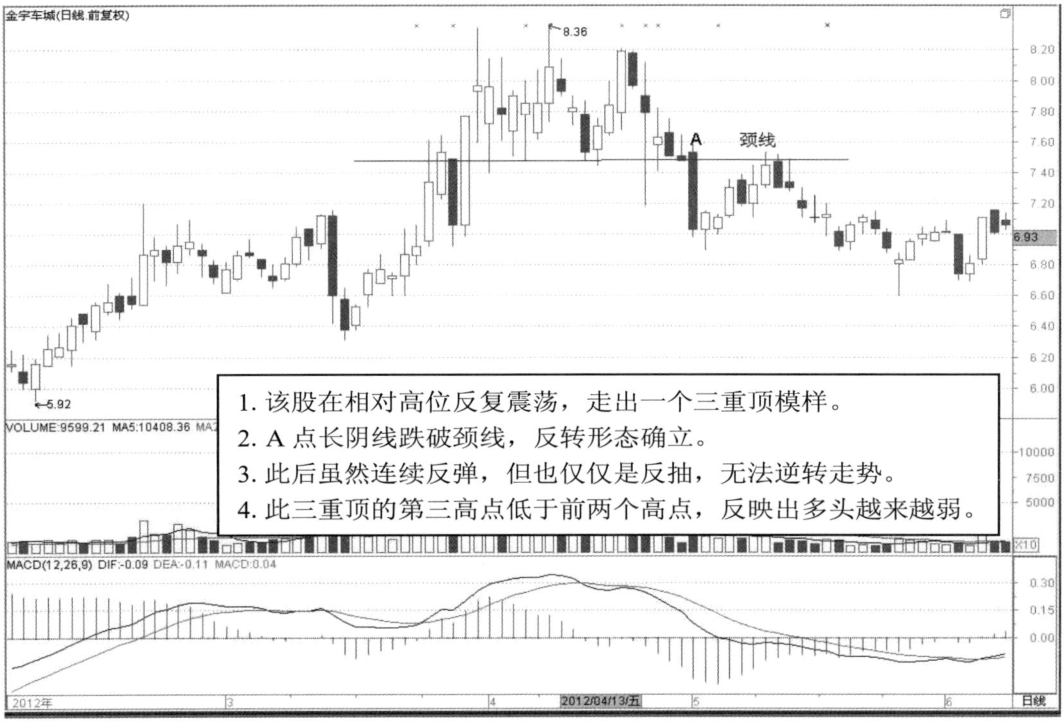
金宇车城(日线.前复权)
8.36
A
颈线
5.92
1. 该股在相对高位反复震荡，走出一个三重顶模样。
2. A 点长阴线跌破颈线，反转形态确立。
3. 此后虽然连续反弹，但也仅仅是反抽，无法逆转走势。
4. 此三重顶的第三高点低于前两个高点，反映出多头越来越弱。
VOLUME:9599.21 MA5:10408.36
MACD(12,26,9) DIF:-0.09 DEA:-0.11 MACD:0.04
2012年
2012/04/13/五
日线

金宇车城

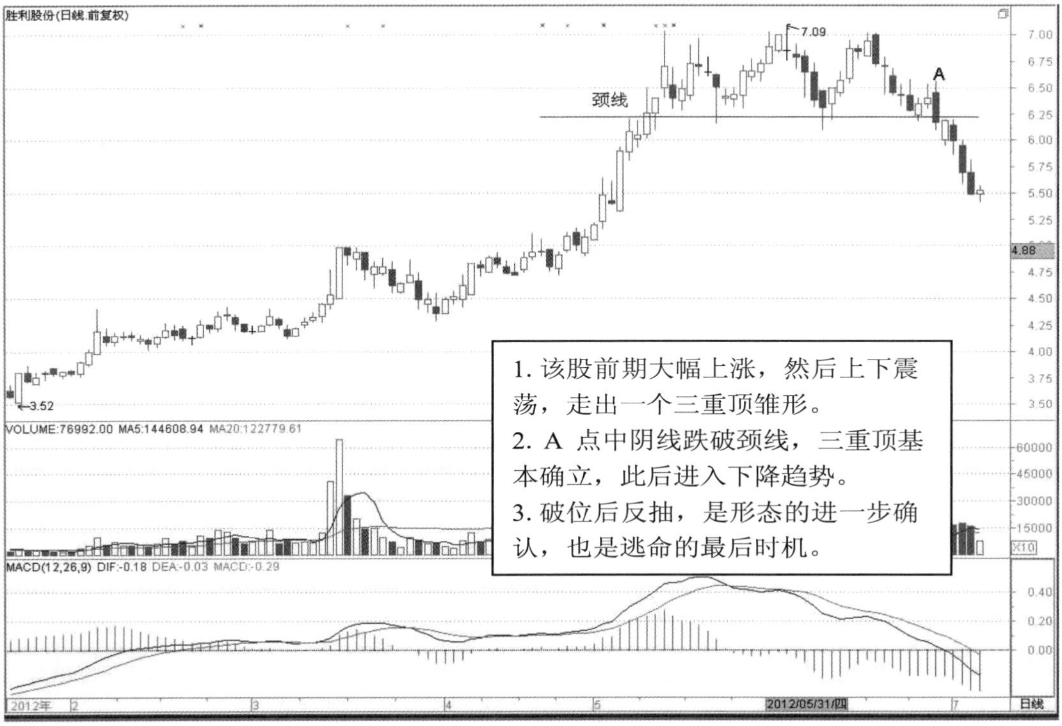
胜利股份(日线.前复权)
7.09
颈线
A
3.52
1. 该股前期大幅上涨，然后上下震荡，走出一个三重顶雏形。
2. A 点中阴线跌破颈线，三重顶基本确立，此后进入下降趋势。
3. 破位后反抽，是形态的进一步确认，也是逃命的最后时机。
VOLUME:76992.00 MA5:144608.94 MA20:122779.61
MACD(12,26,9) DIF:-0.18 DEA:-0.03 MACD:-0.29
2012年
2012/05/31/四
日线

胜利股份

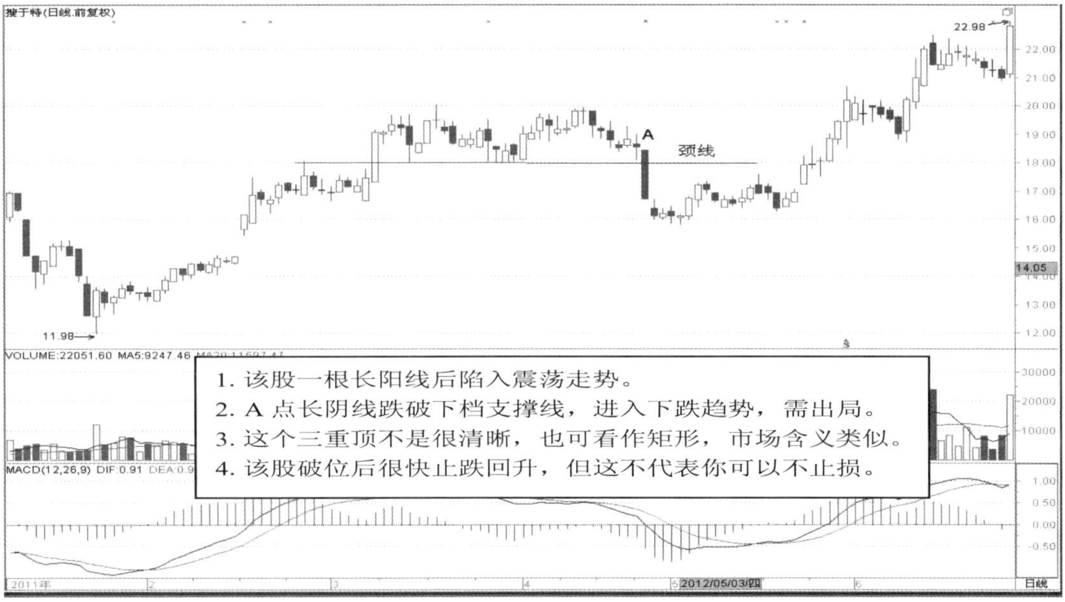

搜于特

三、头肩顶

头肩顶指中间高两边低的头部形态，外形像人头。股价跌破颈线即意味着反转形态确立，需要果断止损。

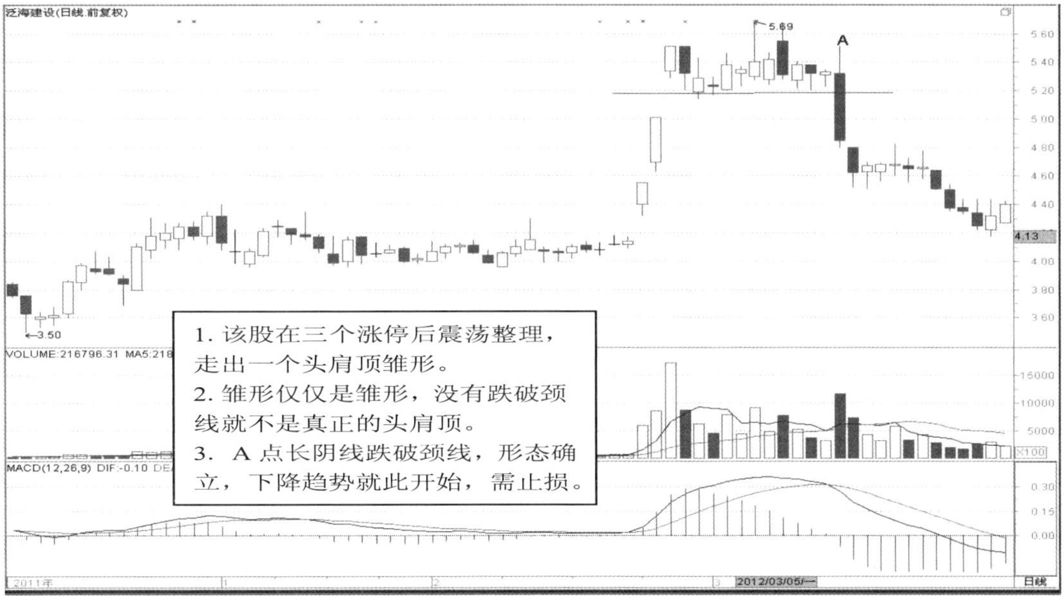

泛海建设

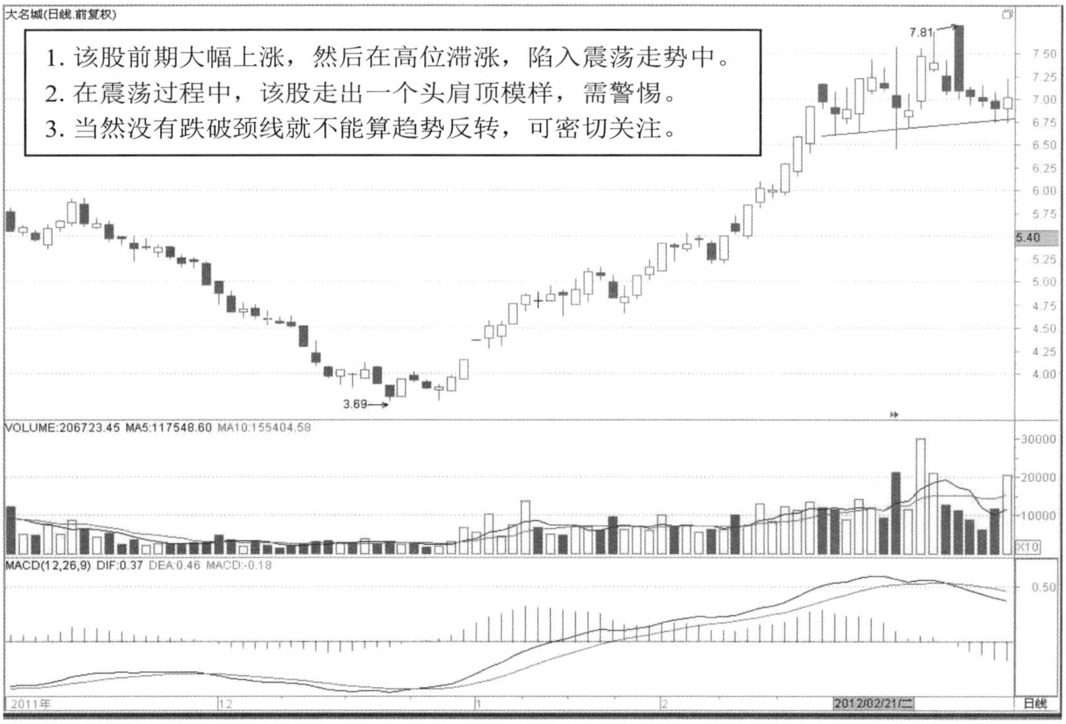
大名城(日线,前复权)
1. 该股前期大幅上涨，然后在高位滞涨，陷入震荡走势中。
2. 在震荡过程中，该股走出一个头肩顶模样，需警惕。
3. 当然没有跌破颈线就不能算趋势反转，可密切关注。
7.81
3.69
VOLUME:206723.45 MA5:117548.60 MA10:155404.58
MACD(12,26,9) DIF:0.37 DEA:0.46 MACD:-0.18
2011年
12
1
2
2012/02/21/二
日线

大名城

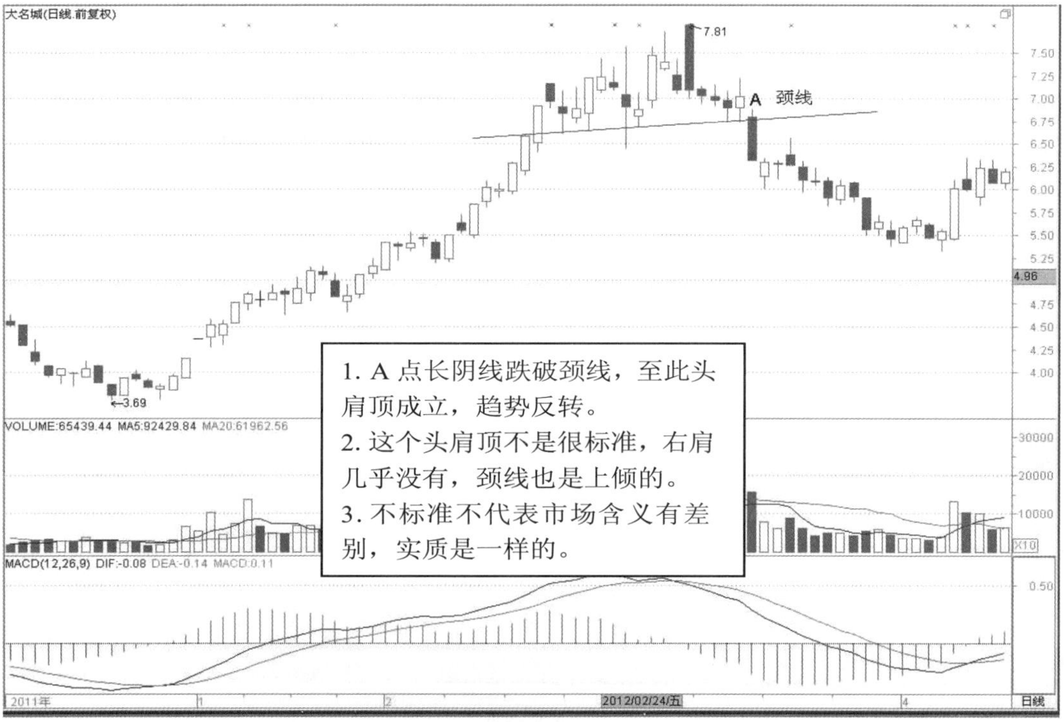
大名城(日线,前复权)
7.81
A 颈线
3.69
1. A 点长阴线跌破颈线，至此头肩顶成立，趋势反转。
2. 这个头肩顶不是很标准，右肩几乎没有，颈线也是上倾的。
3. 不标准不代表市场含义有差别，实质是一样的。
VOLUME:65439.44 MA5:92429.84 MA20:61962.56
MACD(12,26,9) DIF:-0.08 DEA:-0.14 MACD:0.11
2011年
1
2
2012/02/24/五
4
日线

大名城

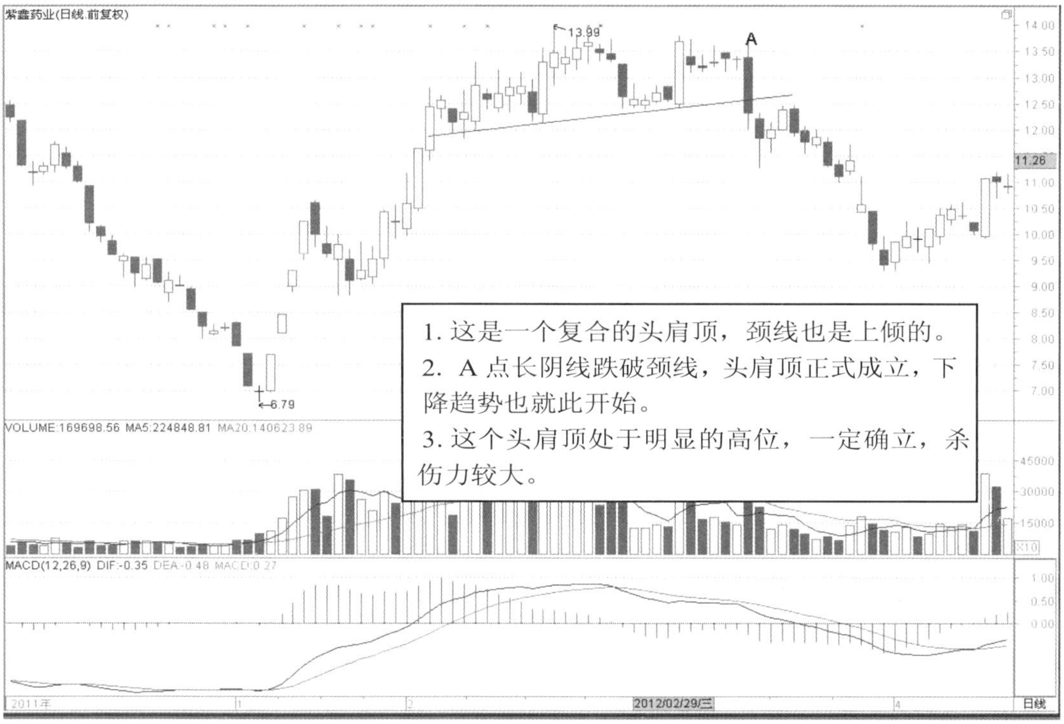
紫鑫药业(日线,前复权)
13.99
A
6.79
1. 这是一个复合的头肩顶，颈线也是上倾的。
2. A 点长阴线跌破颈线，头肩顶正式成立，下降趋势也就此开始。
3. 这个头肩顶处于明显的高位，一定确立，杀伤力较大。
2012/02/29/三
日线

紫鑫药业

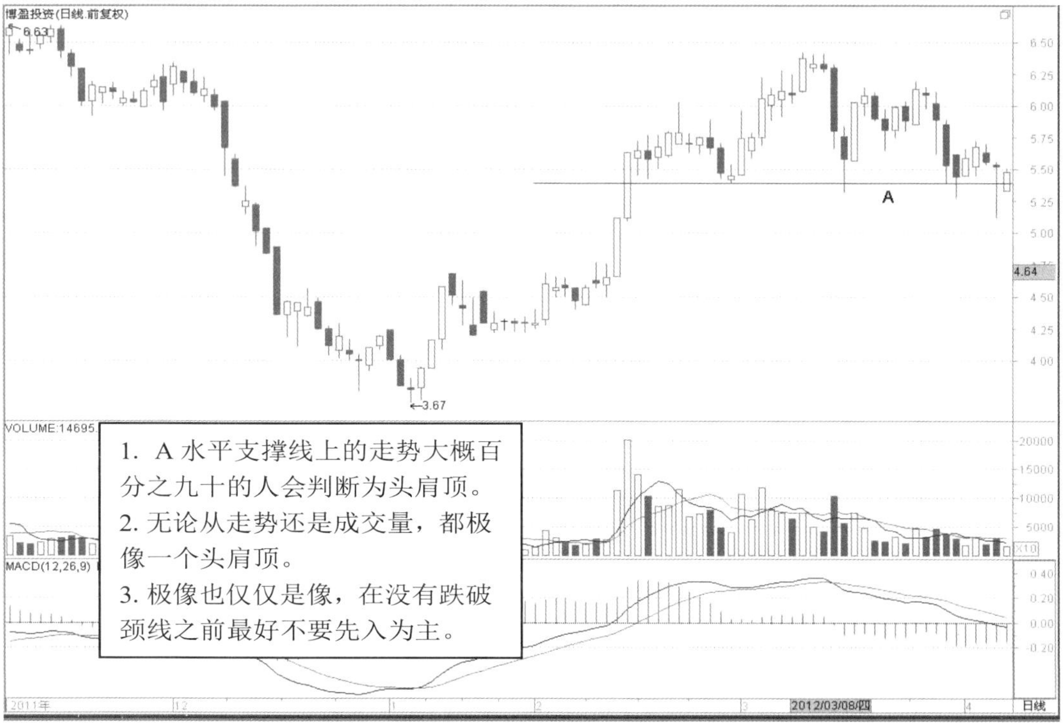
博盈投资(日线,前复权)
6.63
A
3.67
1. A 水平支撑线上的走势大概百分之九十的人会判断为头肩顶。
2. 无论从走势还是成交量，都极像一个头肩顶。
3. 极像也仅仅是像，在没有跌破颈线之前最好不要先入为主。
2012/03/08/四
日线

博盈投资

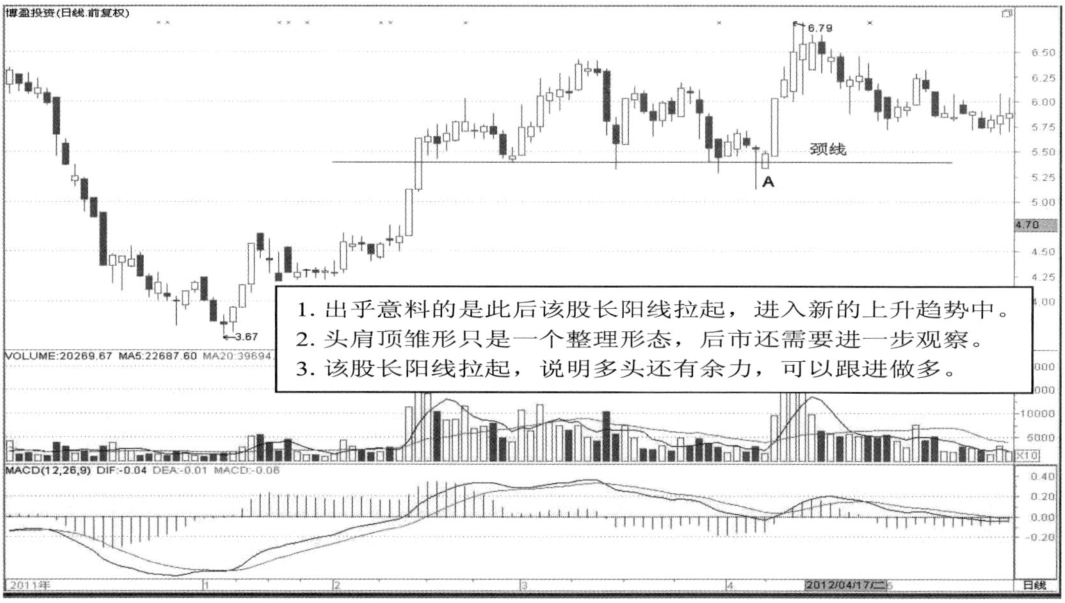

博盈投资

四、三角顶

三角顶较为常见，但严格来说没有这种说法，往往是双头或者三重顶的一种变形，外形呈三角形。

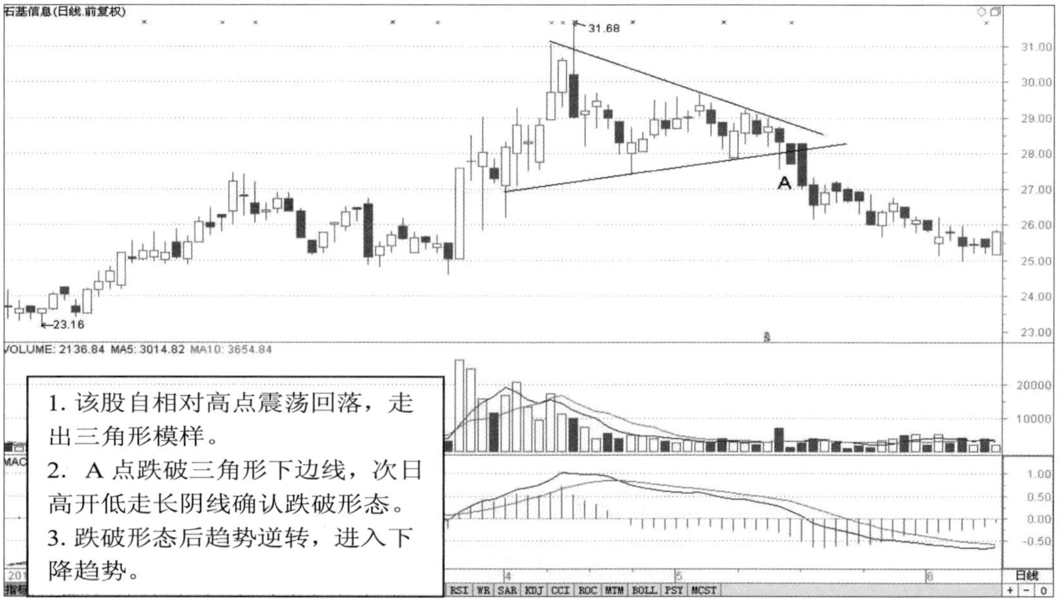

石基信息

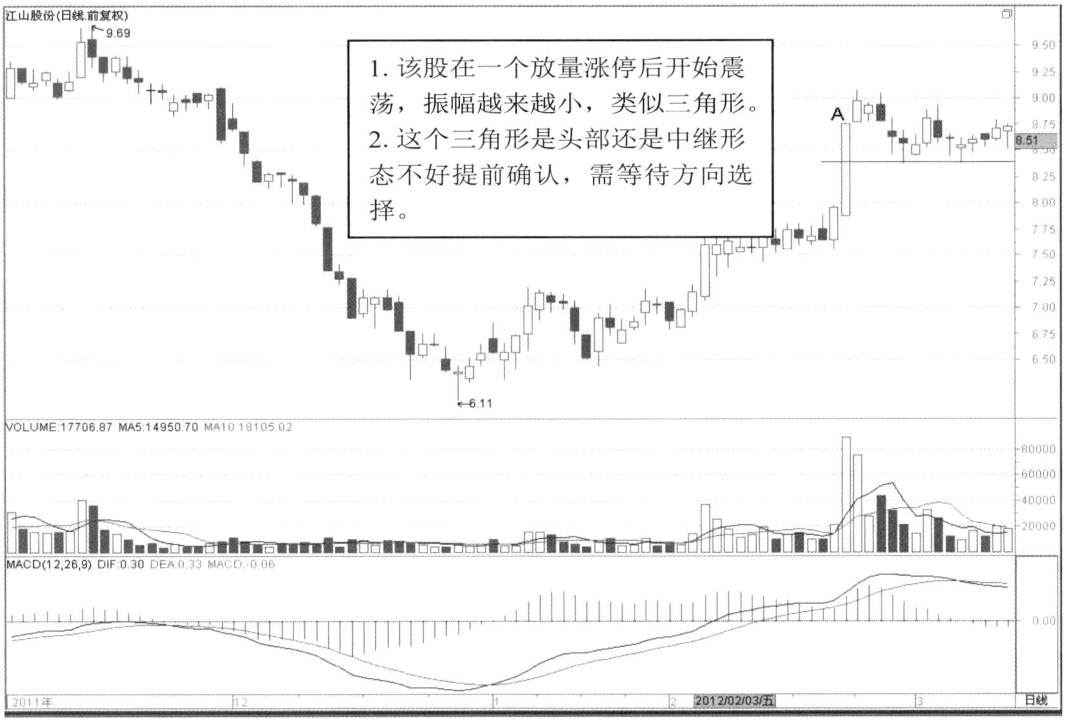
江山股份(日线,前复权)
1. 该股在一个放量涨停后开始震荡，振幅越来越小，类似三角形。
2. 这个三角形是头部还是中继形态不好提前确认，需等待方向选择。
A
9.69
6.11
8.51
VOLUME:17706.87 MA5:14950.70 MA10:18105.02
MACD(12,26,9) DIF:0.30 DEA:0.33 MACD:-0.06
2011年
12
1
2
2012/02/03/五
3
日线

江山股份

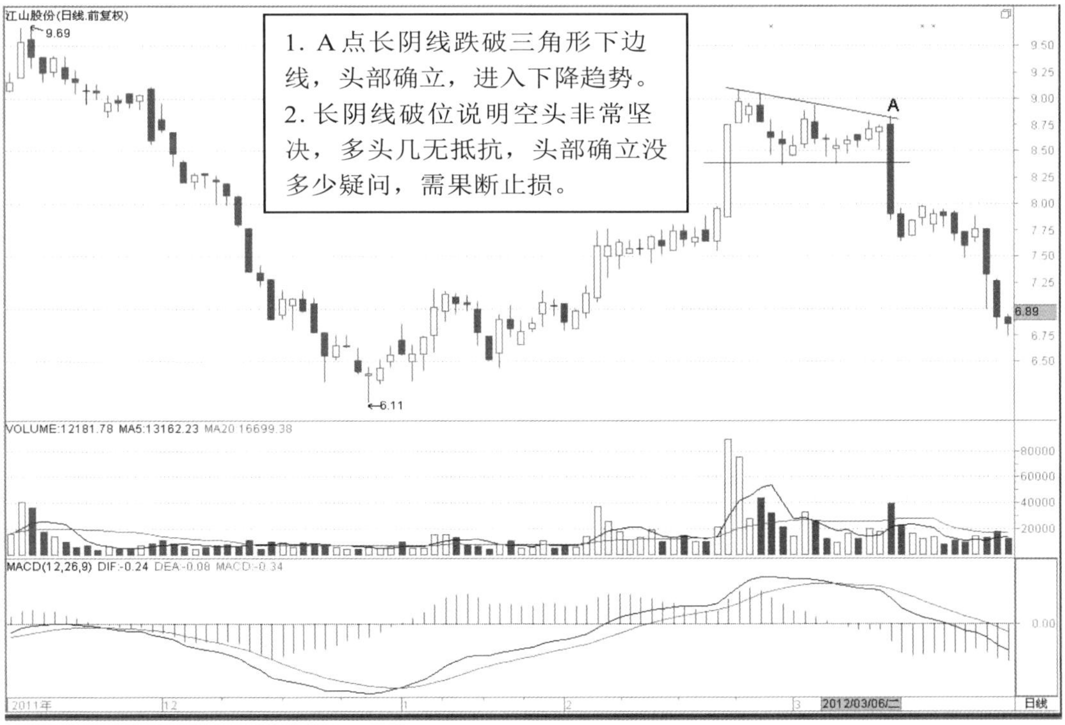
江山股份(日线,前复权)
1. A点长阴线跌破三角形下边线，头部确立，进入下降趋势。
2. 长阴线破位说明空头非常坚决，多头几无抵抗，头部确立没多少疑问，需果断止损。
A
9.69
6.11
6.89
VOLUME:12181.78 MA5:13162.23 MA20:16699.38
MACD(12,26,9) DIF:-0.24 DEA:-0.08 MACD:-0.34
2011年
12
1
2
3
2012/03/06/二
日线

江山股份

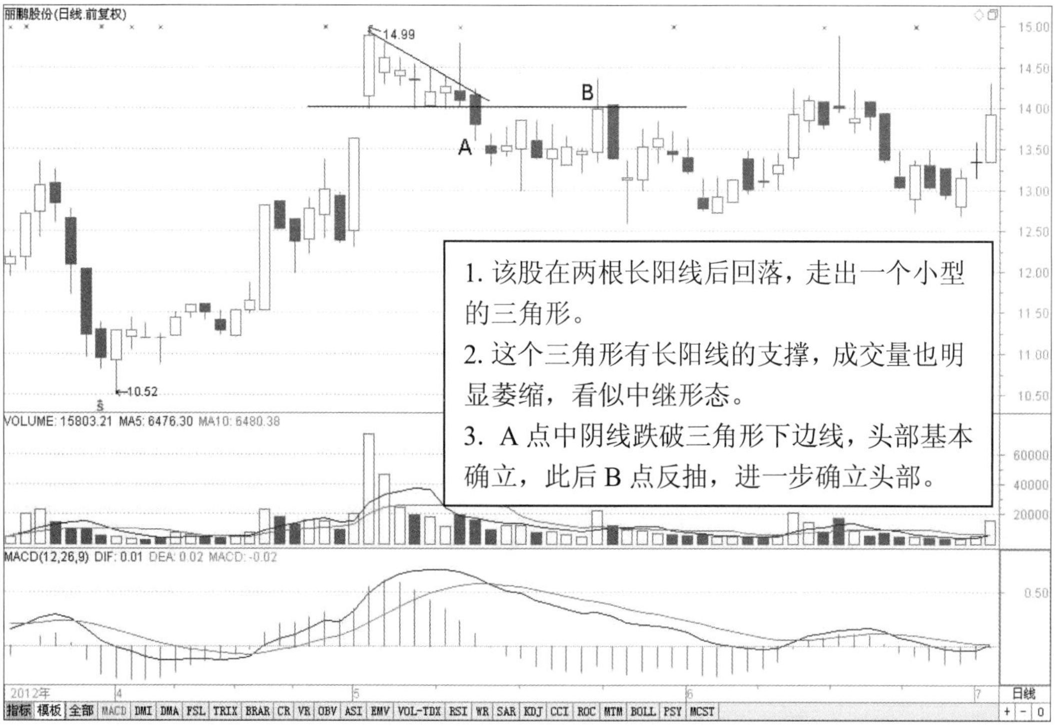
丽鹏股份(日线,前复权)
14.99
10.52
A
B
1. 该股在两根长阳线后回落，走出一个小型的三角形。
2. 这个三角形有长阳线的支撑，成交量也明显萎缩，看似中继形态。
3. A 点中阴线跌破三角形下边线，头部基本确立，此后 B 点反抽，进一步确立头部。
VOLUME: 15803.21 MA5: 6476.30 MA10: 6480.38
MACD(12,26,9) DIF: 0.01 DEA: 0.02 MACD: -0.02
2012年
日线

丽鹏股份

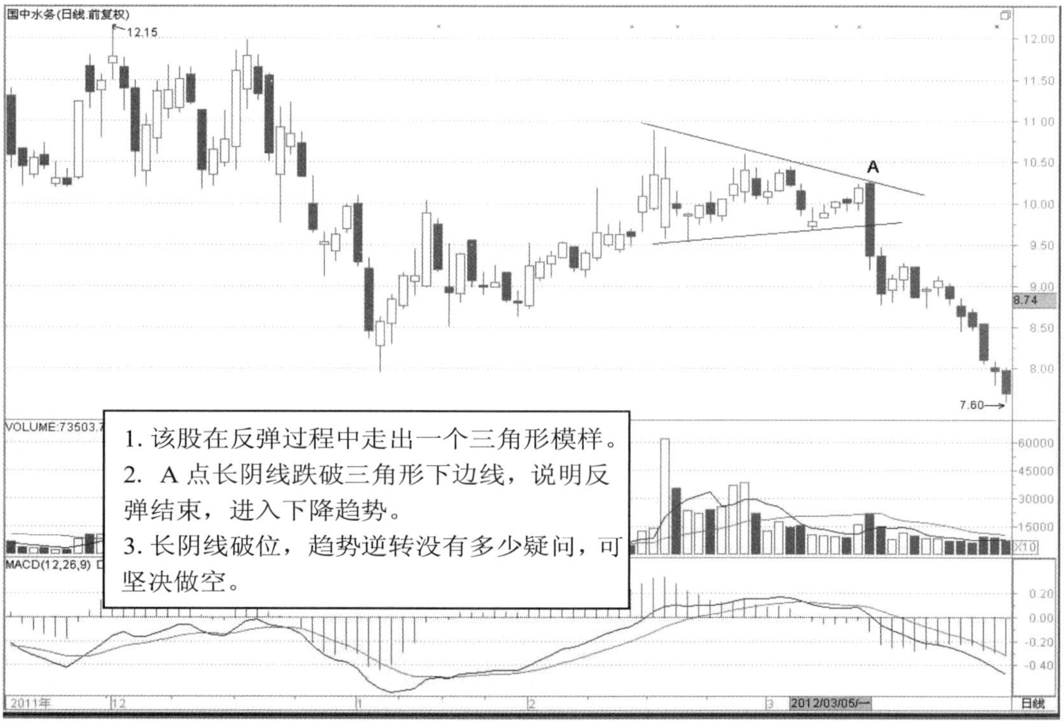
国中水务(日线,前复权)
12.15
A
7.60
8.74
1. 该股在反弹过程中走出一个三角形模样。
2. A 点长阴线跌破三角形下边线，说明反弹结束，进入下降趋势。
3. 长阴线破位，趋势逆转没有多少疑问，可坚决做空。
2011年
2012/03/05/一
日线

国中水务

五、尖顶

尖顶是一种剧烈的反转形态，较为少见。先是上升，然后陡然反转，没有横盘的过程。

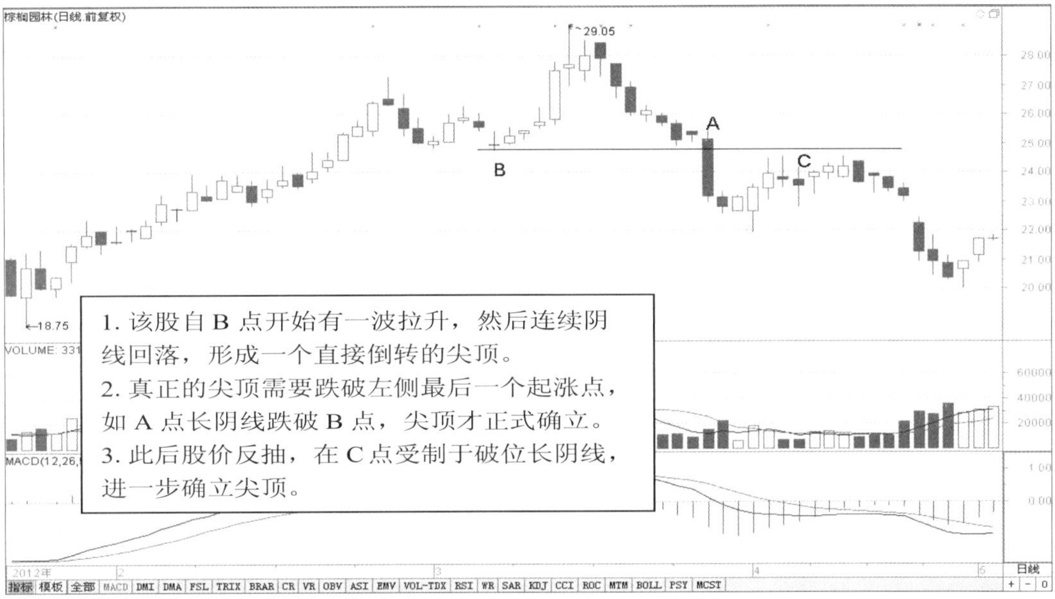

棕榈园林

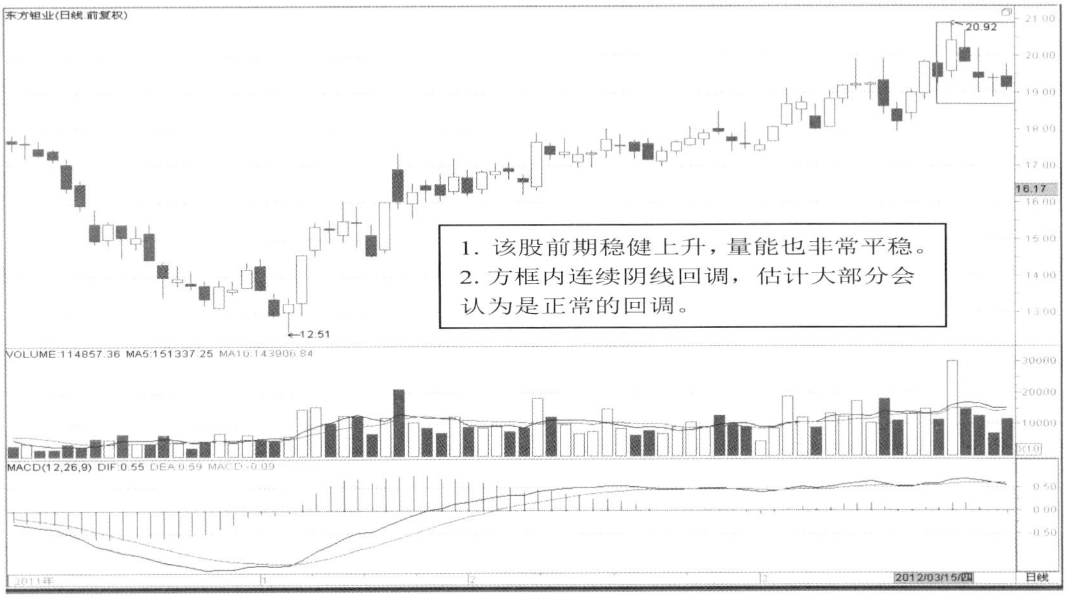

东方钽业

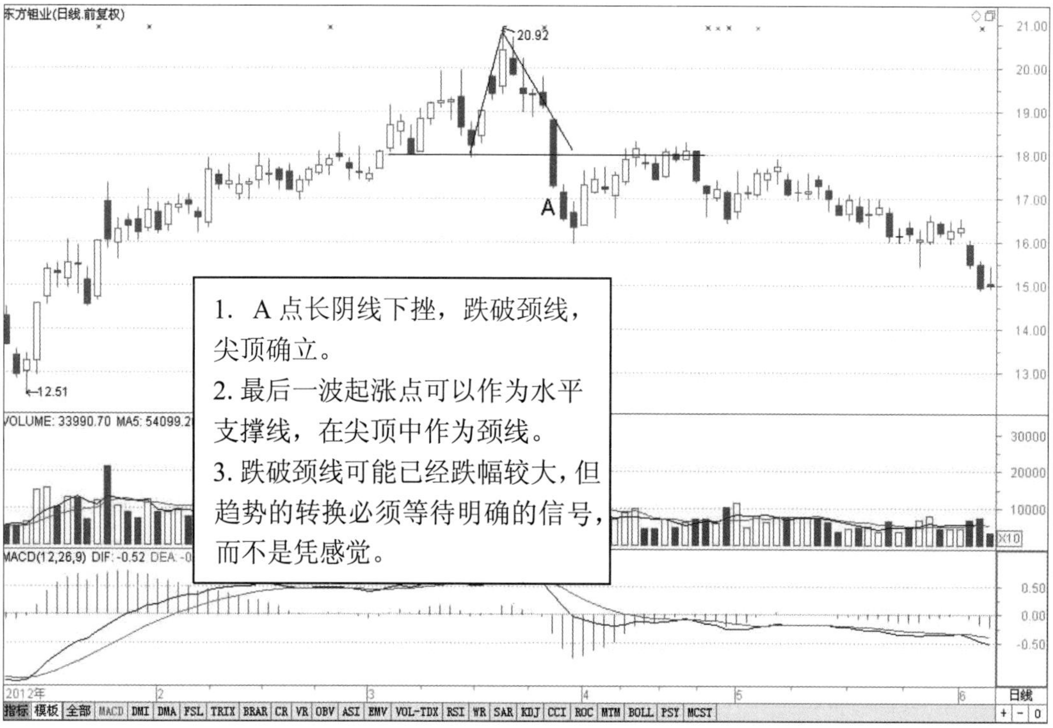
东方钼业(日线,前复权)
20.92
12.51
A
1. A点长阴线下挫，跌破颈线，尖顶确立。
2. 最后一波起涨点可以作为水平支撑线，在尖顶中作为颈线。
3. 跌破颈线可能已经跌幅较大，但趋势的转换必须等待明确的信号，而不是凭感觉。
VOLUME: 33990.70 MA5: 54099.2
MACD(12,26,9) DIF: -0.52 DEA: -0
2012年

东方钼业

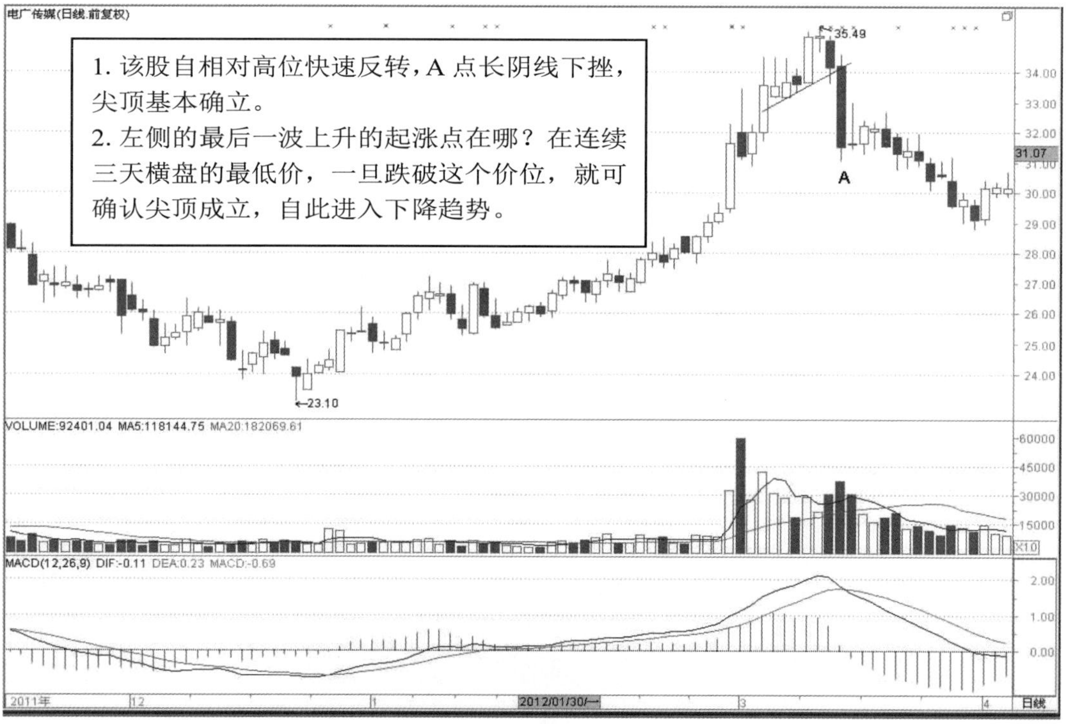
电广传媒(日线,前复权)
1. 该股自相对高位快速反转，A点长阴线下挫，尖顶基本确立。
2. 左侧的最后一波上升的起涨点在哪？在连续三天横盘的最低价，一旦跌破这个价位，就可确认尖顶成立，自此进入下降趋势。
35.49
A
23.10
VOLUME:92401.04 MA5:118144.75 MA20:182069.61
MACD(12,26,9) DIF:-0.11 DEA:0.23 MACD:-0.69
2011年
2012/01/30/一

电广传媒

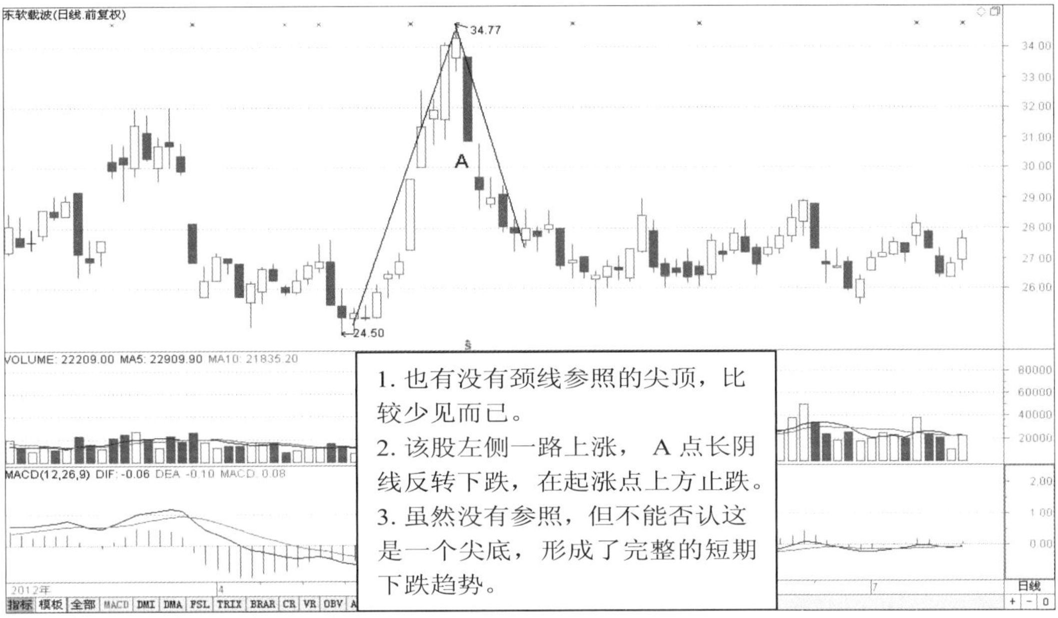

东软载波

六、矩形顶

矩形顶即俗称的箱顶。是高位盘整的走势，最后向下跌破下档支撑，形成矩形顶。

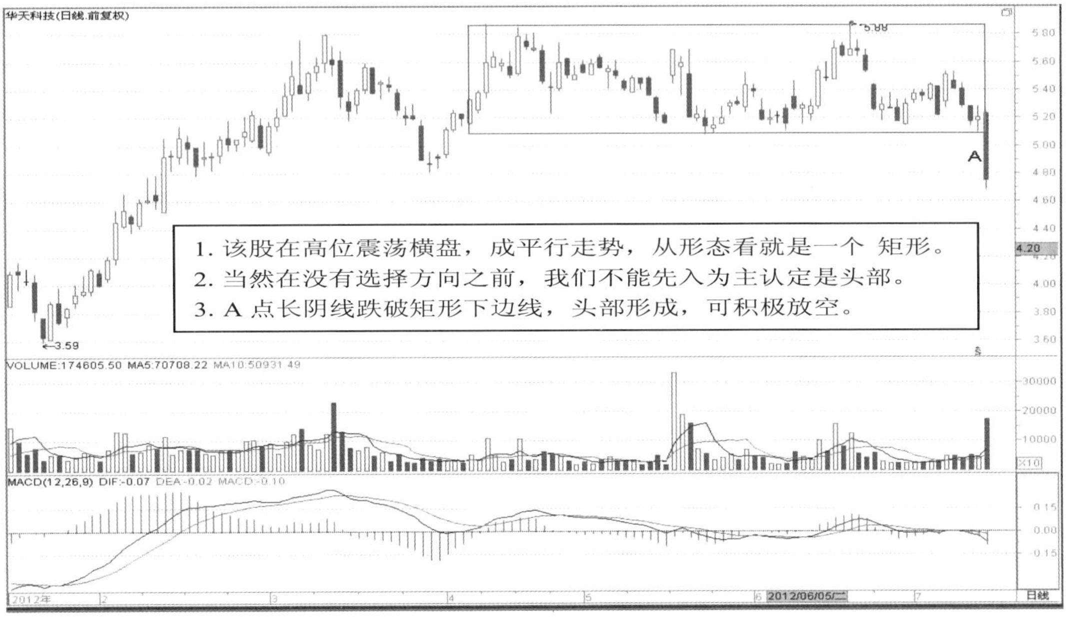

华天科技

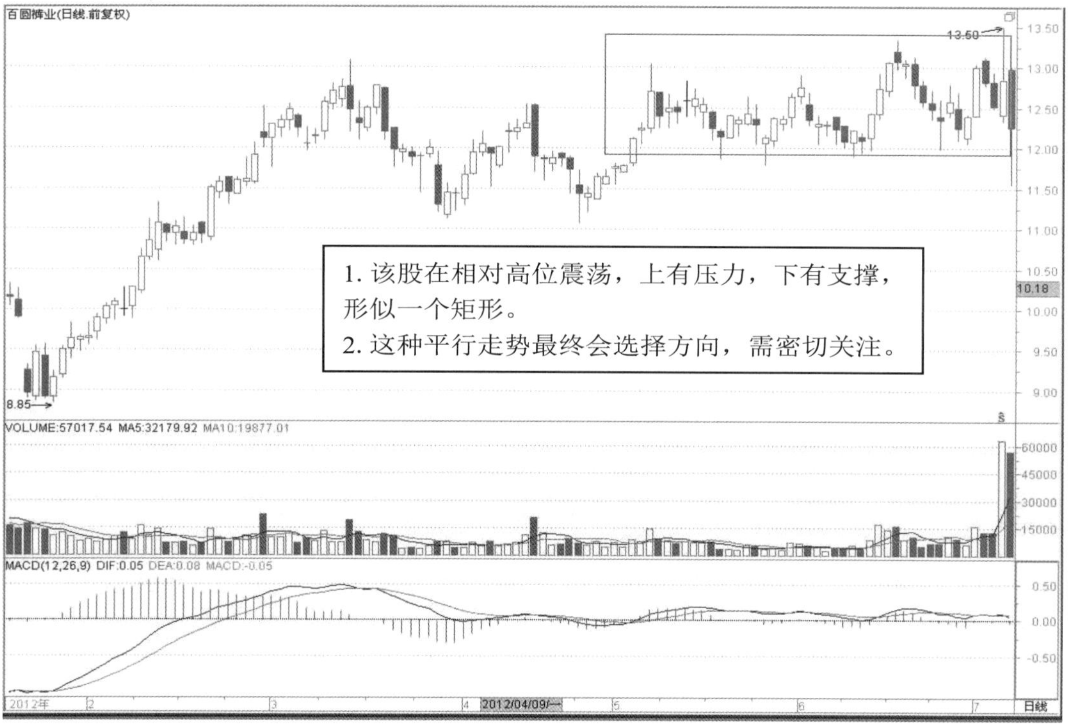
百圆裤业(日线.前复权)
13.50
8.85
1. 该股在相对高位震荡，上有压力，下有支撑，形似一个矩形。
2. 这种平行走势最终会选择方向，需密切关注。
10.18
VOLUME:57017.54 MA5:32179.92 MA10:19877.01
MACD(12,26,9) DIF:0.05 DEA:0.08 MACD:-0.05
2012/04/09/一
日线

百圆裤业

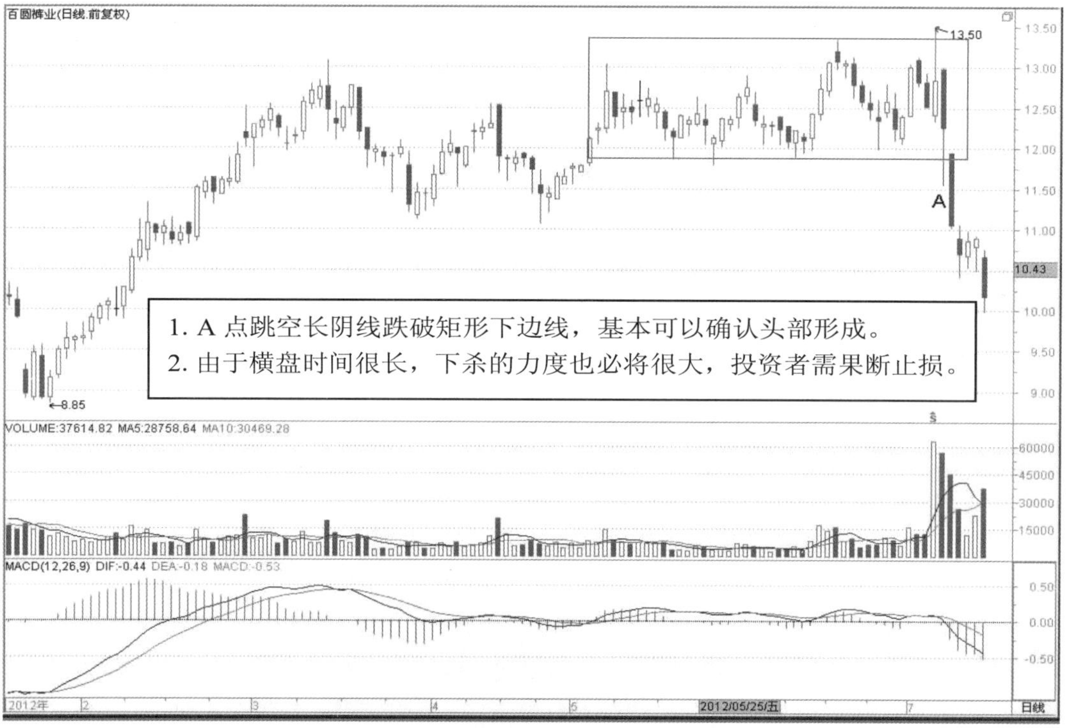
百圆裤业(日线.前复权)
13.50
A
10.43
8.85
1. A 点跳空长阴线跌破矩形下边线，基本可以确认头部形成。
2. 由于横盘时间很长，下杀的力度也必将很大，投资者需果断止损。
VOLUME:37614.82 MA5:28758.64 MA10:30469.28
MACD(12,26,9) DIF:-0.44 DEA:-0.18 MACD:-0.53
2012/05/25/五
日线

百圆裤业

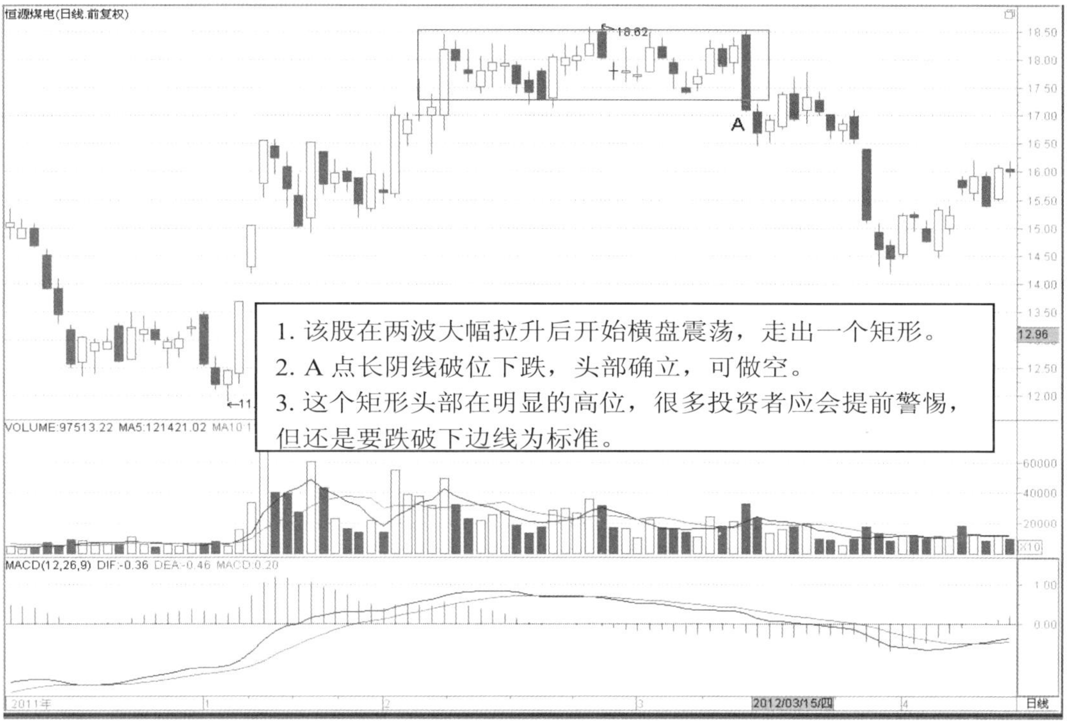
恒源煤电(日线,前复权)
18.62
A
1. 该股在两波大幅拉升后开始横盘震荡，走出一个矩形。
2. A 点长阴线破位下跌，头部确立，可做空。
3. 这个矩形头部在明显的高位，很多投资者应会提前警惕，但还是要跌破下边线为标准。
VOLUME:97513.22 MA5:121421.02
MACD(12,26,9) DIF:-0.36 DEA:-0.46 MACD:0.20
2012/03/15/四
日线

恒源煤电

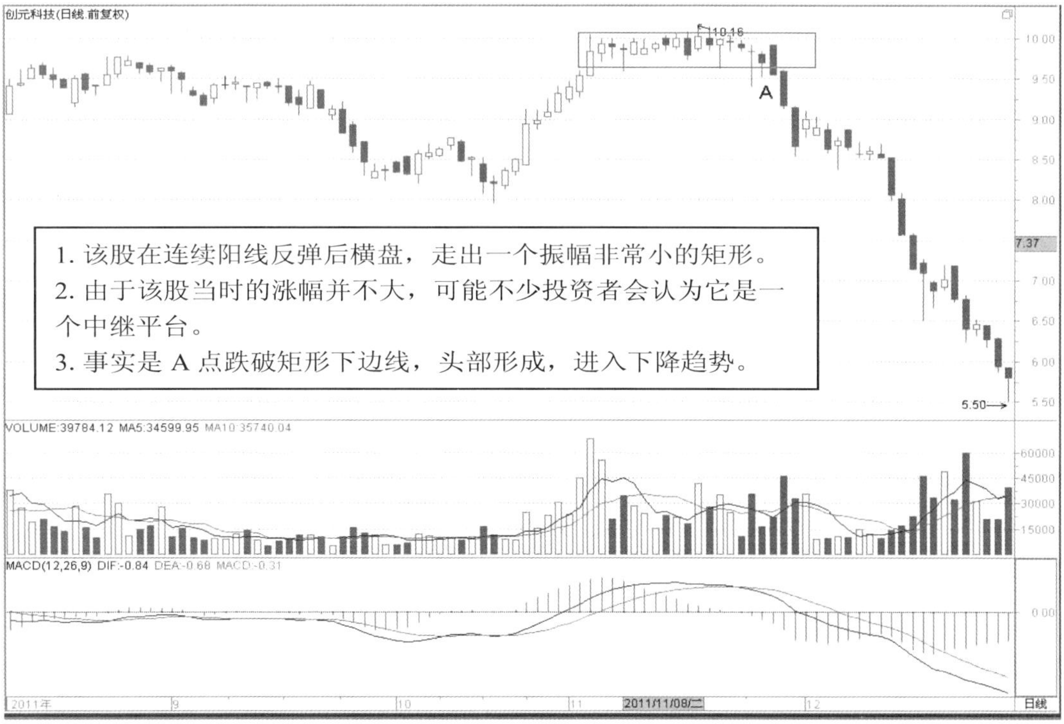
创元科技(日线,前复权)
10.16
A
1. 该股在连续阳线反弹后横盘，走出一个振幅非常小的矩形。
2. 由于该股当时的涨幅并不大，可能不少投资者会认为它是一个中继平台。
3. 事实是 A 点跌破矩形下边线，头部形成，进入下降趋势。
5.50
VOLUME:39784.12 MA5:34599.95 MA10:35740.04
MACD(12,26,9) DIF:-0.84 DEA:-0.68 MACD:-0.31
2011/11/08/二
日线

创元科技

七、圆顶

股价在一段上涨后开始滞涨，股价缓慢上移，然后缓慢下移，形成一个圆弧状，即俗称的圆顶。圆顶经历的时间较长，对后市影响深远，往往跌幅较大。

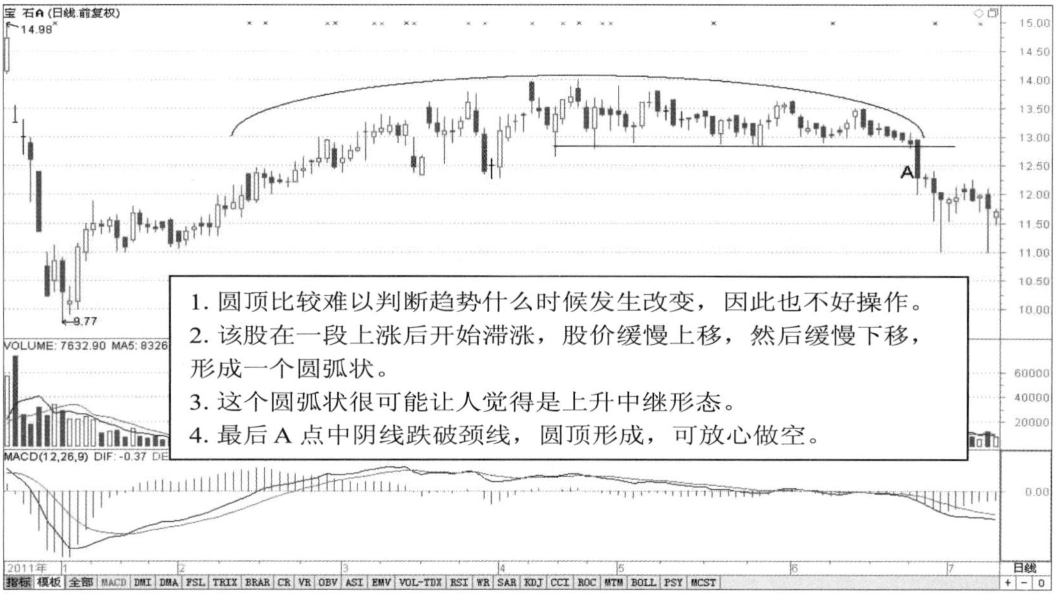

宝石A

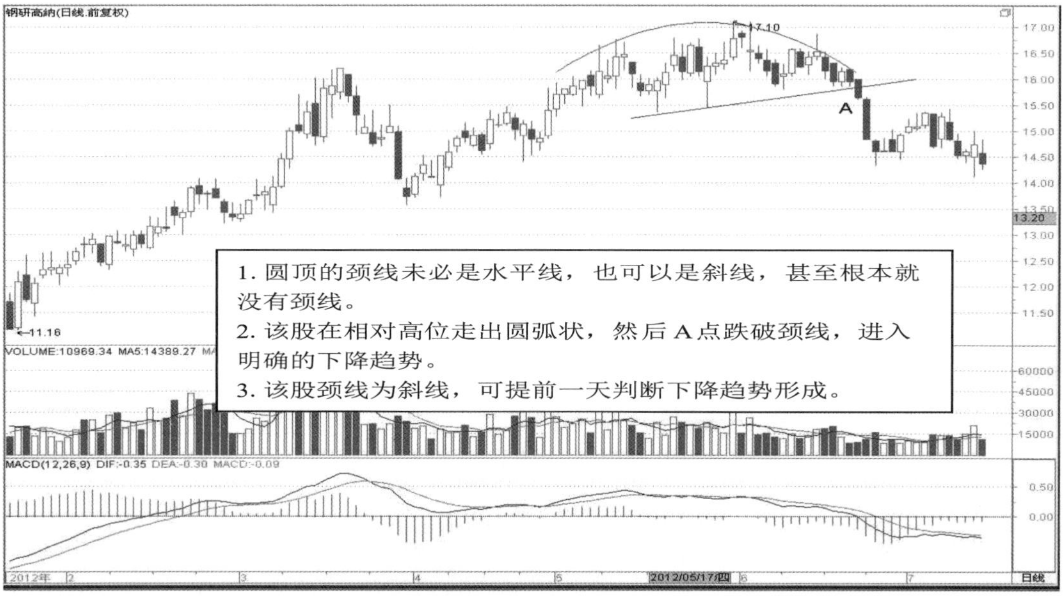

钢研高纳

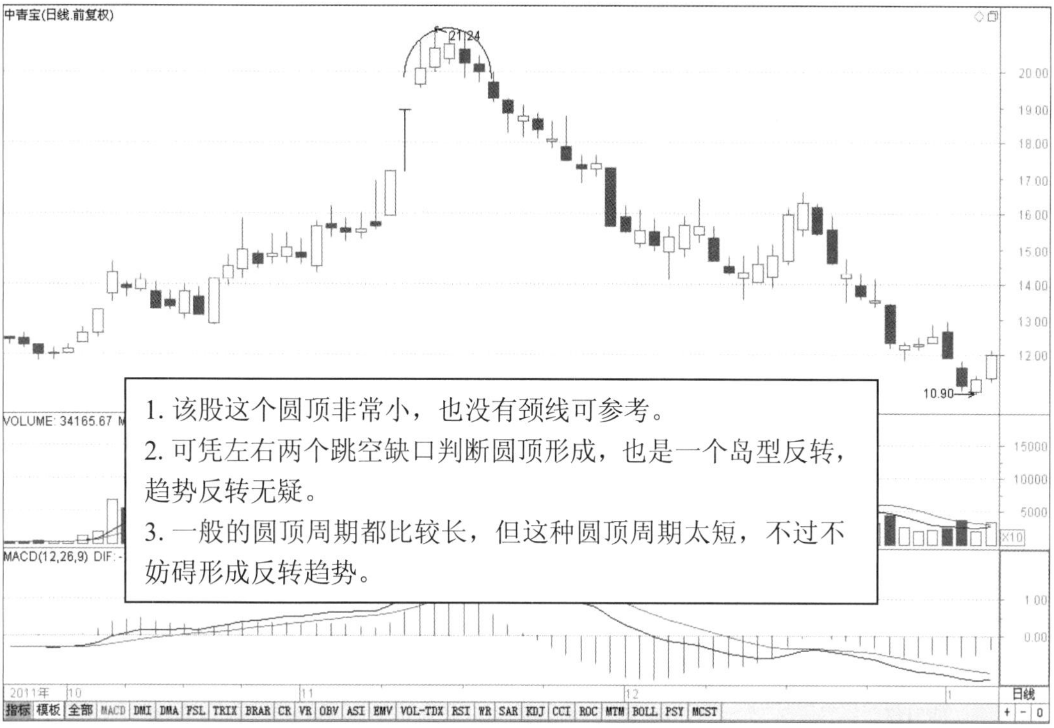
中青宝(日线,前复权)
21.24
10.90
1. 该股这个圆顶非常小，也没有颈线可参考。
2. 可凭左右两个跳空缺口判断圆顶形成，也是一个岛型反转，趋势反转无疑。
3. 一般的圆顶周期都比较长，但这种圆顶周期太短，不过不妨碍形成反转趋势。

中青宝

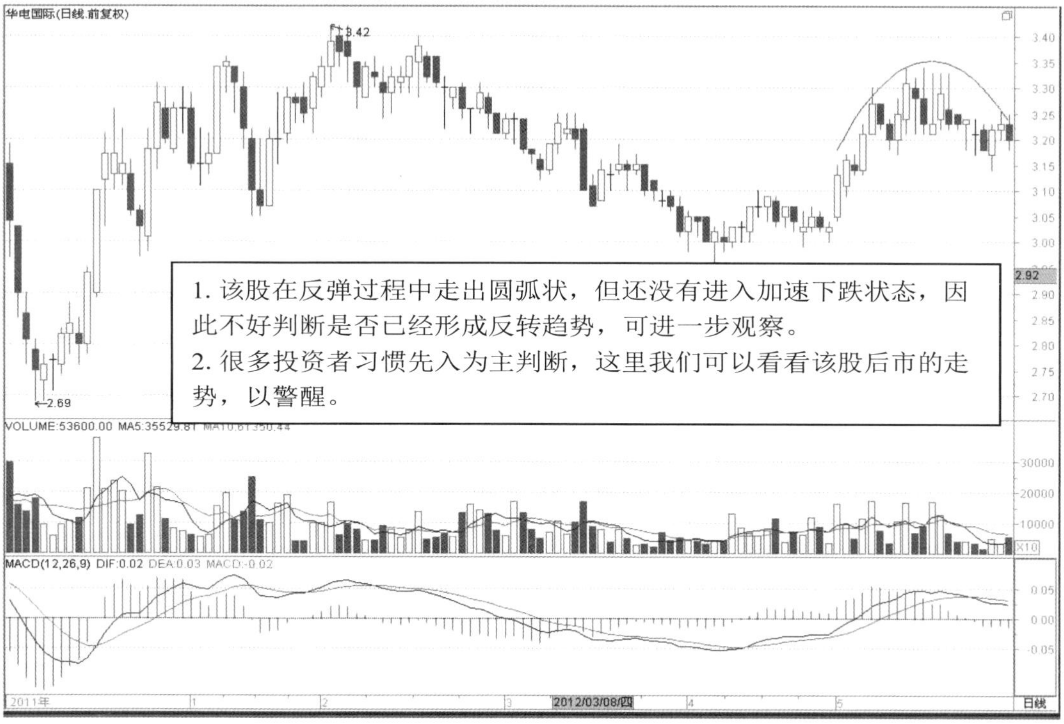
华电国际(日线,前复权)
3.42
2.69
1. 该股在反弹过程中走出圆弧状，但还没有进入加速下跌状态，因此不好判断是否已经形成反转趋势，可进一步观察。
2. 很多投资者习惯先入为主判断，这里我们可以看看该股后市的走势，以警醒。

华电国际

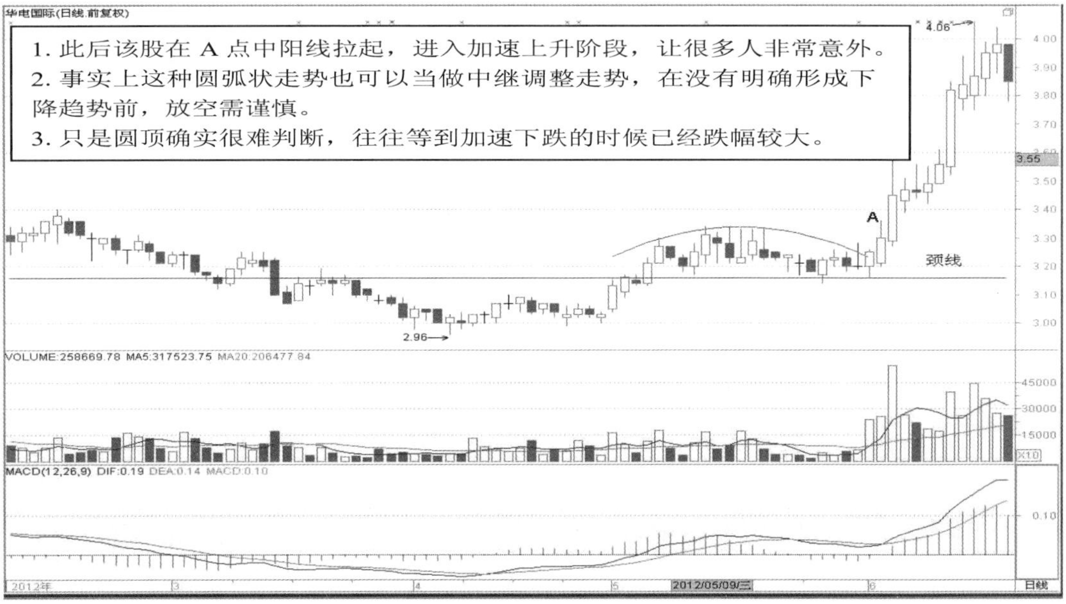

华电国际

八、塔顶

塔顶即左边中长阳线拉高，接着横盘震荡，最后中长阴线下挫，完成一个塔顶，此后进入下降趋势，对后市杀伤力一般比较大。

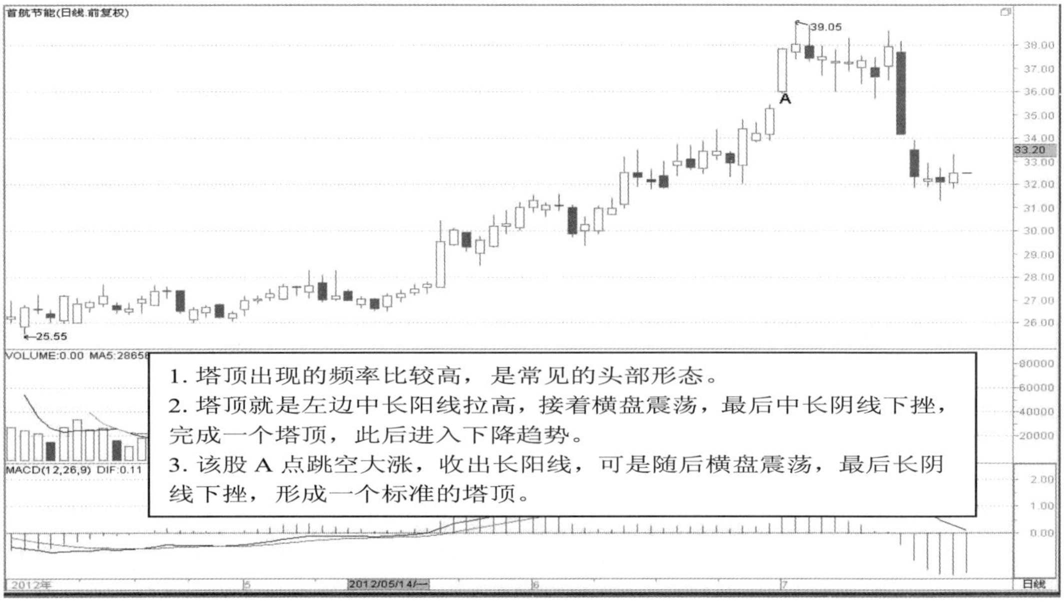

首航节能

中航黑豹(日线 前复权)
10.56
A
7.42
8.02
1. A 点长阳线上涨，此后连续收出四根十字星，无论最高价还是收盘价都比较接近。
2. 接着一根中阴线下跌，完成一个塔底，下跌趋势也就此开始。
3. 塔顶由上升到横盘再到下跌，趋势转折非常明确，可做空。
MACD(12,26,9)
2012/05/16/三
日线

中航黑豹

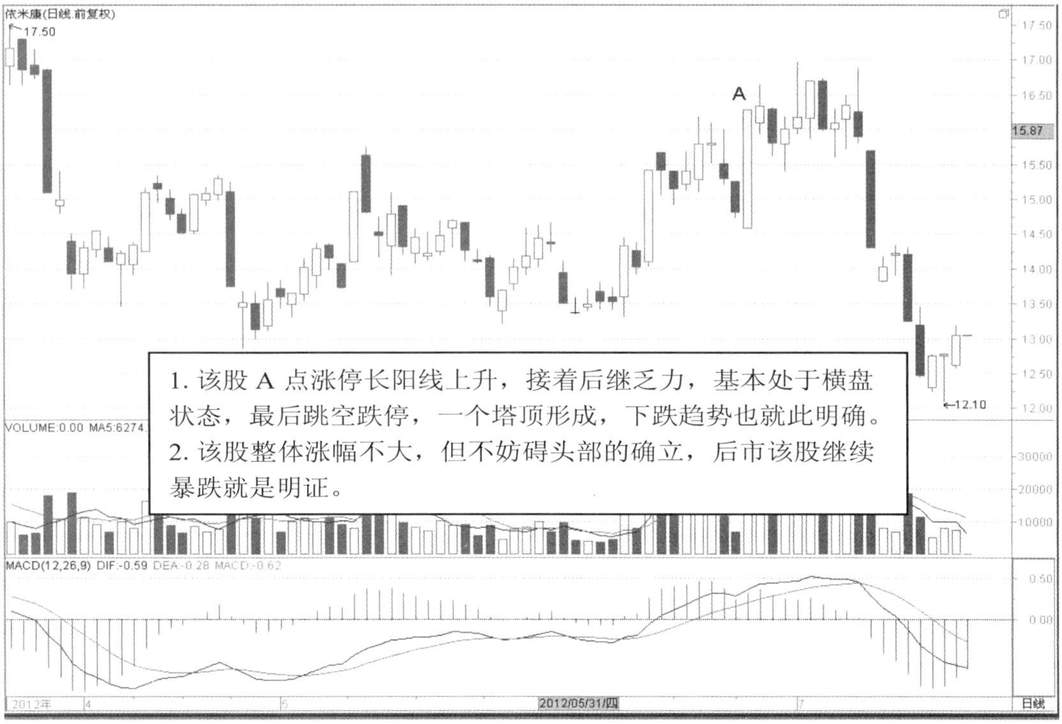
依米康(日线 前复权)
17.50
A
15.87
12.10
1. 该股 A 点涨停长阳线上升，接着后继乏力，基本处于横盘状态，最后跳空跌停，一个塔顶形成，下跌趋势也就此明确。
2. 该股整体涨幅不大，但不妨碍头部的确立，后市该股继续暴跌就是明证。
MACD(12,26,9) DIF:-0.59 DEA:-0.28 MACD:-0.62
2012/05/31/四
日线

依米康

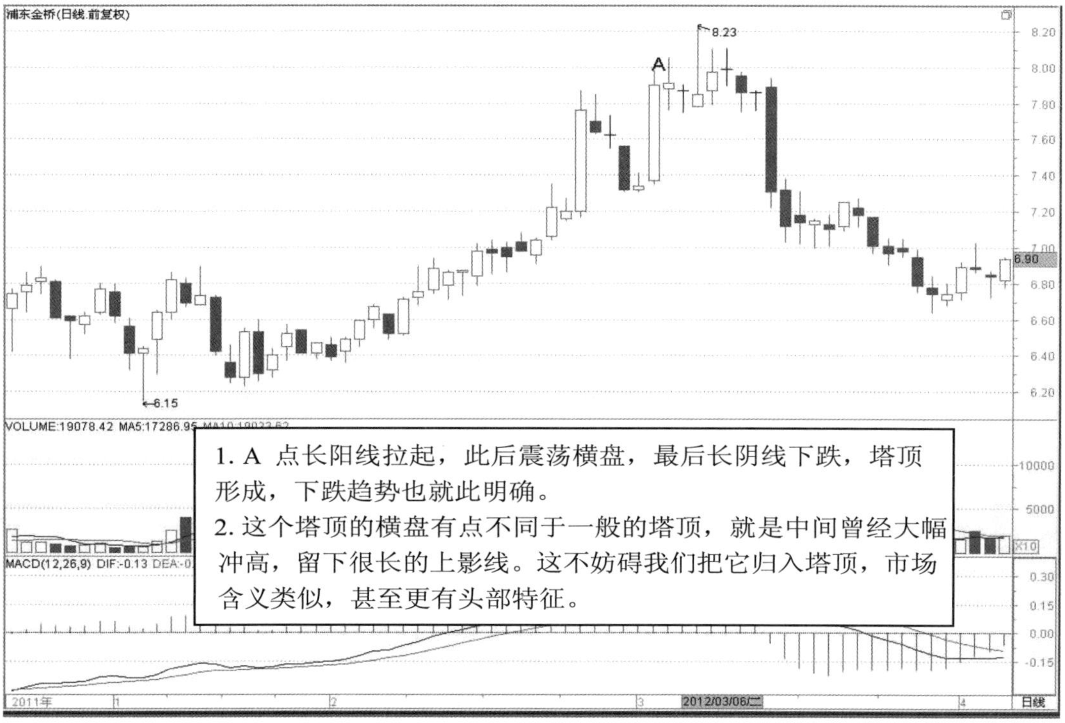
浦东金桥(日线.前复权)
8.23
A
6.15
6.90
1. A 点长阳线拉起，此后震荡横盘，最后长阴线下跌，塔顶形成，下跌趋势也就此明确。
2. 这个塔顶的横盘有点不同于一般的塔顶，就是中间曾经大幅冲高，留下很长的上影线。这不妨碍我们把它归入塔顶，市场含义类似，甚至更有头部特征。
2012/03/06/二
日线

浦东金桥

创兴资源(日线.前复权)
12.56
A
12.12
8.29
VOLUME:84290.28 MA5:86052.53 MA10:83980.84
1. 该股 A 点中阳线拉高，当日留下较长上影线，有空头出击迹象。
2. 此后长时间横盘震荡，方向不明，但最后长阴线跳空下跌，塔顶形成，趋势也明朗了。
3. 后市股价反弹也明显受制于塔顶的压力。
2012/06/12/二
日线

创兴资源

九、头部岛型

头部岛型即先跳空上涨，然后滞涨或者横盘，最后跳空下跌，形成一个小岛形状。岛型反转向下极具杀伤力，需要第一时间出局。

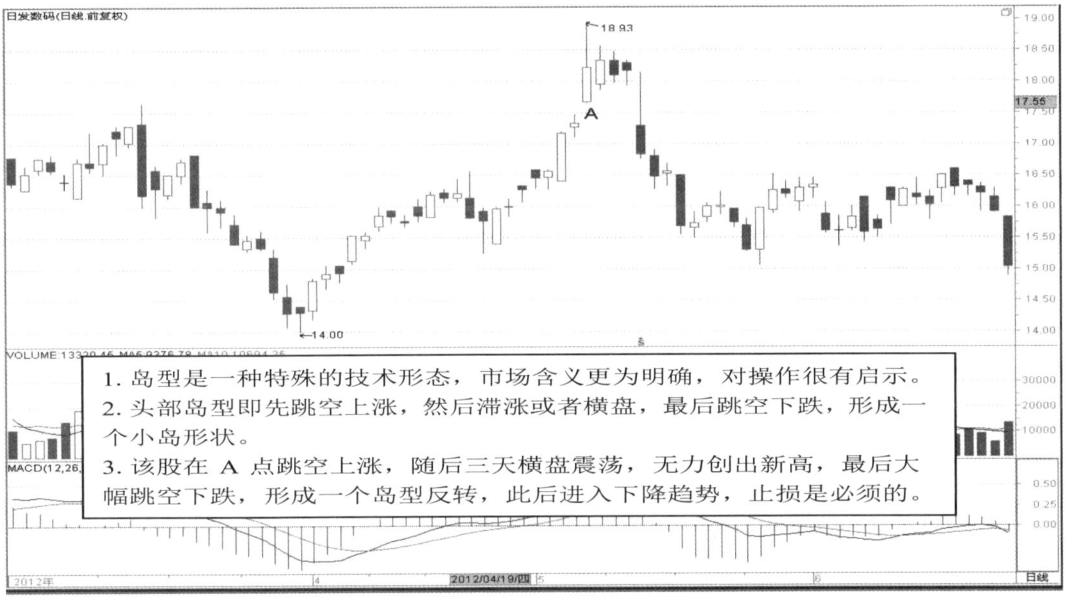

日发数码

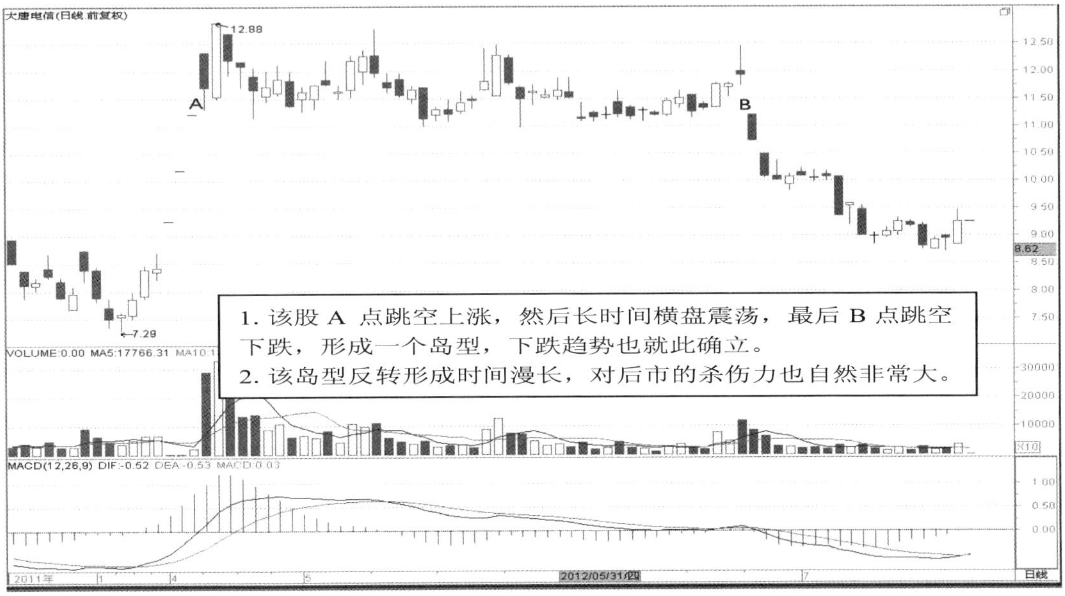

大唐电信

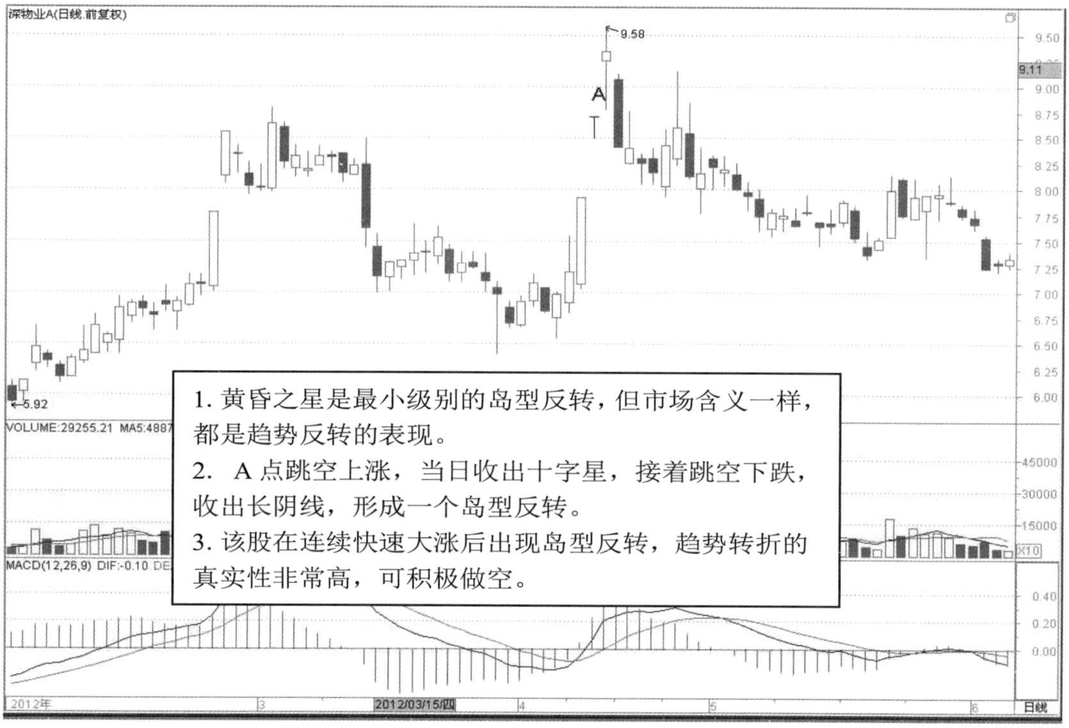
深物业A(日线.前复权)
9.58
A
5.92
1. 黄昏之星是最小级别的岛型反转，但市场含义一样，都是趋势反转的表现。
2. A点跳空上涨，当日收出十字星，接着跳空下跌，收出长阴线，形成一个岛型反转。
3. 该股在连续快速大涨后出现岛型反转，趋势转折的真实性非常高，可积极做空。
MACD(12,26,9) DIF:-0.10
2012/03/15/四

深物业 A

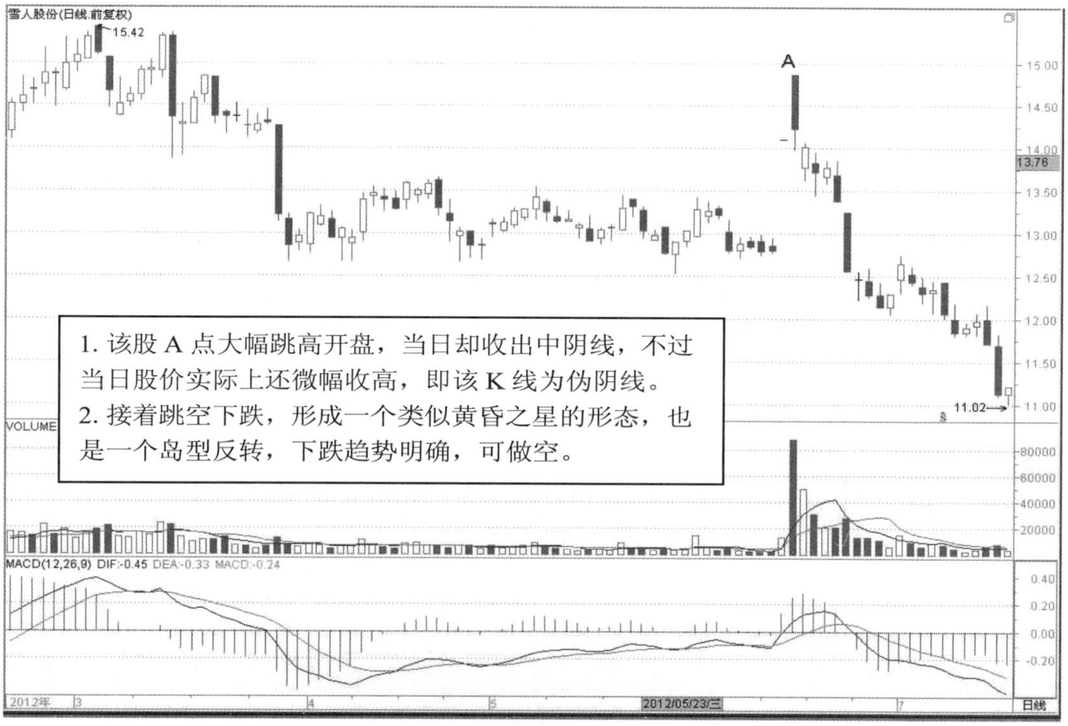
雪人股份(日线.前复权)
15.42
A
11.02
1. 该股A点大幅跳高开盘，当日却收出中阴线，不过当日股价实际上还微幅收高，即该K线为伪阴线。
2. 接着跳空下跌，形成一个类似黄昏之星的形态，也是一个岛型反转，下跌趋势明确，可做空。
MACD(12,26,9) DIF:-0.45 DEA:-0.33 MACD:-0.24
2012/05/23/三

雪人股份

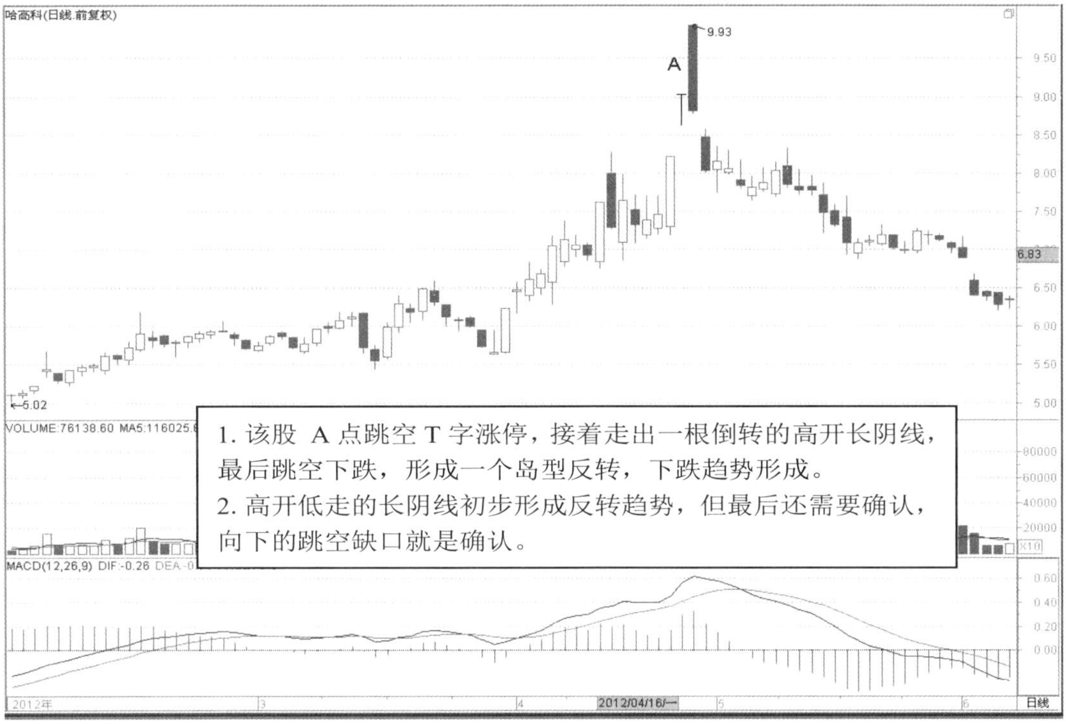
哈高科(日线,前复权)
A
9.93
5.02
VOLUME:76138.60 MA5:116025.8
MACD(12,26,9) DIF:-0.26 DEA:-0
6.83
2012年
3
4
2012/04/16/一
5
6
日线
1. 该股 A 点跳空 T 字涨停，接着走出一根倒转的高开长阴线，最后跳空下跌，形成一个岛型反转，下跌趋势形成。
2. 高开低走的长阴线初步形成反转趋势，但最后还需要确认，向下的跳空缺口就是确认。

哈高科

第十三章 趋势巩固形态

趋势巩固形态即俗称的中继形态，是趋势延伸过程中出现的调整形态，完成后还会继续走出对称的走势。

一、三角形

三角形是常见的中继巩固形态之一。走势呈三角形，最后突破形态可以买入。

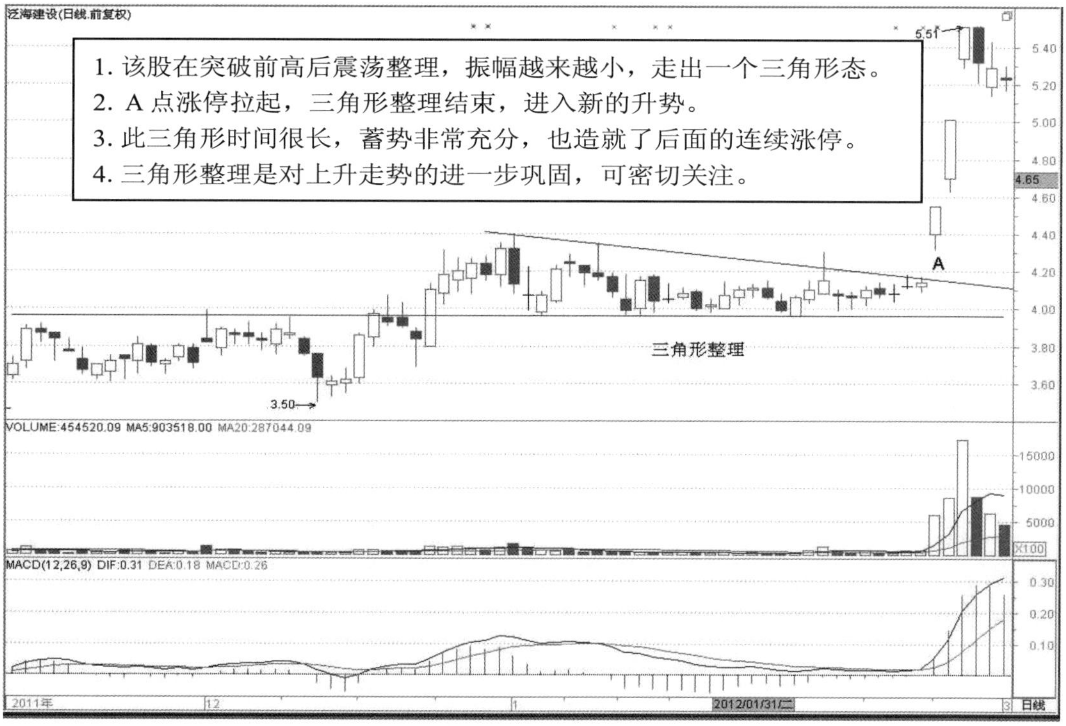

泛海建设

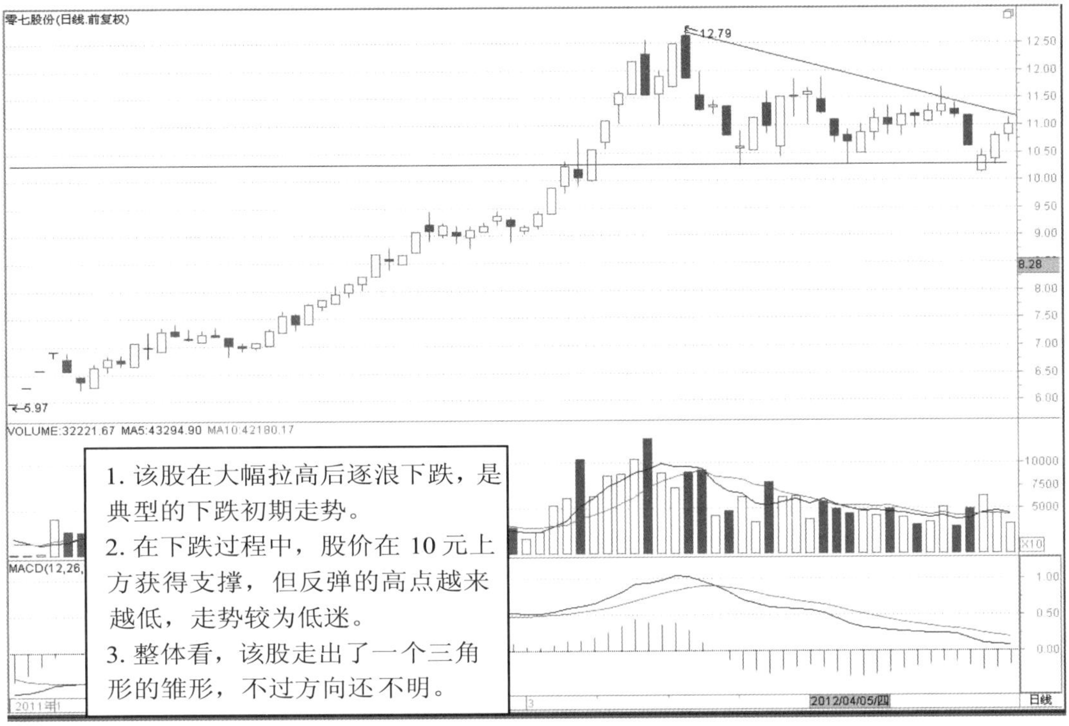
零七股份(日线,前复权)
12.79
5.97
VOLUME:32221.67 MA5:43294.90 MA10:42180.17
1. 该股在大幅拉高后逐浪下跌，是典型的下跌初期走势。
2. 在下跌过程中，股价在 10 元上方获得支撑，但反弹的高点越来越低，走势较为低迷。
3. 整体看，该股走出了一个三角形的雏形，不过方向还不明。
2012/04/05/四
日线

零七股份

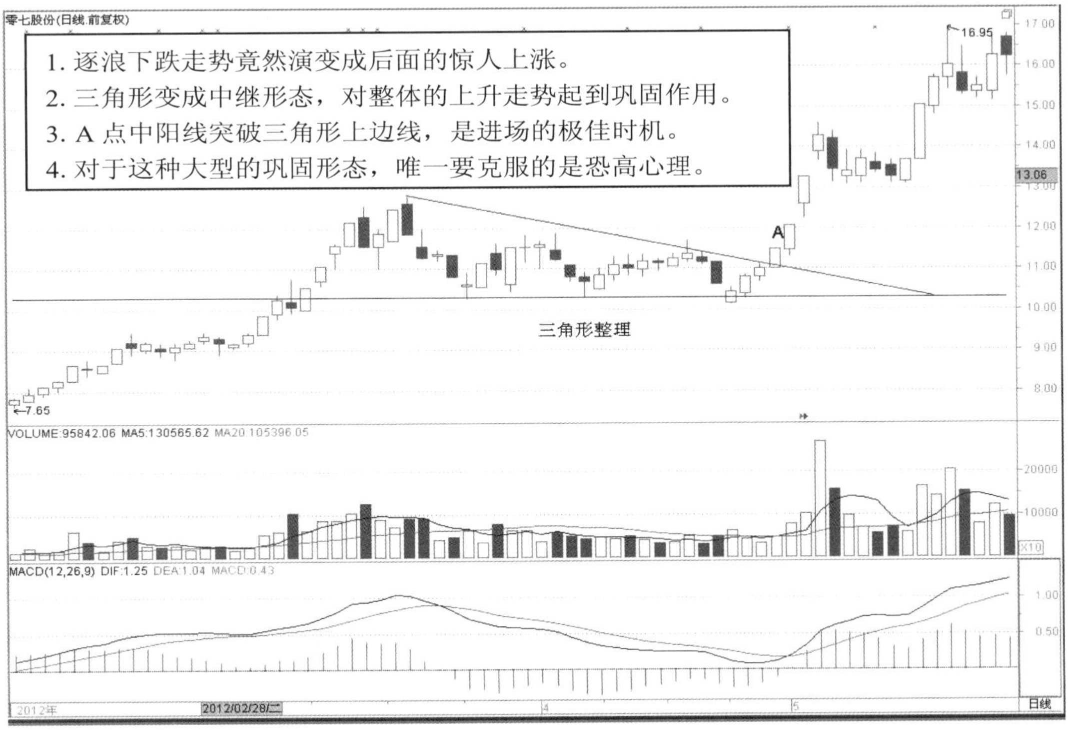
零七股份(日线,前复权)
1. 逐浪下跌走势竟然演变成后面的惊人上涨。
2. 三角形变成中继形态，对整体的上升走势起到巩固作用。
3. A 点中阳线突破三角形上边线，是进场的极佳时机。
4. 对于这种大型的巩固形态，唯一要克服的是恐高心理。
16.95
A
三角形整理
7.65
VOLUME:95842.06 MA5:130565.62 MA20:105396.05
MACD(12,26,9) DIF:1.25 DEA:1.04 MACD:0.43
2012/02/28/二
日线

零七股份

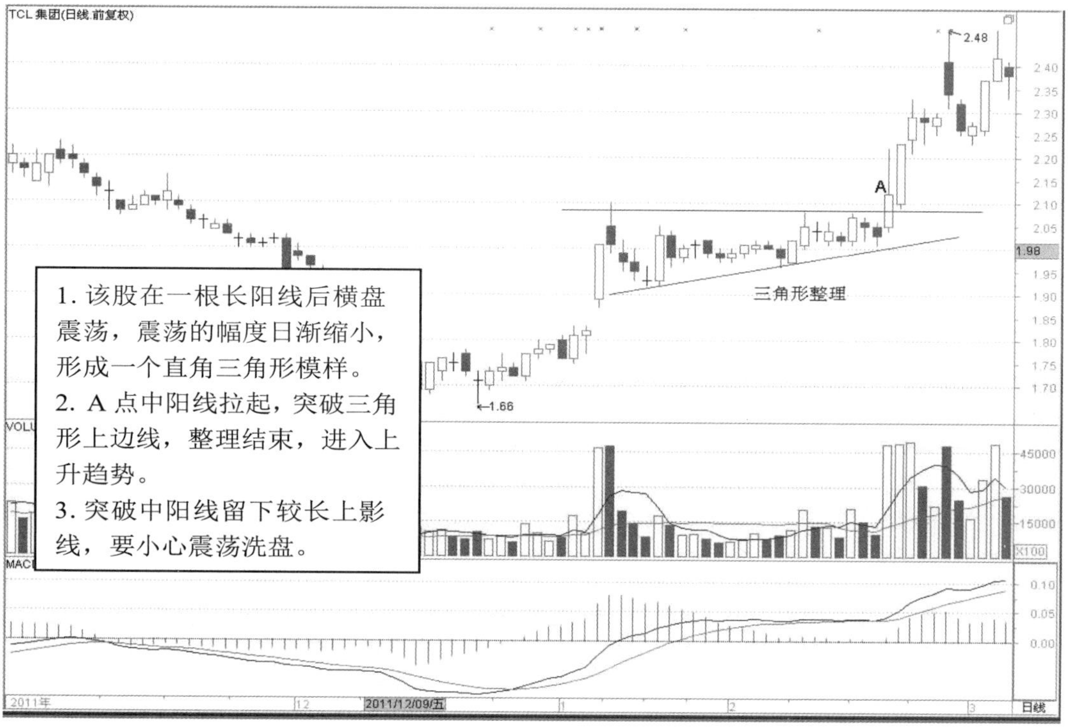
TCL 集团(日线.前复权)
2.48
A
三角形整理
1.66
1. 该股在一根长阳线后横盘震荡，震荡的幅度日渐缩小，形成一个直角三角形模样。
2. A 点中阳线拉起，突破三角形上边线，整理结束，进入上升趋势。
3. 突破中阳线留下较长上影线，要小心震荡洗盘。
2011/12/09/五
日线

TCL 集团

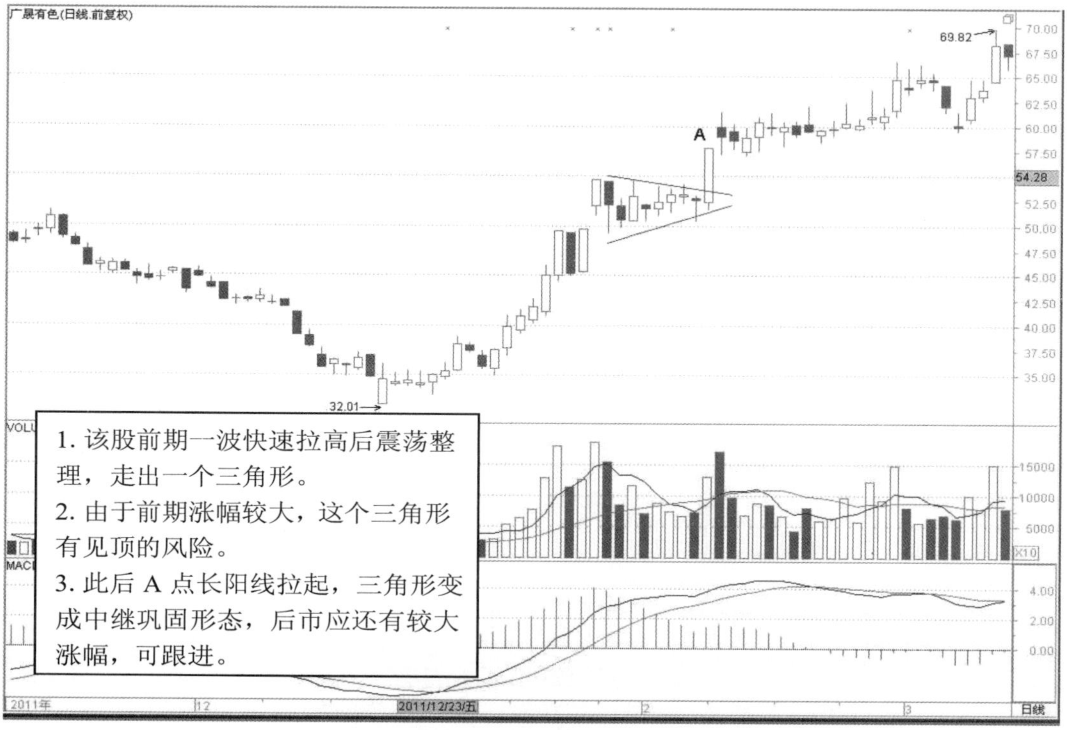
广晟有色(日线.前复权)
69.82
A
32.01
1. 该股前期一波快速拉高后震荡整理，走出一个三角形。
2. 由于前期涨幅较大，这个三角形有见顶的风险。
3. 此后 A 点长阳线拉起，三角形变成中继巩固形态，后市应还有较大涨幅，可跟进。
2011/12/23/五
日线

广晟有色

天保基建(日线,前复权)
5.85
A
4.45
4.73
VOLUME:13693.80 MA5:12584.61 MA10:11417.58
1. 该股在高位下跌一段后有一个强劲的反弹，然后继续下跌，走出一个三角形。
2. A 点跌破三角形下边线，一个中继下跌三角形成立，后市继续下跌。
3. 中继三角形也是对下跌趋势的进一步巩固，通常至少有对等的跌幅。
2012/05/03/四
日线

天保基建

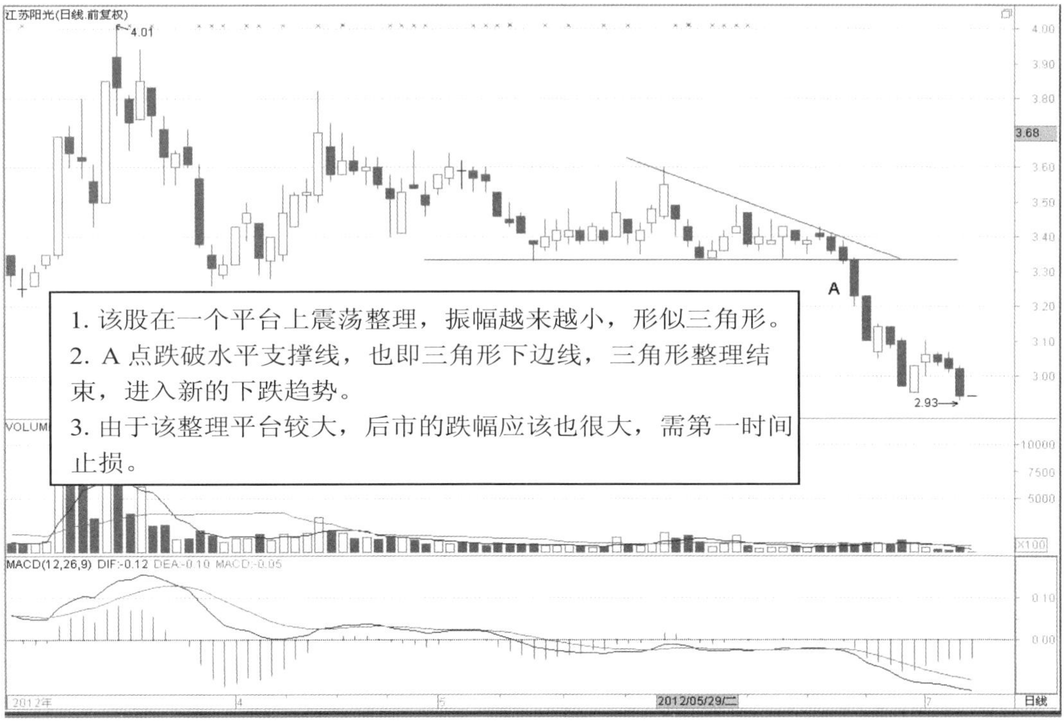
江苏阳光(日线,前复权)
4.01
3.68
A
2.93
1. 该股在一个平台上震荡整理，振幅越来越小，形似三角形。
2. A 点跌破水平支撑线，也即三角形下边线，三角形整理结束，进入新的下跌趋势。
3. 由于该整理平台较大，后市的跌幅应该也很大，需第一时间止损。
MACD(12,26,9) DIF:-0.12 DEA:-0.10 MACD:-0.05
2012/05/29/二
日线

江苏阳光

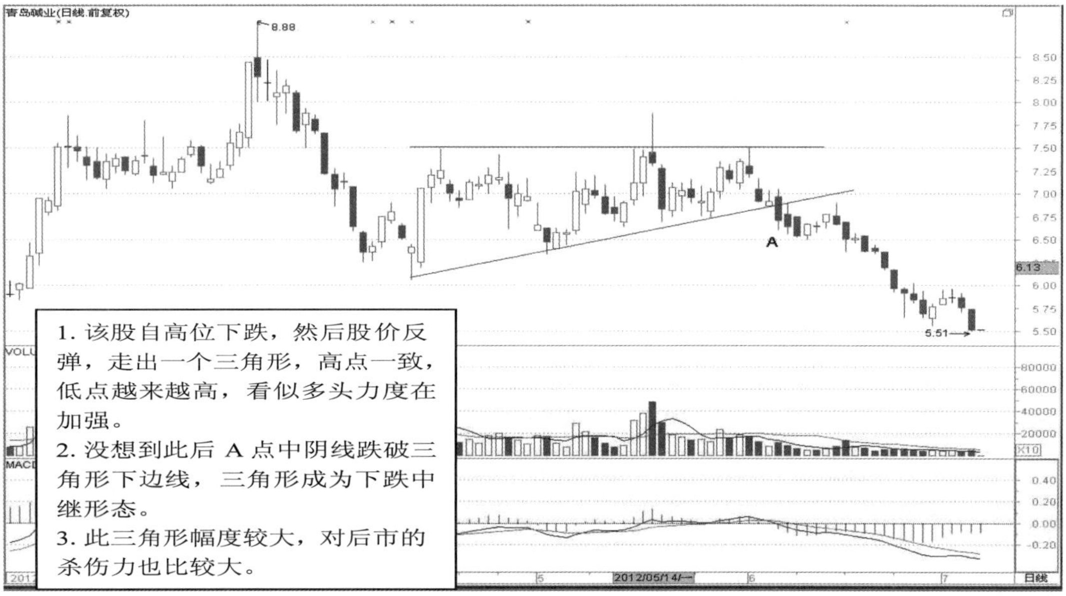

青岛碱业

二、矩形

矩形即俗称的箱体，是一种横盘震荡的走势，常出现在趋势的途中。突破矩形的时候可以买入做多，跌破则可以做空。

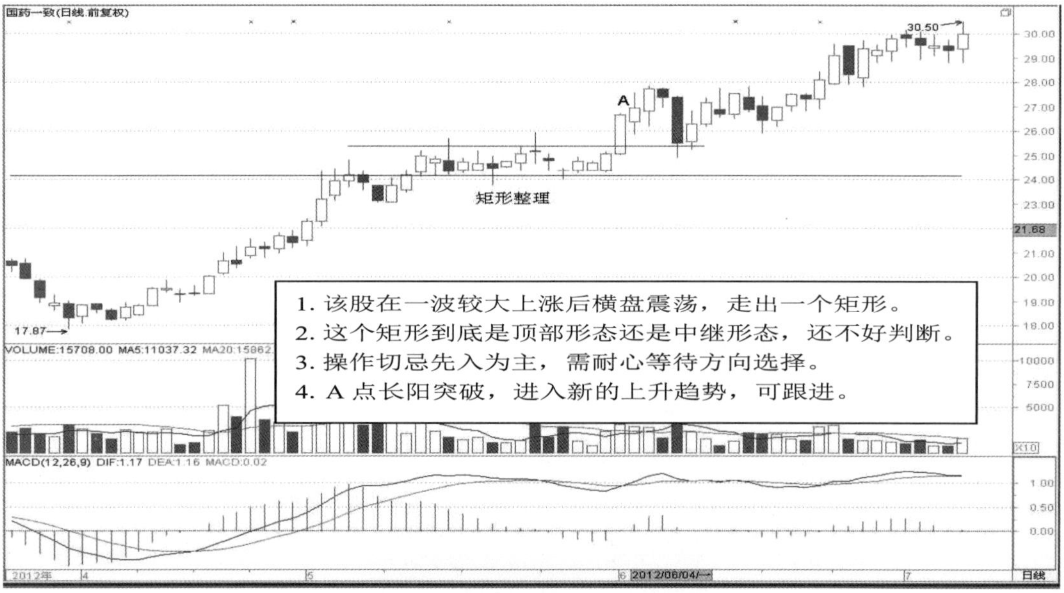

国药一致

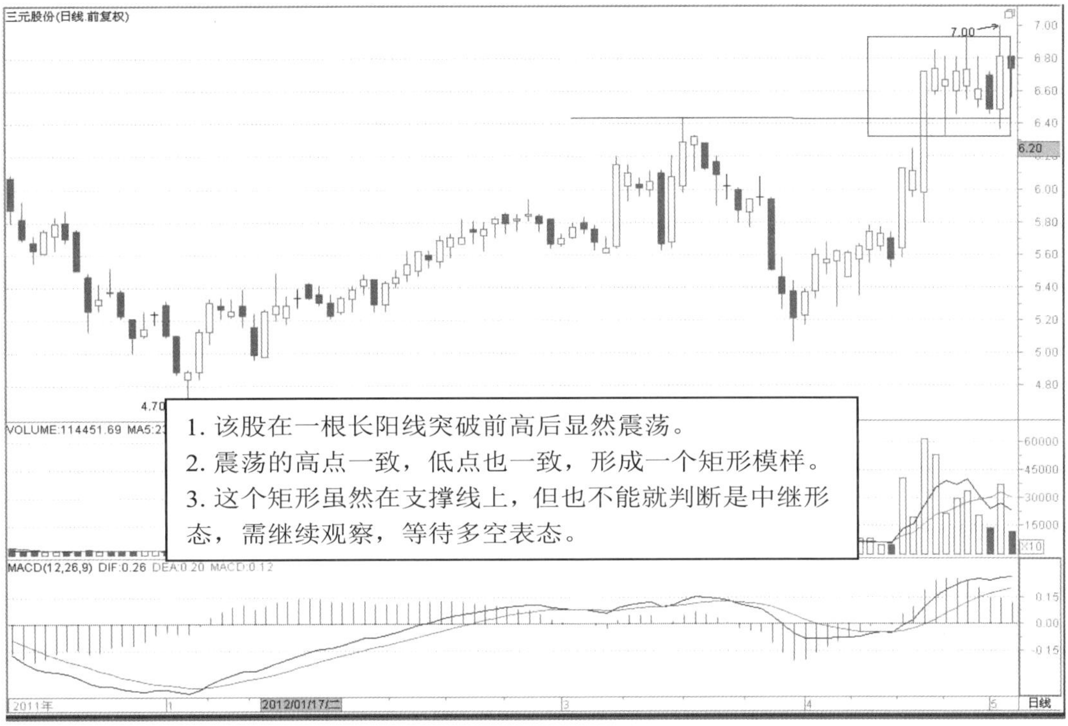
三元股份(日线.前复权)
7.00
4.70
6.20
1. 该股在一根长阳线突破前高后显然震荡。
2. 震荡的高点一致，低点也一致，形成一个矩形模样。
3. 这个矩形虽然在支撑线上，但也不能就判断是中继形态，需继续观察，等待多空表态。
MACD(12,26,9) DIF:0.26 DEA:0.20 MACD:0.12
2012/01/17/二
日线

三元股份

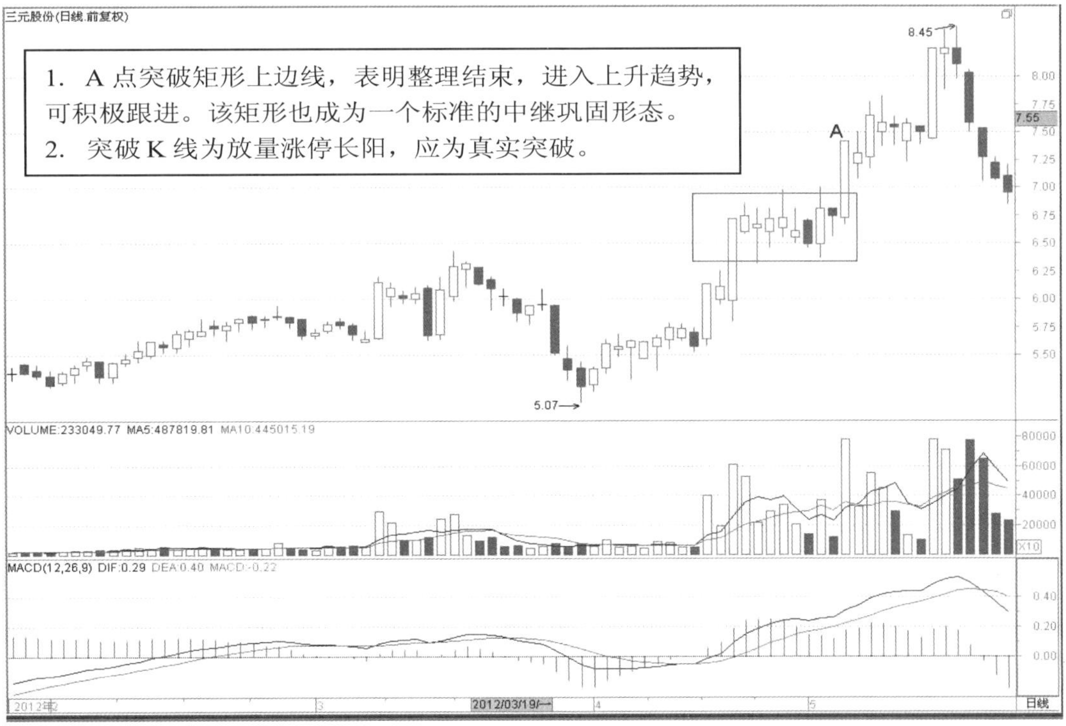
三元股份(日线.前复权)
8.45
1. A 点突破矩形上边线，表明整理结束，进入上升趋势，可积极跟进。该矩形也成为一个标准的中继巩固形态。
2. 突破 K 线为放量涨停长阳，应为真实突破。
A
7.55
5.07
VOLUME:233049.77 MA5:487819.81 MA10:445015.19
MACD(12,26,9) DIF:0.29 DEA:0.40 MACD:-0.22
2012/03/19/一
日线

三元股份

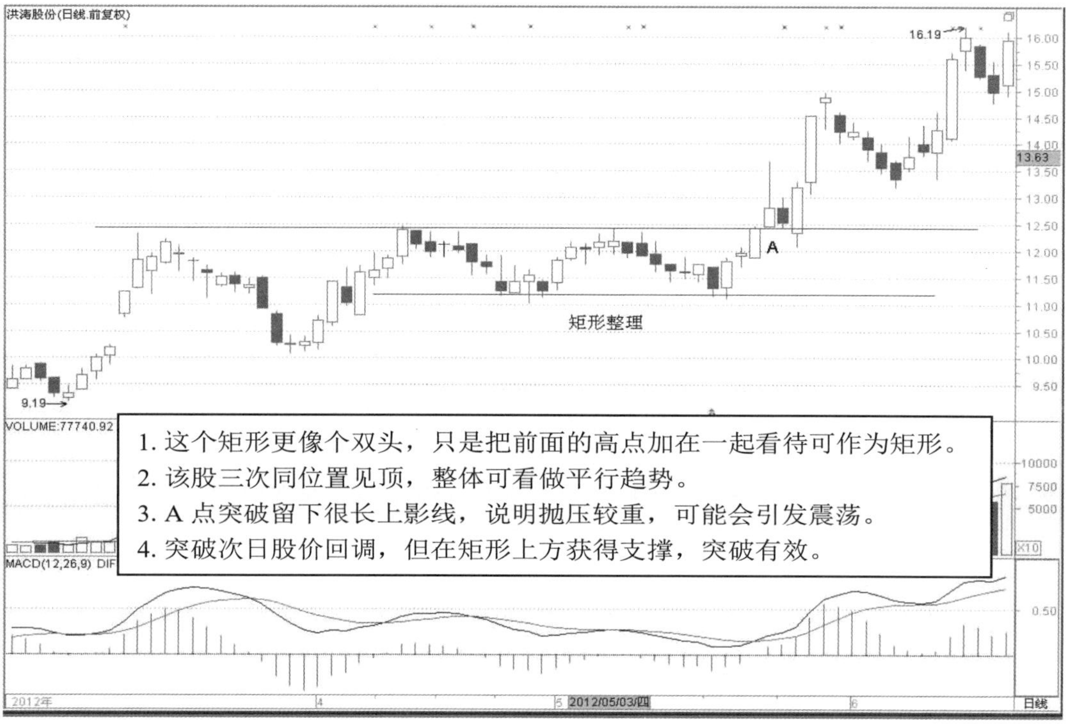
洪涛股份(日线,前复权)
16.19
9.19
A
矩形整理
1. 这个矩形更像个双头，只是把前面的高点加在一起看待可作为矩形。
2. 该股三次同位置见顶，整体可看做平行趋势。
3. A 点突破留下很长上影线，说明抛压较重，可能会引发震荡。
4. 突破次日股价回调，但在矩形上方获得支撑，突破有效。
2012/05/03/四

洪涛股份

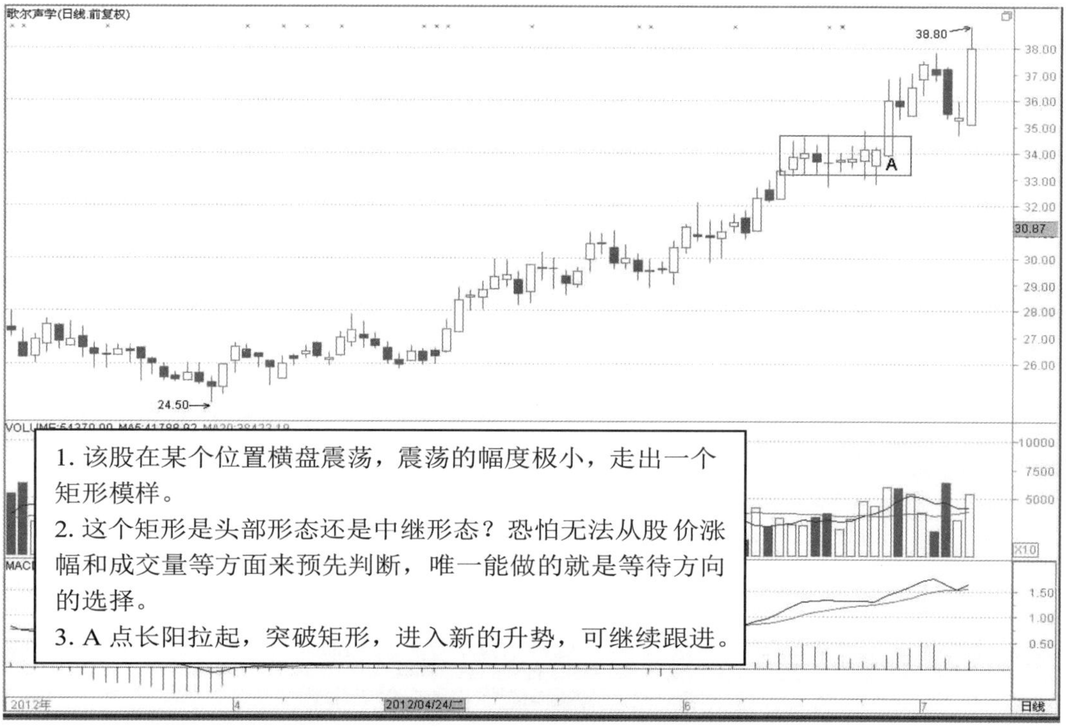
歌尔声学(日线,前复权)
38.80
24.50
A
1. 该股在某个位置横盘震荡，震荡的幅度极小，走出一个矩形模样。
2. 这个矩形是头部形态还是中继形态？恐怕无法从股价涨幅和成交量等方面来预先判断，唯一能做的就是等待方向的选择。
3. A 点长阳拉起，突破矩形，进入新的升势，可继续跟进。
2012/04/24/二

歌尔声学

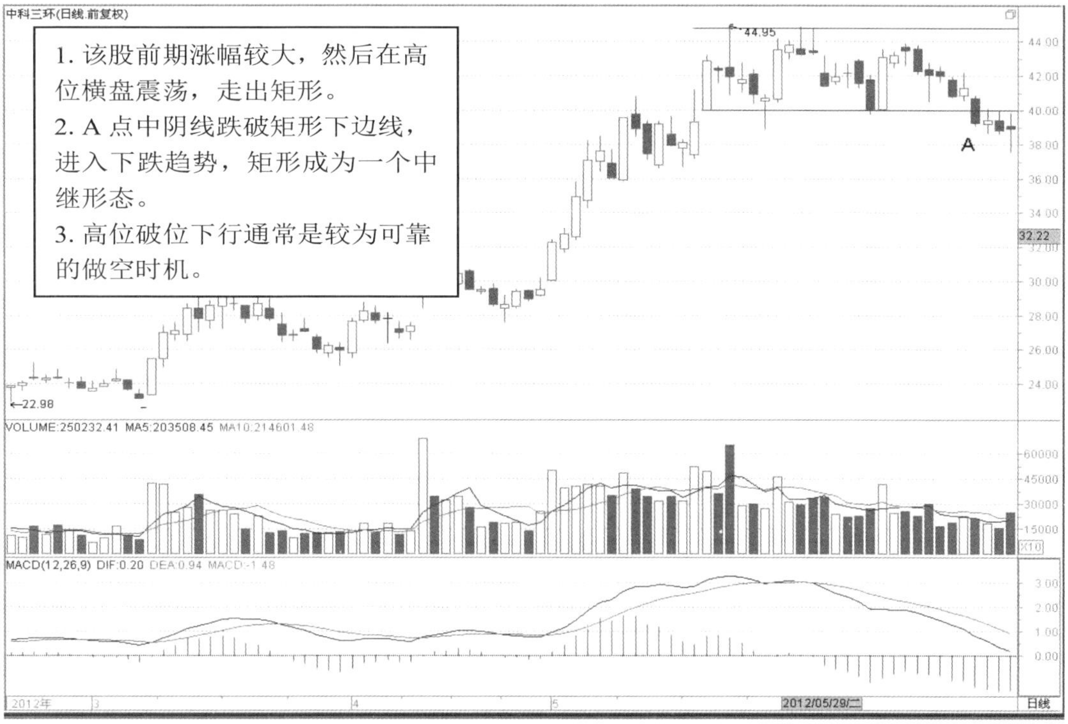
中科三环(日线,前复权)
1. 该股前期涨幅较大，然后在高位横盘震荡，走出矩形。
2. A 点中阴线跌破矩形下边线，进入下跌趋势，矩形成为一个中继形态。
3. 高位破位下行通常是较为可靠的做空时机。
44.95
A
22.98
32.22
VOLUME:250232.41 MA5:203508.45 MA10:214601.48
MACD(12,26,9) DIF:0.20 DEA:0.94 MACD:-1.48
2012年
2012/05/29/二
日线

中科三环

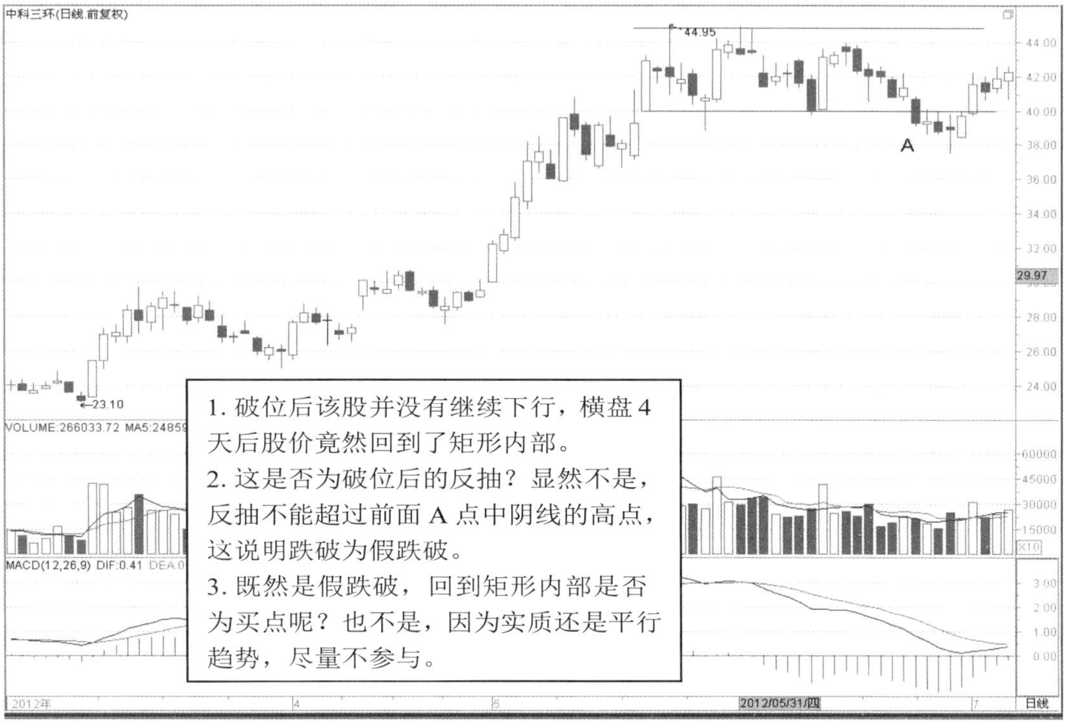
中科三环(日线,前复权)
44.95
A
23.10
29.97
1. 破位后该股并没有继续下行，横盘4天后股价竟然回到了矩形内部。
2. 这是否为破位后的反抽？显然不是，反抽不能超过前面A点中阴线的高点，这说明跌破为假跌破。
3. 既然是假跌破，回到矩形内部是否为买点呢？也不是，因为实质还是平行趋势，尽量不参与。
2012年
2012/05/31/四
日线

中科三环

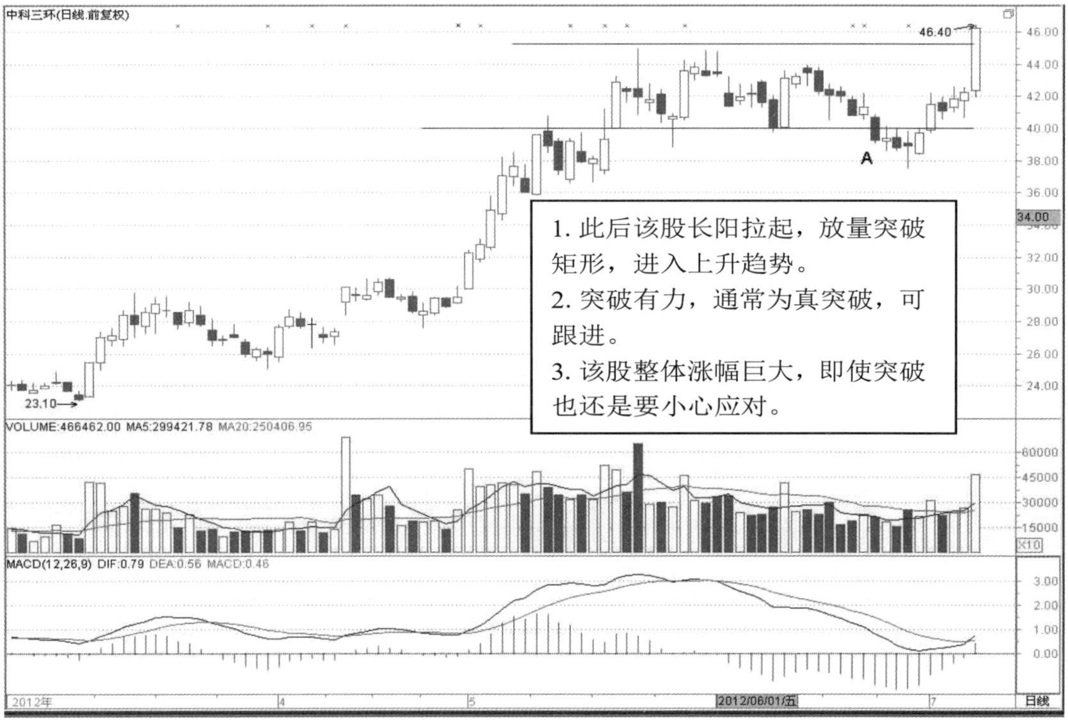
中科三环(日线,前复权)
46.40
A
23.10
1. 此后该股长阳拉起，放量突破矩形，进入上升趋势。
2. 突破有力，通常为真突破，可跟进。
3. 该股整体涨幅巨大，即使突破也还是要小心应对。
VOLUME:466462.00 MA5:299421.78 MA20:250406.95
MACD(12,26,9) DIF:0.79 DEA:0.56 MACD:0.46
2012年
2012/06/01/五
日线

中科三环

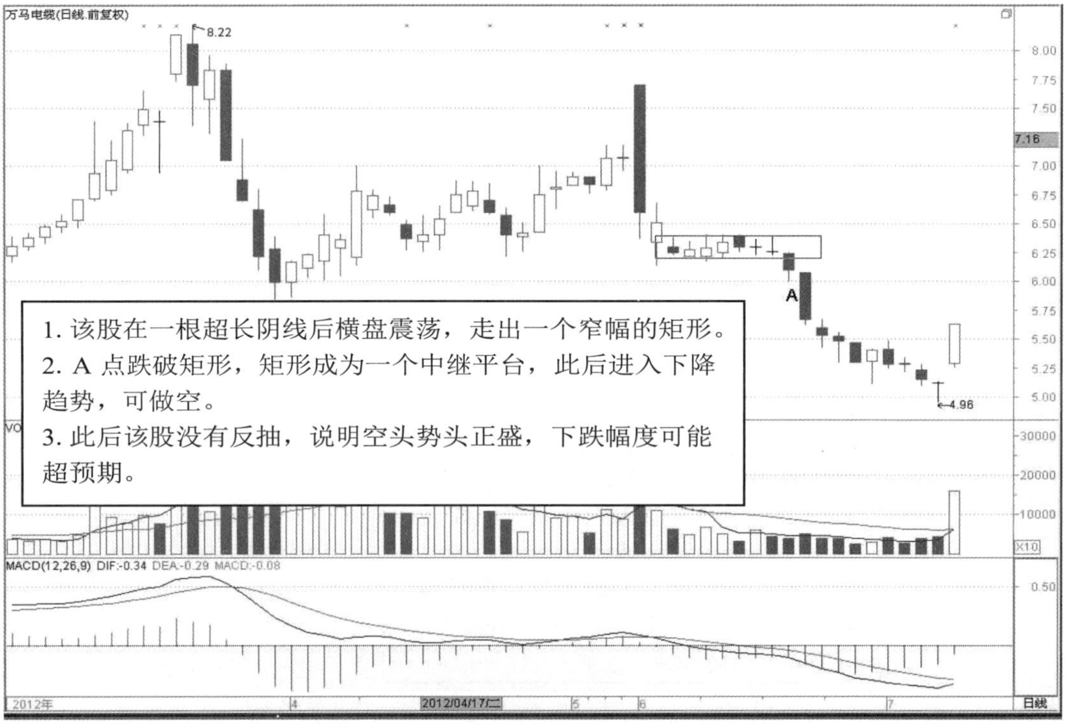
万马电缆(日线,前复权)
8.22
A
4.96
1. 该股在一根超长阴线后横盘震荡，走出一个窄幅的矩形。
2. A 点跌破矩形，矩形成为一个中继平台，此后进入下降趋势，可做空。
3. 此后该股没有反抽，说明空头势头正盛，下跌幅度可能超预期。
MACD(12,26,9) DIF:-0.34 DEA:-0.29 MACD:-0.08
2012年
2012/04/17/二
日线

万马电缆

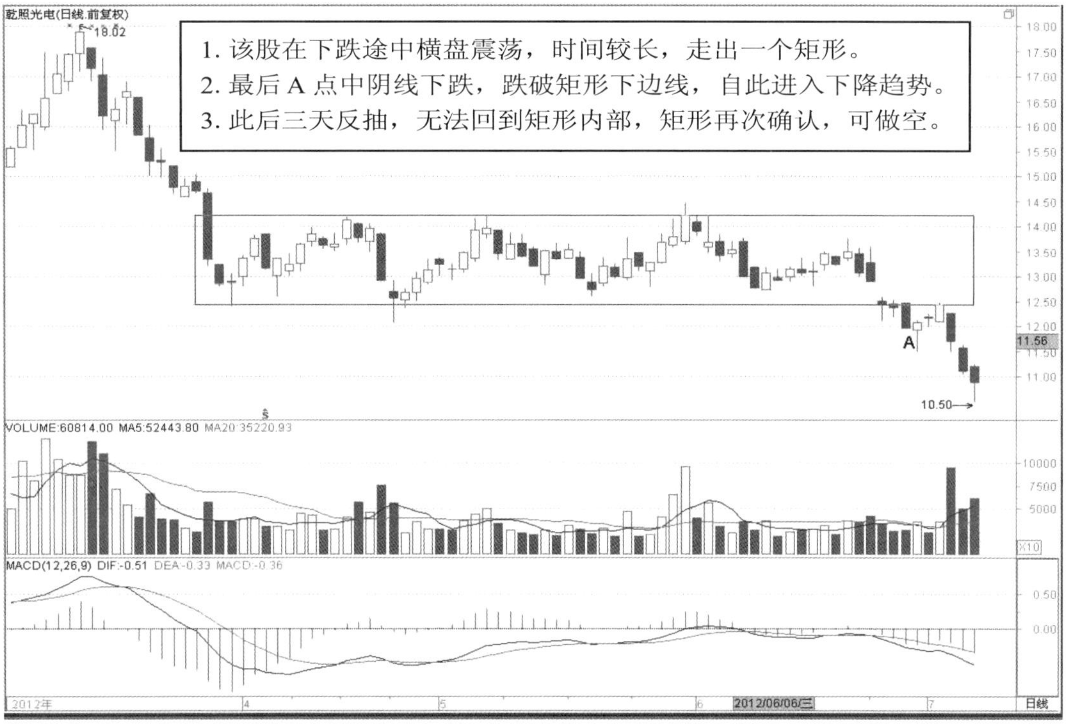
乾照光电(日线,前复权)
1. 该股在下跌途中横盘震荡，时间较长，走出一个矩形。
2. 最后 A 点中阴线下跌，跌破矩形下边线，自此进入下降趋势。
3. 此后三天反抽，无法回到矩形内部，矩形再次确认，可做空。
18.02
A
10.50
11.56
VOLUME:60814.00 MA5:52443.80 MA20:35220.93
MACD(12,26,9) DIF:-0.51 DEA:-0.33 MACD:-0.36
2012年
2012/06/06/三
日线

乾照光电

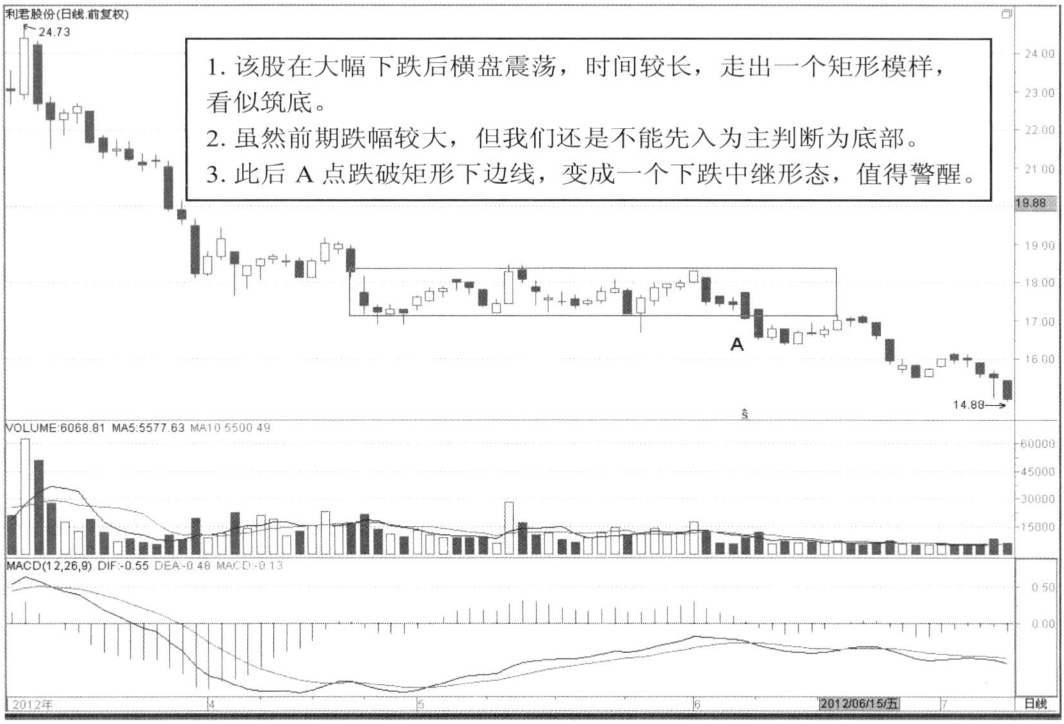
利君股份(日线,前复权)
1. 该股在大幅下跌后横盘震荡，时间较长，走出一个矩形模样，看似筑底。
2. 虽然前期跌幅较大，但我们还是不能先入为主判断为底部。
3. 此后 A 点跌破矩形下边线，变成一个下跌中继形态，值得警醒。
24.73
A
14.88
19.86
VOLUME:6068.81 MA5:5577.63 MA10:5500.49
MACD(12,26,9) DIF:-0.55 DEA:-0.48 MACD:-0.13
2012年
2012/06/15/五
日线

利君股份

三、旗形

旗形是一种常见的调整形态，外形像一面飘扬的旗帜。有上升旗形和下降旗形两种。最后突破旗形的时候可以跟进。

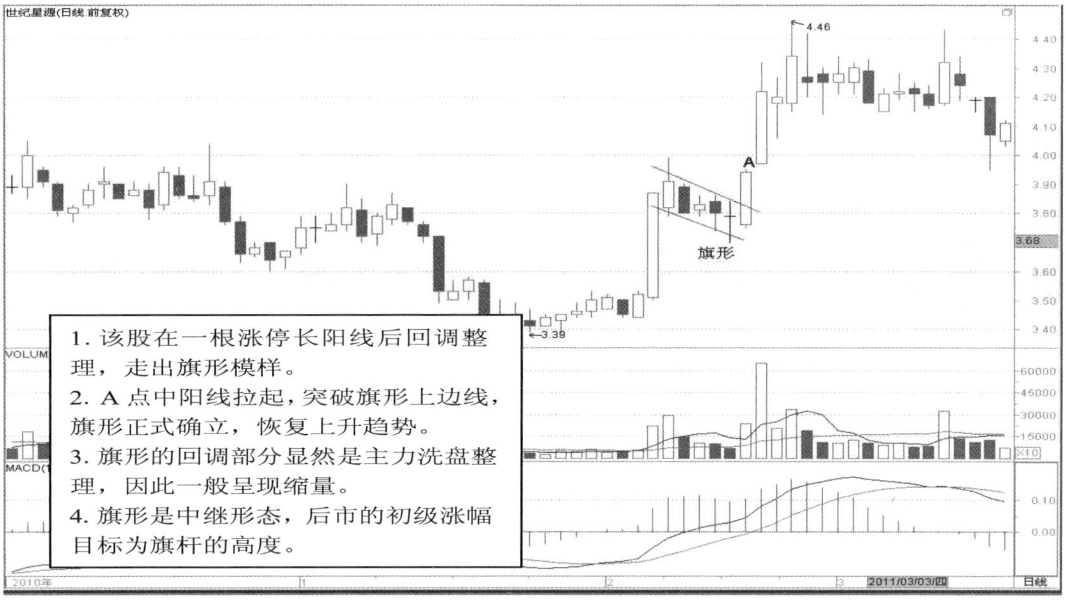

世纪星源

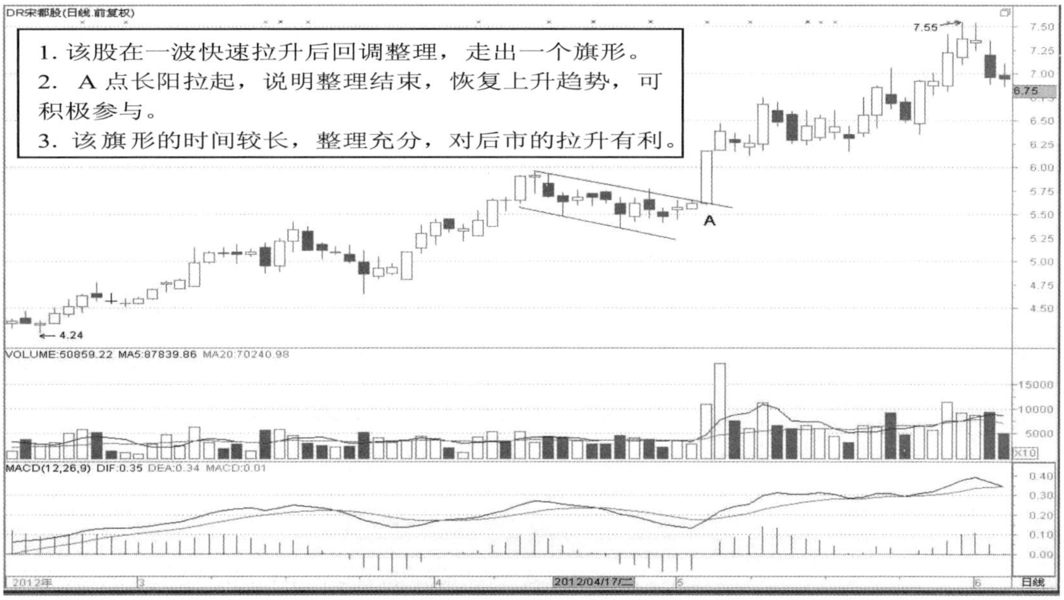

宋都股份

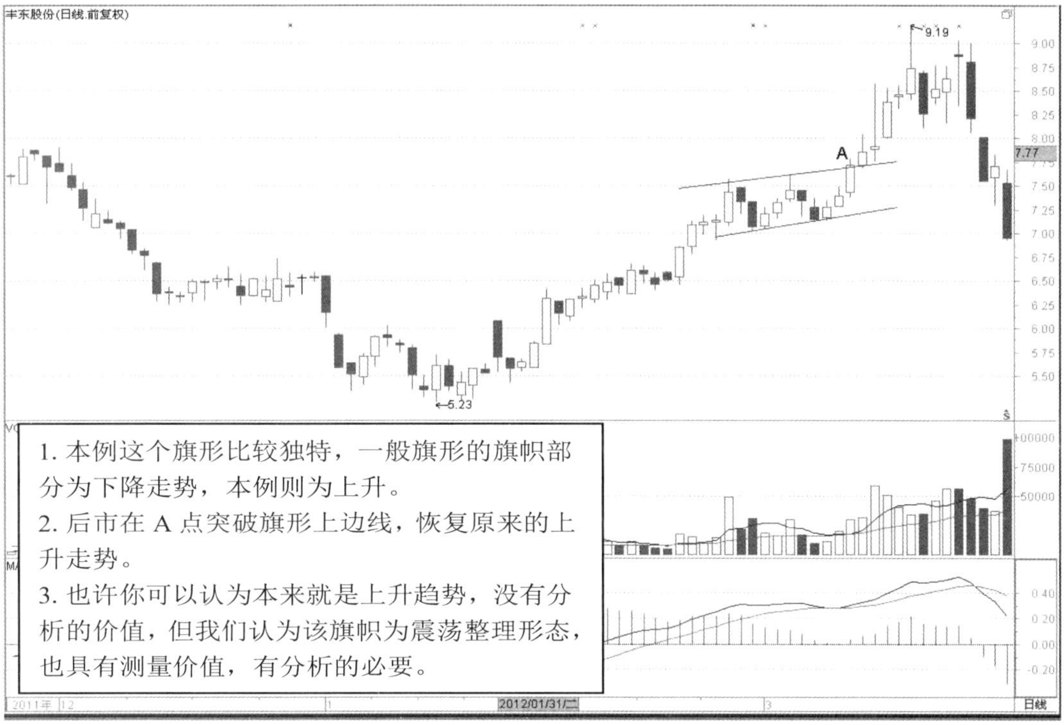
丰东股份(日线,前复权)
9.19
A
7.77
5.23
1. 本例这个旗形比较独特，一般旗形的旗帜部分为下降走势，本例则为上升。
2. 后市在 A 点突破旗形上边线，恢复原来的上升走势。
3. 也许你可以认为本来就是上升趋势，没有分析的价值，但我们认为该旗帜为震荡整理形态，也具有测量价值，有分析的必要。
2012/01/31/二
日线

丰东股份

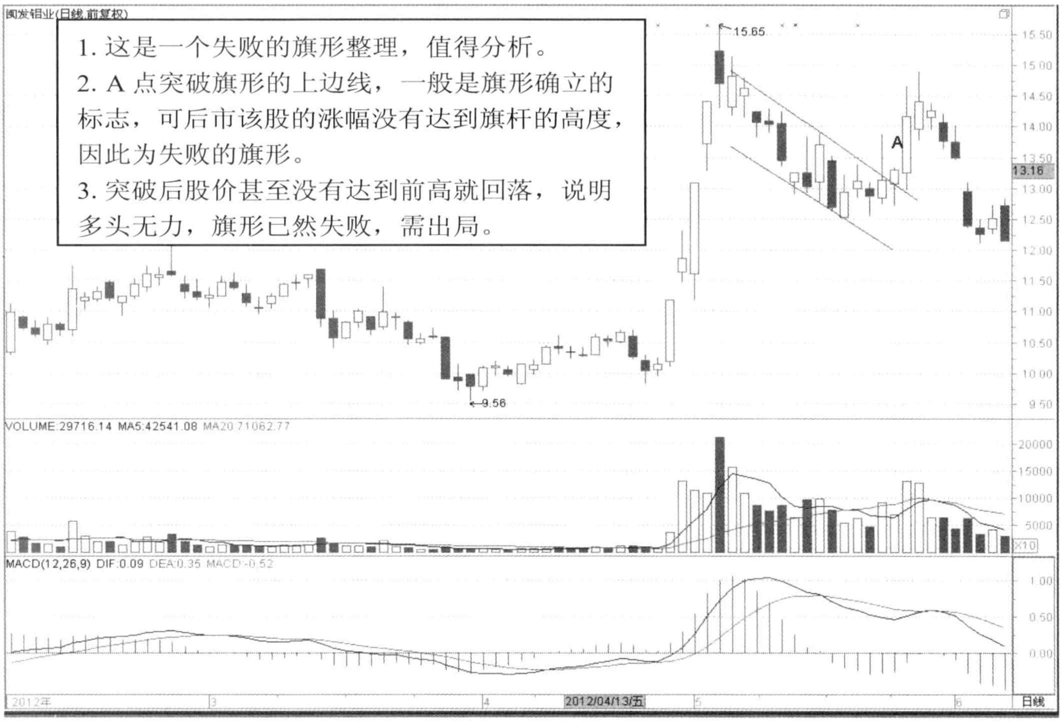
闽发铝业(日线,前复权)
1. 这是一个失败的旗形整理，值得分析。
2. A 点突破旗形的上边线，一般是旗形确立的标志，可后市该股的涨幅没有达到旗杆的高度，因此为失败的旗形。
3. 突破后股价甚至没有达到前高就回落，说明多头无力，旗形已然失败，需出局。
15.65
A
13.16
9.56
VOLUME:29716.14 MA5:42541.08 MA20:71062.77
MACD(12,26,9) DIF:0.09 DEA:0.35 MACD:-0.52
2012/04/13/五
日线

闽发铝业

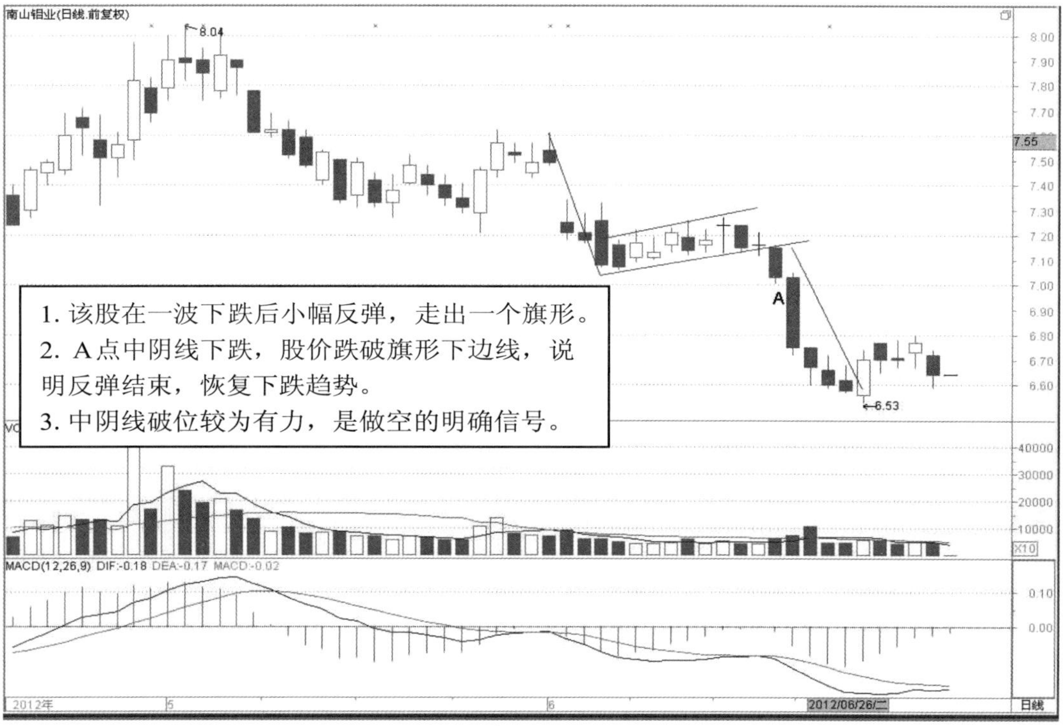
南山铝业(日线,前复权)
8.04
A
6.53
1. 该股在一波下跌后小幅反弹，走出一个旗形。
2. A点中阴线下跌，股价跌破旗形下边线，说明反弹结束，恢复下跌趋势。
3. 中阴线破位较为有力，是做空的明确信号。
MACD(12,26,9) DIF:-0.18 DEA:-0.17 MACD:-0.02
2012/06/26/二
日线

南山铝业

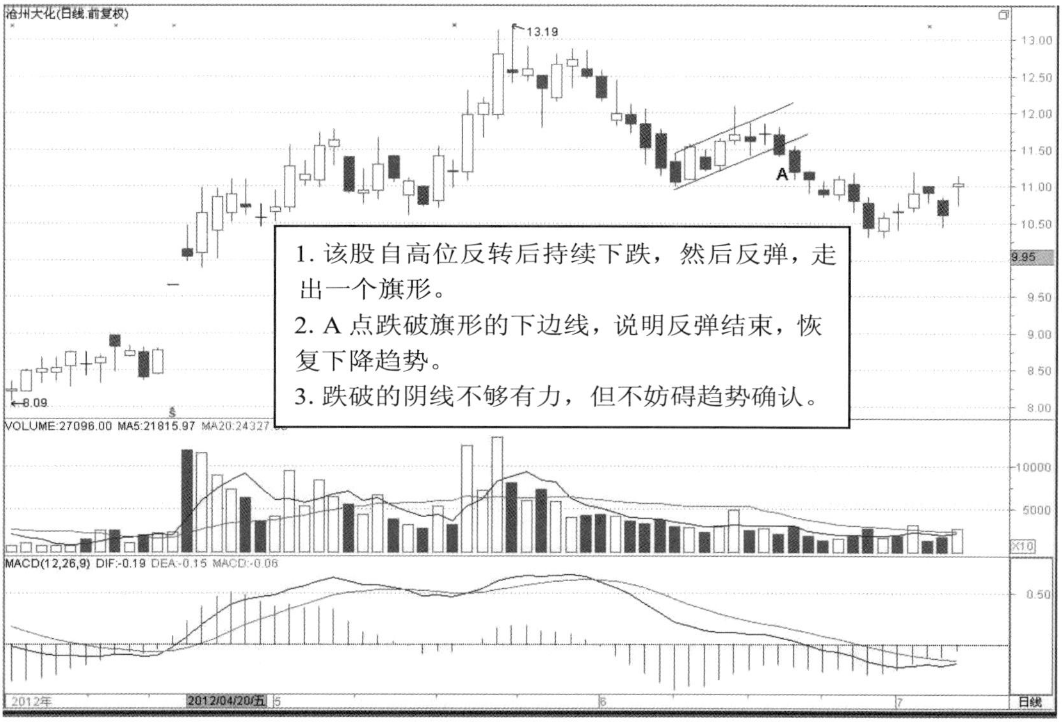
沧州大化(日线,前复权)
13.19
A
8.09
1. 该股自高位反转后持续下跌，然后反弹，走出一个旗形。
2. A点跌破旗形的下边线，说明反弹结束，恢复下降趋势。
3. 跌破的阴线不够有力，但不妨碍趋势确认。
MACD(12,26,9) DIF:-0.19 DEA:-0.15 MACD:-0.06
2012/04/20/五
日线

沧州大化

四、楔形

楔形是一种较为常见的调整形态，有上升楔形和下降楔形两种。最后向上突破楔形的时候可以买入。

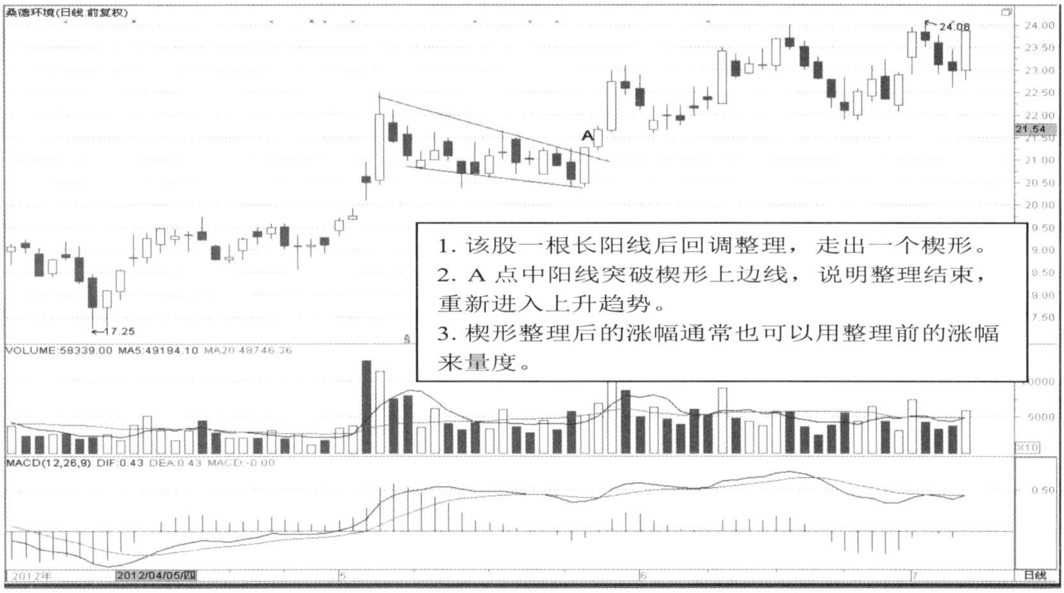

桑德环境

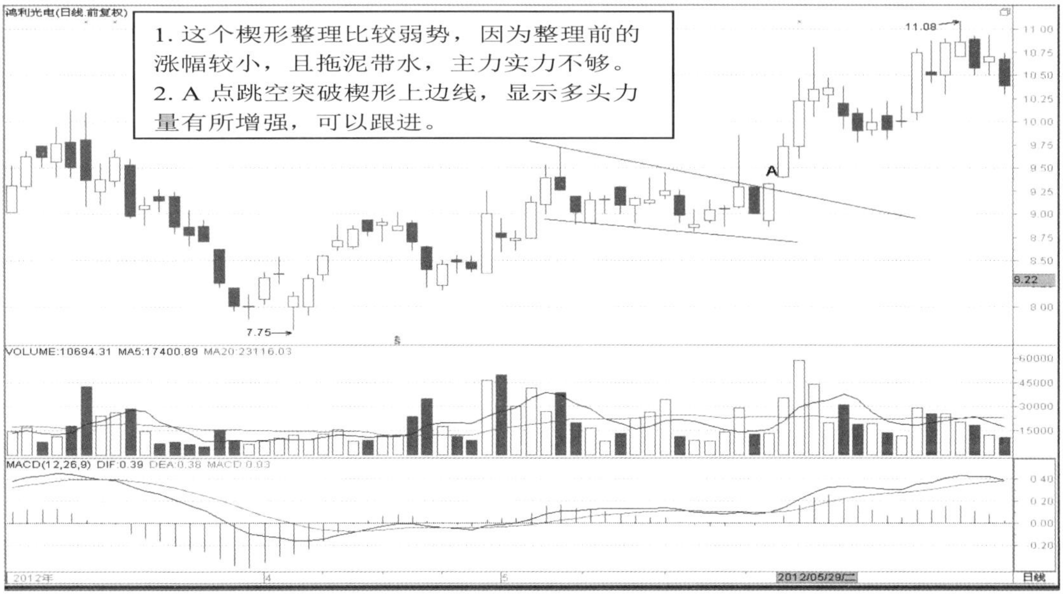

鸿利光电

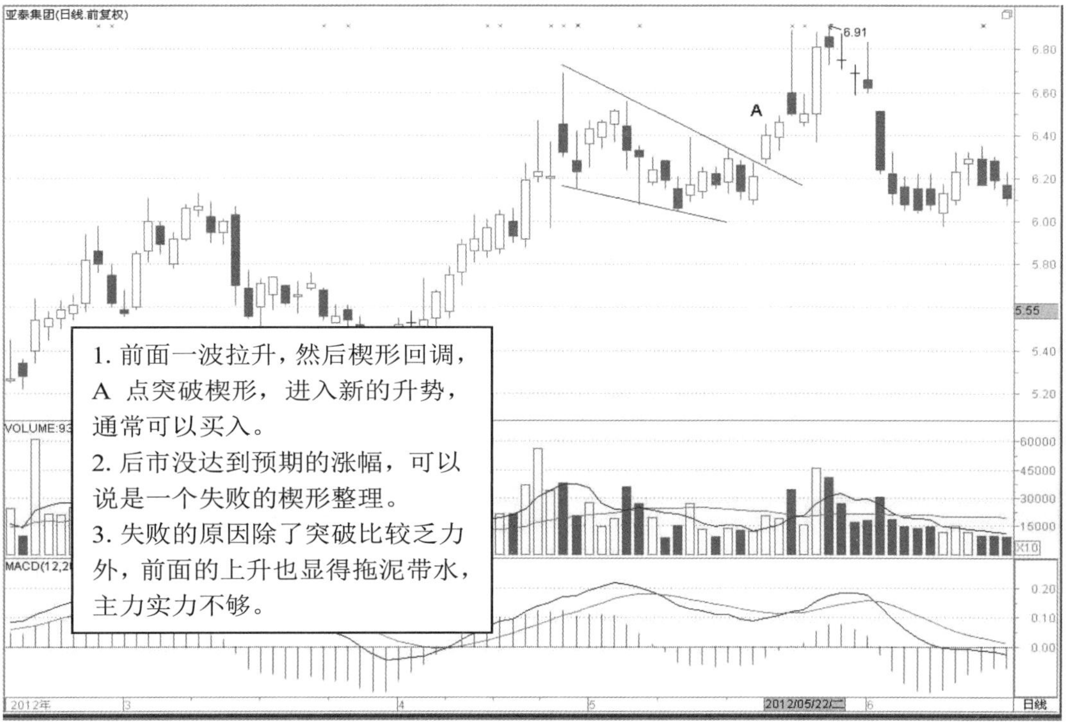
亚泰集团(日线,前复权)
A
6.91
1. 前面一波拉升，然后楔形回调，A 点突破楔形，进入新的升势，通常可以买入。
2. 后市没达到预期的涨幅，可以说是一个失败的楔形整理。
3. 失败的原因除了突破比较乏力外，前面的上升也显得拖泥带水，主力实力不够。

亚泰集团

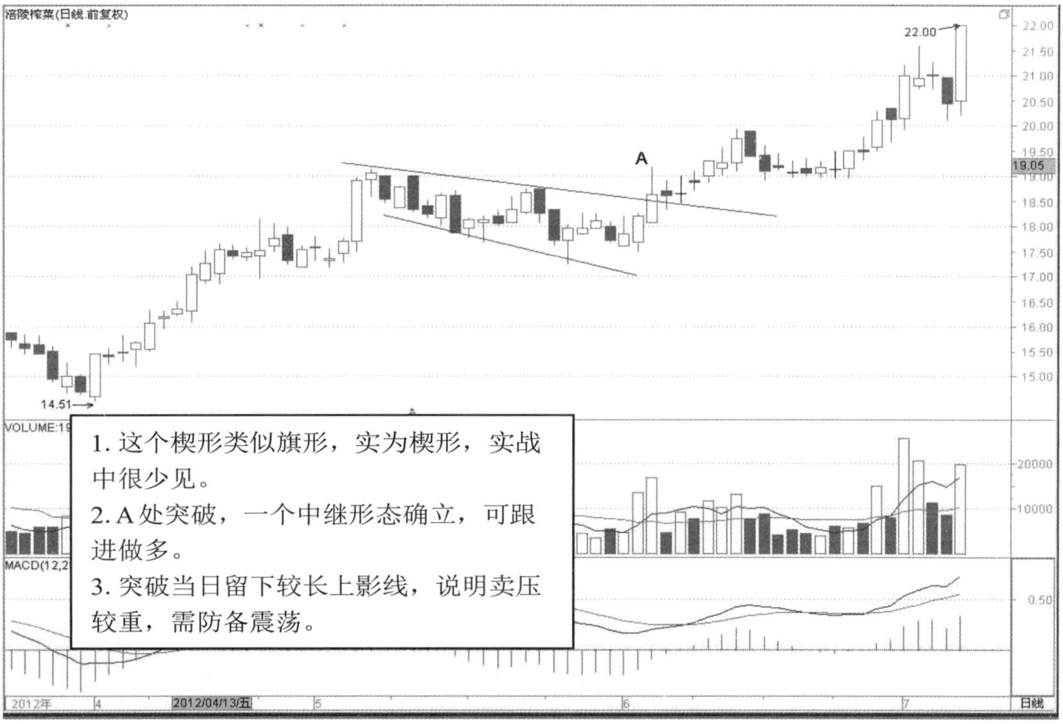
涪陵榨菜(日线,前复权)
A
22.00
14.51
1. 这个楔形类似旗形，实为楔形，实战中很少见。
2. A 处突破，一个中继形态确立，可跟进做多。
3. 突破当日留下较长上影线，说明卖压较重，需防备震荡。

涪陵榨菜

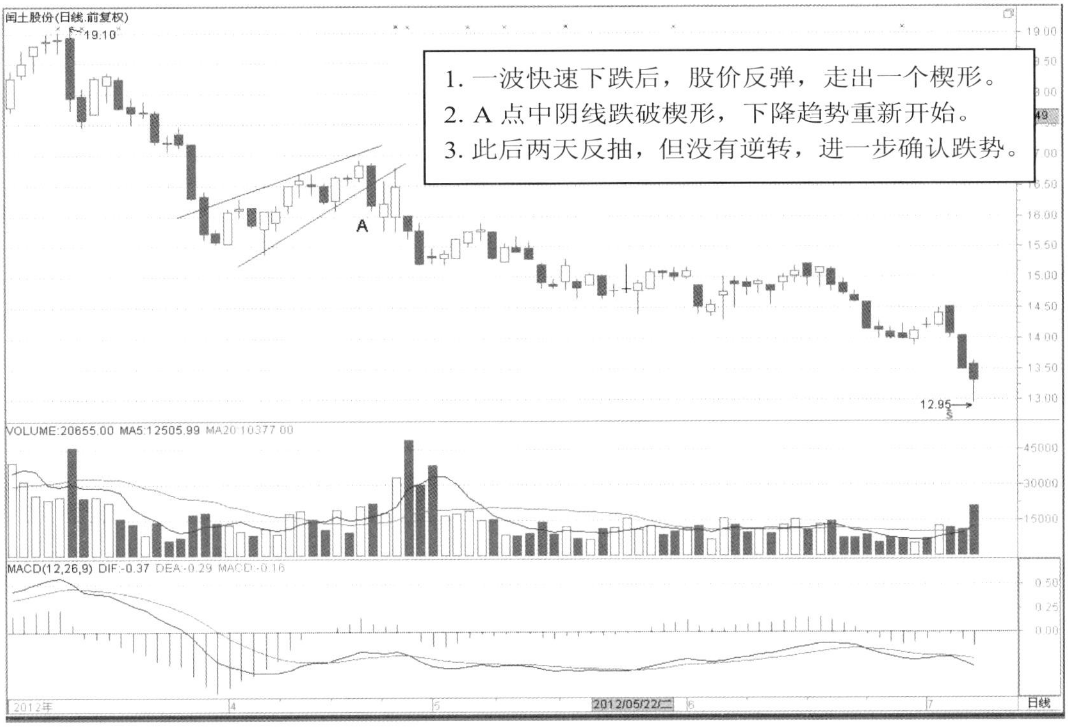
闽土股份(日线,前复权)
19.10
1. 一波快速下跌后，股价反弹，走出一个楔形。
2. A 点中阴线跌破楔形，下降趋势重新开始。
3. 此后两天反抽，但没有逆转，进一步确认跌势。
A
12.95
VOLUME:20655.00 MA5:12505.99 MA20:10377.00
MACD(12,26,9) DIF:-0.37 DEA:-0.29 MACD:-0.16
2012/05/22/二
日线

闽土股份

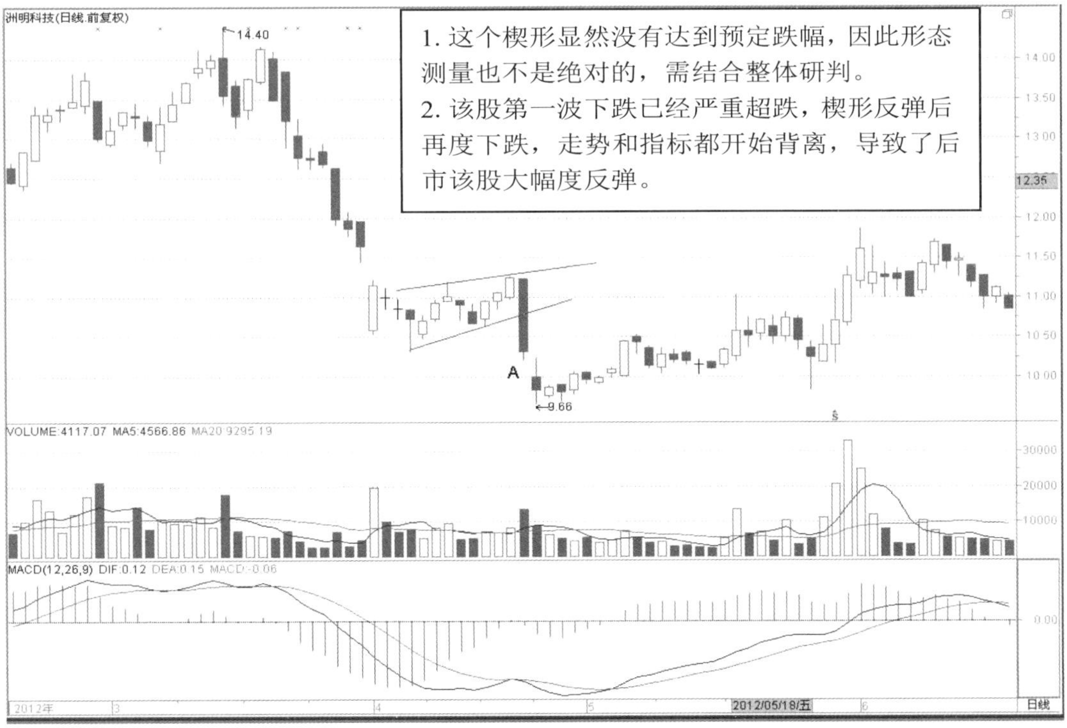
洲明科技(日线,前复权)
14.40
1. 这个楔形显然没有达到预定跌幅，因此形态测量也不是绝对的，需结合整体研判。
2. 该股第一波下跌已经严重超跌，楔形反弹后再度下跌，走势和指标都开始背离，导致了后市该股大幅度反弹。
A
9.66
VOLUME:4117.07 MA5:4566.86 MA20:9295.19
MACD(12,26,9) DIF:0.12 DEA:0.15 MACD:-0.06
2012/05/18/五
日线

洲明科技

五、钻石形

钻石形是一种比较少见的中继巩固形态。外形类似平行四边形，但也可能没有这么标准。在形态尾声如有放量长阳启动即意味着调整结束，可以买入。

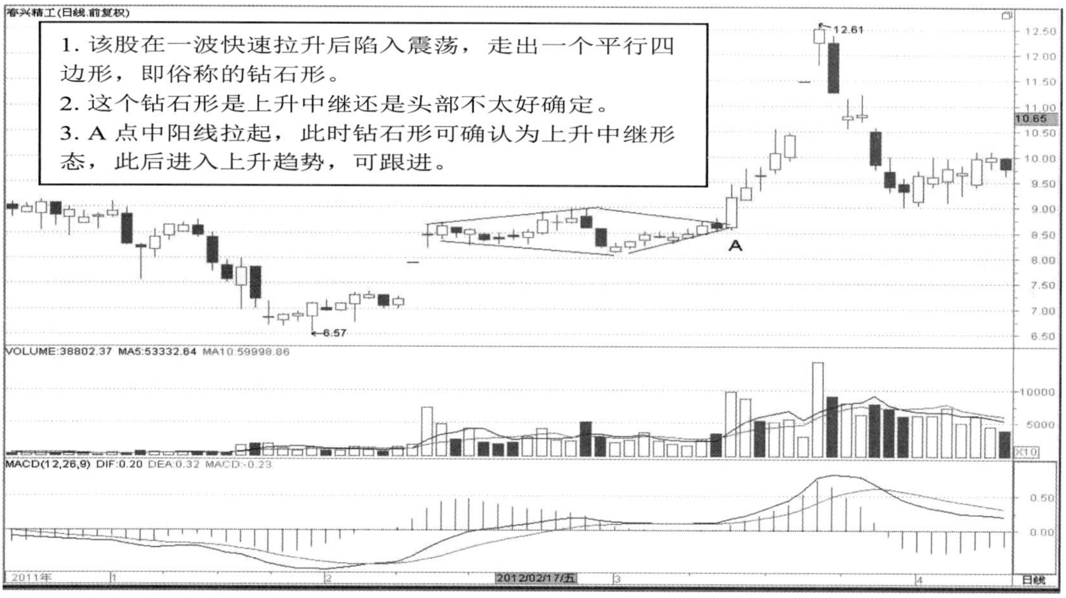

春兴精工

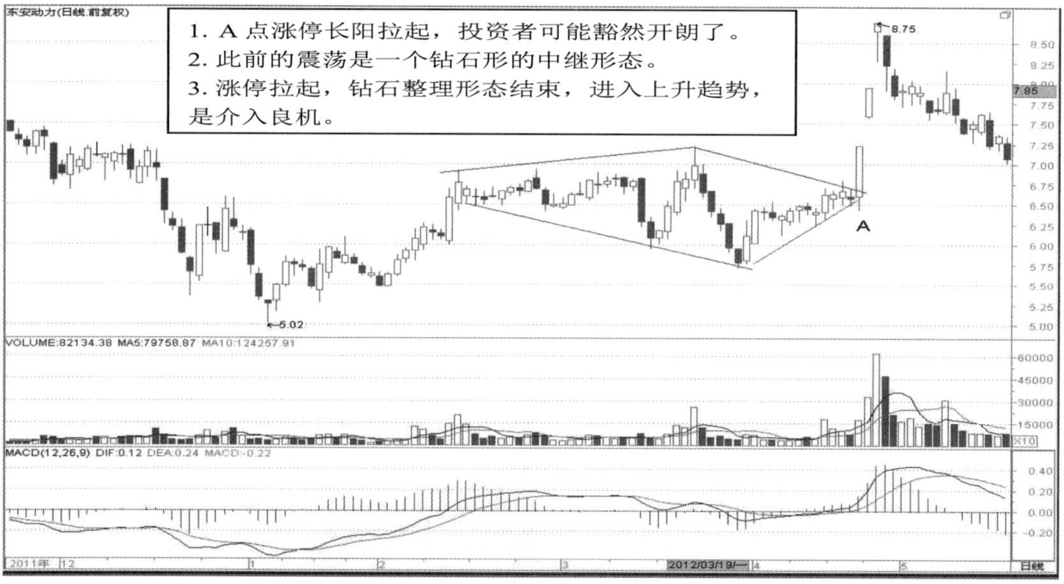

东安动力

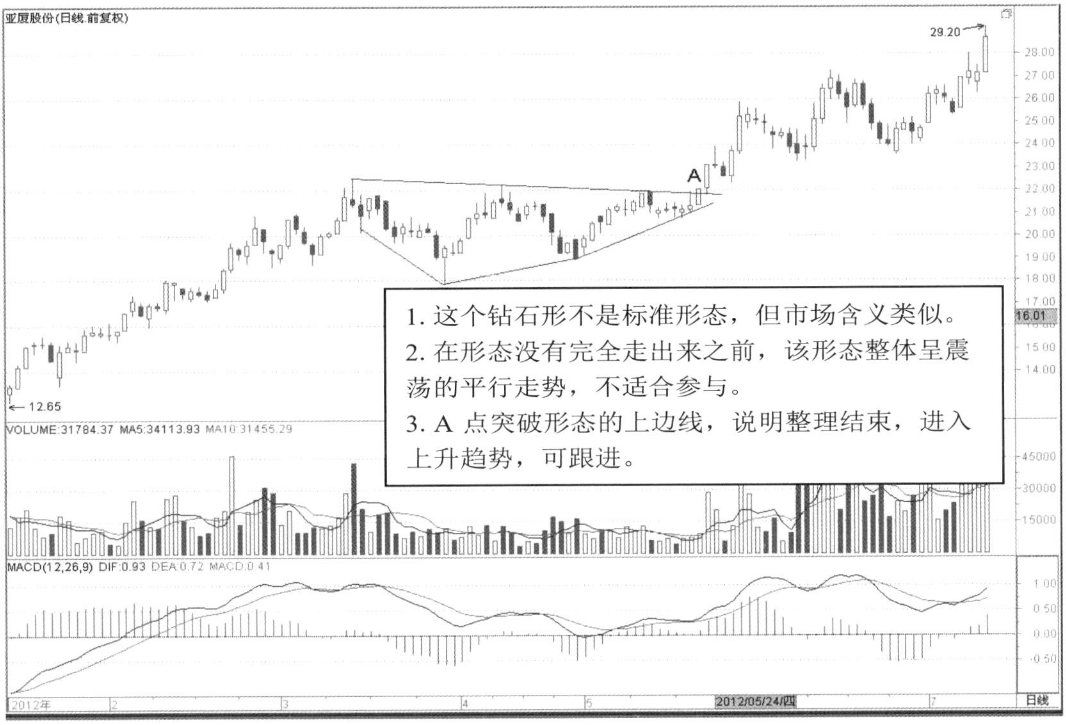
亚厦股份(日线,前复权)
29.20
12.65
A
1. 这个钻石形不是标准形态，但市场含义类似。
2. 在形态没有完全走出来之前，该形态整体呈震荡的平行走势，不适合参与。
3. A 点突破形态的上边线，说明整理结束，进入上升趋势，可跟进。
VOLUME:31784.37 MA5:34113.93 MA10:31455.29
MACD(12,26,9) DIF:0.93 DEA:0.72 MACD:0.41
2012/05/24/四

亚夏股份

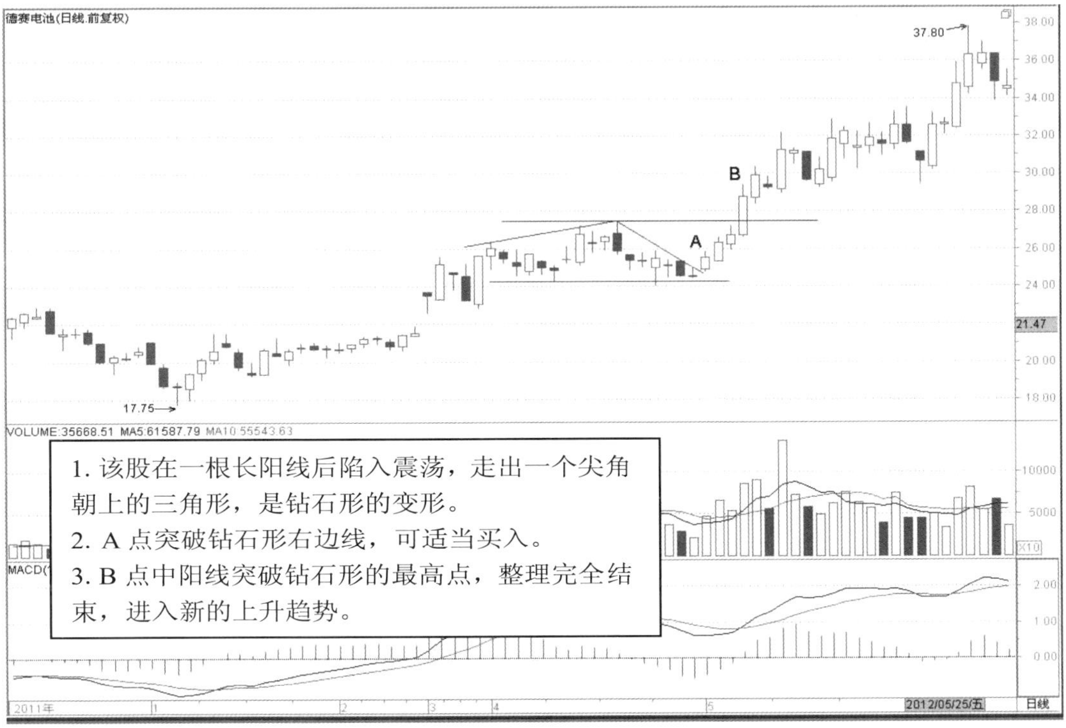
德赛电池(日线,前复权)
37.80
17.75
A
B
1. 该股在一根长阳线后陷入震荡，走出一个尖角朝上的三角形，是钻石形的变形。
2. A 点突破钻石形右边线，可适当买入。
3. B 点中阳线突破钻石形的最高点，整理完全结束，进入新的上升趋势。
VOLUME:35668.51 MA5:61587.79 MA10:55543.63
2012/05/25/五

德赛电池

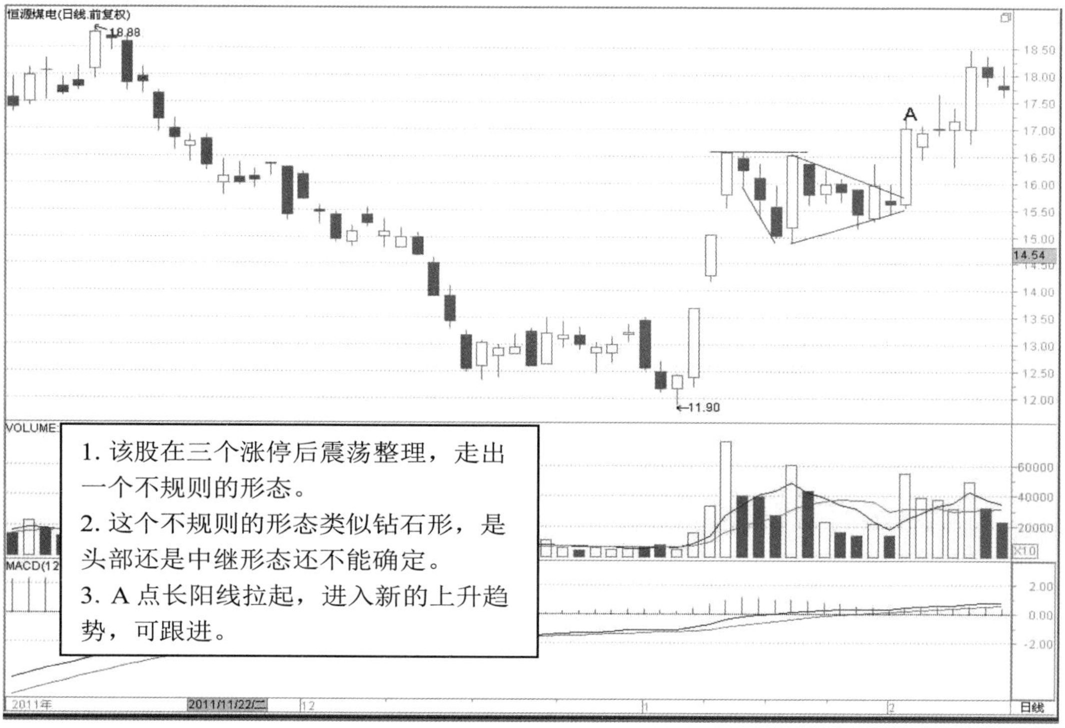
恒源煤电(日线,前复权)
18.88
A
11.90
14.54
VOLUME
1. 该股在三个涨停后震荡整理，走出一个不规则的形态。
2. 这个不规则的形态类似钻石形，是头部还是中继形态还不能确定。
3. A 点长阳线拉起，进入新的上升趋势，可跟进。
MACD
2011年
2011/11/22/二
日线

恒源煤电

第十四章
缺口在趋势中的作用

缺口是在实际交易中出现巨大分歧而产生的交易空白，一般是强烈走势的特征。

一、突破缺口

突破缺口指股价跳空突破盘整走势，留下实际的交易空白区。这是趋势剧烈改变的特征，显示主力实力强劲，是买入的良机。

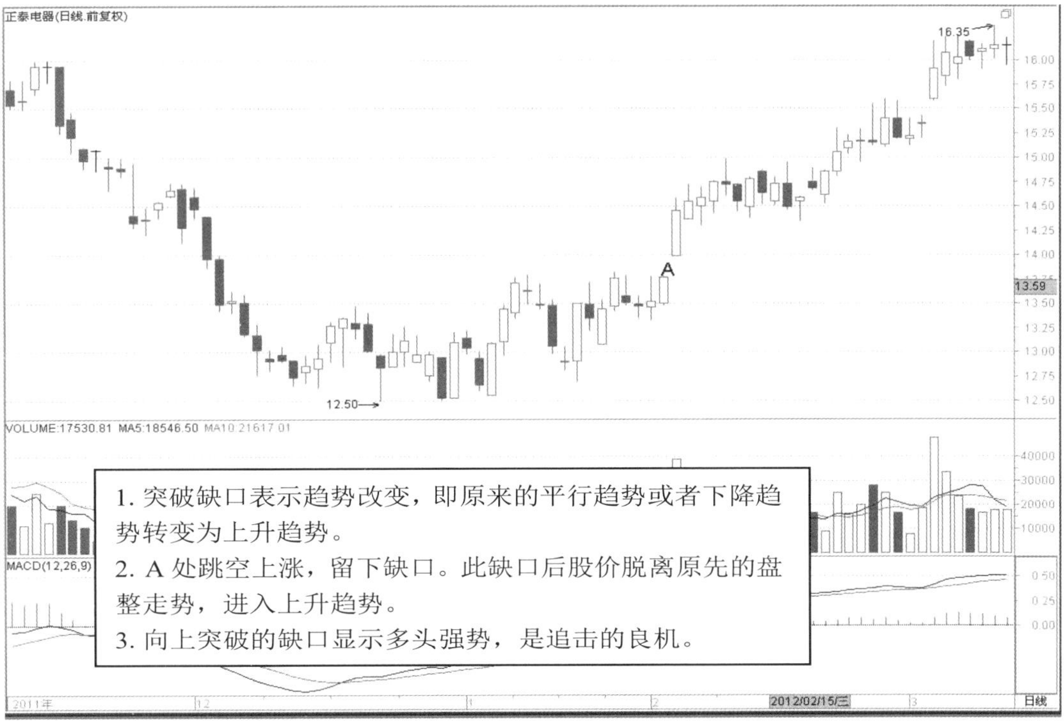

正泰电器

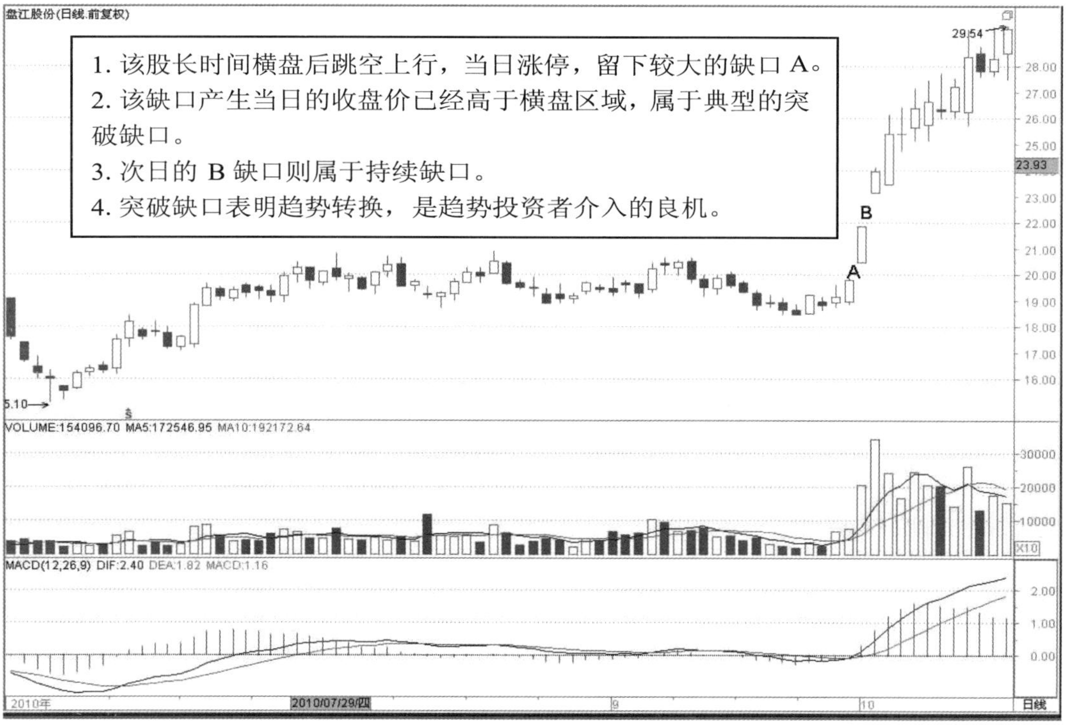
盘江股份(日线,前复权)
1. 该股长时间横盘后跳空上行，当日涨停，留下较大的缺口 A。
2. 该缺口产生当日的收盘价已经高于横盘区域，属于典型的突破缺口。
3. 次日的 B 缺口则属于持续缺口。
4. 突破缺口表明趋势转换，是趋势投资者介入的良机。
29.54
B
A
5.10
VOLUME:154096.70 MA5:172546.95 MA10:192172.64
MACD(12,26,9) DIF:2.40 DEA:1.82 MACD:1.16
2010年
2010/07/29/四
日线

盘江股份

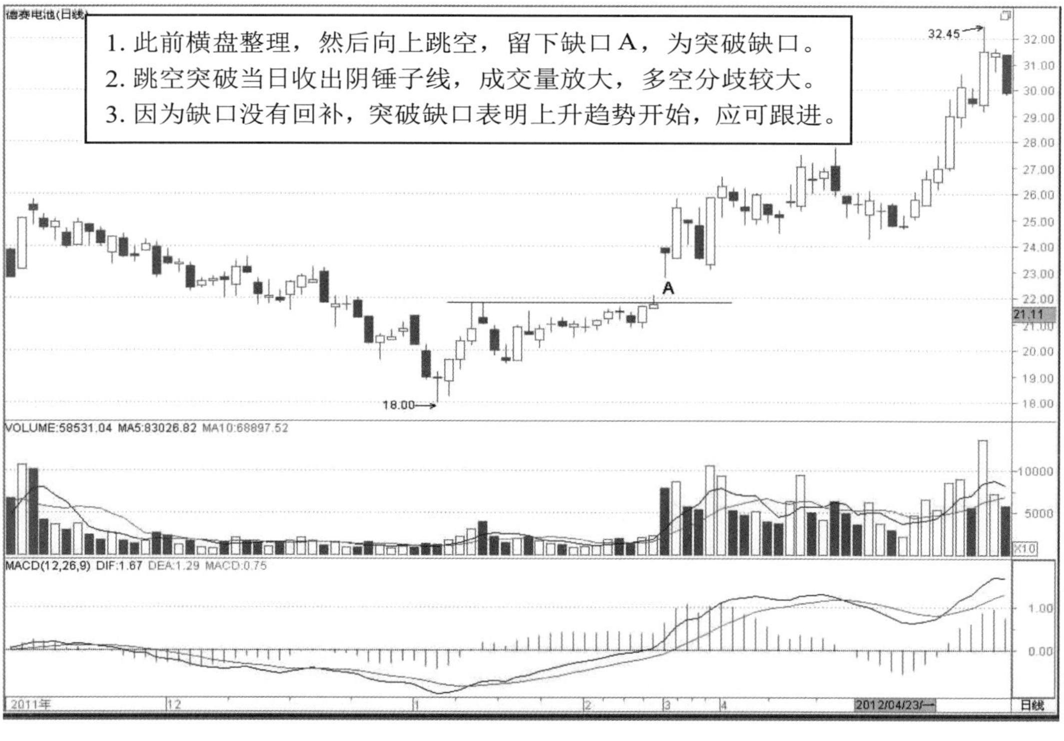
德赛电池(日线)
1. 此前横盘整理，然后向上跳空，留下缺口 A，为突破缺口。
2. 跳空突破当日收出阴锤子线，成交量放大，多空分歧较大。
3. 因为缺口没有回补，突破缺口表明上升趋势开始，应可跟进。
32.45
A
18.00
VOLUME:58531.04 MA5:83026.82 MA10:68897.52
MACD(12,26,9) DIF:1.67 DEA:1.29 MACD:0.75
2011年
2012/04/23/一
日线

德赛电池

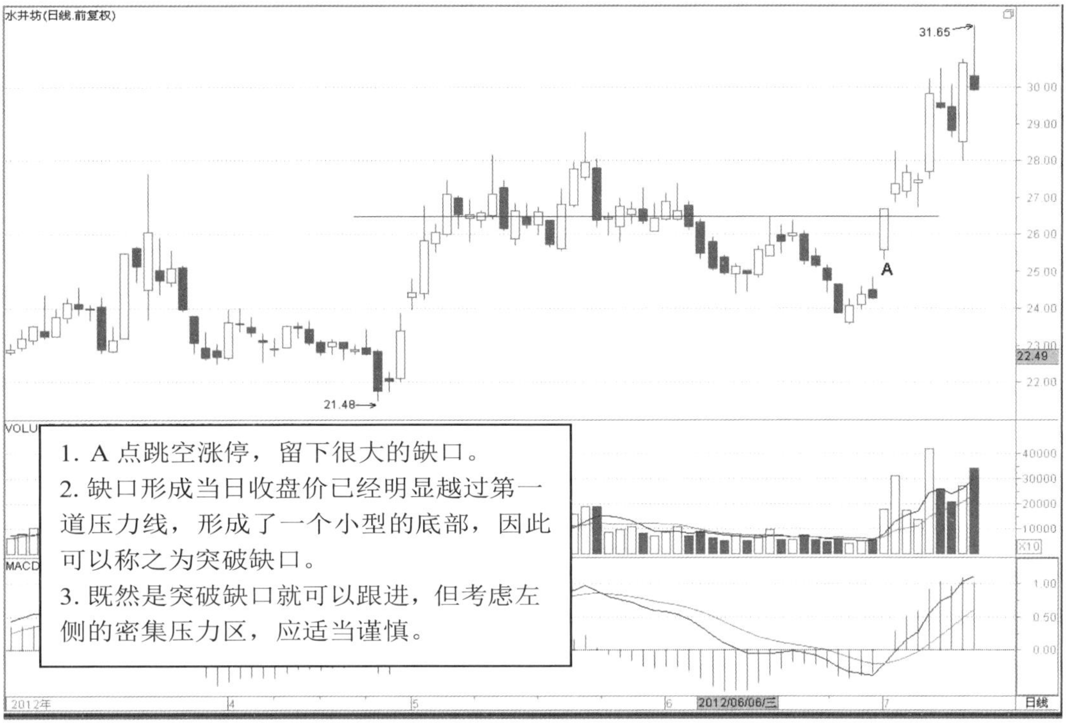
水井坊(日线,前复权)
31.65
21.48
A
1. A 点跳空涨停，留下很大的缺口。
2. 缺口形成当日收盘价已经明显越过第一道压力线，形成了一个小型的底部，因此可以称之为突破缺口。
3. 既然是突破缺口就可以跟进，但考虑左侧的密集压力区，应适当谨慎。
2012/06/06/三
日线

水井坊

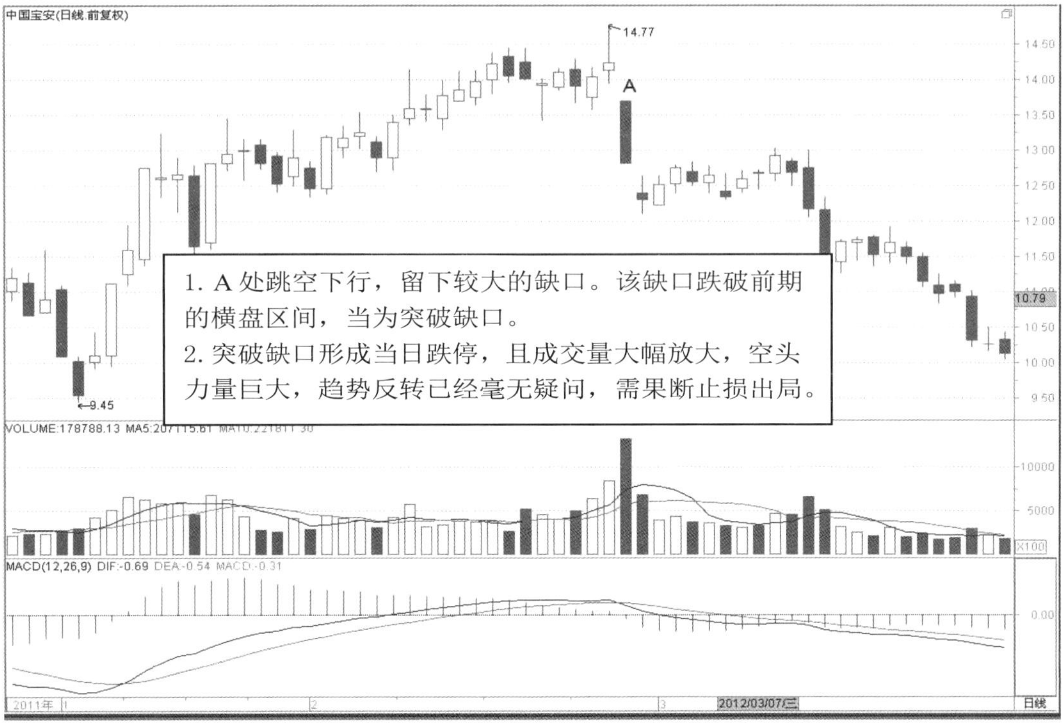
中国宝安(日线,前复权)
14.77
A
9.45
1. A 处跳空下行，留下较大的缺口。该缺口跌破前期的横盘区间，当为突破缺口。
2. 突破缺口形成当日跌停，且成交量大幅放大，空头力量巨大，趋势反转已经毫无疑问，需果断止损出局。
VOLUME:178788.13 MA5:207115.61 MA10:221811.30
MACD(12,26,9) DIF:-0.69 DEA:-0.54 MACD:-0.31
2012/03/07/三
日线

中国宝安

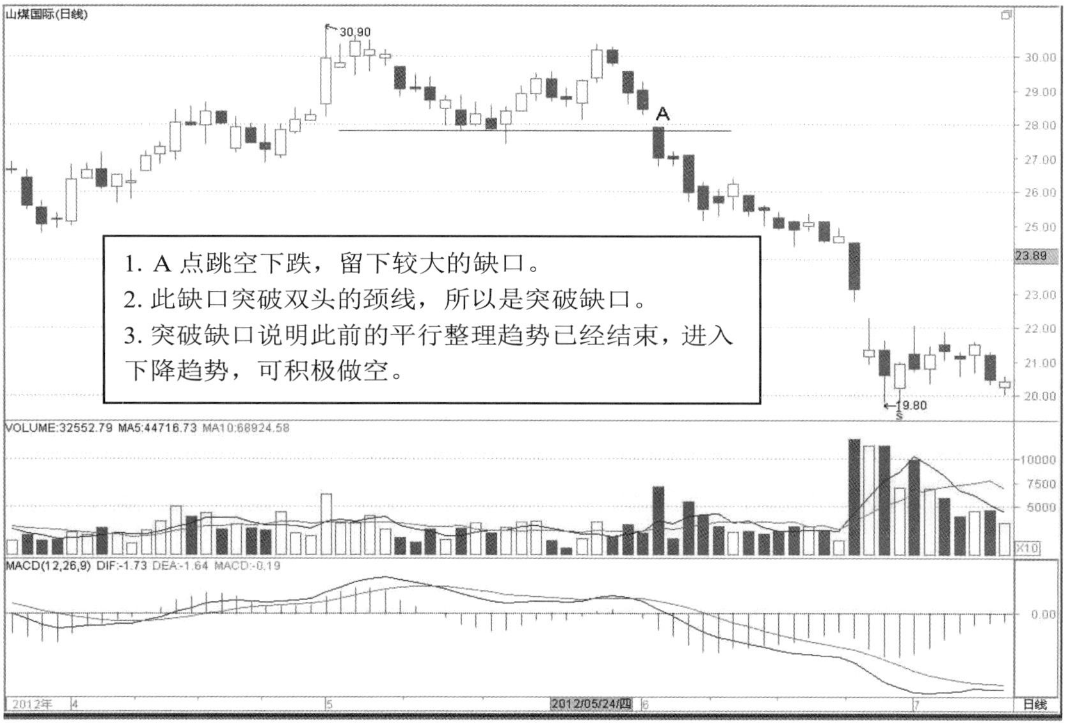
山煤国际(日线)
30.90
A
1. A 点跳空下跌，留下较大的缺口。
2. 此缺口突破双头的颈线，所以是突破缺口。
3. 突破缺口说明此前的平行整理趋势已经结束，进入下降趋势，可积极做空。
19.80
VOLUME:32552.79 MA5:44716.73 MA10:68924.58
MACD(12,26,9) DIF:-1.73 DEA:-1.64 MACD:-0.19
2012年
2012/05/24/四
日线

山煤国际

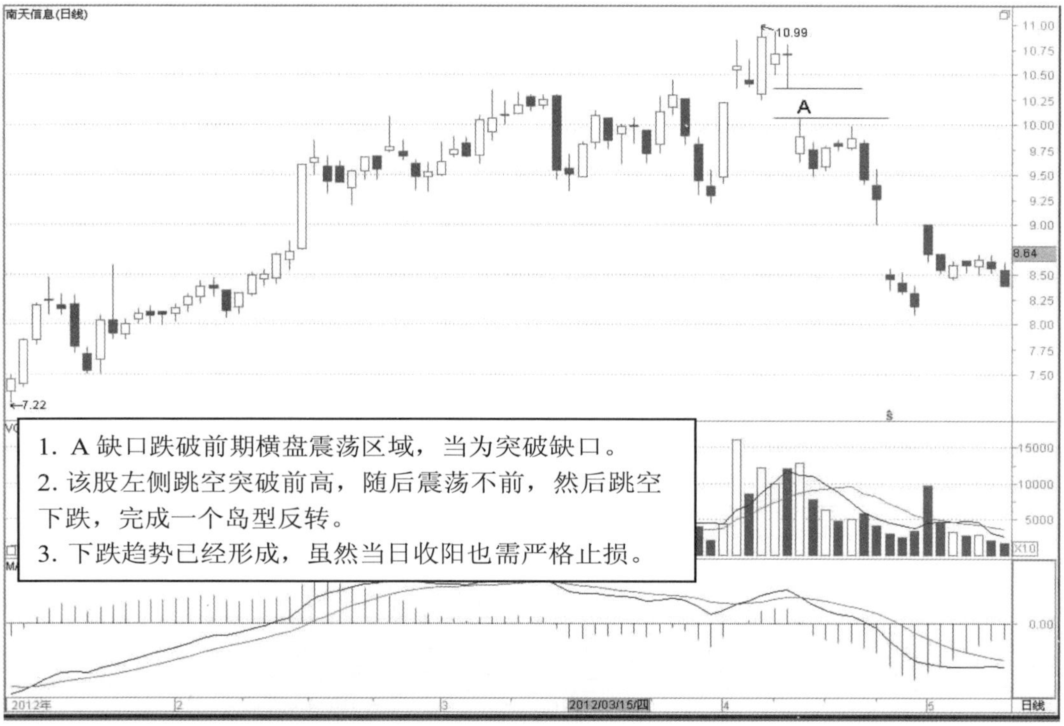
南天信息(日线)
10.99
A
7.22
1. A 缺口跌破前期横盘震荡区域，当为突破缺口。
2. 该股左侧跳空突破前高，随后震荡不前，然后跳空下跌，完成一个岛型反转。
3. 下跌趋势已经形成，虽然当日收阳也需严格止损。
2012年
2012/03/15/四
日线

南天信息

二、持续缺口

持续缺口指股价在趋势延伸的过程中留下的交易空白区，是力道强劲的表现，同时可以用来测量未来涨跌幅度。

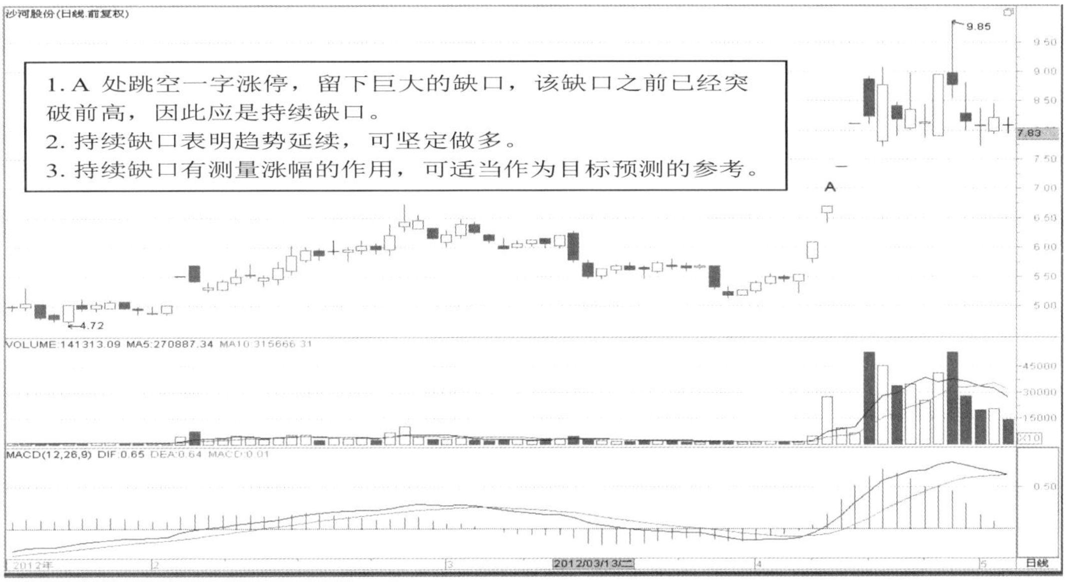

沙河股份

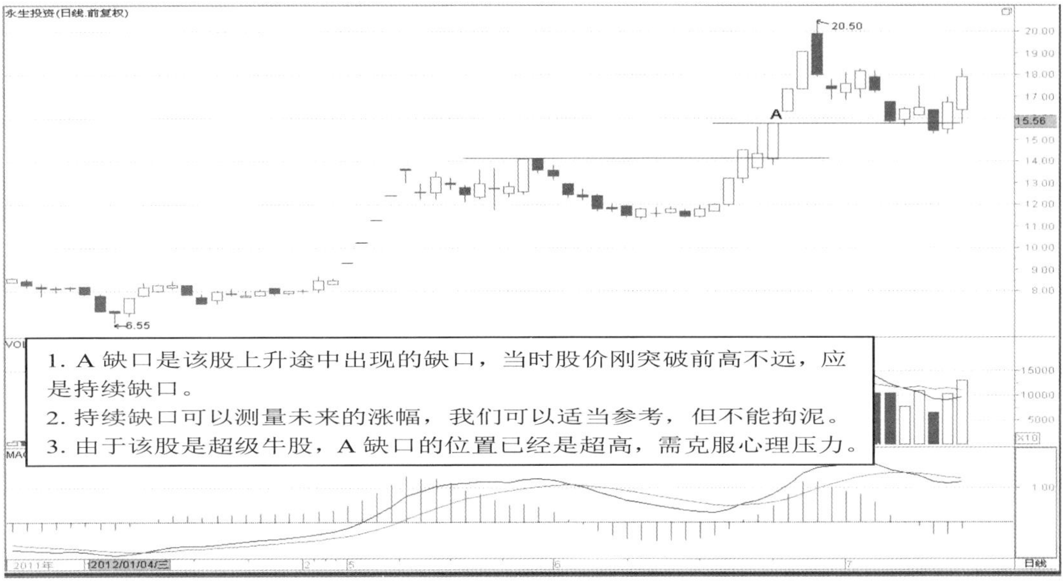

永生投资

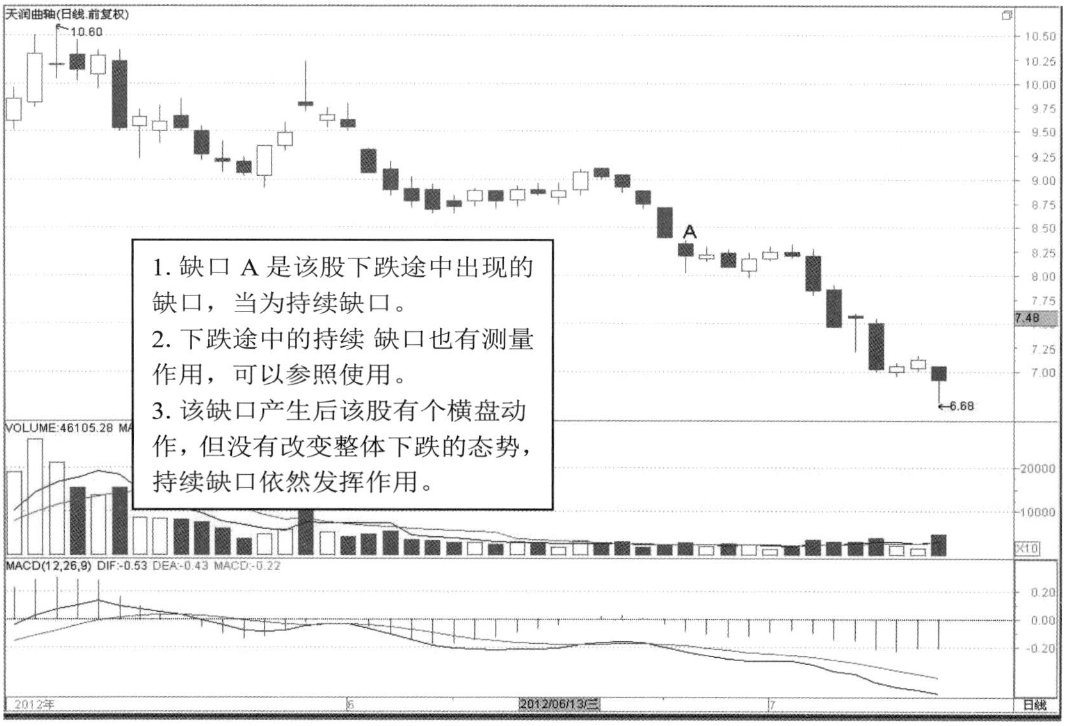
天润曲轴(日线.前复权)
10.60
A
1. 缺口 A 是该股下跌途中出现的缺口，当为持续缺口。
2. 下跌途中的持续 缺口也有测量作用，可以参照使用。
3. 该缺口产生后该股有个横盘动作，但没有改变整体下跌的态势，持续缺口依然发挥作用。
6.68
VOLUME:46105.28
MACD(12,26,9) DIF:-0.53 DEA:-0.43 MACD:-0.22
2012年
2012/06/13/三
日线

天润曲轴

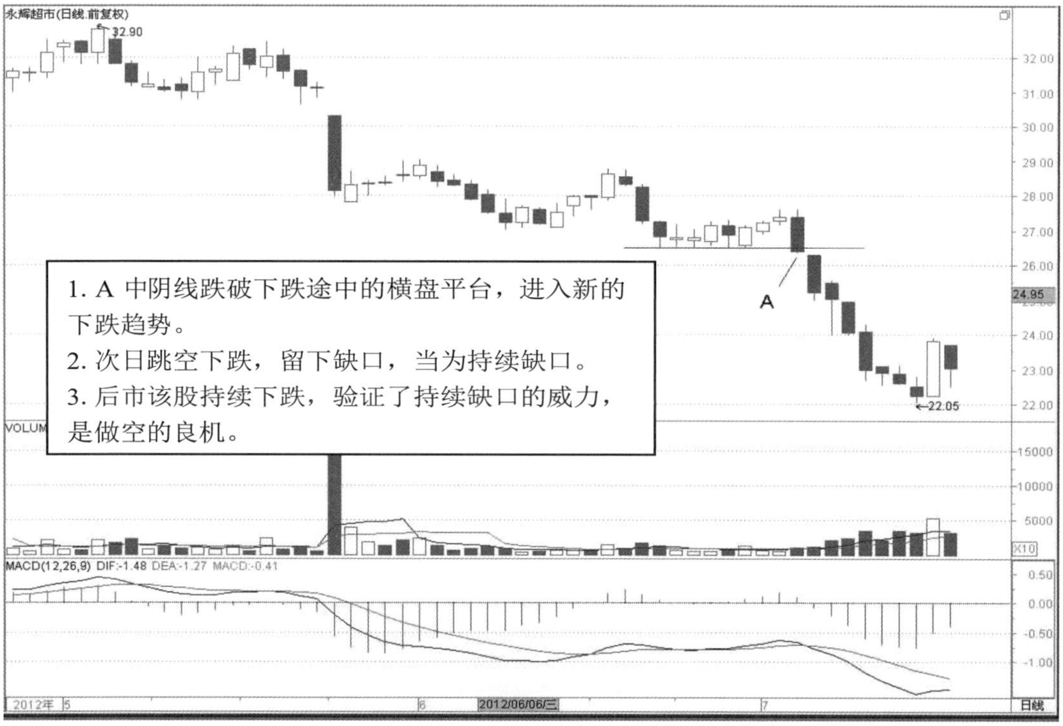
永辉超市(日线.前复权)
32.90
A
1. A 中阴线跌破下跌途中的横盘平台，进入新的下跌趋势。
2. 次日跳空下跌，留下缺口，当为持续缺口。
3. 后市该股持续下跌，验证了持续缺口的威力，是做空的良机。
22.05
MACD(12,26,9) DIF:-1.48 DEA:-1.27 MACD:-0.41
2012年
2012/06/06/三
日线

永辉超市

三、衰竭缺口

衰竭缺口指股价在趋势尾声时留下的交易空白区，一般会在较短时间内回补，是趋势反转的先兆。

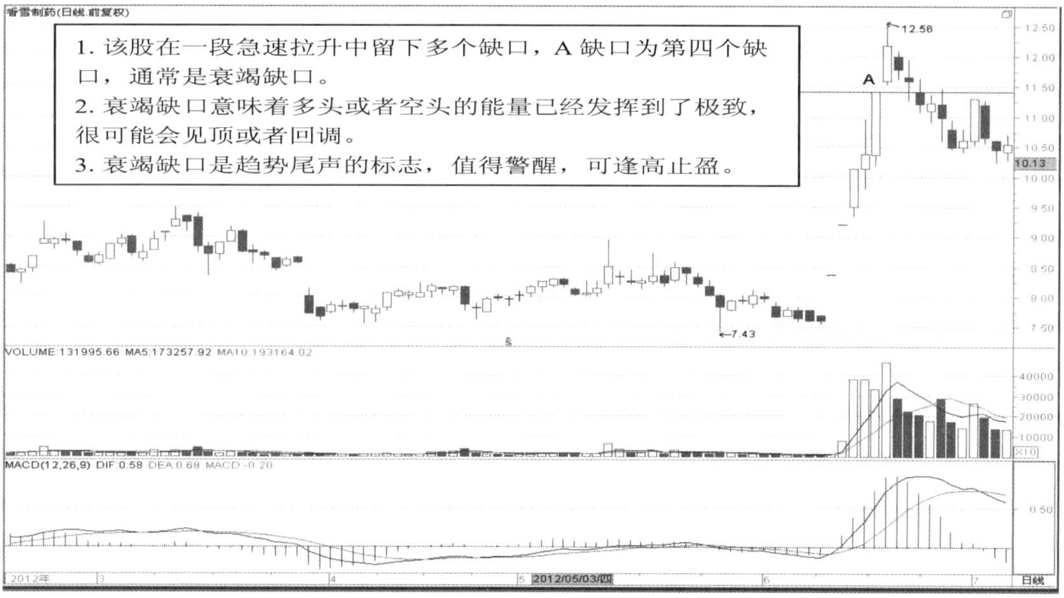

香雪制药

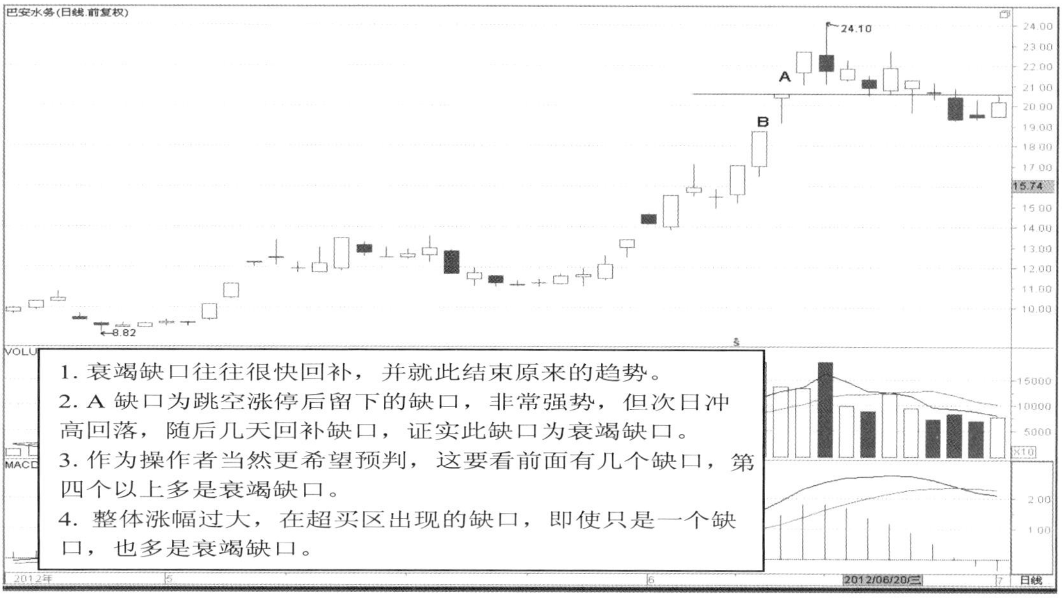

巴安水务

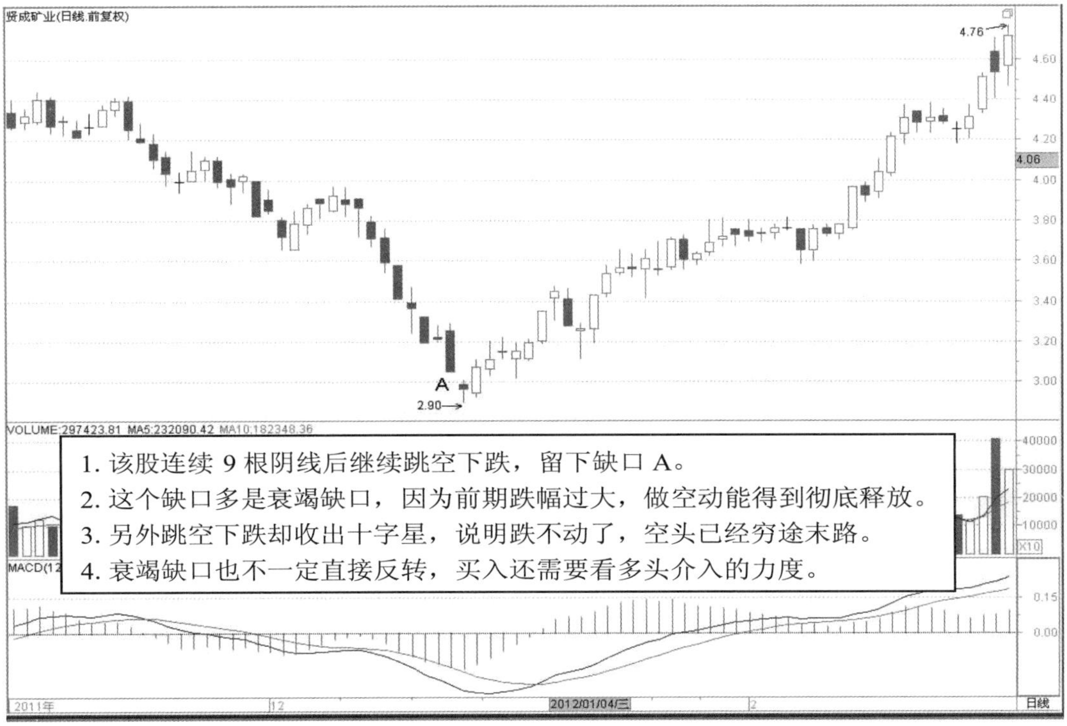
贤成矿业(日线,前复权)
4.76
A
2.90
VOLUME:297423.81 MA5:232090.42 MA10:182348.36
1. 该股连续 9 根阴线后继续跳空下跌，留下缺口 A。
2. 这个缺口多是衰竭缺口，因为前期跌幅过大，做空动能得到彻底释放。
3. 另外跳空下跌却收出十字星，说明跌不动了，空头已经穷途末路。
4. 衰竭缺口也不一定直接反转，买入还需要看多头介入的力度。
2012/01/04/三
日线

贤成矿业

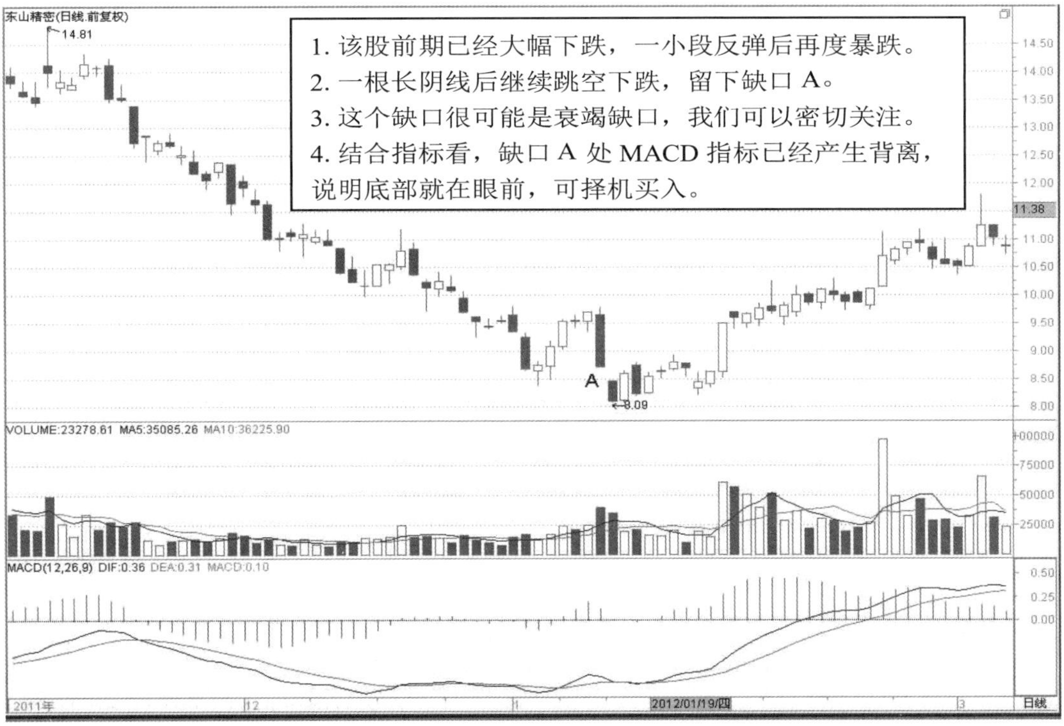
东山精密(日线,前复权)
14.81
1. 该股前期已经大幅下跌，一小段反弹后再度暴跌。
2. 一根长阴线后继续跳空下跌，留下缺口 A。
3. 这个缺口很可能是衰竭缺口，我们可以密切关注。
4. 结合指标看，缺口 A 处 MACD 指标已经产生背离，说明底部就在眼前，可择机买入。
A
8.09
VOLUME:23278.61 MA5:35085.26 MA10:36225.90
MACD(12,26,9) DIF:0.36 DEA:0.31 MACD:0.10
2012/01/19/四
日线

东山精密

第十五章
平均线体现的趋势

平均线体现的是投资者持股的成本，自然有一定的趋势意义，在实战中具有较好的指示作用。

一、三种趋势

1. 平行趋势

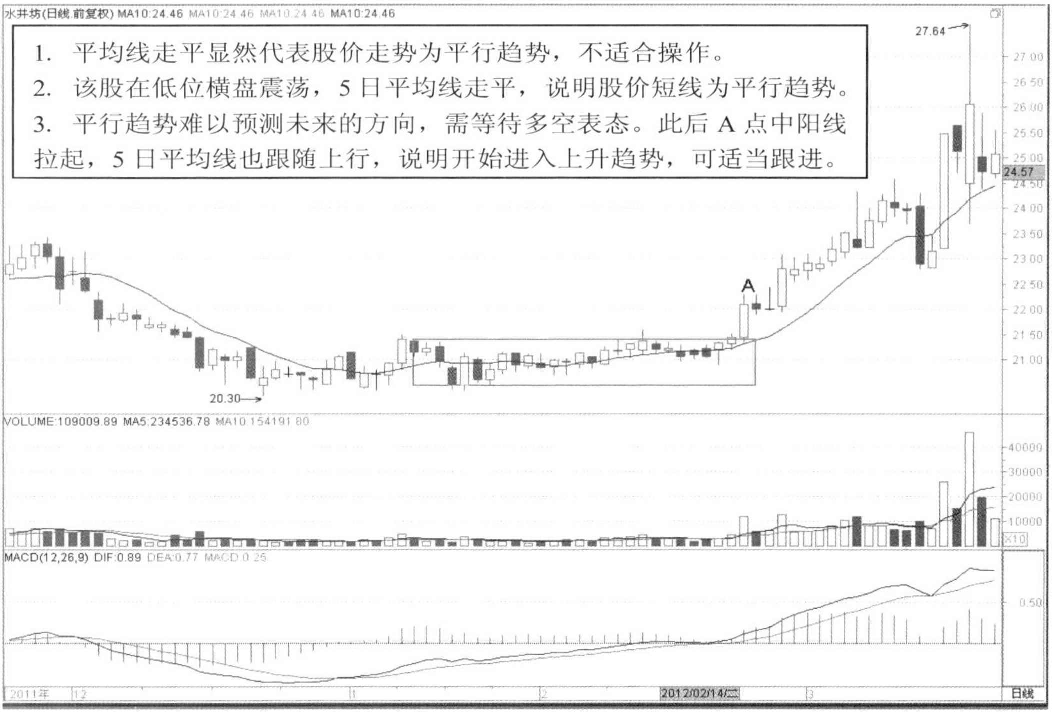

水井坊

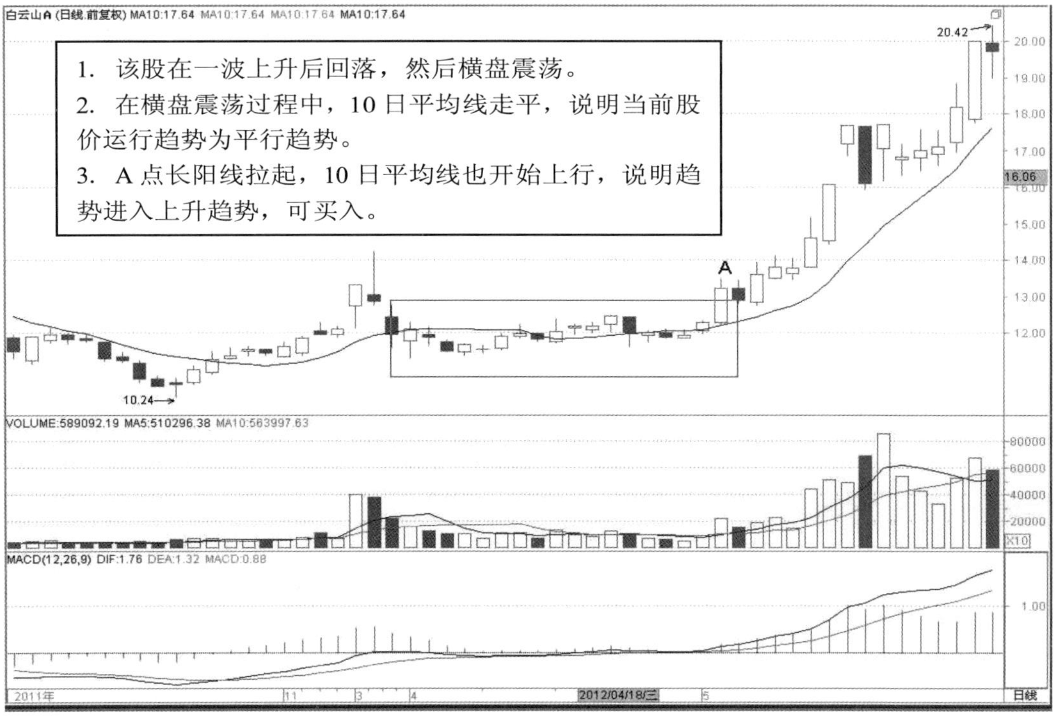
白云山A (日线,前复权) MA10:17.64
1. 该股在一波上升后回落，然后横盘震荡。
2. 在横盘震荡过程中，10日平均线走平，说明当前股价运行趋势为平行趋势。
3. A点长阳线拉起，10日平均线也开始上行，说明趋势进入上升趋势，可买入。
A
20.42
10.24
VOLUME:589092.19 MA5:510296.38 MA10:563997.63
MACD(12,26,9) DIF:1.76 DEA:1.32 MACD:0.88
2012/04/18/三
日线

白云山 A

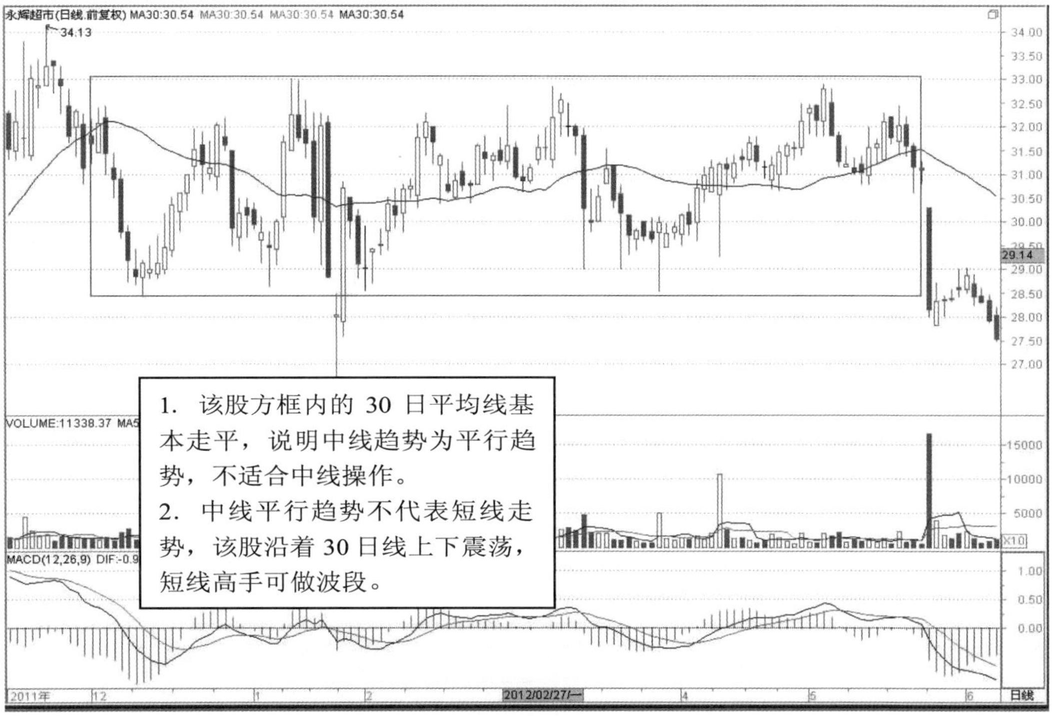
永辉超市(日线,前复权) MA30:30.54
34.13
1. 该股方框内的30日平均线基本走平，说明中线趋势为平行趋势，不适合中线操作。
2. 中线平行趋势不代表短线走势，该股沿着30日线上下震荡，短线高手可做波段。
2012/02/27/一
日线

永辉超市

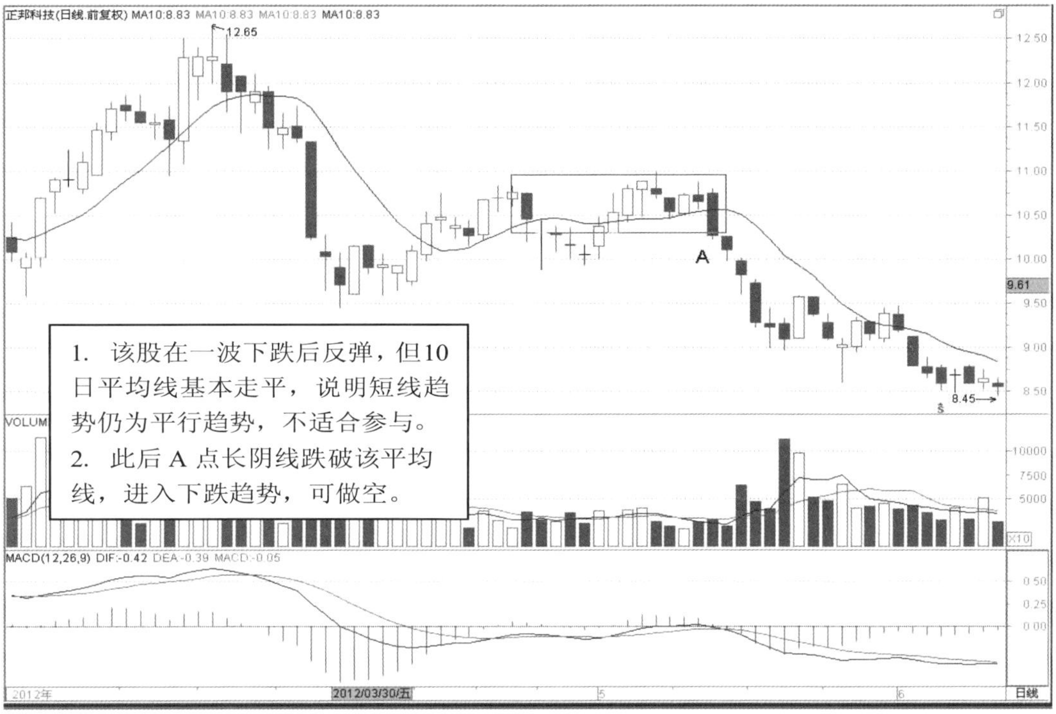
正邦科技(日线,前复权) MA10:8.83
12.65
A
9.61
8.45
1. 该股在一波下跌后反弹，但10日平均线基本走平，说明短线趋势仍为平行趋势，不适合参与。
2. 此后A点长阴线跌破该平均线，进入下跌趋势，可做空。
MACD(12,26,9) DIF:-0.42 DEA:-0.39 MACD:-0.05
2012年
2012/03/30/五
日线

正邦科技

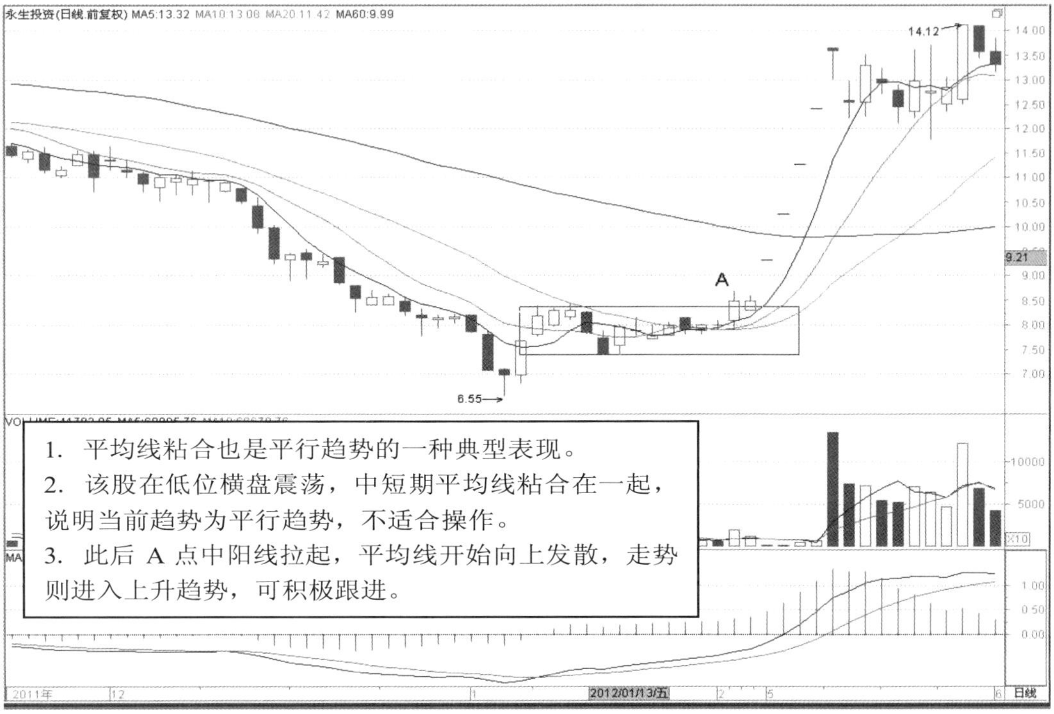
永生投资(日线,前复权) MA5:13.32 MA10:13.08 MA20:11.42 MA60:9.99
14.12
A
9.21
6.55
1. 平均线粘合也是平行趋势的一种典型表现。
2. 该股在低位横盘震荡，中短期平均线粘合在一起，说明当前趋势为平行趋势，不适合操作。
3. 此后A点中阳线拉起，平均线开始向上发散，走势则进入上升趋势，可积极跟进。
2011年
2012/01/13/五
日线

永生投资

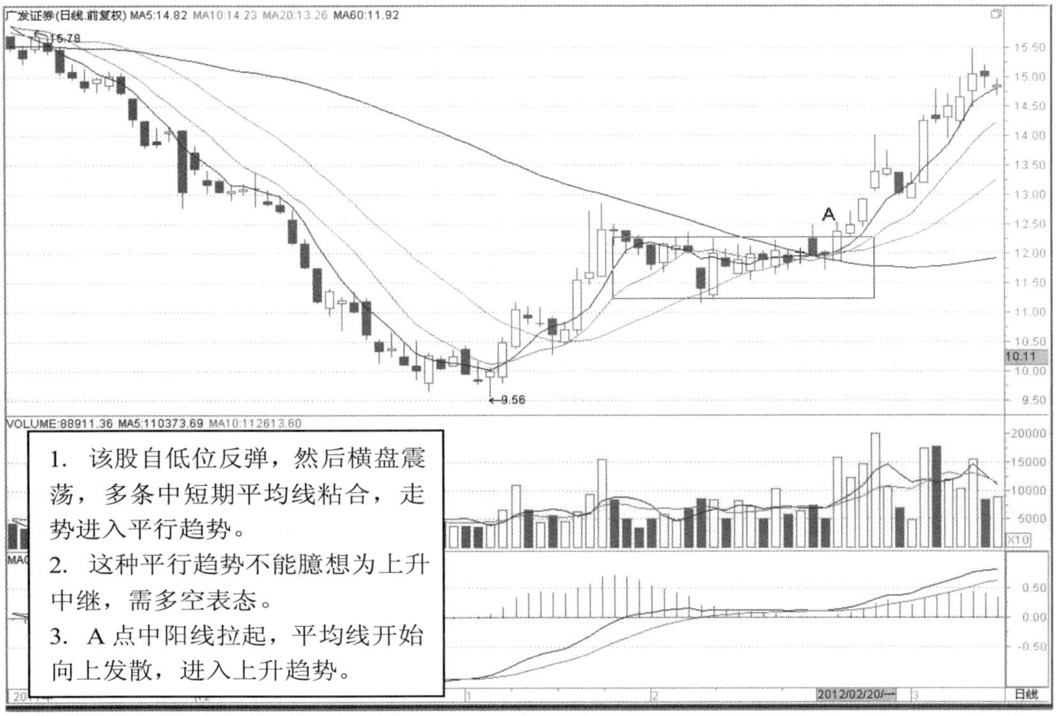
广发证券(日线,前复权) MA5:14.82 MA10:14.23 MA20:13.26 MA60:11.92
15.78
9.56
A
VOLUME:88911.36 MA5:110373.69 MA10:112613.60
1. 该股自低位反弹，然后横盘震荡，多条中短期平均线粘合，走势进入平行趋势。
2. 这种平行趋势不能臆想为上升中继，需多空表态。
3. A 点中阳线拉起，平均线开始向上发散，进入上升趋势。
2012/02/20/一
日线

广发证券

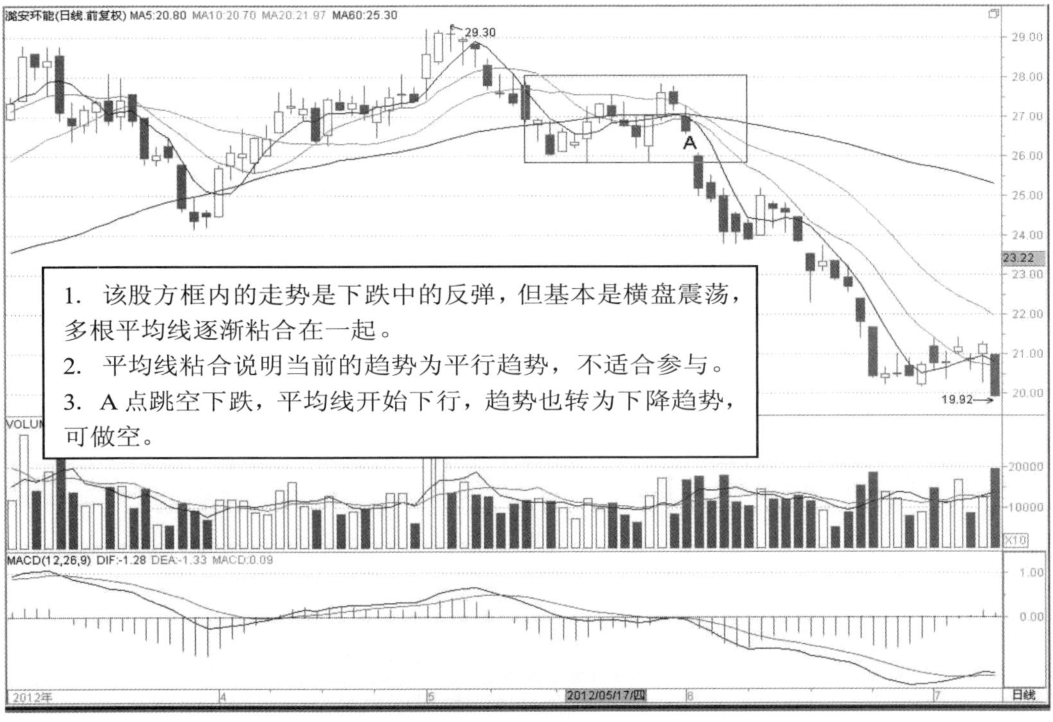
潞安环能(日线,前复权) MA5:20.80 MA10:20.70 MA20:21.97 MA60:25.30
29.30
A
19.92
1. 该股方框内的走势是下跌中的反弹，但基本是横盘震荡，多根平均线逐渐粘合在一起。
2. 平均线粘合说明当前的趋势为平行趋势，不适合参与。
3. A 点跳空下跌，平均线开始下行，趋势也转为下降趋势，可做空。
MACD(12,26,9) DIF:-1.28 DEA:-1.33 MACD:0.09
2012/05/17/四
日线

潞安环能

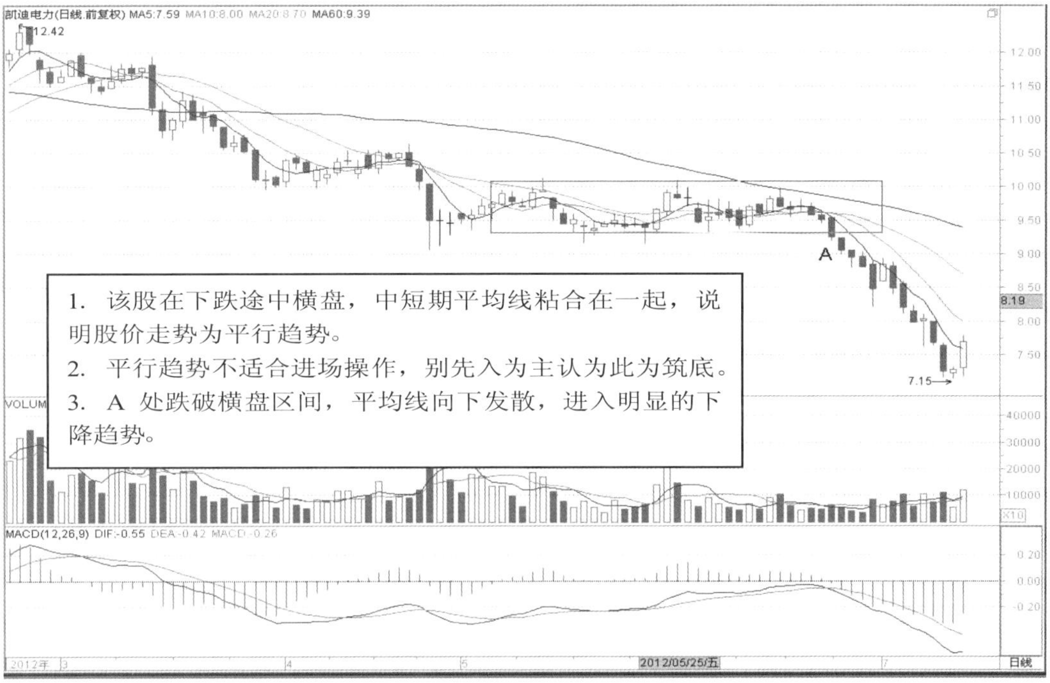
凯迪电力(日线,前复权) MA5:7.59 MA10:8.00 MA20:8.70 MA60:9.39
12.42
A
7.15
8.19
1. 该股在下跌途中横盘，中短期平均线粘合在一起，说明股价走势为平行趋势。
2. 平行趋势不适合进场操作，别先入为主认为此为筑底。
3. A 处跌破横盘区间，平均线向下发散，进入明显的下降趋势。
MACD(12,26,9) DIF:-0.55 DEA:-0.42 MACD:-0.26
2012/05/25/五
日线

凯迪电力

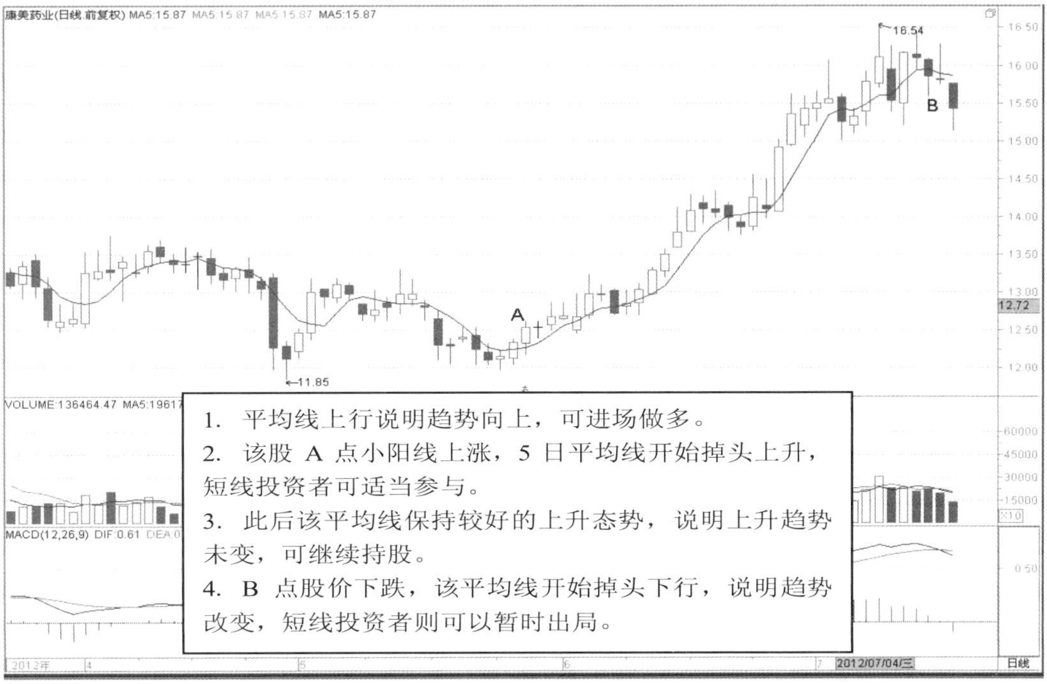
康美药业(日线,前复权) MA5:15.87
16.54
B
A
11.85
12.72
1. 平均线上行说明趋势向上，可进场做多。
2. 该股 A 点小阳线上涨，5 日平均线开始掉头上升，短线投资者可适当参与。
3. 此后该平均线保持较好的上升态势，说明上升趋势未变，可继续持股。
4. B 点股价下跌，该平均线开始掉头下行，说明趋势改变，短线投资者则可以暂时出局。
MACD(12,26,9) DIF:0.61
2012/07/04/三
日线

康美药业

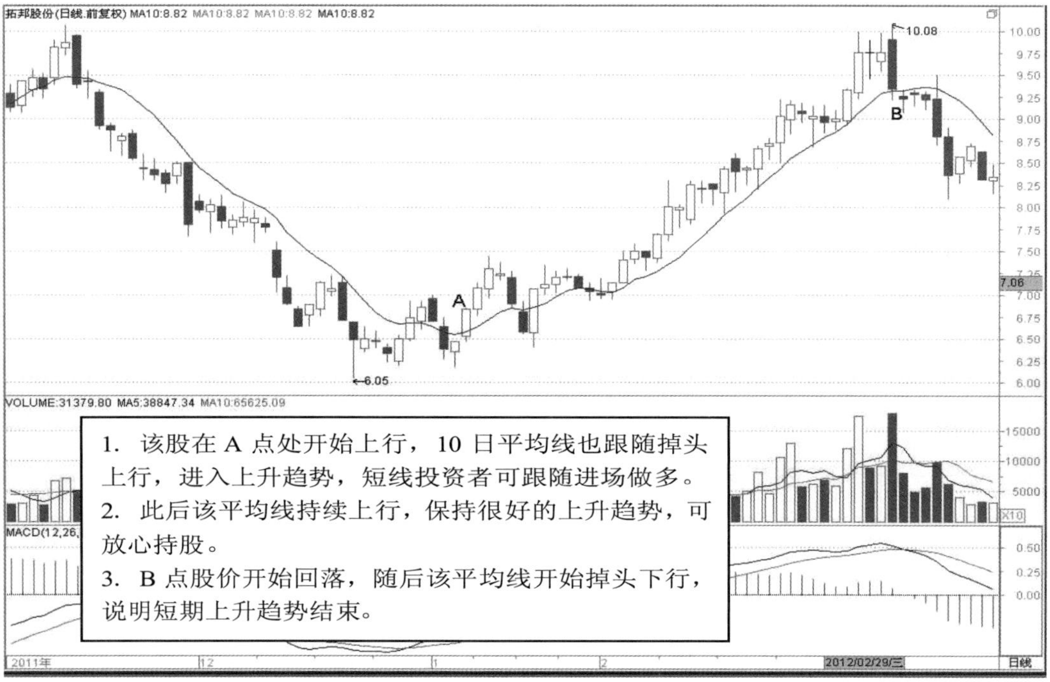
拓邦股份(日线,前复权) MA10:8.82
1. 该股在 A 点处开始上行，10 日平均线也跟随掉头上行，进入上升趋势，短线投资者可跟随进场做多。
2. 此后该平均线持续上行，保持很好的上升趋势，可放心持股。
3. B 点股价开始回落，随后该平均线开始掉头下行，说明短期上升趋势结束。
A
B
10.08
6.05
VOLUME:31379.80 MA5:38847.34 MA10:65625.09
2011年
2012/02/29/三
日线

拓邦股份

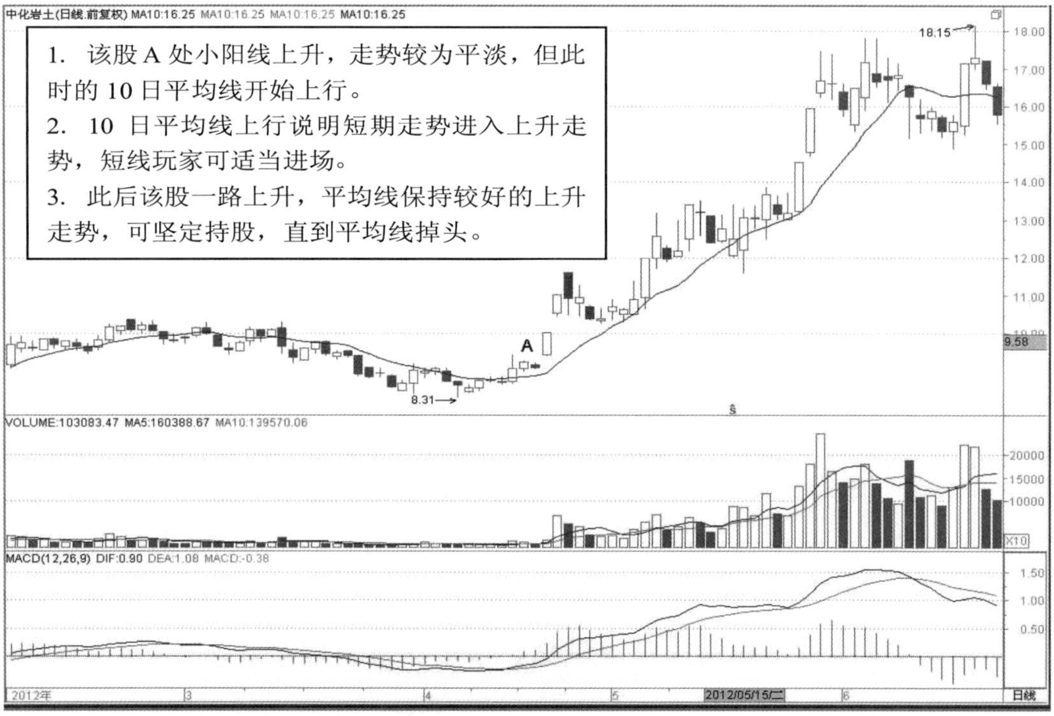
中化岩土(日线,前复权) MA10:16.25
1. 该股 A 处小阳线上升，走势较为平淡，但此时的 10 日平均线开始上行。
2. 10 日平均线上行说明短期走势进入上升走势，短线玩家可适当进场。
3. 此后该股一路上升，平均线保持较好的上升走势，可坚定持股，直到平均线掉头。
A
18.15
8.31
VOLUME:103083.47 MA5:160388.67 MA10:139570.06
MACD(12,26,9) DIF:0.90 DEA:1.08 MACD:-0.38
2012年
2012/05/15/二
日线

中化岩土

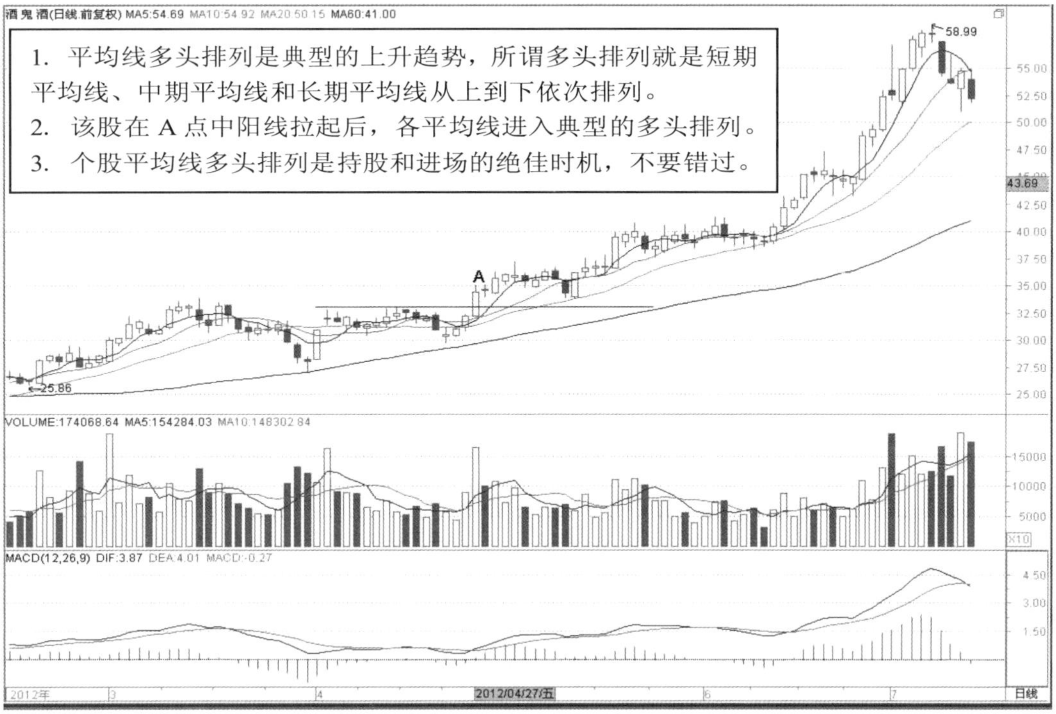
酒鬼酒(日线,前复权) MA5:54.69 MA10:54.92 MA20:50.15 MA60:41.00
1. 平均线多头排列是典型的上升趋势，所谓多头排列就是短期平均线、中期平均线和长期平均线从上到下依次排列。
2. 该股在 A 点中阳线拉起后，各平均线进入典型的多头排列。
3. 个股平均线多头排列是持股和进场的绝佳时机，不要错过。
A
58.99
25.86
VOLUME:174068.64 MA5:154284.03 MA10:148302.84
MACD(12,26,9) DIF:3.87 DEA:4.01 MACD:-0.27
2012/04/27/五
日线

酒鬼酒

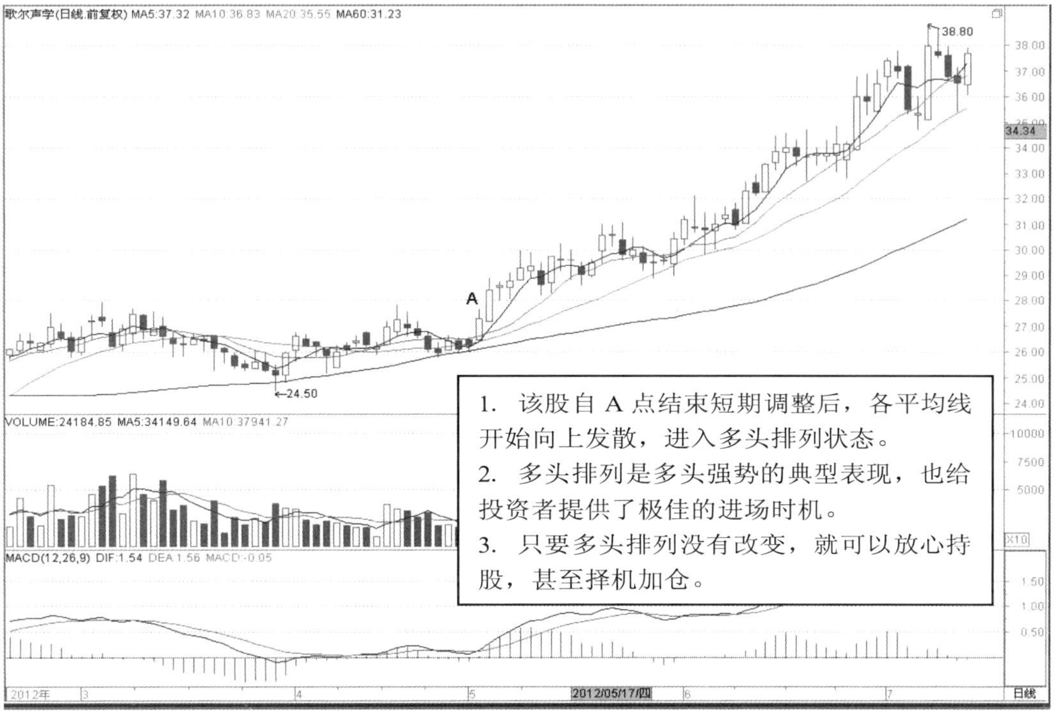
歌尔声学(日线,前复权) MA5:37.32 MA10:36.83 MA20:35.55 MA60:31.23
A
38.80
24.50
VOLUME:24184.85 MA5:34149.64 MA10:37941.27
MACD(12,26,9) DIF:1.54 DEA:1.56 MACD:-0.05
1. 该股自 A 点结束短期调整后，各平均线开始向上发散，进入多头排列状态。
2. 多头排列是多头强势的典型表现，也给投资者提供了极佳的进场时机。
3. 只要多头排列没有改变，就可以放心持股，甚至择机加仓。
2012/05/17/四
日线

歌尔声学

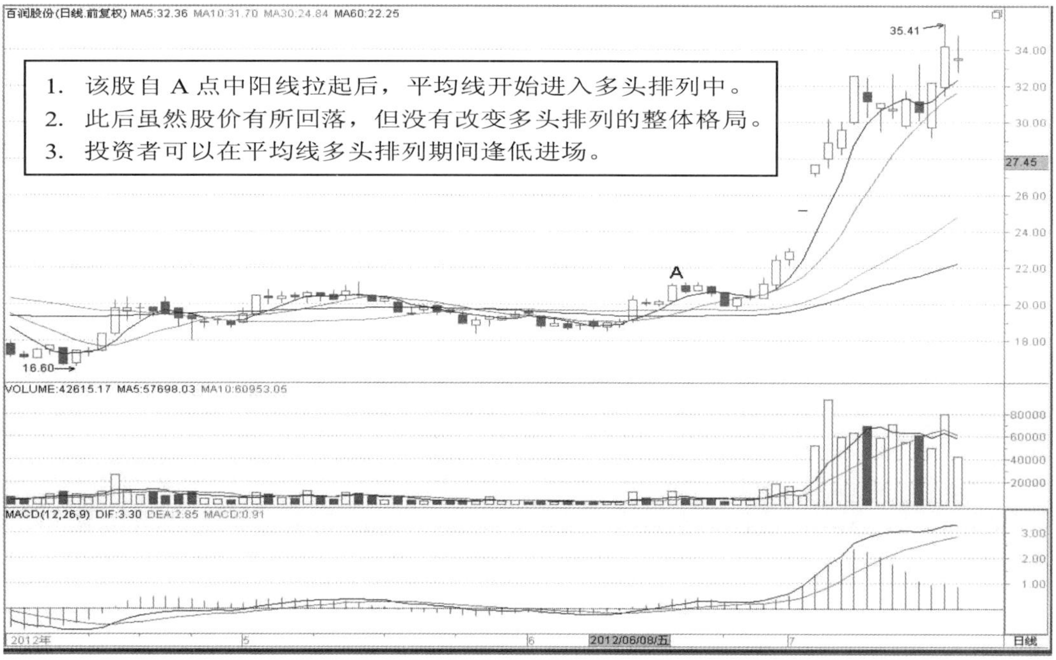

百润股份

2. 下降趋势

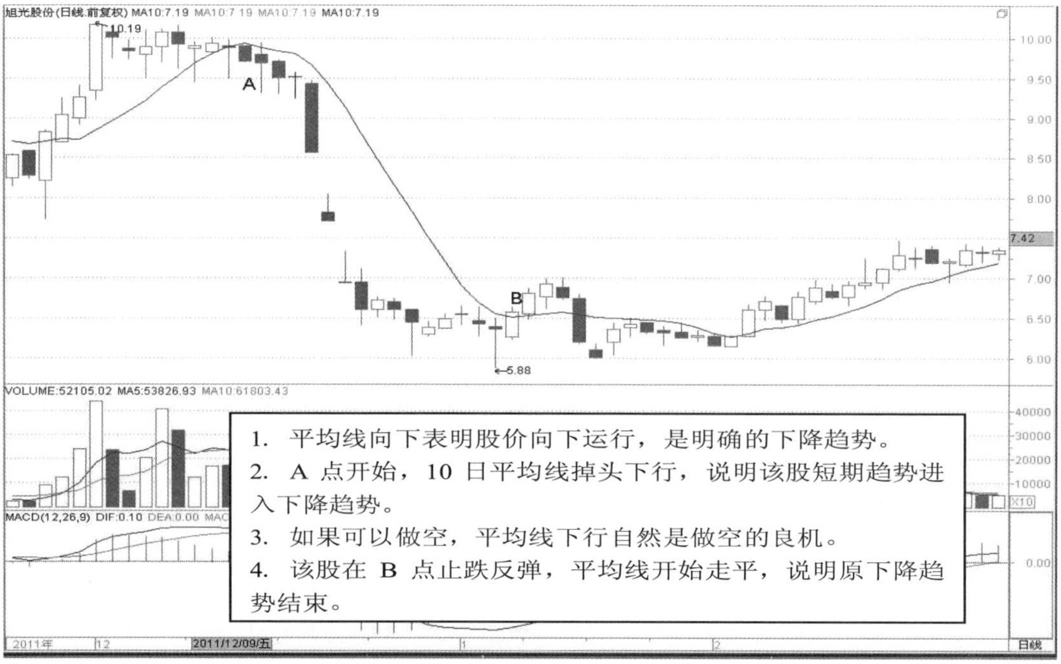

旭光股份

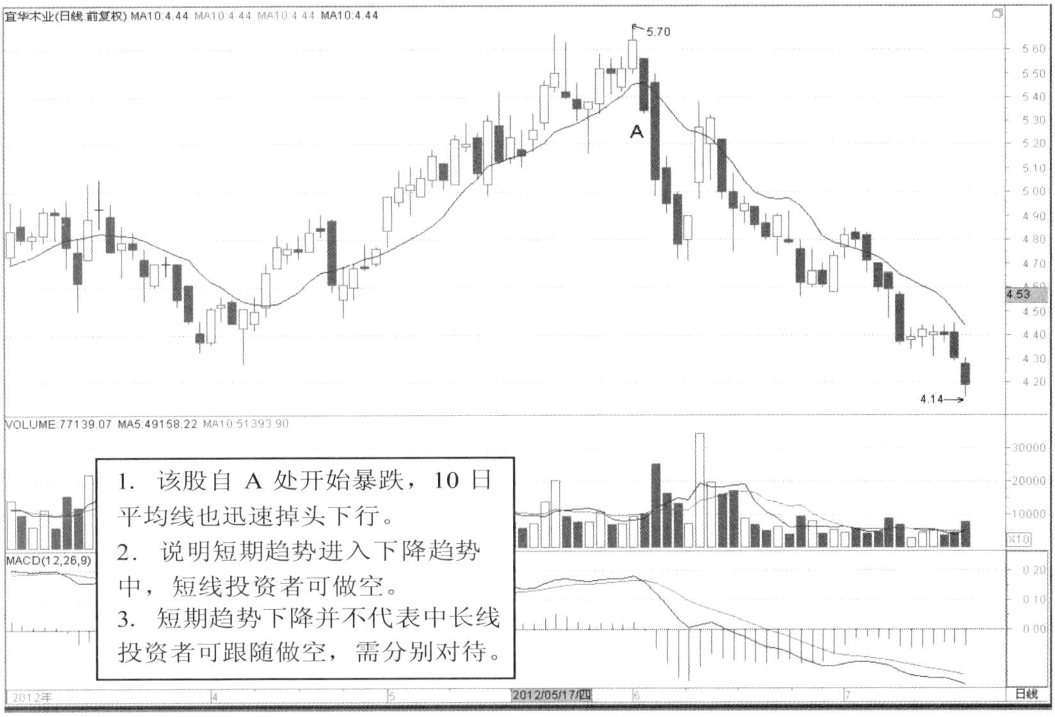
宜华木业(日线,前复权) MA10:4.44 MA10:4.44 MA10:4.44 MA10:4.44
5.70
A
4.14
VOLUME:77139.07 MA5:49158.22 MA10:51393.90
1. 该股自 A 处开始暴跌，10 日平均线也迅速掉头下行。
2. 说明短期趋势进入下降趋势中，短线投资者可做空。
3. 短期趋势下降并不代表中长线投资者可跟随做空，需分别对待。
MACD(12,26,9)
2012年
2012/05/17/四
日线

宜华木业

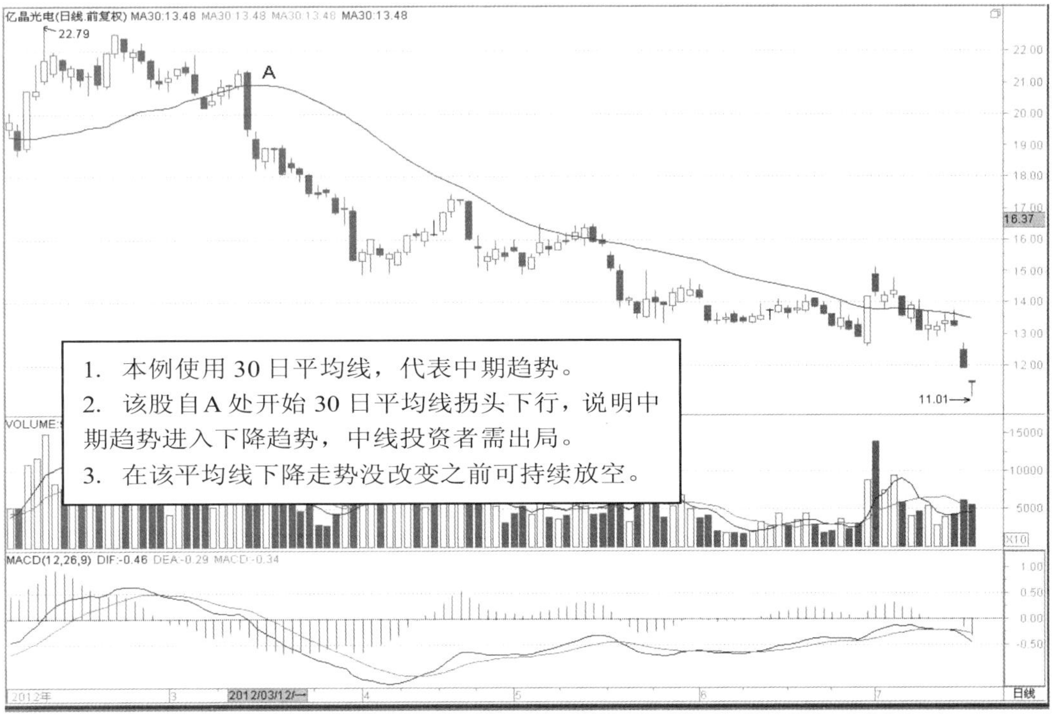
亿晶光电(日线,前复权) MA30:13.48 MA30:13.48 MA30:13.48 MA30:13.48
22.79
A
11.01
1. 本例使用 30 日平均线，代表中期趋势。
2. 该股自A处开始 30 日平均线拐头下行，说明中期趋势进入下降趋势，中线投资者需出局。
3. 在该平均线下降走势没改变之前可持续放空。
MACD(12,26,9) DIF:-0.46 DEA:-0.29 MACD:-0.34
2012年
2012/03/12/一
日线

亿晶光电

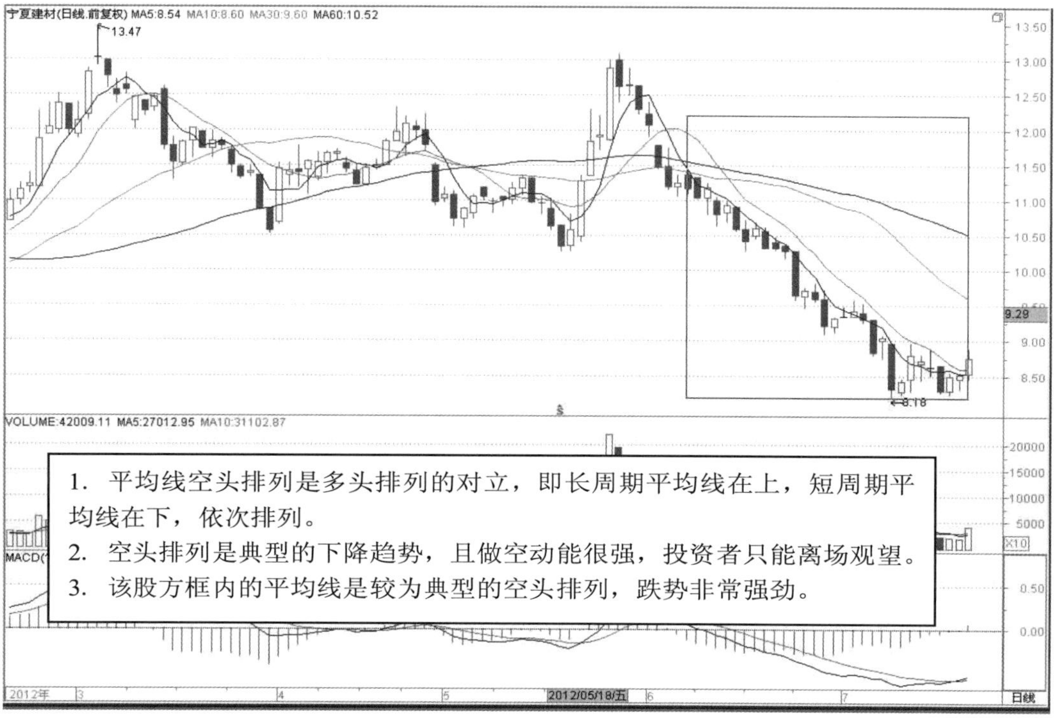
宁夏建材(日线,前复权) MA5:8.54 MA10:8.60 MA30:9.60 MA60:10.52
1. 平均线空头排列是多头排列的对立，即长周期平均线在上，短周期平均线在下，依次排列。
2. 空头排列是典型的下降趋势，且做空动能很强，投资者只能离场观望。
3. 该股方框内的平均线是较为典型的空头排列，跌势非常强劲。

宁夏建材

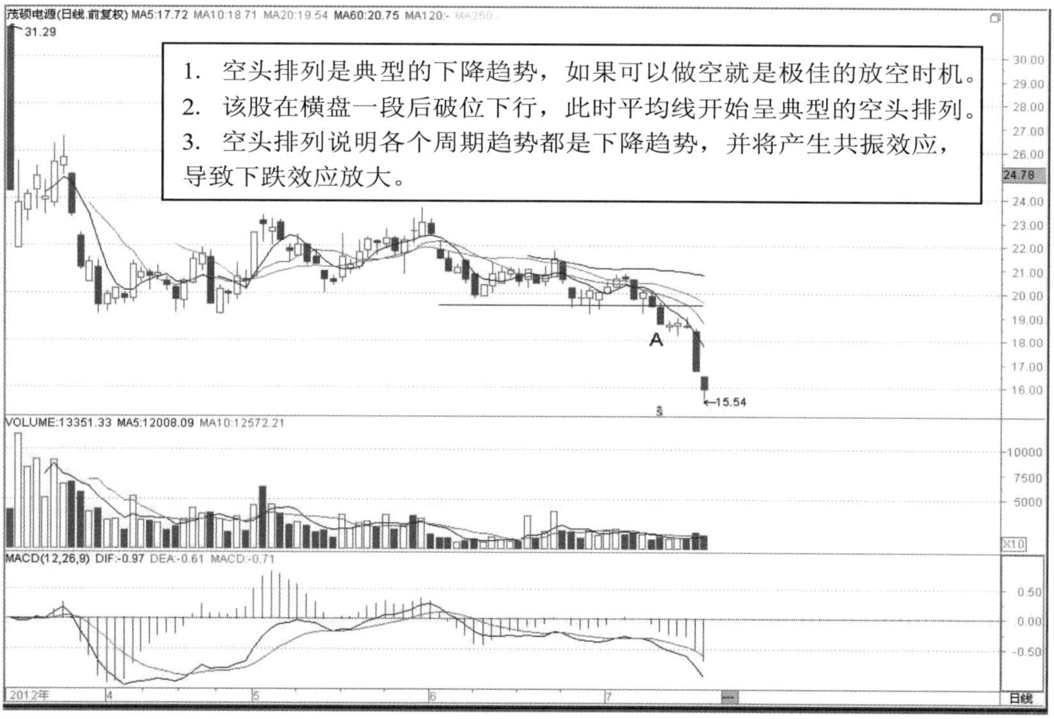
茂硕电源(日线,前复权) MA5:17.72 MA10:18.71 MA20:19.54 MA60:20.75 MA120:-
1. 空头排列是典型的下降趋势，如果可以做空就是极佳的放空时机。
2. 该股在横盘一段后破位下行，此时平均线开始呈典型的空头排列。
3. 空头排列说明各个周期趋势都是下降趋势，并将产生共振效应，导致下跌效应放大。
A

茂硕电源

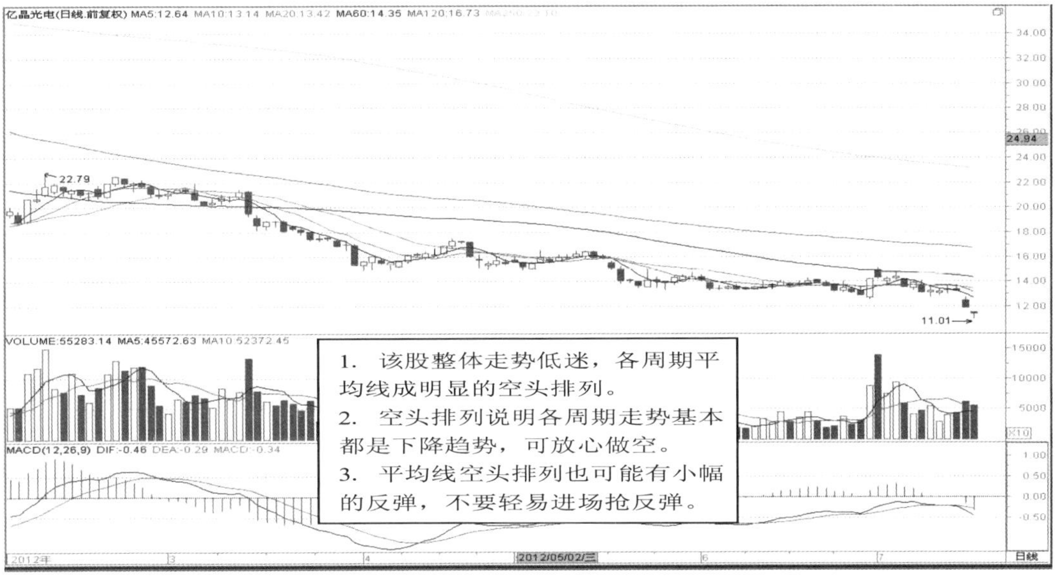

亿晶光电

二、趋势周期

平均线有时间周期，由此也体现出趋势的时间周期。短期趋势受制于长期趋势，而不是相反。

1. 短期趋势

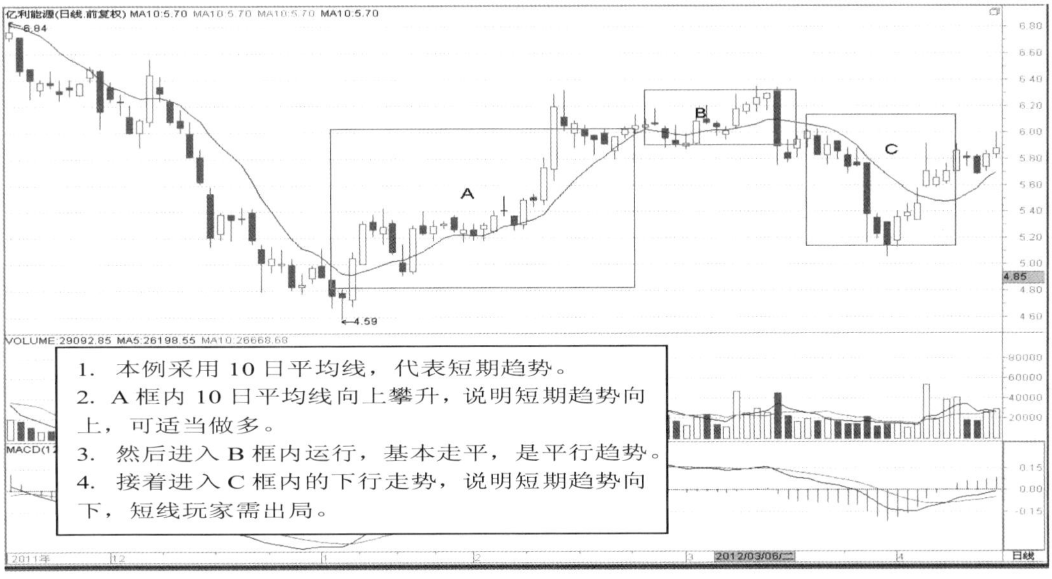

亿利能源

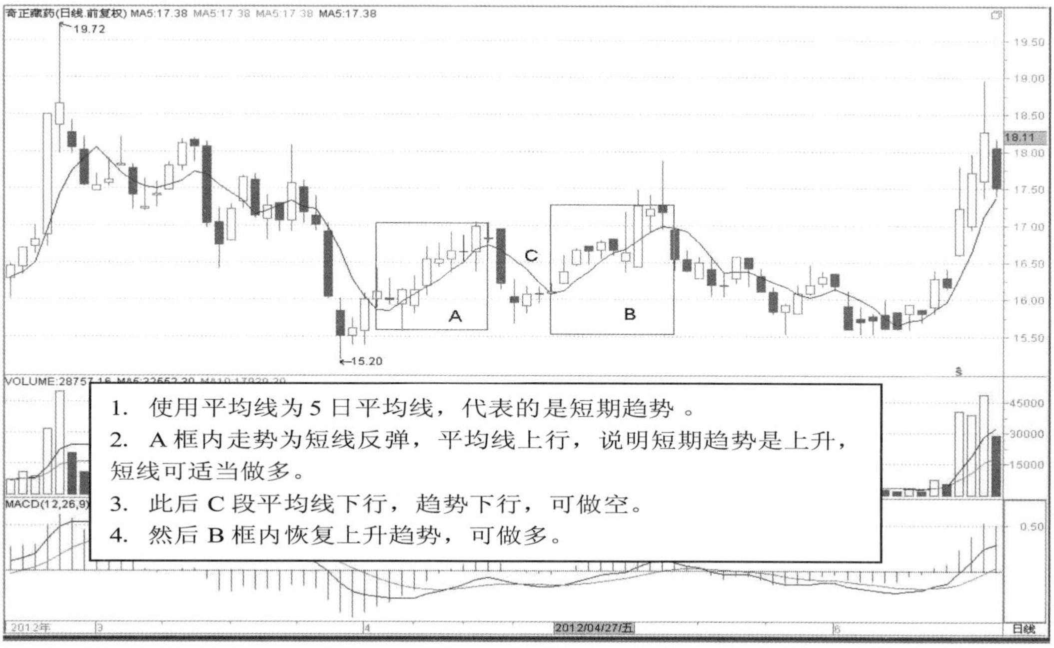

奇正藏药

2. 中期趋势

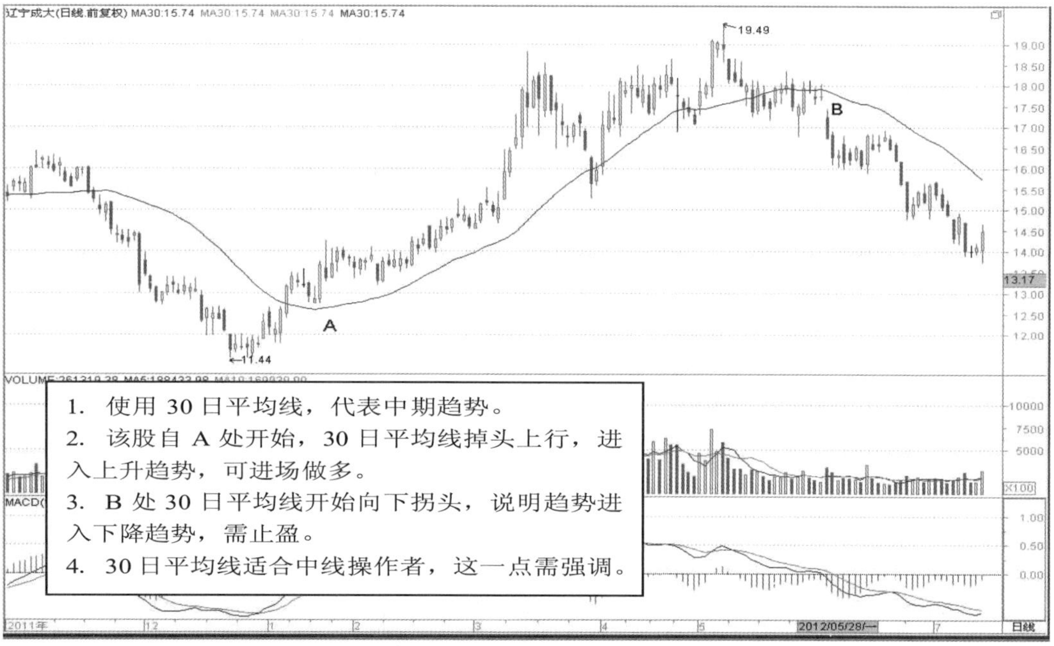

辽宁成大

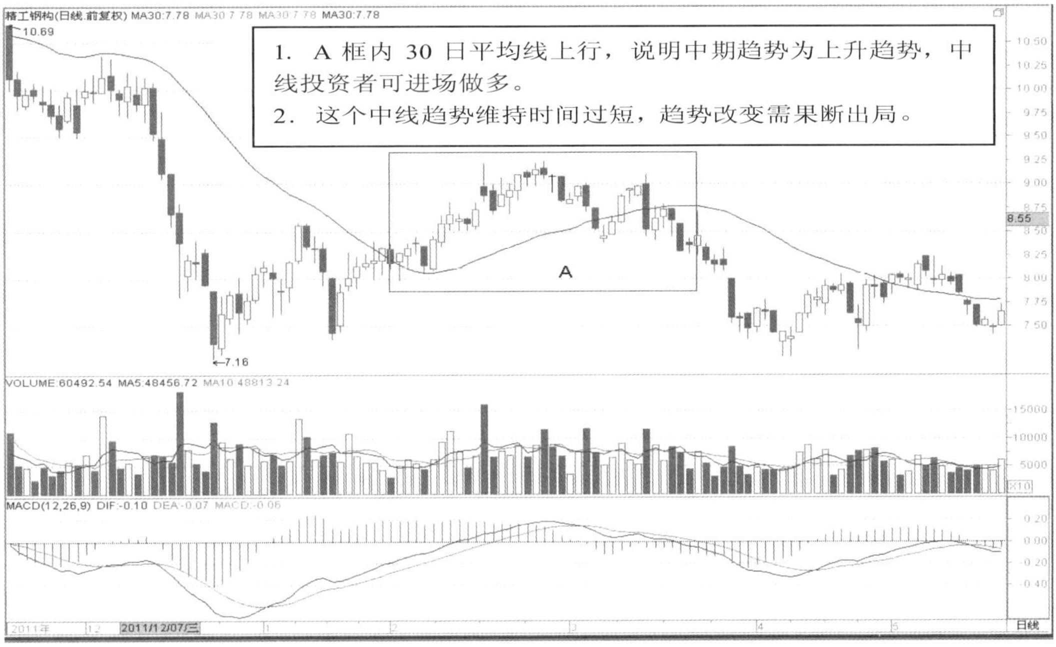

精工钢构

3. 长期趋势

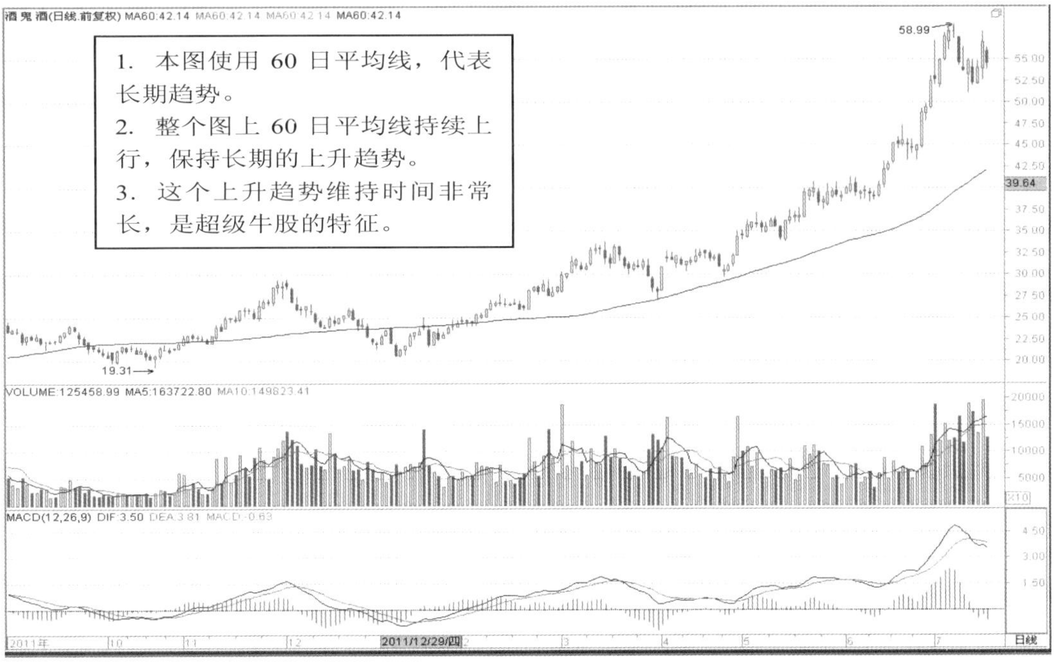

酒鬼酒

酒鬼酒(日线,前复权) MA5:54.47 MA10:55.47 MA20:51.91 MA60:42.14 MA120:35.39 MA250:28.82
58.99
120日线
250日线
20.45
VOLUME:125458.99 MA5:163722.80 MA10:149823.41
1. 可能有人不太认同60日平均线代表长期趋势，我们可以看更长周期的平均线。
2. 图上120日平均线和250平均线呈明显的上行趋势，短期平均线在长期平均线上方运行，说明无论长期趋势还是中短期趋势，都是上升趋势，产生共振，不出牛股都难。
2012/02/16/四

酒鬼酒

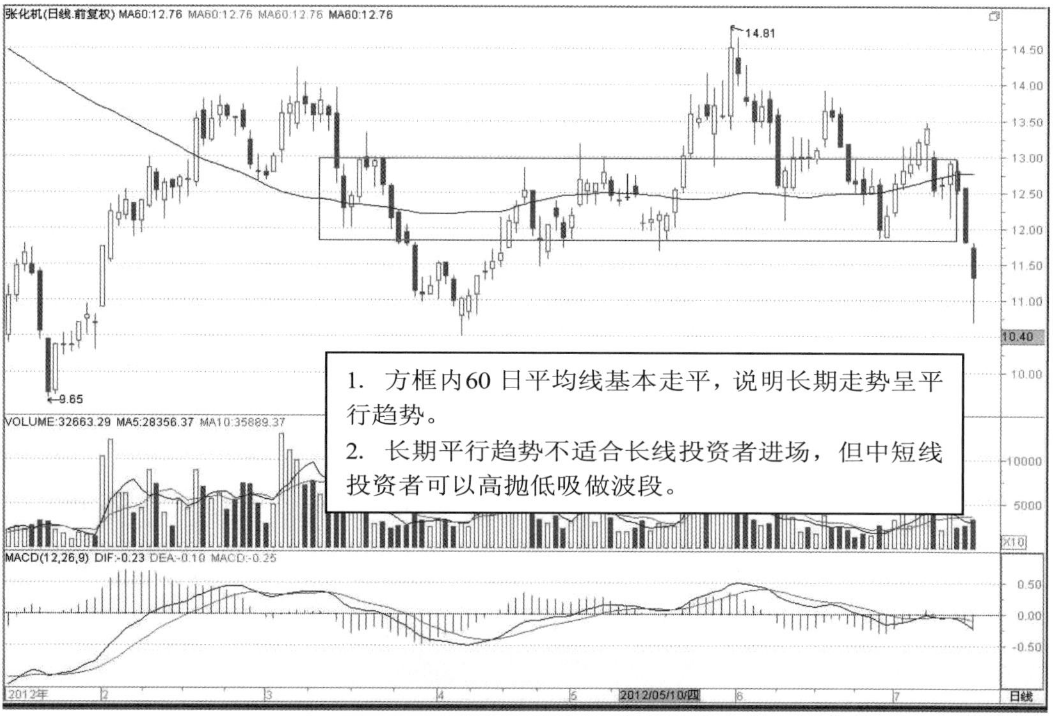
张化机(日线,前复权) MA60:12.76 MA60:12.76 MA60:12.76 MA60:12.76
14.81
9.65
VOLUME:32663.29 MA5:28356.37 MA10:35889.37
1. 方框内60日平均线基本走平，说明长期走势呈平行趋势。
2. 长期平行趋势不适合长线投资者进场，但中短线投资者可以高抛低吸做波段。
MACD(12,26,9) DIF:-0.23 DEA:-0.10 MACD:-0.25
2012/05/10/四

张化机

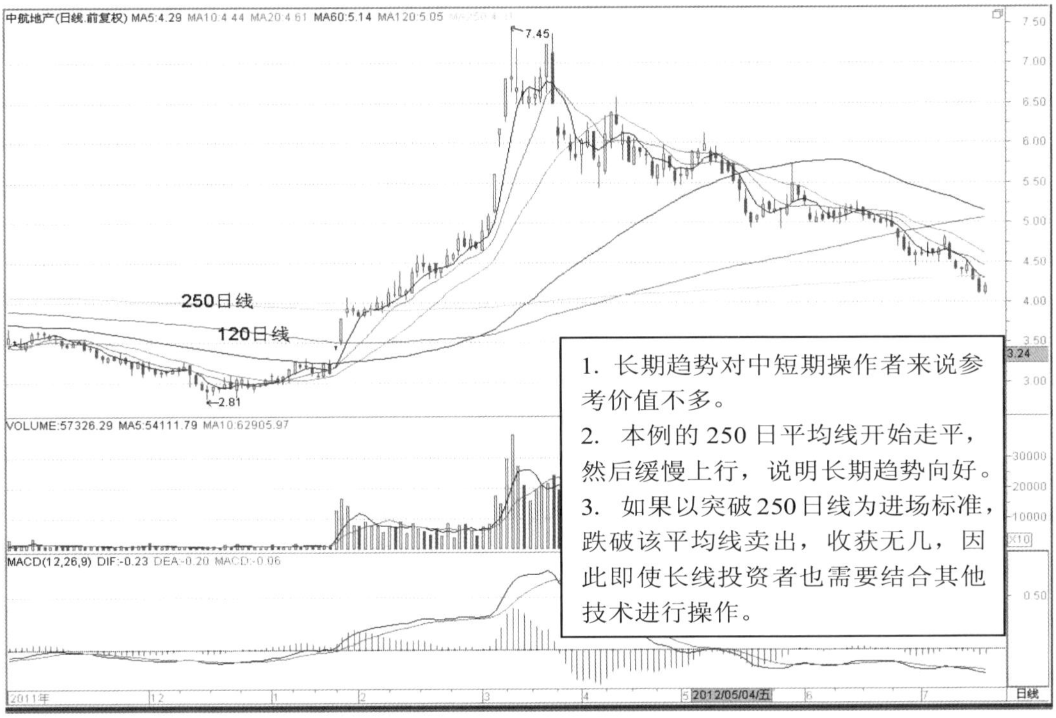
中航地产(日线,前复权) MA5:4.29 MA10:4.44 MA20:4.61 MA60:5.14 MA120:5.05
7.45
250日线
120日线
2.81
1. 长期趋势对中短期操作者来说参考价值不多。
2. 本例的 250 日平均线开始走平，然后缓慢上行，说明长期趋势向好。
3. 如果以突破250日线为进场标准，跌破该平均线卖出，收获无几，因此即使长线投资者也需要结合其他技术进行操作。
VOLUME:57326.29 MA5:54111.79 MA10:62905.97
MACD(12,26,9) DIF:-0.23 DEA:-0.20 MACD:-0.06
2012/05/04/五
日线

中航地产

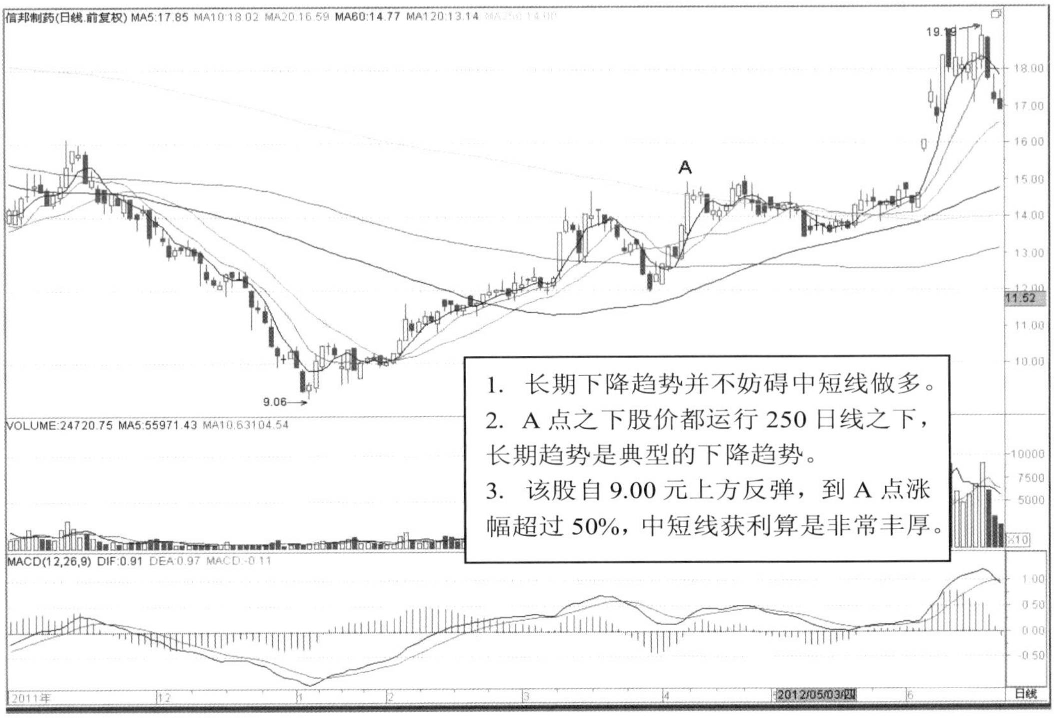
信邦制药(日线,前复权) MA5:17.85 MA10:18.02 MA20:16.59 MA60:14.77 MA120:13.14
A
9.06
1. 长期下降趋势并不妨碍中短线做多。
2. A 点之下股价都运行 250 日线之下，长期趋势是典型的下降趋势。
3. 该股自 9.00 元上方反弹，到 A 点涨幅超过 50%，中短线获利算是非常丰厚。
VOLUME:24720.75 MA5:55971.43 MA10:63104.54
MACD(12,26,9) DIF:0.91 DEA:0.97 MACD:-0.11
2012/05/03/四
日线

信邦制药

三、趋势改变

1. 平均线拐头

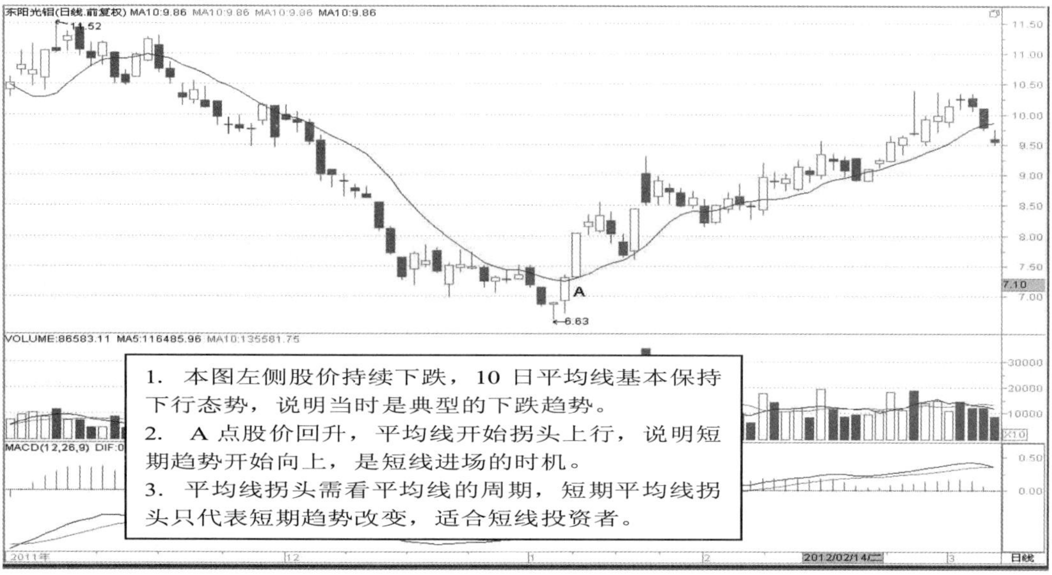

东阳光铝

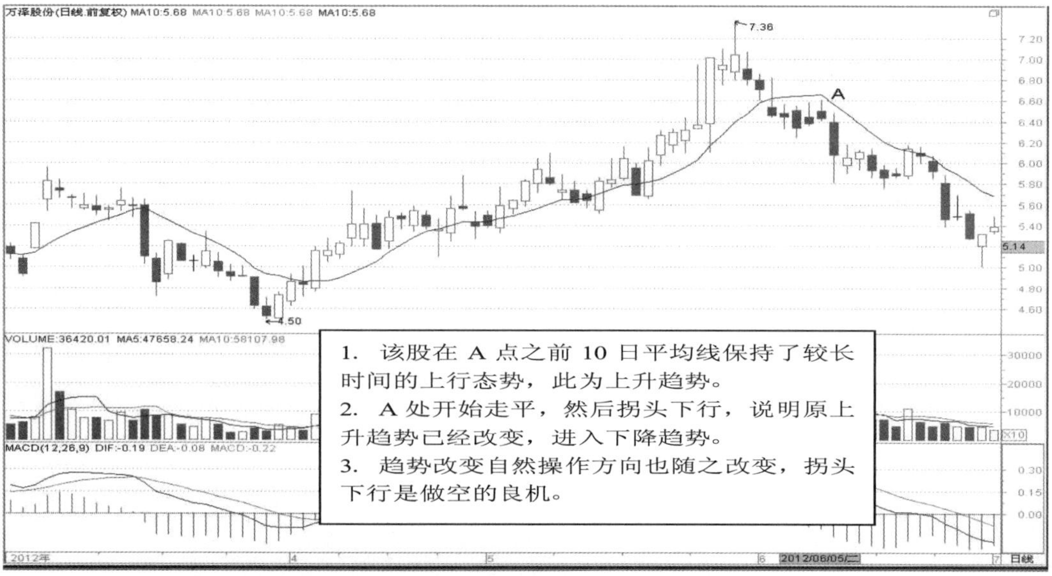

万泽股份

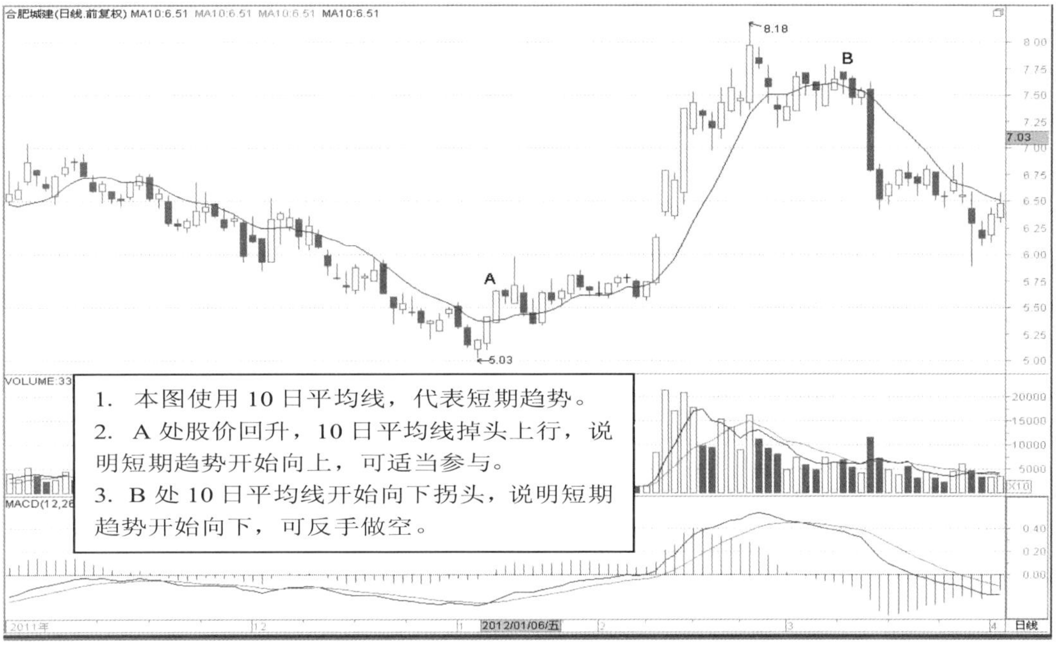

合肥城建

2. 平均线发散

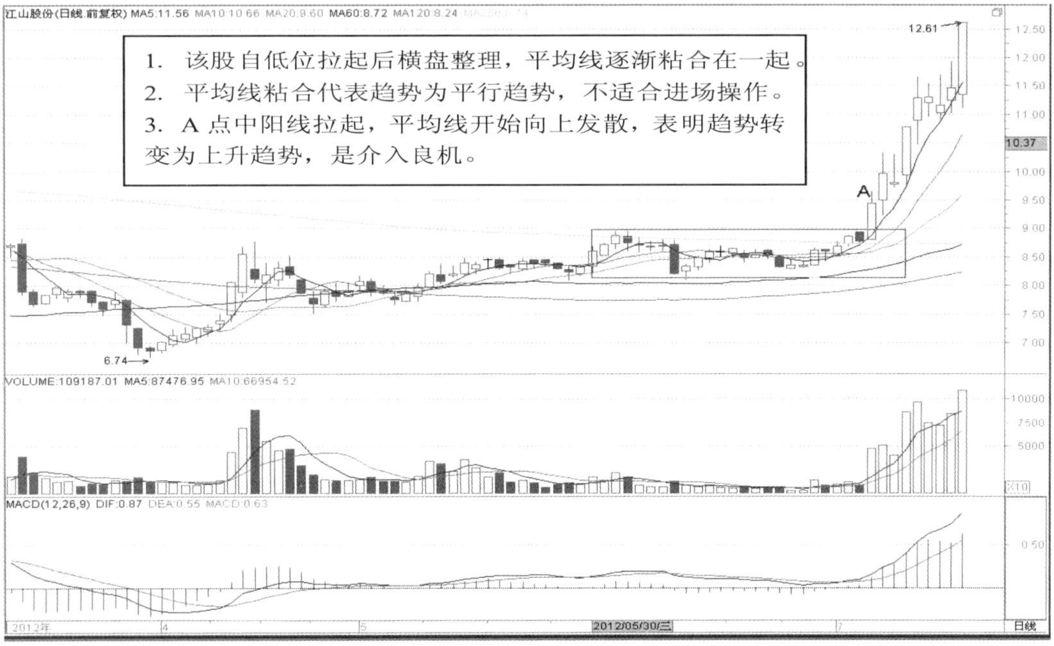

江山股份

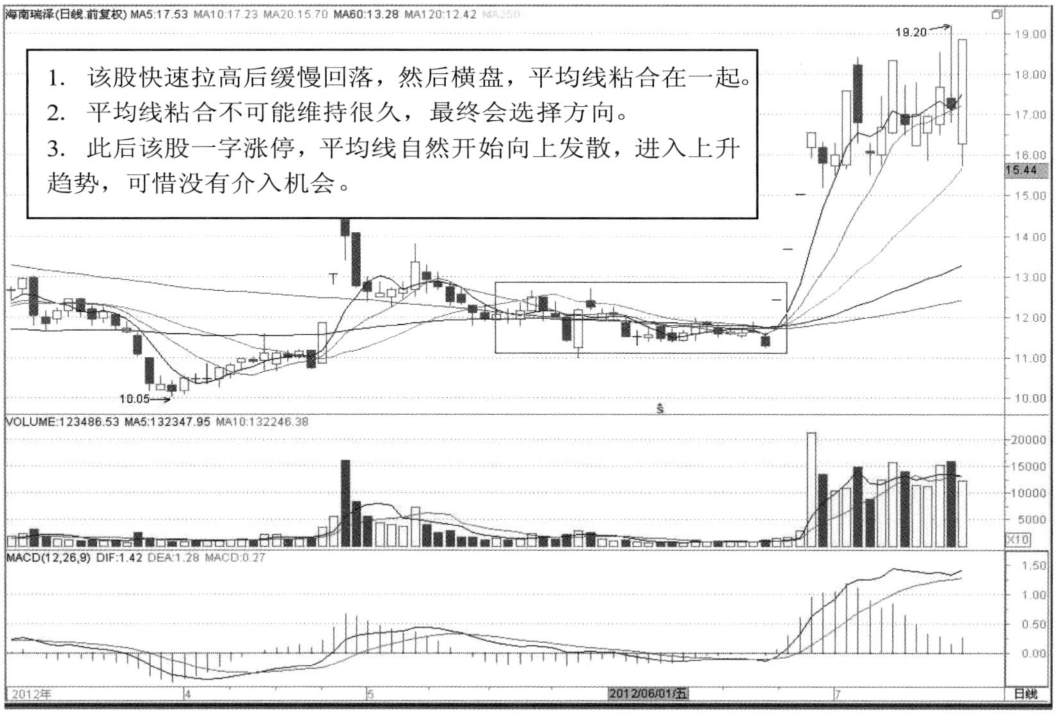
海南瑞泽(日线,前复权) MA5:17.53 MA10:17.23 MA20:15.70 MA60:13.28 MA120:12.42
1. 该股快速拉高后缓慢回落，然后横盘，平均线粘合在一起。
2. 平均线粘合不可能维持很久，最终会选择方向。
3. 此后该股一字涨停，平均线自然开始向上发散，进入上升趋势，可惜没有介入机会。
19.20
10.05
VOLUME:123486.53 MA5:132347.95 MA10:132246.38
MACD(12,26,9) DIF:1.42 DEA:1.28 MACD:0.27
2012年
2012/06/01/五
日线

海南瑞泽

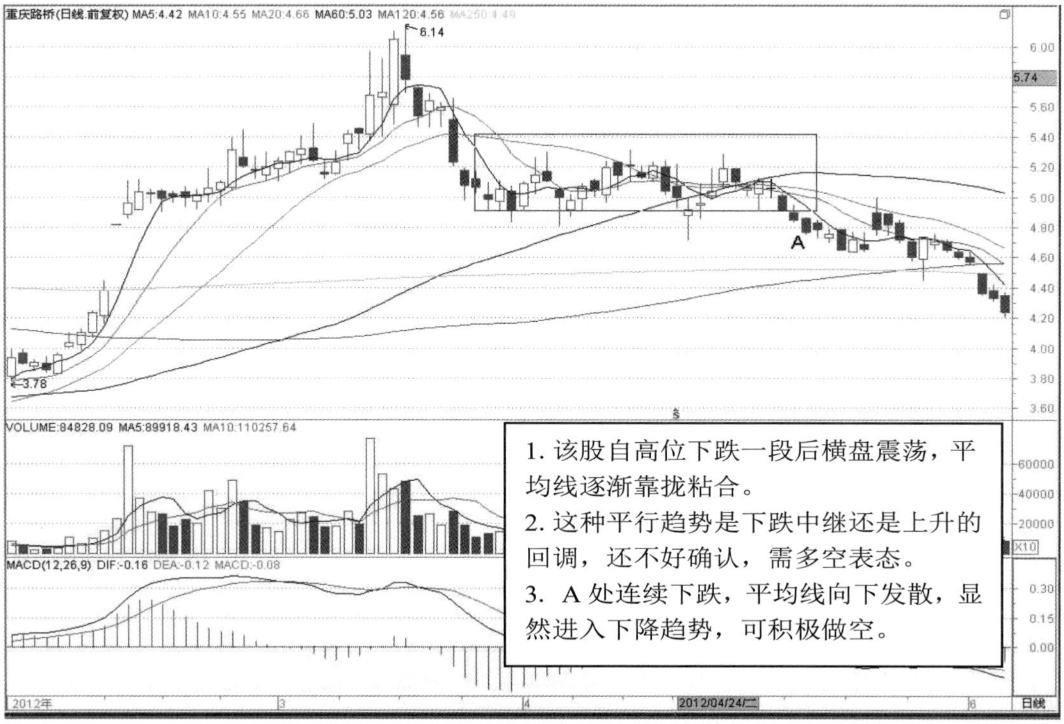
重庆路桥(日线,前复权) MA5:4.42 MA10:4.55 MA20:4.66 MA60:5.03 MA120:4.56
6.14
3.78
A
VOLUME:84828.09 MA5:89918.43 MA10:110257.64
MACD(12,26,9) DIF:-0.16 DEA:-0.12 MACD:-0.08
1. 该股自高位下跌一段后横盘震荡，平均线逐渐靠拢粘合。
2. 这种平行趋势是下跌中继还是上升的回调，还不好确认，需多空表态。
3. A 处连续下跌，平均线向下发散，显然进入下降趋势，可积极做空。
2012年
2012/04/24/二
日线

重庆路桥

3. 股价偏离平均线

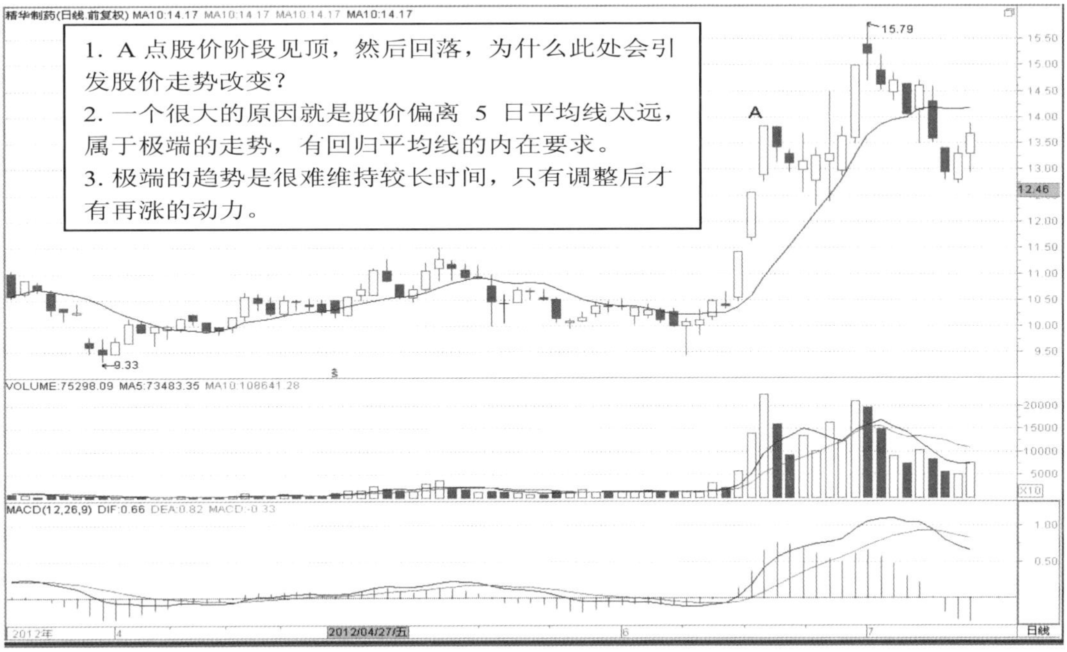

精华制药

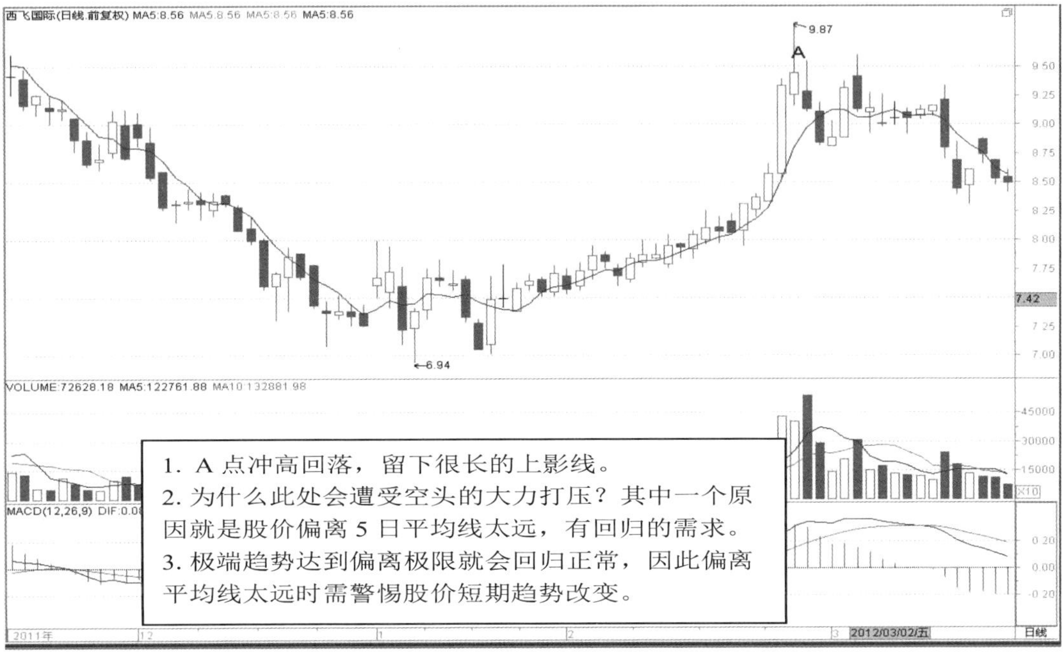

西飞国际

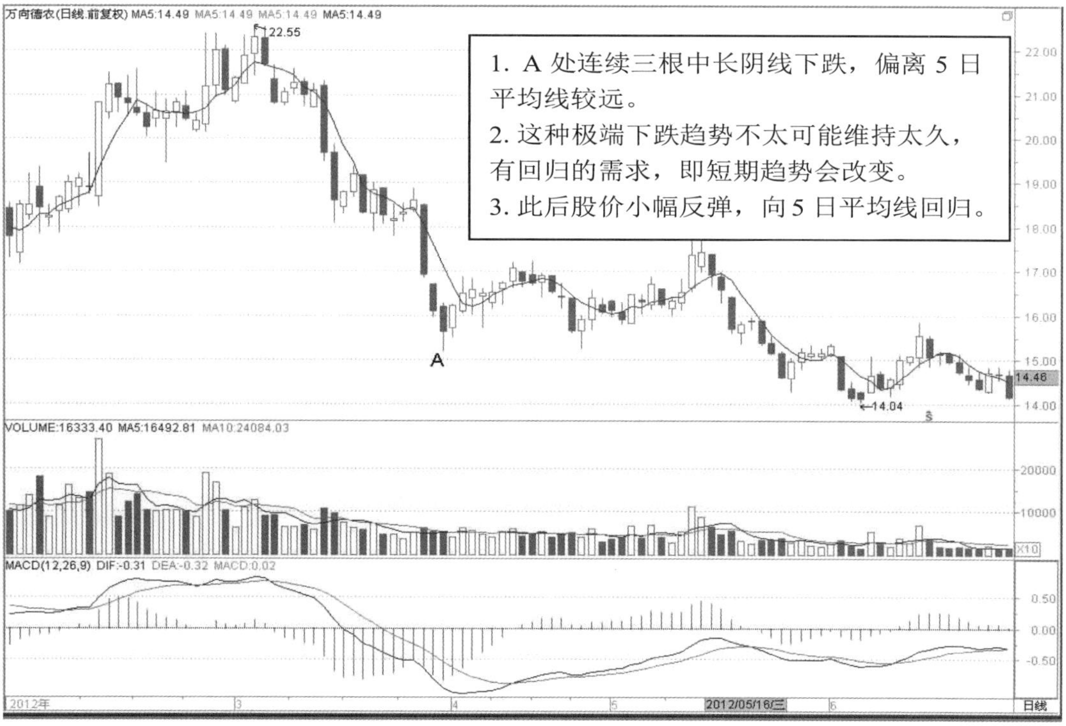
万向德农(日线.前复权) MA5:14.49 MA5:14.49 MA5:14.49 MA5:14.49
22.55
1. A 处连续三根中长阴线下跌，偏离 5 日平均线较远。
2. 这种极端下跌趋势不太可能维持太久，有回归的需求，即短期趋势会改变。
3. 此后股价小幅反弹，向 5 日平均线回归。
A
14.04
14.46
VOLUME:16333.40 MA5:16492.81 MA10:24084.03
MACD(12,26,9) DIF:-0.31 DEA:-0.32 MACD:0.02
2012年
2012/05/16/三
日线

万向德农

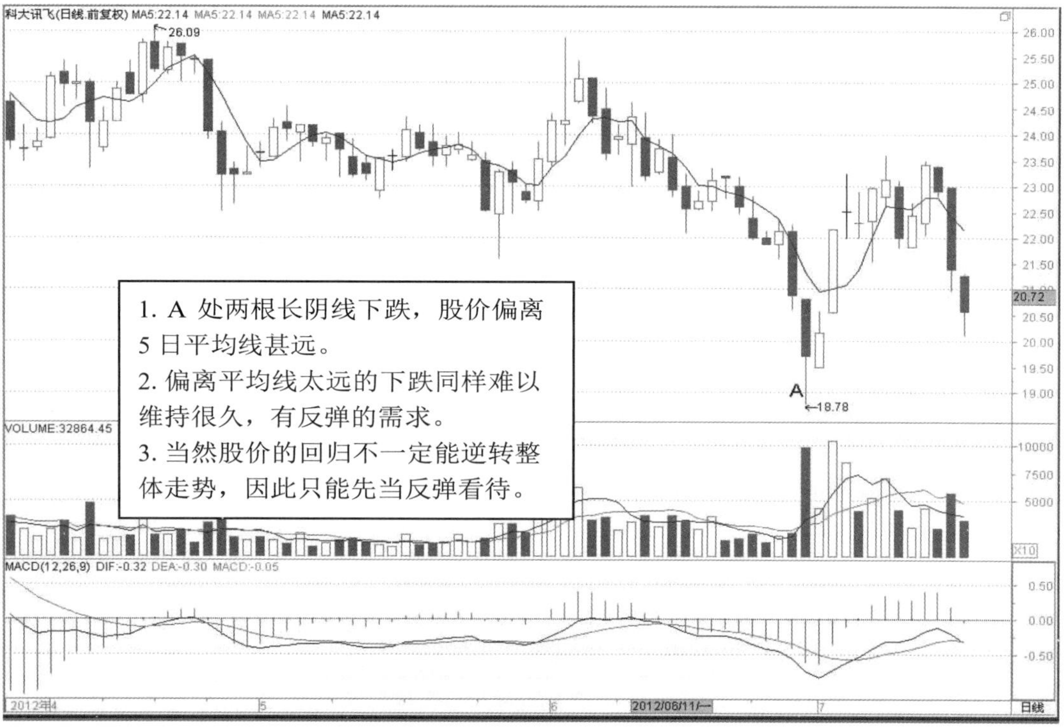
科大讯飞(日线.前复权) MA5:22.14 MA5:22.14 MA5:22.14 MA5:22.14
26.09
1. A 处两根长阴线下跌，股价偏离 5 日平均线甚远。
2. 偏离平均线太远的下跌同样难以维持很久，有反弹的需求。
3. 当然股价的回归不一定能逆转整体走势，因此只能先当反弹看待。
A
18.78
20.72
VOLUME:32864.45
MACD(12,26,9) DIF:-0.32 DEA:-0.30 MACD:-0.05
2012/06/11/一
日线

科大讯飞

4. 突破平均线

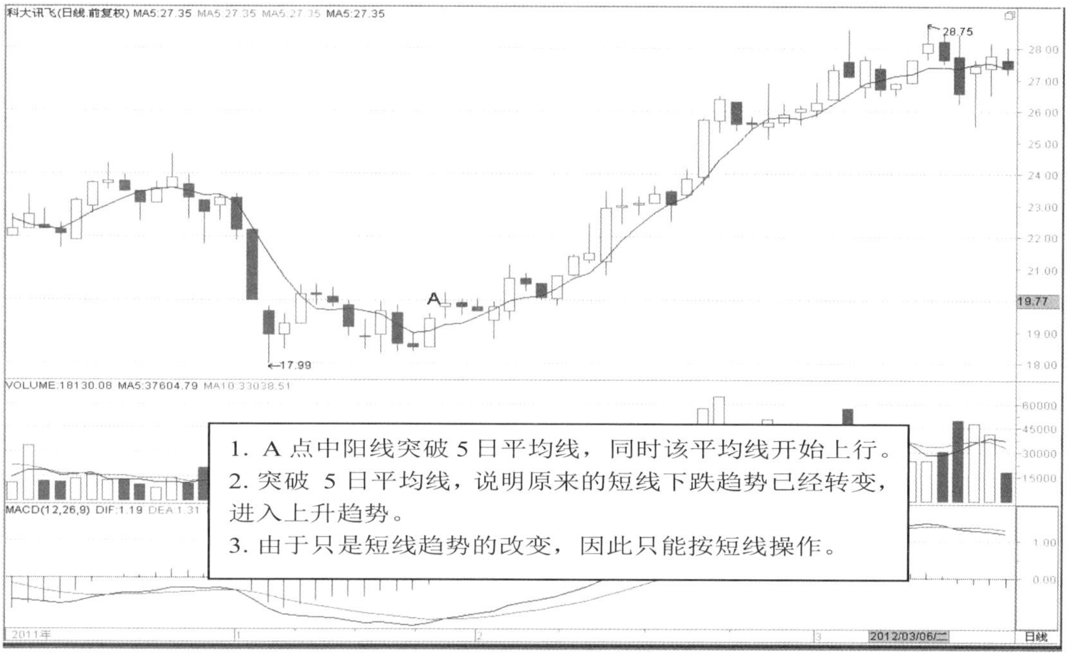

科大讯飞

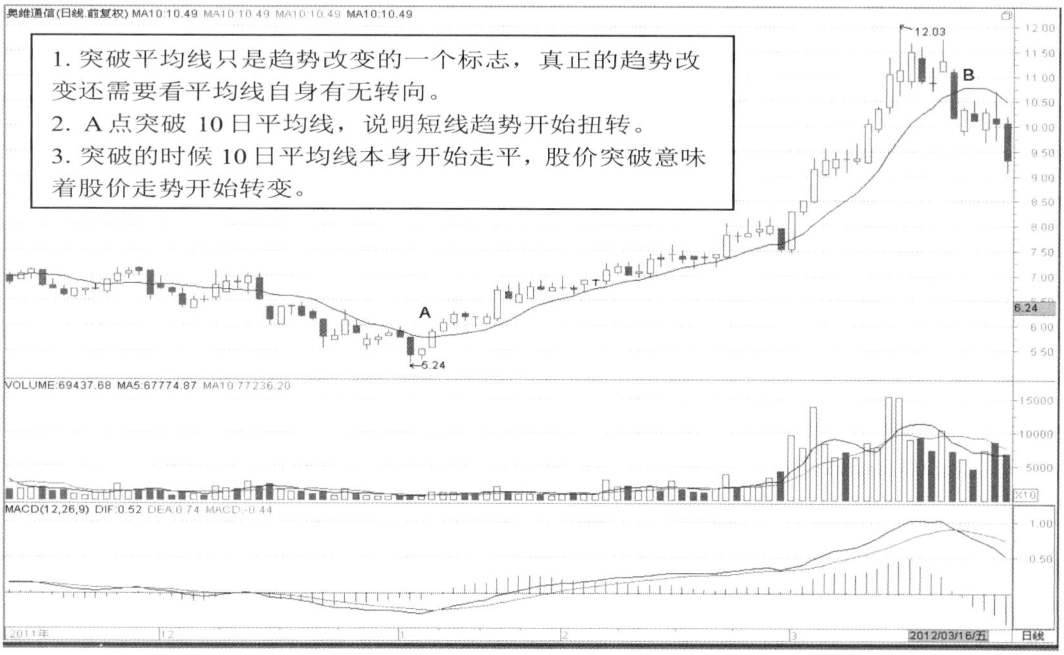

奥维通信

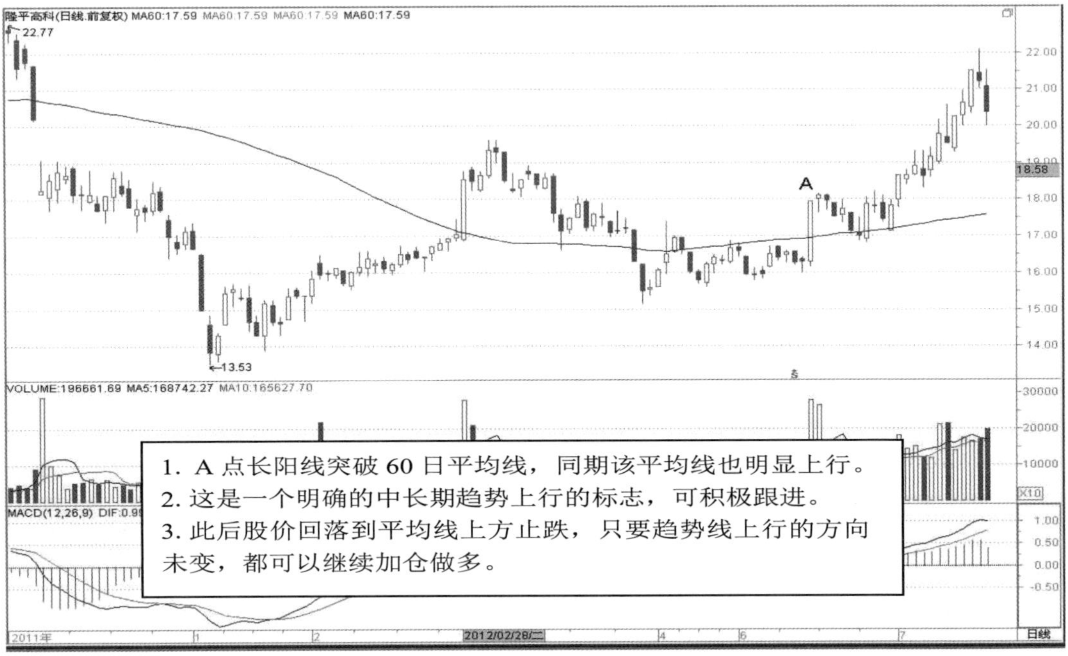

隆平高科

5. 跌破平均线

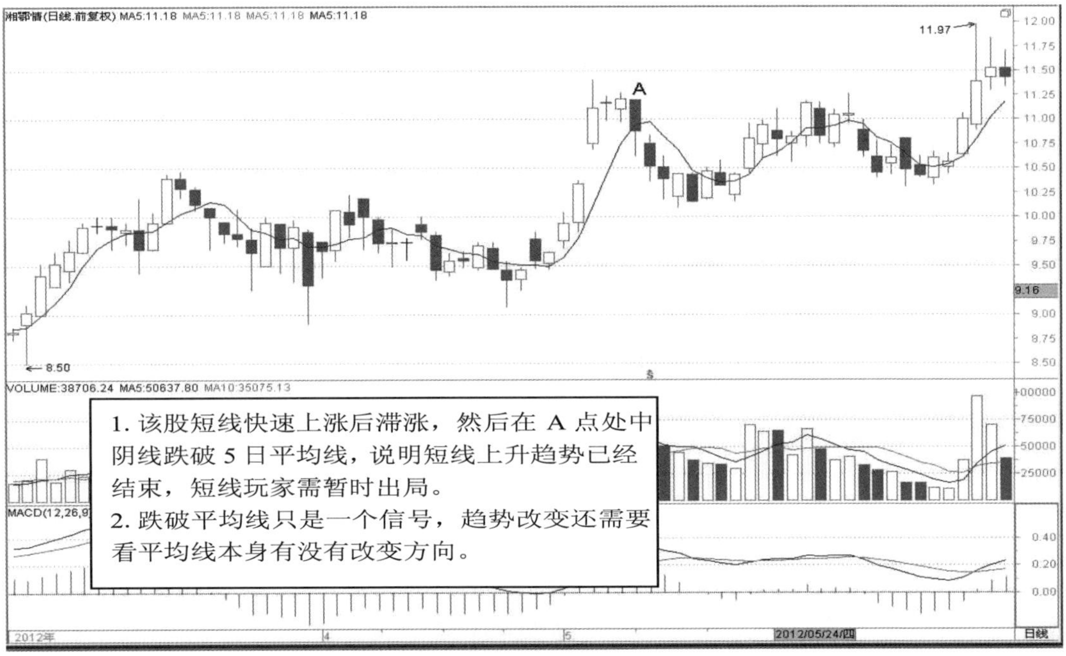

湘鄂情

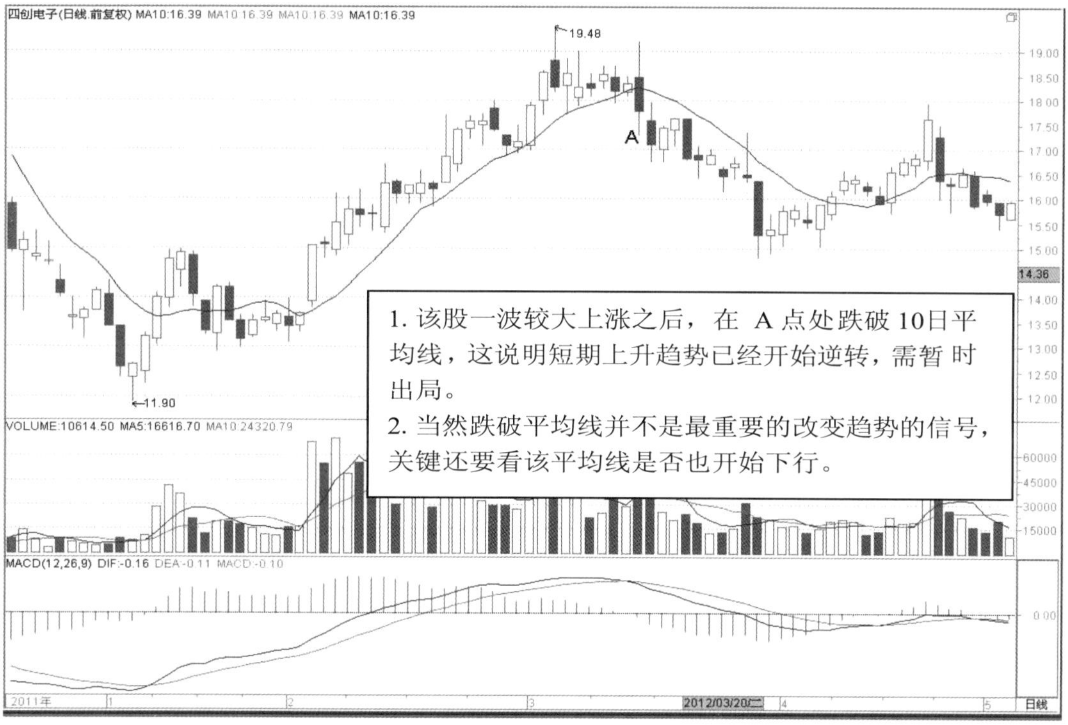
四创电子(日线.前复权) MA10:16.39 MA10:16.39 MA10:16.39 MA10:16.39
19.48
A
11.90
14.36
VOLUME:10614.50 MA5:16616.70 MA10:24320.79
MACD(12,26,9) DIF:-0.16 DEA:-0.11 MACD:-0.10
2011年
2012/03/20/二
日线
1. 该股一波较大上涨之后，在 A 点处跌破 10日平均线，这说明短期上升趋势已经开始逆转，需暂 时出局。
2. 当然跌破平均线并不是最重要的改变趋势的信号，关键还要看该平均线是否也开始下行。

四创电子

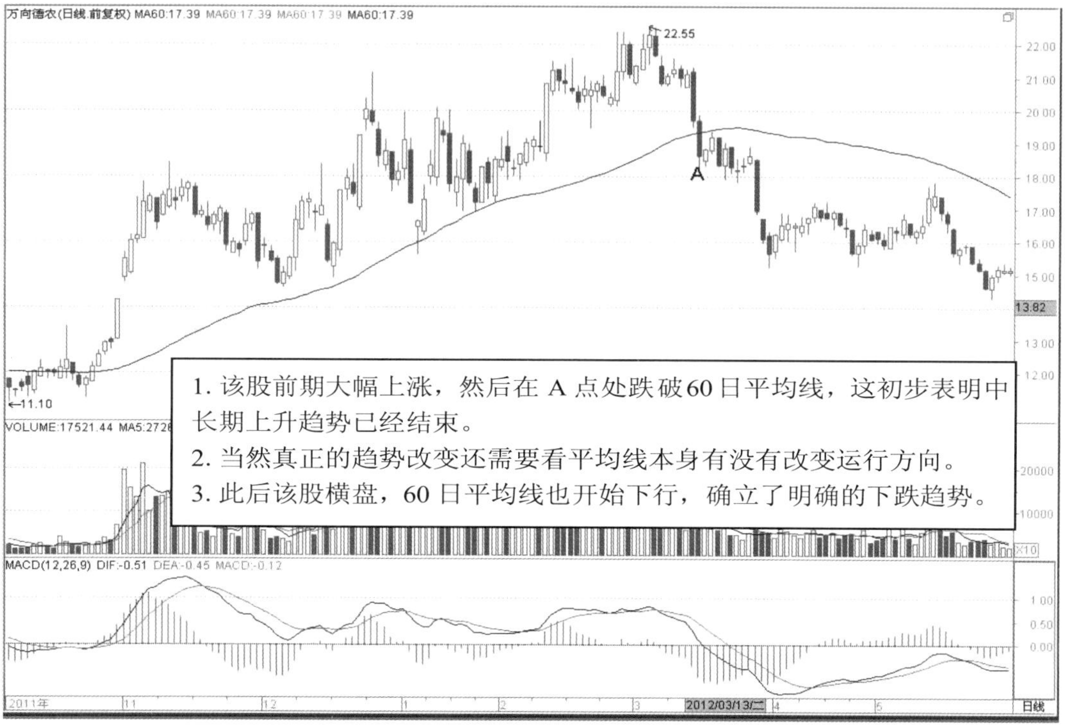
万向德农(日线.前复权) MA60:17.39 MA60:17.39 MA60:17.39 MA60:17.39
22.55
A
11.10
13.82
VOLUME:17521.44 MA5:2728
MACD(12,26,9) DIF:-0.51 DEA:-0.45 MACD:-0.12
2011年
2012/03/13/二
日线
1. 该股前期大幅上涨，然后在 A 点处跌破60 日平均线，这初步表明中长期上升趋势已经结束。
2. 当然真正的趋势改变还需要看平均线本身有没有改变运行方向。
3. 此后该股横盘，60 日平均线也开始下行，确立了明确的下跌趋势。

万向德农